James G. McCarthy

FIAT LUX

Es werde Licht

Buch

Dieses Buch ist fiktiv. Namen, Orte, Firmen, Organisationen werden rein fiktiv gebraucht. Alle Charaktere sind erfunden. Jede Ähnlichkeit mit lebenden oder toten Personen ist rein zufällig. Bibelverse wurden folgenden Übersetzungen entnommen: Revidierte Elberfelder (1993), Schlachter (2003), Einheitsübersetzung (1980), Luther (1912).
Besuchen Sie viele der Schauplätze von *Fiat Lux* online

http://www.berkeley.edu/tour/

Auf dieser Website finden Sie viele der in diesem Roman genannten Orte. Mit der Hilfe der interaktiven Karte können Sie an einer virtuellen Tour über das Universitätsgelände teilnehmen und das Studentenleben live über verschiedene Webcams auf dem Campus verfolgen. Dort finden Sie auch Bilder der Sproul Plaza, des Sather Tors, des Campaniles und von anderen, in diesem Buch erwähnten Sehenswürdigkeiten.

Autor

Jim McCarthy lebt mit seiner Frau und drei Töchtern in San José, Kalifornien. Er hat an fünf unterschiedlichen Universitäten in christlichen Werken mitgearbeitet, unter anderem auch an der Universität von Kalifornien, Berkeley, wo die Handlung dieses Romans stattfindet. *Fiat Lux* ist sein viertes Buch und zugleich sein erster Roman.

James G. McCarthy

FIAT LUX

Kann eine Handvoll Studenten ein Rätsel lösen, das Theologen seit Jahrhunderten beschäftigt?

Roman

Aus dem Amerikanischen
von Svenja Tröps

CHRISTLICHER MEDIENDIENST
HÜNFELD

Postfach 1322
D-36088 Hünfeld
Tel: (06652) 91 81 87
Fax: (06652) 91 81 89
E-Mail: mail@mediendienst.org
Internet: http://www.mediendienst.org
Printed in Germany
Umschlaggestaltung: Michael Leister, Hünfeld
Satz: Friedrich Tröps, Siegen
Druck und Bindung: Aalexx Druck GmbH, Großburgwedel

ISBN: 3-9810173-8-2

Für Svenja Tröps
als Anerkennung ihrer Übersetzung ins Deutsche
und ihrer unzähligen Anregungen während
der Entstehung und Überarbeitung
dieses Buches.

1. Kapitel

»Und wen haben wir hier?«, fragte die Dame im Studentensekretariat.

»Alex Kim.«

Sie drehte sich zu ihrem Computer-Bildschirm. »Hast du einen Termin?«

»Ich wollte nur unsere Studentenvereinigung für das Herbstsemester zurückmelden. University Christian Fellowship.«

Sie reichte ihm ein Formular und nickte in Richtung zweier Stühle an der Wand.

»Danke«, sagte Alex. Er setzte sich und füllte das Formular aus. Als er an die Stelle kam, wo die Namen der Leiter eingetragen werden mussten, zögerte er. Obwohl er während seiner High-School-Zeit schon in vielen Organisationen mitgearbeitet hatte, war das hier doch etwas anderes. Dies war die Universität von Kalifornien, auch liebevoll ›Cal‹ genannt, und UCF war eine christliche Studentenvereinigung mit hohen Standards und geistlichen Zielen. Als er im letzten Semester von den anderen Mitgliedern gewählt worden war, hatte er die Wahl angenommen und versprochen, sein Bestes zu geben. Jetzt fragte er sich, ob er nicht einen Fehler begangen hatte. Im Stillen betete er, dann trug er seinen Namen in die Spalte ein, unter der VORSITZENDER stand.

»*Te quiero, Mamá.*« Angela León und ihre Mutter nahmen sich fest in den Arm.

»Du bist Thanksgiving wieder da?«, fragte ihre Mutter ebenfalls auf Spanisch.

»Ich nehme den ersten Flug.«

»Kommst du mit deinem Geld hin?«

»Ja, Mama.«

»Ruf an, sobald du angekommen bist.«

»Ich werde mich jeden Tag melden. Jetzt will ich Papá noch schnell Auf Wiedersehen sagen.«

»Lieber nicht.«

»Ich kann doch nicht einfach gehen.«

»Er ist zu aufgewühlt.«

»Ich muss, Mama.«

Angela lief hoch zum Schlafzimmer ihrer Eltern. »Ich wollte mich verabschieden, Papá.« Verunsichert wartete sie im Türrahmen. Ihr Vater stand am Waschbecken des angrenzenden Badezimmers. Er ignorierte sie. »Ich fahr jetzt, Papá. Thanksgiving bin ich wieder da.«

»Es wird keine Verabschiedung geben«, antwortete er, den Blick unverwandt auf sein Spiegelbild gerichtet.

»Aber ich –«

»Du hast deine Wahl getroffen. Und jetzt raus hier!«

Sie wandte sich langsam ab, in der Hoffnung, er würde es sich doch noch einmal anders überlegen.

»Und komm nicht mehr zurück.«

Rod Sutherland arbeitete an seinem Schreibtisch. Endlich hatte er das gesuchte Zitat gefunden. Es stand auf Seite 619 von Johannes Calvins *Institutio*. Er tippte es in das Formular, das auf seinem Rechner gerade geöffnet war - UNTER VORBESTIMMUNG VERSTEHEN WIR GOTTES EWIGE ANORDNUNG, VERMÖGE DEREN ER BEI SICH BESCHLOSS, WAS NACH SEINEM WILLEN AUS JEDEM EINZELNEN MENSCHEN WERDEN SOLLTE! DENN DIE MENSCHEN WERDEN NICHT ALLE MIT DER GLEICHEN BESTIMMUNG ERSCHAFFEN, SONDERN DEN EINEN WIRD DAS EWIGE LEBEN, DEN ANDERN DIE EWIGE VERDAMMNIS VORHER ZUGEORDNET. Jetzt endlich war seine Anmeldung für das *Westminster Theological Seminary* fertig. Rod druckte die Papiere aus, unterschrieb und steckte sie in einen wattierten Umschlag. Wenn alles nach Plan verlief, würde er im kommenden Mai seinen Abschluss in Berkeley machen und dann im folgenden September seine theologische Ausbildung an dieser theologischen Fakultät anfangen. Er verschloss den Umschlag und machte sich auf den Weg zur Post.

Im People's Park, drei Blocks südlich vom Cal Campus, saß Jacob Coleman, ein vergammelt aussehender Mann von 32 Jahren, im Gras. Er betrachtete einen Baum in der Mitte des Rasens. Zuerst schwankte der Baum bedächtig hin und her. Dann knickte er im Zeitlupentempo langsam ein und zerschmolz schließlich wie eine regenbogenfarbene Kerze in der Sonne. Coleman lehnte sich zurück und legte seinen Kopf auf einen speckigen Rucksack. Verfilzte Locken hingen über seine schweißnasse Stirn und verdeckten seine geschlossenen Augen. Sein Körper fühlte sich schwerelos an, sein Bewusstsein wand sich in Schwindel erregenden Spiralen nach oben. Er fühlte die winzige Tablette unter seiner Zunge. Sie war schon fast aufgelöst und sein Bewusstsein ebenso. Ein Zittern durchlief seinen Körper. Er kämpfte dagegen an und richtete sich auf. Sein Herz raste. Wie verrückt kratze er an dem Schorf, mit dem sein ganzer linker Unterarm verkrustet war. Das war gar nicht so einfach, denn er sah mehrere Arme gleichzeitig. Er ließ sich zurück ins Gras sinken. Vergebens versuchte er nur still dazuliegen. Schließlich kam er wieder auf die Beine und wandte sich in Richtung Sproul Plaza auf dem Campus der UC Berkeley.

2. Kapitel

Coleman tauchte wie aus dem Nichts auf. Er beschimpfte die beiden Studenten hinter dem Büchertisch der University Christian Fellowship und sprang plötzlich mitten auf den Tisch. Mit den Füßen auf den Büchern verharrte er ein paar Sekunden mit ausgestreckten Armen und schrie wie von Sinnen. Wie ein Surfer auf dem Wellenberg glitt er auf dem zusammenbrechenden Tisch zu Boden. Das den Tisch umgebende Banner zerriss. Die Vorbeigehenden blieben erschrocken stehen.

»Was machst du da?«, rief Alex. Vor ihm stand Coleman, ein vollkommen Verrückter, den er nur zu gut kannte, aber den er bisher immer nur aus sicherer Distanz gesehen hatte. Er kannte auch seinen Namen, jedoch hatte keiner der versammelten Christen es je gewagt, Coleman anzusprechen. »Die Bücher kosten Geld.«

Coleman gab keine Antwort. Seine glasigen Augen waren hinter den vor Schmutz starrenden Haaren fast nicht zu sehen. Sein Gesicht wirkte viel älter als er wirklich war, seine Haut war von Wind und Wetter gegerbt. Er drehte sich um und wollte gehen.

Joe Fiori, ein anderer Student der UCF, packte ihn an der Schulter. »Wo willst du hin?«

Coleman stieß Fioris Arm von sich. »Nimm deine Hände weg!«

Fiori schlug ihm kräftig mit seiner offenen Hand gegen die Brust. Coleman flog gegen den Baumstamm, der hinter den Trümmern des Büchertisches stand. Fiori setzte nach und verbaute Coleman mit seiner hünenhaften Gestalt den Fluchtweg.

Alex' Wut wandelte sich sofort in Sorge. Die Kombination von Coleman und Fiori war hochexplosiv. Fiori war zwar Christ, aber noch jung im Glauben. Bis vor kurzem hatte er seine Wochenenden meistens auf Partys und mit Prügeleien verbracht. Groß, kräftig, streitlustig und ein Diskuswerfer der Leichtathletik-Mannschaft – kein Mensch mit klarem Verstand hätte sich ihm in den Weg gestellt.

Coleman jedoch hatte keinen klaren Verstand - ein Gammler, der sich jeden Tag auf der Sproul Plaza herumtrieb und als wütender Unruhestifter galt. Gerüchten zufolge war er ein Informatikstudent, der sein Studium abgebrochen und sein Gehirn mit Halluzinogenen verbrutzelt hatte. Die Leute der UCF kannten sonst niemanden, der so verkommen, so wild und bösartig war. Einige fragten sich ernsthaft, ob er vielleicht besessen war. Wenn er um die Ecke kam, verkrampften sie sich innerlich und fingen an zu beten. Heute hatte ihn jedoch niemand kommen sehen.

Alex legte seine Hand auf Joes Arm. »Ich mach das«, beruhigte er ihn. Er wandte sich an Coleman. »Ich bin Alex Kim, der Vorsitzende von University Christian Fellowship. Du kannst ruhig anderer Meinung sein, aber unsere Sachen lassen wir uns nicht beschädigen.« Alex war drahtig und ungefähr so groß wie der Angreifer, ein intelligenter und gut aussehender junger Mann, mit markanten koreanischen Gesichtszügen. Auf die meisten Menschen machte er immer einen guten ersten Eindruck.

Für Coleman jedoch hatte so etwas keine Bedeutung. Er verfluchte Alex. Er verfluchte die Menschenmenge, die sich mittlerweile um sie gebildet hatte.

Alex wich nicht zurück. Zu seiner Rechten und genau zwischen Fiori und Coleman stellte sich Jamie, der Sekretär und Schatzmeister der Gruppe. Braungebrannt, sonnengebleichte Haare, zerschlissene Jeans und Flip-Flops an den Füßen, hätte man ihn eher am Strand vermutet als an einer Uni.

Rod, der zweite Vorsitzende der Studentenvereinigung, stellte sich ebenso in Position. Mit seinen breiten Schultern und seinem kantigen Gesicht sah er eigentlich schon eher aus wie jemand, der einen Kampf verhindern könnte. Jedoch war er in Wirklichkeit ein fleißiger Rhetorik-Student, der einmal Pastor werden wollte und daher besser auf einem Rednerpult aufgehoben war als inmitten eines Straßenkampfes. Falls Coleman und Fiori tatsächlich loslegen sollten, war es fraglich, ob er von großer Hilfe wäre.

Alex wollte das lieber erst gar nicht herausfinden. »Wir wollen keinen Ärger«, sagte er.

Coleman starrte ihn finster an.

»Wenn es nicht anders geht, rufen wir die Polizei«, sagte Alex.

Einen Moment lang sah Coleman ihm direkt ihn die Augen. Alex war seltsam berührt, so als ob er Coleman das erste Mal wirklich sehen würde. Coleman murmelte etwas und ließ Alex, Rod, Jamie und Joe einfach stehen und ging.

»Auf Nimmerwiedersehen«, sagte Rod, als er weg war.

»Glaubst du, dass wir richtig gehandelt haben?«, wollte Alex wissen.

»Wer hat Angst vorm Schwarzen Mann?«, trällerte Jamie. »Der erste Tag des Wintersemesters und wir haben den hiesigen Kinderschreck erfolgreich in die Schranken gewiesen.«

»Nachdem er unseren Tisch zertrümmert hat«, sagte Rod.

Alex spürte, wie sein Kinn zitterte und hielt es mit einer Hand fest.

»Bist du okay?«, fragte Jamie.

»Ja, klar, hab mir unseren Anfang nur nicht so vorgestellt«, sagte Alex. »Was, wenn er zurückkommt?«

»Darüber denken wir nach, wenn er da ist«, sagte Jamie.

»Hast Recht«, sagte Alex.

3. Kapitel

Nur wenige Studenten hatten den Angriff auf den UCF-Büchertisch bemerkt. Sproul Plaza ist ein Ort, an dem immer etwas passiert. Der Schauplatz aller Demos, Sitzstreiks und Protestkundgebungen hat mit seinem berühmten Vermächtnis studentischer Widerstände einen Ruf zu verteidigen. An seinem südlichen Ende liegt der Haupteingang der Universität. Jeden Tag durchlaufen ihn 20000 Studenten, die von der Telegraph Avenue und dem Bancroft Way kommen. Zwei Straßen, die wiederum ihren eigenen Ruf haben. Zwei Kolonnaden mit grün belaubten London-Platanen geleiten die Studenten durch die Plaza und vorbei an den vielen Tischen, die von den zahlreichen studentischen Initiativen zwecks Rekrutierung neuer Mitglieder aufgestellt werden. Am nördlichen Ende der Plaza werden die Studenten durch das Sather Tor geschleust. Der verschnörkelte Bogen trägt das lateinische Motto der Uni, *Fiat Lux,* ›Es werde Licht‹. Hinter dem Tor führt die Sather Brücke die Studierenden zu den 400 Gebäuden der Universität, die zu den besten der Welt gehört. Dort sitzen die jungen Leute zu Füßen von Gelehrten, Autoren und Nobelpreisträgern. Der Zwischenfall hatte dort stattgefunden, am nördlichen Ende der Plaza, unter dem letzten Baum auf der Ostseite, kurz vor dem Sather Tor. Die Trümmer des Büchertischs der UCF erinnerten noch daran.

»Lasst uns hier aufräumen«, beauftragte Alex die anderen. »Werft den Tisch in den Müll. Die meisten Bücher sind noch okay. Packt sie in die Kisten. Danach treffen wir uns an unserem üblichen Treffpunkt.«

Einige UCF-Studenten warfen die Bruchstücke in den nächsten Müllcontainer. Andere halfen Alex, die Literatur zu verpacken. Zu ihnen gehörte Preston, ein BWL-ler im dritten Studienjahr und seit Beginn seines Studiums Mitglied der UCF. Auch Angela war da, eine Englisch-Studentin. Sie gehörte erst seit kurzem zur Gruppe und hatte vorher an einem Junior-College in Los Angeles studiert.

»Wer war denn der Typ?«, fragte Angela.

»Coleman«, antwortete Preston. »Einer von der Straße.«

»Der sah völlig durchgeknallt aus«, sagte ein Erstsemestler.

»Scheint übel dran zu sein«, meinte Angela. »Wir müssen für ihn beten.«

»Wir sollten lieber für uns selber beten«, sagte Rod. »Der Typ ist das personifizierte Böse.«

»Hier geht's in jedem Jahr verrückter zu«, sagte Jamie und hob eine schwere Bücherkiste auf.

»Hey Preston, im nächsten Jahr sind vielleicht wir beide für UCF verantwortlich und müssen so ’nen Kram dann alleine meistern. Schon mal drüber nachgedacht?«

»Der Herr wird uns beistehen«, antwortete Preston höflich. Aus Bombay stammend, sprach er mit einem indisch-britischen Akzent. »Ich denke, wir werden zurechtkommen.« Er lächelte Jamie an, bis dieser zurückgrinste.

»Das werden wir wohl«, sagte Jamie.

4. Kapitel

Nachdem sie fertig aufgeräumt hatten, sammelten sich die UCF-Studenten an einem Ort, den sie einfach ›die Redwoods‹ nannten. Neben dem Strawberry Creek im Osten des Sather Tors befand sich eine Anordnung dieser Mammutbäume. Die massiven Stämme mit ihrer rötlich-braunen Rinde formten eine Art natürliche Kathedrale, in deren Innerem es erfrischend kühl war und angenehm nach Wald roch. Im Zentrum befand sich eine Bank, die aus einem umgestürzten Baum geschnitzt worden war. Eine Gedenktafel wies sie als ein Geschenk des Abschlussjahrgangs von 1954 aus. Sichtgeschützt und ohne besondere Wegweiser, kannten nur wenige Studenten diesen Ort. Die Mitglieder der UCF meinten, dass Gott diesen Platz für sie als Zufluchtstätte reserviert hätte, wo sie ungestört ihre Mitgliederversammlungen abhalten konnten und in seiner Gegenwart erfrischt wurden.

Alex wartete auf ein paar Nachzügler und betrachtete währenddessen die ungefähr 20 anwesenden Studenten. Einige saßen auf der Bank, andere standen. Der Rest saß auf den am Boden liegenden Reedwood-Nadeln. Die jungen Leute erneuerten alte Freundschaften und knüpften neue. Viele berichteten angeregt über ihre missionarischen Erlebnisse des heutigen Tages. In dieser ersten Woche des Herbstsemesters war jeder noch ausgeruht und voller Tatendrang. Alex wusste, dass das nicht so bleiben würde. Im Laufe des Semesters würde es ermüdend werden, den Anforderungen der Uni und ihres missionarischen Dienstes gerecht zu werden. Es würde Anfechtungen geben. Widerstand. Sie rechneten fest damit, denn sie verfolgten ein sehr hohes Ziel: die Studenten der Cal für Christus zu gewinnen. Sein Job als Vorsitzender würde es sein, die Mitglieder ihrer Gruppe zu ermutigen und ihre Bemühungen zu koordinieren. Das erste Treffen dieses Semesters würde das Tempo des restlichen Jahres bestimmen. Deshalb war es sehr wichtig, dass es gut verlief.

»Lasst uns anfangen«, sagte Alex. »Ich bin Alex Kim, Vorsitzender der UCF. Ich möchte anfangen, indem ich euch im Team willkommen heiße und mich für den Ärger am Büchertisch entschuldige.« Ihm war aufgefallen, dass einige Studenten doch sehr besorgt ausschauten. »Die meisten dieser Obdachlosen sind harmlos. Ihr werdet euch schon an sie gewöhnen.«

»Wer war der Kerl?«, fragte jemand.

»Sein Name ist Coleman. Er läuft hier schon seit Jahren rum. Normalerweise macht er nur viel Lärm, sonst nichts.«

»Was sagt die Polizei dazu?«, fragte eine junge Frau.

»Das hier ist Berkeley«, sagte Jamie. »Erwarte nichts von den Cops.«

»Der Kerl ist plemplem«, meinte ein anderer Student.

»Warte, bis du ihn näher kennen lernst«, sagte Jamie. »Der ist mehr als plemplem.«

»Wir wollen uns wegen ihm keinen Kopf machen«, sagte Alex. »Ich möchte euch die anderen offiziellen Vertreter unserer Studentenvereinigung vorstellen. Das hier ist Rod Sutherland, der stellvertretende Vorsitzende. Neben ihm seht ihr Jamie Alfano, unseren Schatzmeister und Sekretär. Wir drei sind die offiziellen Leiter der UCF. Damit dieser Dienst aber erfolgreich laufen kann, müssen wir alle zusammenarbeiten. Wir sind hier, weil wir den anderen Studenten von Christus erzählen wollen. Vergesst dieses Ziel nie und glaubt nicht, das wäre so einfach. Wir versuchen die zu erreichen, die die Nase voll von Religion und Gott schon abgeschrieben haben. Wundert euch also nicht, wenn wir auf Widerstand stoßen.«

»Warum sollen wir denen überhaupt nachgehen?«, wollte ein Student wissen. »Hat Jesus nicht hauptsächlich mit denen gearbeitet, die seine Hilfe auch wollten?«

»Es gibt viele christliche Studentenwerke auf diesem Campus«, sagte Alex. »Sie tun ein gutes Werk unter den schon gläubigen Studenten und helfen denen, die Interesse am christlichen Glauben haben. Wir sind hier, um die anderen zu erreichen.«

»Auch wenn sie gar nicht wollen?«, fragte ein Junge, der neu war.

»So könnte man sagen.«

»Einige wollen Hilfe«, sagte Jamie. »Sie haben das nur noch nicht realisiert.«

»Jeden Donnerstag haben wir zwischen zehn und drei Uhr einen Büchertisch am nördlichen Ende von Sproul Plaza«, sagte Alex. »Wir brauchen zwei oder drei Leute, die dort stehen. Der Rest von uns wird sich paarweise aufteilen und mit Studenten reden, die sich auf dem Campus aufhalten. Wir haben viele gute Bücher, die wir weitergeben können. Wir wenden außerdem auch gerne eine religiöse Meinungsumfrage an. Das ist eine gute Methode, Studenten und ihre Denkweisen kennen zu lernen. Ihr werdet merken, dass so mancher, der erst sagt, ihn interessiere Gott nicht, doch viele Fragen zu geistlichen

Dingen hat. Einige sind sogar richtig offen.« Alex bemerkte, dass zwei Studentinnen, die neu an der Cal waren, gehen wollten. »Das funktioniert eigentlich ziemlich gut«, erklärte er der Gruppe. »Wir haben selten Ärger.« Die Mädchen gingen weiter, ohne sich umzudrehen. »Habt ihr heute schon gute Gespräche mit Kommilitonen gehabt?«, fragte er in die Runde.

»Sharon und ich haben ungefähr eine Stunde mit jemandem geredet«, sagte Preston. »Er erzählte uns, er glaube nicht an Absolutes. Er meint, alle Religionen gehören zu der gleichen kosmischen Realität.«

»Oder Irrealität«, sagte Jamie. »Wenn es keine absoluten Wahrheiten gibt, was macht er denn hier?«

»Er studiert Physik«, sagte Preston.

Rod schüttelte den Kopf. »Ein Physiker, der nicht an Absolutheiten glaubt – Willkommen im Berkeley des 21. Jahrhunderts.«

»Er erzählte uns, er habe einen Traum gehabt, in dem er ein Schmetterling gewesen sei«, sagte Sharon, eine Kunsthistorik-Studentin, die schon seit zwei Jahren zu UCF gehörte. »Seitdem fragt er sich, ob er ein Mensch ist, der geträumt hat, ein Schmetterling zu sein oder ein Schmetterling, der träumt, er sei ein Mensch.«

»Der hat doch bloß Descartes gelesen«, meinte Rod.

»Zhuângzi«, sagte Elliot, ein Mathematik-Student, der gerade seinen Doktor machte. »Chinesischer Philosoph ... viertes Jahrhundert vor Christus ... Taoist.«

»Wo auch immer der das aufgeschnappt hat«, schnaubte Jamie. »Er sollte lieber herausfinden, ob er Mensch oder Schmetterling ist, bevor er seine Diplomarbeit anfängt. Was soll ein Schmetterling mit einem Physik-Diplom anfangen?«

Einige lachten.

»Ich habe einen muslimischen Studenten aus Bahrain getroffen«, sagte Nick, Alex' WG-Mitbewohner, der wie Alex ebenfalls Elektrotechnik studierte. »Er sagte, früher habe er den islamischen Glauben praktiziert. Ich habe ihm ein Johannes-Evangelium geschenkt. Ich glaube, er ist auf der Suche.«

Viele erzählten von ihren Gesprächen mit anderen Studenten. Die meisten Angesprochenen reagierten eher gelangweilt, einer wurde wütend, zwei zeigten Interesse.

»Ich habe mit einer jungen Frau namens Susan Dan gesprochen«, sagte Angela. »Sie ist aus Singapur. Sie strebt einen Abschluss in Biostatistik an. Ich werde mich nächste Woche wieder mit ihr treffen.«

»Das ist toll«, sagte Alex. »Ausländische Studenten sind meistens offener.«

Die Gruppe betete. Sie dankten Gott für seine Hilfe während ihres ersten

Tages zurück an der Uni und dafür, dass er den Jungs bei der Konfrontation mit Coleman beigestanden hatte. Obwohl eine fröhliche Stimmung vorherrschte, war ihnen doch klar, dass ihr Dienst eigentlich eine ernste Angelegenheit war. Seelen standen auf dem Spiel.

»Ich möchte euch nur kurz erklären, wie wir vorgehen und was für Aktivitäten wir sonst noch anbieten«, erklärte Alex der Gruppe, als sie ihre Gebetsgemeinschaft beendet hatten. »Donnerstags machen wir unseren Büchertisch hier am Campus. Wir wollen, dass alle, die mitmachen, sich immer zur vollen Stunde wieder am Büchertisch einfinden. Dann hören die meisten Veranstaltungen auf und die Plaza wimmelt nur so von Studenten. Einer unserer Jungs wird eine kurze Botschaft sagen, in der der christliche Glaube vorgestellt wird. Wir brauchen dann jede Unterstützung.«

»Wundert euch nicht, wenn es einige Randalierer gibt«, sagte Jamie. »Sie pöbeln gerne rum, sind ansonsten aber harmlos. Anfangs bekommt man ein bisschen Bammel, irgendwann gewöhnt man sich dran.«

»Wir werden unsere Kurz-Predigten auch graphisch unterstützen. Wenn sich also jemand ein bisschen mit so was auskennt, möchte er mich doch bitte ansprechen.«

»Hören viele zu?«, fragte Angela.

»Das ändert sich immer mal. So zwischen 5 und 15, das weiß man vorher nie genau. Wenn wir viele Randalierer haben, kann die Zuhörerschaft auch schnell wachsen. Wichtig ist, dass wir nicht vergessen, dass unser Redner nur ungefähr fünf Minuten Zeit hat. Er zieht die Menschen an. Danach müssen wir anderen übernehmen. Sobald er also fertig ist, dreh dich zur nächst besten Person um und frag sie, was sie von seiner Rede gehalten hat. Wir haben herausgefunden, dass man so am besten ins Gespräch kommt. Noch Fragen?« Es gab keine. »Gut. Jeden Donnerstag um drei treffen wir uns dann hier, sprechen über den Tag und beten. Rod wird euch jetzt von unserem Bibelkreis erzählen.«

»Wir treffen uns jeden Freitagabend und studieren zusammen die Bibel«, sagte Rod. Er verteilte grüne Flyer. »Dort wollen wir mehr über Gott lernen, für unseren Dienst beten und miteinander Gemeinschaft haben. Wir treffen uns im Apartment von Preston und Elliot auf der College Avenue. Die Adresse steht hier unten.«

»Morgen Abend um acht«, sagte Alex. Er entließ die Gruppe und grüßte so viele Studenten wie möglich, bevor sie weggingen. Bald waren nur noch Rod, Joe und er übrig.

»Das mit Coleman hast du gut gemacht«, sagte Rod zu Alex.

»Danke.«

»Hätt' den Kerl fast zu Brei gehauen«, gab Joe zu. »Bin froh, dass ihr zwei dazwischen getreten seid.«

»Danke, dass du helfen wolltest«, sagte Alex.

»Joe und ich wollten dir noch gerne etwas zeigen«, sagte Rod.

Alex sah in Rods Gesicht. Er konnte sehen, dass es etwas Ernstes sein musste. »Sicher.«

»Es ist nur ein paar Minuten von hier, den Hügel rauf. Besser, du siehst es mit eigenen Augen.«

5. Kapitel

Alex folgte Rod und Joe den South Drive hoch mitten durch das Herz des riesigen Universitätsgeländes. Rod ging voraus und schlug dabei ein flottes Tempo an. Sie stiegen die Stufen zur Campanile Esplanade hoch, eine im klassischen Stil mit Backsteinen und Granit gestaltete Plaza. Hier und da gibt es kleine Grasflächen und in symmetrischen Reihen gepflanzte Zier-Bäumchen. Den Blickpunkt bildet der Campanile, ein dreißig Stockwerke hoher Glockenturm mit einer Uhr, der dem Markusturm in San Marco in Venedig nachgebaut war. Er ist das weithin sichtbare Wahrzeichen von Berkeley. Jeden Mittag läutet das aus einundsechzig Teilen bestehende Glockenspiel und gibt ein kleines Konzert zum Besten, das man überall am Campus hören kann.

»Da hinten«, sagte Joe und wies auf eine kleine Holzbank in der Nähe des Turms. »Taylor, der Neue, und ich haben heute Morgen hier die Umfrage gemacht.« Sie näherten sich der Bank. »Hier saß ein Mädel, eine Studentin aus Peru. Ich habe ihr ein paar Standard-Fragen gestellt. Ihre Antworten waren voll typisch, also habe ich Dankeschön gesagt und ihr ein Johannes-Evangelium geschenkt. Wir waren eigentlich schon fertig, als Taylor die plötzlich fragte, was mit ihr passieren würde, wenn sie sterben würde.«

»Ziemlich direkt«, sagte Alex.

»Sie meinte, das wüsste sie nicht. Dann hat er sie mit noch mehr Fragen gelöchert.«

»Taylor hätte nicht die Gesprächsleitung an sich reißen sollen«, sagte Rod. »Heute war sein erster Tag und plötzlich dreht er sein eigenes Ding.«

»Wir werden noch viele Mitarbeiter-Schulungen machen. Ihr könnt Taylor keinen Vorwurf machen.«

»Es geht noch weiter«, sagte Rod.

»Der hat sie plötzlich unter Druck gesetzt«, erzählte Joe weiter. »Die zeigte zwar Interesse, aber mehr so aus Höflichkeit. Was macht der? Der holt seine

Bibel raus und liest ihr Verse vor. Alles Verse, dass Sünder in die Hölle kommen.«

»Hält scheinbar nicht viel von Diplomatie«, sagte Alex.

»Dann hat der ihr alle möglichen Fragen gestellt, wie in so 'nem Fernseh-Kreuzverhör. Hast du jemals gelogen? Hast du gestohlen? Hast du jemanden umgebracht? Ich meine, die ist noch keine vierundzwanzig und der tut so, als ob sie ein Kettensägen-Mörder wäre oder so was.«

»Und sie hat sich das gefallen lassen?«, fragte Alex.

»Was hätte die denn machen sollen? Der hatte die völlig in die Ecke gedrängt. Dann fragt der die, ob sie jemals Ehebruch begangen habe. Ich hätte dem fast aufs Maul gehauen.«

»Das hat er wirklich gefragt?«

»Ey, das war ihr voll peinlich. Fing die auf einmal an zu erzählen, dass sie mit ihrem Freund zusammenlebt, irgend 'nem Typen namens Paco, und plötzlich fängt die an zu plärren. Vermutet, dass ihr feiner Freund auch noch irgendwo 'ne Ehefrau mit Kindern hat und das macht sie echt fertig, hat voll das schlechte Gewissen deswegen.«

»Sie hat geweint?«, fragte Alex.

»Ja, die hat sich total mies gefühlt, aber anstatt die mal zu trösten oder so, sagt Taylor ihr nur, sie müsse Buße tun, bevor es zu spät sei.«

»Das hat er gesagt?«

»Dann hat die ihm alles gebeichtet; alles, was die jemals gemacht hat. Einen ganzen Haufen Mist. Die ist mit allen möglichen Kerlen ins Bett gestiegen, hat ihre Eltern belogen, sich am Wochenende voll laufen lassen, die ganze Bandbreite. Dann ist die vollends ausgetickt und hat nur noch Spanisch gelabert. Und Taylor – als ob der es verstehen würde – warnt die, dass die mit ihrem Freund unbedingt Schluss macht. Hey, die ist noch gar nicht gläubig und der fängt schon an, ihr Leben umzukrempeln.«

Einige Studenten liefen an ihnen vorbei. Alex wartete, bis sie außer Hörweite waren und setzte dann das Gespräch fort. »Wir werden Mitarbeiter-Schulungen durchführen.«

»Schulungen! Der Kerl braucht einen Schlag auf den Hinterkopf«, sagte Joe. »Der war so was von abgebrüht.«

»Wie ging es weiter?«, fragte Alex.

»Taylor schlug 1. Korinther 6,9 auf, du weißt schon, diese Verse über Unzüchtige, die nicht in den Himmel kommen werden und knallt ihr das vor den Bug. Du wirst nicht glauben, was dann passiert ist.«

»Vielleicht will ich's lieber gar nicht wissen . . .«

»Taylor erklärt der, sie solle sich lieber hinknien und zu Gott rufen, dass der sie erretten möge.«

»Hier?«

Joe deutete auf einen Flecken Gras. »Genau hier.«

»Was hat sie gemacht?«

»Die hat sich hingekniet und wie verrückt auf Spanisch gebetet.«

»Im Ernst?«

»Ja! Ich mein, ich hab mich nur umgeschaut und gedacht: Mann, was werden die Leute denken? Dann hat die noch lauter geheult, so gejammert und gezetert, wie die Leute im Mittleren Osten, wenn da ein Baby gestorben ist oder so was.«

Alex musste schlucken.

»Sie also weiter auf Spanisch«, sagte Joe. »Taylor betet stumm mit geschlossenen Augen, so wie in der Kirche. Ich denke: Oh Mann, gleich kommt der ihr Freund und macht aus uns Hackfleisch. Da drüben saß ein ganzer Haufen Studenten, die haben uns angestarrt, als hätten wir sie nicht mehr alle, und ich denk nur, wo soll das bloß enden?«

»Kann ich mir vorstellen«, sagte Alex.

»Ich weiß zwar nicht, wo der junge Mann herkommt«, sagte Rod, »aber was denkt der eigentlich, wer er ist? Johannes der Täufer?«

»Ich kenne ihn auch nicht so gut.«

»Glaubt er, sie käme in den Himmel, nur weil sie ihr Leben aufräumt?«, fragte Rod.

»Ich habe ihn auch gerade erst kennen gelernt. Ich kenne nur seinen Bruder und der ist in Ordnung«, sagte Alex.

»Ey, hör mal: Ich hab auch versucht, mein Leben allein aufzuräumen, bevor ich mich bekehrt habe«, sagte Joe. »Das läuft nicht.«

»Glaubst du, dass es das war, was Taylor ihr begreiflich machen wollte?«

»Weiß nicht, was ich glauben soll. Auf einmal merkt die, dass ihre Vorlesung schon angefangen hat und läuft davon. Taylor hat die nie nach ihrem Namen gefragt. Was sollen wir jetzt bitte schön machen?«

»Das Problem erstreckt sich nicht nur auf Taylor«, sagte Rod. »Wir haben viele neue Studenten. Bei vielen sind die Grundlagenkenntnisse recht dürftig. Ich bezweifle nicht, dass sie Christen sind, aber sie haben kein Fundament.«

»Wir werden Schulungen durchführen«, sagte Alex.

»Einige kommen aus echt abgefahrenen Gemeinden«, sagte Joe. »Wer kann schon sagen, was die glauben?«

»Es wird seine Zeit dauern, aber wir werden das schon in den Griff bekommen«, sagte Alex. »So ist das doch immer am Anfang.«

»Die Zeiten ändern sich, Alex.« Rod setzte sich auf dieselbe Bank, auf der das peruanische Mädchen gesessen hatte. »Jede Sekte der Welt schwirrt hier auf dem Campus herum. Immer wieder schießen neue Bewegungen aus dem

Boden. Wir müssen vorsichtig sein. Hier draußen laufen wirklich seltsame Gestalten herum.« Er deutete Alex an, sich zu ihm zu setzen.

»Ich weiß«, sagte Alex und ließ sich neben ihm nieder.

»Ich habe mich in den Sommerferien auf mein Studium am Westminster Seminar vorbereitet. Pastor Shelton gab mir eine ganze Liste von Büchern, die ich lesen sollte. Das waren richtige Augenöffner, Alex.«

»Ich hab auch eins gelesen«, sagte Joe. »War wirklich gut.«

»Danach musste ich viel darüber nachdenken, was wir hier draußen eigentlich machen«, sagte Rod.

»Was soll das heißen?«

»Ich glaube, dass wir uns etwas geschlossener halten sollten, etwas sorgsamer vorgehen. Man kann heute nicht mehr alles unbesehen glauben.«

»Meinst du etwas Bestimmtes?«

»Wie viele machen bei uns mit, Alex? Dreißig, vierzig oder mehr, wenn mal alles läuft?«

»Ungefähr.«

»Unten am Büchertisch können wir sie im Auge behalten, aber was ist hier oben? Sie repräsentieren UCF, und du und ich tragen die Verantwortung.«

»Was schlägst du vor?«

»Jeder muss sich an gewisse Grundsätze halten«, sagte Rod.

»Das ist vernünftig.«

»Wir brauchen gewisse Richtlinien und Regeln.«

»Okay.«

»Etwas in schriftlicher Form.«

»Wir haben doch die Bibel.«

»Ist 'n bisschen lang«, sagte Joe.

»Wir brauchen etwas Prägnanteres«, sagte Rod, »es muss kurz und präzise sein. Zum Beispiel ein Positionspapier, in dem wir unsere Doktrin festhalten, so was in der Art.«

»Vielleicht haben wir so was ja schon«, meinte Alex. »Kirk gab mir einen Aktenordner, bevor er letztes Frühjahr die Uni verließ. Da ist wahrscheinlich schon was drin. Wenn nicht, dann gibt es vielleicht eins in der Akte der UCF im Studentensekretariat.«

»Mir ist noch nie ein Positionspapier unter die Augen gekommen«, sagte Rod.

»Mir auch nicht«, sagte Joe.

»Vielleicht ist das ja genau das Problem«, sagte Rod. »Wenn niemand es gesehen hat, wer soll dann wissen, wo wir überhaupt stehen?«

»Ich kümmere mich darum«, sagte Alex. »Das dürfte kein Problem sein.«

6. Kapitel

Zorn. Oder doch Terror? Schwer zu sagen. Sie klickte mit ihrer Maus auf ein Lupen-Icon und fuhr mit dem Cursor über das Gesicht des Studenten. Drei weitere Klicks vergrößerten ihn um 400%. *Terror. Definitiv Terror.* Irgendwie kam er ihr bekannt vor, aber sie wusste nicht, woher. *Wer war das? Versuchten sie, ihn mit Gewalt zu einem Sekten-Mitglied zu machen? Oder gehörte er zu ihnen? Wollten sie ihn zwingen, an einer ihrer zwielichtigen Unternehmungen teilzunehmen? Hatte er gegen eine ihrer Regeln verstoßen?*

Sie öffnete das zweite Foto. Es war ungefähr fünf Sekunden später mit einem Weitwinkel-Objektiv aufgenommen worden. Vier Männer umzingelten ihn, drei Weiße und ein Asiat. Er stand mit dem Rücken zu einem Baum und konnte nirgendwohin fliehen. Eine größere Menschenmenge umgab die Männer. Sie konnte sechzehn Personen auf dem Bild zählen, fünf männliche, neun weibliche. Sie schienen ihm zu drohen. *Aber warum? Was hatte er getan? Oder auch nicht getan? Oder wollte er nicht tun?*

Sie hatte nur den letzten Schlag gesehen, ein Stoß gegen die Brust, ausgeführt von dem Hünen. Das männliche Objekt, die Panik deutlich ins Gesicht geschrieben, war gegen den Baum geknallt. Das hatte die Aufmerksamkeit ihres geübten Reporter-Auges gefangen genommen und die Fotoserie ausgelöst.

Sie verließ ihren Schreibtisch und blickte aus ihrem Büro-Fenster im sechsten Geschoss der Eshleman Hall. Dort drüben konnte man gerade noch die untere Sproul Plaza in Richtung des Sather Tors erspähen. Es war nach Mitternacht und der Campus lag in Dunkelheit gehüllt. Sie bemühte sich, den Schauplatz des Kampfes zu erkennen, aber abgesehen von der Schwärze der Nacht versperrte die Ecke eines anderen Gebäudes ihre Sicht. *Waren sie sauer auf ihn? Sollte es eine Warnung sein? Es musste schon etwas Wichtiges sein, sonst hätten sie ihn nicht in aller Öffentlichkeit gestellt.*

»Das ist der Hammer«, flüsterte sie, obwohl sie wusste, dass sie der einzige Mensch in den dunklen Büros des *Daily Californians* war. Das einzige Licht warf ihre verchromte Schreibtischlampe. »Der Ober-Hammer!«

Sie kehrte zu ihrem Schreibtisch zurück und untersuchte die Foto-Galerie auf ihrem Computer-Bildschirm. Sie hatte 46 Bilder von dem Zwischenfall machen können. Davon hatte sie schon 16 zur genaueren Untersuchung ausgesucht und sie an den Anfang des Verzeichnisses verschoben. Sie überprüfte noch einmal ihre Auswahl. Dies waren definitiv die Besten; das eine von dem jungen Mann mit den vor Panik geweiteten Augen war bei weitem das aussagekräftigste Foto. Sie war sich sicher, dass es gut auf die Titelseite passen würde, wenn sie nur herausfinden könnte, was eigentlich los gewesen war.

Sie klickte auf das Thumbnail des dritten Fotos und öffnete es. Laut Zeitanzeige hatte sie es 58 Sekunden nach dem ersten Foto aufgenommen. Der asiatische Kerl gab Befehle an den Rest der Gruppe, die unterwürfig zuhörte. Er schien sie komplett unter seiner Fuchtel zu haben. Das war ein deutliches Kennzeichen einer Sekte und das Ergebnis gründlicher Gehirnwäsche. Das hatte sie schon öfters gesehen.

Sie sah sich das vierte Bild an, auch mit einem Weitwinkel-Objektiv geschossen. Die Sektenmitglieder warfen etwas in den Müll. Sorna entleerte den Inhalt eines schwarzen Plastik-Müllbeutels auf ihren Schreibtisch. Zutage kamen drei Gegenstände, die sie eine Stunde nach dem Zwischenfall aus dem Abfallcontainer gefischt hatte. Sie untersuchte sie sorgfältig. Es waren Teile eines Tisches. Nur unter Aufwendung erheblicher Gewalt hatte man den zerstören können.

Sie griff in den Beutel und holte zwei Bücher hervor, die sie ebenfalls im Müll gefunden hatte. Das erste hieß: *Darwins Blackbox: Wie die Biochemie die Evolution in Frage stellt.* Ein schmutziger Fußabdruck zierte den zerfledderten Umschlag. Das zweite Buch war eine Bibel. Der Umschlag war zerrissen, die Seiten völlig hinüber. *Hatten sie ihn gezwungen, diese Bibel zu schänden? War das eine ihrer Gehirnwäsche-Methoden? Ein Initiations-Ritus? Oder war sie bei dem Handgemenge beschädigt worden?* Unmöglich zu sagen. Sie brauchte mehr Informationen. Sie entschloss sich, noch in dieser Nacht wieder zum Container zu gehen und nach mehr Beweisen zu suchen. Wenn sie den Morgen abwartete, könnten sie schon verschwunden sein.

Sie nahm ein Haargummi aus ihrem Schreibtisch und band ihre Haare zusammen. Im Müll zu graben war schmutzige Arbeit, besonders nachts, aber das machte ihr nichts aus. Sie hatte schon ihre Erfahrungen auf diesem Gebiet gemacht, als sie eine andere Gruppe untersucht hatte: ›die Brüder‹, auch bekannt als ›die Brüder und Schwestern‹, alias ›die Robert-Gruppe‹, alias ›die Müll-Fresser‹. Eine nomadische Sekte, eine religiöse Untergrundbewegung, die durch das Land zog und leichtgläubige Jugendliche rekrutierte. Sie lebten von abgelaufenen Nahrungsmitteln, die sie nachts aus den Müll-Containern hinter Supermärkten fischten. Ihre preisgekrönte Berichterstattung über die Gruppe hatte ihr diesen Job als Enthüllungsjournalistin beim *Daily Californian* beschert.

Sie klickte das fünfte Bild an. Sie hatte es aus zehn Metern Entfernung aufgenommen. Näher hatte sie sich nicht herangetraut, als das geheime Treffen der Gruppe auf einer kleinen Lichtung in dem Wäldchen am Universitäts-Gelände stattgefunden hatte. *Schlaue Burschen. Kannte die Ecke selbst nicht.*

Auch hier hatte der Asiat das Sagen. Sie hatte viele Aufnahmen von dem Treffen, aber nur wenige waren wirklich tauglich. Die Bäume hatten einfach die Sicht zu sehr verdeckt. Vier Bilder waren aber ganz gut geworden.

Auf dem ersten war ein dämlich aussehender Grünschnabel zu sehen. Sie vergrößerte das Bild. Er war blass, trug einen Topfschnitt, der so aussah, als hätte er ihn sich selbst verpasst, und eine riesige altmodische Brille, die ihm immer von der Nase rutschte. Er sah aus wie ein Erstsemestler. *Wahrscheinlich haben sie den direkt an seinem ersten Tag im Studentenwohnheim gekascht.* Das zweite Bild zeigte eine weibliche Person. Hispanisch, mit dunklem, schulterlangem Haar, zarter Figur und hübsch, aber mit einem rechthaberischen Gesichtsausdruck. Auf dem dritten Bild waren zwei Mädchen abgebildet, die das Treffen direkt am Anfang wieder verlassen hatten. Sie hatte die beiden angesprochen und um ein Statement gebeten. »Die glauben, sie seien Gottes Sturmtruppen«, hatte das erste Mädchen ihr erzählt. »Irgend 'ne Sekte«, meinte die zweite. Die Aussagen waren kurz, aber unbezahlbar und bestätigten ihren Verdacht. Sie gratulierte sich, dass sie wieder einmal zur richtigen Zeit am richtigen Ort gewesen war. Eine Begabung, die alle großen Reporter teilten; das konnte man nicht lernen, damit musste man geboren werden, da war sie sich sicher.

Das vierte Bild war eine Weitwinkelaufnahme der ganzen Gruppe nach ihrer Zusammenkunft. »Das nenne ich interessant!«, murmelte sie und beugte sich weiter zum Bildschirm vor. Einige der Studenten hielten einen grünen Zettel in der Hand. Nachdem sie sich noch einmal den Abfallcontainer vorgenommen hatte, würde sie die Lichtung absuchen. Vielleicht war ein Zettel unabsichtlich dort liegen geblieben. Sie würde eine Taschenlampe brauchen. Sie öffnete ihre untere Schreibtischschublade und holte eine heraus.

Das nächste Foto war eine Nahaufnahme von dem Asiaten, dem Hünen und einem anderen, etwas untersetzten Typen, als sie den South Drive hoch liefen. Sie hatte es aus hundert Meter Entfernung geschossen. Die Verfolgung der Dreier-Gruppe hatte sich extrem schwierig gestaltet, da ihre kurzen Beine mit den langen Beinen der jungen Männer kaum hatten mithalten können. Außerdem war sie immer von Versteck zu Versteck gesprungen, um nicht gesehen zu werden und musste dann wieder rennen, um nicht abgehängt zu werden. Das Foto war nicht brauchbar, man konnte die drei nur von hinten sehen. Ihr fiel jedoch auf, dass der Untersetzte die beiden anderen führte. War er vielleicht der Anführer dieser Sekte?

Sie klickte wieder zur Foto-Galerie und suchte nach einer besseren Aufnahme von ihm. Da war ja eine. Die hatte sie gemacht, als die drei jungen Männer bei der Campanile Esplanade gestoppt hatten. Er hatte ein kantiges

Gesicht und einen eckigen Kopf, der durch den Bürstenhaarschnitt nur noch betont wurde. Er sah sehr wütend aus, zu allem entschlossen, keiner, dem man sich in den Weg stellen wollte, definitiv der Anführer.

Sie bewegte den Cursor auf das nächste Bild. Es zeigte den Asiaten, den Hünen und ihren Anführer in der Nähe des Glockenturms. Der Große zeigte auf einen Flecken Gras am Fuße des Turms. Sie vergrößerte das Bild. Das war nichts. *Komisch. Was machten die da? Wollten sie dort etwas ablegen? Einen Sprengkörper vergraben?* Sie stellte sich vor, wie der hundert Meter hohe Turm zusammenstürzte und welchen Schaden das verursachen würde. *Mann, das wäre mal wirklich eine öffentlichkeitswirksame Erklärung!*

Die nächsten sechs Bilder gehörten zu einer Serie von Aufnahmen, die sie von dem Anführer und dem Asiaten gemacht hatte. Sie waren den Hügel wieder runter gelaufen, über die Sproul Plaza, die Stufen hinunter zur Unteren Sproul Plaza, dann fast direkt an ihrem Büro im Eshleman-Hall-Gebäude vorbei, den Bancroft Way hinunter und bis zur Dana Street. Dort trennten sich die beiden. Sie war dem Asiaten gefolgt. Das war ein Fehler gewesen, wie sie im Nachhinein erkannte. Sie hätte dem Anführer nachgehen sollen. Aber egal, das Verhalten des Asiaten war auch interessant. Er hatte sie sechs Blocks die Dana Street hinunter bis zur Parker Street geführt, wo er sich nach links gewendet hatte und wieder vier Blocks zurück zur Benvenue Avenue gegangen war. Dort hatte er ein kleines, zweigeschossiges Mietshaus betreten. *Warum der Umweg? Er hätte in der Hälfte der Zeit dort sein können, wenn er den direkten Weg gewählt hätte. Vermutete er, dass er verfolgt wurde?*

Sie betrachtete ein Foto, das sie von dem Gebäude gemacht hatte, das er betreten hatte. Es bestand aus sechs Wohneinheiten und war mit dunklen Holzschindeln bedeckt. Jede Wohnung hatte einen kleinen Balkon. Nichts Besonderes. *Moment mal!* Sie beugte sich vor. *Benvenue Avenue? Konnte es wahr sein?*

Sie holte eine Akte aus ihrem Schreibtisch. In ihr waren zwei Dokumente, die eine entscheidende Rolle bei ihrer Berufswahl als Enthüllungsjournalistin gespielt hatten. Sie stammten aus der Original FBI-Akte von einem der größten Kidnapping-Fälle in der amerikanischen Geschichte. Sie hatte sie aus dem Justizministerium bekommen, weil sie sich auf das Gesetz über die Auskunftspflicht öffentlicher Einrichtungen berufen hatte. Leider waren es nur Fotokopien, aber trotzdem durchfuhr sie jedes Mal ein Schauer, wenn sie sie in die Hand nahm.

Das erste Dokument war der Original FBI-Bericht, der einen Tag nach der Entführung aufgenommen worden war. Der mit dem Fall betraute Agent hatte ihn verfasst. Sie las ihn schnell, auf der Suche nach dem Namen des Tatorts.

> Um ungefähr 21.38 Uhr am Abend des 4. Februars 1974 ist Patricia Hearst, Alter ungefähr 21 Jahre, Tochter von Randolph A. Hearst, Präsident der San Francisco Examiner Zeitung, mit Waffengewalt aus ihrer Wohnung in Berkeley, Kalifornien, entführt worden. Täter waren eine Weiße und zwei Farbige. Bei Miss Hearst, Studentin an der Universität von Kalifornien in Berkeley und wohnhaft in App. Nummer 5, 2603 Benvenue, Kalifornien, hatte es an der Tür geklingelt.

Plötzlich fiel ihr auf, dass sie vergessen hatte, die genaue Adresse des Gebäudes, in dem der Asiat lebte, zu notieren. Sie überflog den Rest des FBI-Berichts und suchte nach anderen Details über den Tatort.

> Eine weibliche, weiße Person gab vor, eine Autopanne zu haben und bat, das Telefon benutzen zu dürfen. Als Miss Hearst die Tür öffnete, drangen zwei männliche, farbige Personen mit Automatikwaffen ein. Sie eröffneten das Feuer und schlugen auf Mr. Stephen Weed ein, den Verlobten von Miss Hearst, der ebenfalls zugegen war. Sie verschleppten Miss Hearst. Die Eltern des Opfers informierten die örtlichen Polizeibehörden und verlangten das sofortige Einschalten des FBIs.

Nichts Brauchbares.

Sie öffnete Google Maps auf ihrem Rechner, gab die Adresse ein und klickte auf »Search«. Die sich öffnende Landkarte zeigte ein Gebäude in der Nähe der Ecke Benvenue und Parker. Es war ungefähr dort, bis wohin sie den Asiaten verfolgt hatte. Sie klickte auf »Satellite«. Ein Luftbild des Gebietes öffnete sich. *Ist das etwa das gleiche Gebäude?* Die Auflösung war zu schlecht, um eine sichere Aussage machen zu können. Sie klickte auf ein Symbol, das einen Bilderrahmen zeigte und öffnete die Google Bildersuche. Sie gab die Adresse ein. Thumbnails von sechs Bildern des Gebäudes öffneten sich. *Das ist es!* Der Asiat lebte in dem gleichen Apartment-Komplex, aus dem Patty Hearst 1974 entführt worden war. *Bestimmt kein Zufall.*

Welches Apartment? Auf zwei Bildern waren Kugeleinschläge in der Außenwand des Gebäudes zu erkennen, sie stammten von den Kidnappern. Ein weiteres zeigte den Balkon der Wohnung. Es war die gleiche Einheit. Sie war sich ziemlich sicher.

Sie untersuchte das zweite FBI-Dokument, mehr um sich inspirieren zu lassen und nicht wegen des Inhalts. Es war eine Kopie der ersten Verlautbarung der Täter. Sie hatten sie damals an die KPFA-Radiostation gesandt, die

Rundfunkstimme der Berkeley Gegenkultur während dieser bedeutsamen Jahre. Eine Stimme aus einer Ära, die nun schon längst vergangen war.

> Symbionese Liberation Army, Erwachsenen-Einheit der westlichen Region, Kommuniqué Nr. 3, 4. Februar 1974. Betreff: Kriegsgefangene Patricia Campbell Hearst, Tochter von Randolph A. Hearst, gemeinsamer Feind des Volkes. Der Haftbefehl befugt: Arrest und Schutzgewahrsam, bei Widerstand Hinrichtung. Der Haftbefehl wurde von dem Gerichtshof des Volkes ausgestellt.

Sie stand auf und lief lesend vor ihrem Schreibtisch auf und ab.

> An dem genannten Datum führten Kampfeinheiten der United Federated Forces der Symbionese Liberation Army den Haftbefehl gegen Patricia Campbell Hearst aus. Die Truppe besaß mit Cyanid gefüllte Waffen. Dieses Gericht verfügt, dass die genannte Person von der Kampfeinheit verhaftet und in Sicherheitsverwahrung genommen werden soll. Sollte von den Behörden der Versuch unternommen werden, die Gefangene zu befreien oder sollte ein Mitglied der SLA verhaftet oder verletzt werden, wird die Gefangene hingerichtet.

Aus dem Rest des Briefes ging hervor, dass man den Befehl gegeben hatte, eine »Schießen um zu Töten«-Politik zu betreiben. Man verlangte, die beiderseitige Kommunikation in allen Medien zu veröffentlichen. »Bei Nichtbeachtung dieser Regeln wird die Sicherheit der Gefangenen gefährdet.« Es gab keine Lösegeld- oder sonstige Forderungen, sondern nur das Versprechen: »Weitere Anweisungen werden folgen.« Unterschrieben war das Ganze mit »SLA.« und dem Nachsatz: »Tod dem faschistischen Insekt, das Jagd auf das Leben der Menschen macht.«

Sie ballte ihre Hand zur Faust und rief: «ARGHHH! Wenn ich damals schon gelebt hätte!«

Sie setzte sich wieder an den Schreibtisch, stützte den Kopf auf die Hände und starrte auf ihren Bildschirm. *Jetzt weht ein anderer Wind in Berkeley, so was passiert hier nicht mehr.* Die drei männlichen Personen vor dem Campanile starrten sie an.

Vielleicht doch.

Sie machte das Licht aus und wandte sich zur Tür. Jetzt war keine Zeit für sentimentale Gefühlsduselei. Sie hatte noch eine Menge Arbeit vor sich.

7. Kapitel

Das dreistöckige Mietshaus, in dem Preston und Elliot lebten, war wie geschaffen für den Bibelkreis der UCF. Das innen und außen weiß gestrichene Gebäude verfügte über geräumige Zimmer mit großen Fenstern und hohen Decken. Es gab keinen Aufzug. Eine breite, mit Teppich ausgelegte Treppe wand sich in der Mitte des Mietshauses nach oben. Die Wohnungen verfügten zwar nicht über eine Klimaanlage, aber normalerweise war auch keine nötig. Die kühle Seeluft, die aus der Bucht von San Francisco herüberwehte, segnete Berkeley mit angenehmen Temperaturen. Wenn sich die Wohnung von Preston und Elliot im zweiten Geschoss jedoch mit Studenten füllte, entwickelte sie ihr eigenes Mikroklima. Kirk, der frühere Vorsitzende der UCF, der damals seinen Doktor in Physik machte, hatte einmal ausgerechnet, dass 12 Kühe genügend Wärme ausstoßen würden, um ein norwegisches Bauernhaus bequem durch den Winter zu bringen. Laut seiner Rechnung würden 68 Studenten die gleiche Wirkung erzielen. Egal, ob man die Gleichung verstand oder nicht, jeder wusste, dass freitagabends unbedingt die Fenster und Türen geöffnet bleiben mussten, ansonsten wurde die Wohnung zur Sauna. Ein vorbeifahrender Bus verkomplizierte die Angelegenheit ein bisschen, weil sein dröhnender Motor jegliche Konversation unmöglich machte. Also hatte jemand die Aufgabe, das vordere Fenster ungefähr alle 20 Minuten kurz zu schließen.

Neben dem Problem des Buslärms gab es noch ein anderes oder jedenfalls hätte es eigentlich eins geben müssen - die Lautstärke der Gruppe selbst. Der Bibelkreis begann mit circa 30-minütigem Gesang. Zwei bis drei Gitarrenspieler, je nachdem, wer da war, sorgten für musikalische Unterstützung. Oft brachte auch jemand ein Cajon mit oder eine Djembe oder irgendwelche anderen Rhythmusinstrumente. Durch die offenen Fenster und Türen konnte man das Singen durchs ganze Haus hören. Während der folgenden Bibelarbeit wurde fröhlich diskutiert und im Anschluss daran blieben die Studenten oft bis weit nach Mitternacht und schwatzten miteinander. Warum sich noch keiner der anderen Mieter beschwert hatte, war ihnen allen ein Rätsel.

Auch wenn die Tür hauptsächlich offen stand, um Frischluft hereinzulassen, so sagte das doch auch etwas über UCF aus. Alle waren willkommen, Christen und Nicht-Christen, Christen jeder Couleur, Angehörige anderer Religionen, Agnostiker, Atheisten. Jeder war willkommen und nichts geschah im Verborgenen. Die Anwesenden sagten, was sie dachten.

An diesem ersten Freitag im Herbstsemester hatten sich bis zwanzig Uhr

28 Studenten eingefunden. Die meisten saßen im Schneidersitz auf dem Wohnzimmerteppich, andere saßen auf bunt zusammengewürfelten Flohmarkt-Möbeln, die gegen die Wände geschoben worden waren. Bald würde der Raum voll sein und Nachzügler würden ins Esszimmer, in den Flur oder sonst wohin verbannt werden; eine regelmäßige Praxis, die niemanden zu stören schien.

Taylor leitete den Gesang an diesem ersten Freitag der Vorlesungszeit. Obwohl er neu war, hatte Alex ihn darum gebeten, denn Taylor war ein erstklassiger Gitarrenspieler mit einer besonderen Ausstrahlung. Als das Singen vorüber war, arbeitete Alex sich nach vorne vor.

»Wir sind heute Abend hergekommen, um von Gott zu lernen und herauszufinden, was er über das Leben, über Errettung und, besonders wichtig, über sich selbst zu sagen hat. Bei uns gibt es drei Regeln. Erstens: Alle müssen sich beteiligen. Man kann eine Frage stellen oder seine Meinung sagen, aber man muss etwas sagen. Zweitens: Man darf seine Meinung sagen, aber wenn man ernst genommen werden will, dann muss man sie anhand der Bibel begründen. Drittens: Man darf niemanden kritisieren, keine Kirchen oder Gemeinden oder ihre Vorgehensweisen. Wir sind hier, um über die Bibel zu sprechen und nicht, um andere Leute zu richten.« Er holte einige Bibeln aus dem Regal hinter sich und verteilte sie an alle, die keine mitgebracht hatten. »Wir machen da weiter, wo wir letztes Semester aufgehört haben. Jamie, Rod und ich werden uns bei der Gesprächsleitung abwechseln. Preston, würdest du den Abschnitt des heutigen Abends bitte vorlesen? Wir befinden uns in Johannes 6, Verse 27 bis 40.«

Während Preston vorlas, suchte Alex sich einen Platz auf dem Boden. Er ordnete seine Notizen und sammelte seine Gedanken. Obwohl er auch schon im letzten Jahr ein paar Mal den Bibelkreis geleitet hatte, war dies doch das erste Mal, dass er als Vorsitzender des UCF lehrte und er spürte, wie sein ganzer Körper angespannt war.

»Danke Preston«, sagte Alex, als der Text fertig vorgelesen war. »Schauen wir uns einmal die ersten beiden Verse an. Jesus sagt hier: ›Wirket nicht für die Speise, die vergeht, sondern für die Speise, die da bleibt ins ewige Leben, die der Sohn des Menschen euch geben wird. Denn diesen hat der Vater, Gott, beglaubigt.‹« Alex legte seine Bibel auf den Schoß und sah die Gruppe an. »Was meint Jesus hier?«

»Er vergleicht den Wert von normalem Essen mit geistlicher Nahrung«, sagte Sharon. »Das eine ernährt den Körper, das andere die Seele.«

»Gut, Sharon«, sagte Alex. »Wo bekommt man diese ewige Speise laut diesem Abschnitt her?«

»Von Jesus«, antwortete Nick.

»Das stimmt«, sagte Alex. »Würde jemand den nächsten Vers übernehmen?«

Vers für Vers leitete Alex die Gruppe durch den Abschnitt und stellte Fragen, kommentierte die Antworten und half den Studenten, den Bibeltext zu verstehen. Das Gespräch lief gut und Alex entspannte sich.

Als sie zu Johannes 6,35 kamen, beteiligte sich Joe: »›Ich bin das Brot des Lebens: Wer zu mir kommt, wird nicht hungern, und wer an mich glaubt, wird nie mehr dürsten.‹«

»Wie kann man Jesus als das Brot des Lebens zu sich nehmen?«, fragte Alex.

»Indem man zu ihm kommt«, antwortete Jamie. »Jesus sprach zu ihnen: ›Wer zu mir kommt, wird nicht hungern.‹«

»In dem Vers sagt er auch: ›Wer an mich glaubt, wird nie mehr dürsten‹«, sagte Alex. »Was stimmt denn dann? Nehmen wir Christus an, indem wir zu ihm kommen oder indem wir an ihn glauben?«

»Durch beides«, antwortete Angela. »Die beiden Worte sind synonym gebraucht.«

»Ich glaube, dass da schon ein Unterschied besteht«, sagte Leesha, eine Theologiestudentin. »Kommen und glauben sind zwei ganz unterschiedliche Handlungen.«

»Was meint ihr anderen denn?«, fragte Alex. »Das Gleiche oder Unterschiedliches?« Es gab einiges Gemurmel, Seitenrascheln, fragende Gesichter, aber niemand antwortete. »Also, ich wusste es selbst nicht. Deshalb habe ich Michael gefragt.«

Viele der Studenten kannten Michael noch von vergangenen Semestern UCF-Arbeit. Einige hatten ihn auch gerade erst letztes Wochenende kennen gelernt, als er ein Seminar für sie abgehalten hatte, in dem es um verschiedene Bibelstudien-Methoden gegangen war. Alex erklärte, dass Michael ein Doktorand aus Deutschland war, der donnerstags oft am Büchertisch mithalf. Er arbeitete gerade im Nah-Ost-Institut an seiner Doktorarbeit und war eine großartige Quelle, wenn es um Bibelwissen, die jüdische Kultur und die Sprachen der ursprünglichen Bibeltexte ging. Man erkannte ihn leicht an seinem starken deutschen Akzent, seinen rot-blonden Haaren, seinem Ziegenbärtchen und seiner kleinen, rechteckigen randlosen Brille.

»Michael hat mir erklärt, dass man in unserer westlichen Welt mit Silben reimt, im Mittleren Osten aber mit gedanklichen Verbindungen. Man wiederholt eine Aussage mit einer ähnlichen Satzstruktur. Genau das begegnet uns in unserem Bibelabschnitt. Hört euch mal den Reim an: ›Wer zu mir kommt, wird nicht hungern und wer an mich glaubt, wird nie mehr dürsten‹. Der gleiche Gedanke, aber mit unterschiedlichen Worten ausgedrückt. Für einen Juden hätte es poetisch geklungen. Ist das für euch nachvollziehbar?«

»Also bedeutet zu Jesus *kommen* und an ihn *glauben* im Grunde genommen das Gleiche«, sagte Leesha.

»Stimmt«, sagte Alex. »Michael nannte es *Parallelismus membrorum*, Parallelität der Satzglieder. Er meinte, das sei das Hauptmerkmal jüdischer Dichtkunst. Leuchtet das jedem ein?« Viele Studenten nickten. »Gut. Dann lies jemand den nächsten Vers.«

Sharon meldete sich freiwillig. »›Aber ich habe euch gesagt, dass ihr mich auch gesehen habt und nicht glaubt.‹«

»Wie verstehst du diesen Vers?«, fragte Alex.

»Am Anfang dieses Kapitels hat Jesus 5000 Menschen mit zwei Fischen und fünf Broten gesättigt«, antwortete sie, »aber trotzdem glaubten einige immer noch nicht, dass er der jüdische Messias sei.«

»Das stimmt«, sagte Alex. »Sie sahen die Wunder, aber trotzdem glaubten sie nicht. Angela, würdest du den nächsten Vers übernehmen? Johannes 6, Vers 37.«

»›Alles, was mir der Vater gibt, wird zu mir kommen, und wer zu mir kommt, den werde ich nicht hinaus stoßen‹«, sagte Angela.

Während er zuhörte, wie Angela den Vers vorlas, bemerkte Alex etwas im ersten Satz, das ihm bei seiner Vorbereitung auf den Abend entgangen war. Er las es noch einmal für sich: *›Alles, was mir der Vater gibt, wird zu mir kommen.‹* Er dachte einen kurzen Augenblick nach, dann fragte er: »Was lehrt Jesus hier?« Dieses Mal war sich Alex selbst nicht sicher.

Joe meldete sich als Erster. »Gott, der Vater, muss einem den Glauben an Jesus geben. Wenn er das nicht tut, glaubt man nicht.«

»Das ist *eine* Sichtweise«, sagte Alex, der sich immer noch nicht sicher war, was der Vers eigentlich bedeutete. »Was meinen die anderen?«

»Man muss den Vers im Licht der ganzen Bibel sehen«, sagte Jamie. »Die Bibel lehrt, dass jeder Mensch selbst entscheidet, ob er glauben will oder nicht.«

»Ich stimme Jamie zu«, sagte Angela. »Der Glaube ist nicht etwas, was Gott einem gibt oder auch nicht. Glaube ist ein persönlicher Entschluss, eine Willensentscheidung.«

»Wenn wir aber die Aussage dieses Verses nehmen, hätte dann nicht Joe Recht?«, fragte Rod.

»Ich sehe das auch so«, sagte Sharon. »Der Vers scheint auszusagen, dass Gott manchen Leuten den Glauben gibt und anderen nicht.«

»Okay, tja, vielleicht sollten wir uns ein anderes Mal tiefgehender mit dieser Frage beschäftigen«, sagte Alex. »Weil wir heute Abend noch einige Verse vor uns haben, wollen wir jetzt weiter machen.«

»Warum müssen wir uns damit tiefgehender beschäftigen?«, fragte Rod. »Hier steht doch schon alles.«

Es wurde still. Jeder, auch Alex, erkannte, dass Joe und Rod Recht hatten.

»Es ist wie mit diesen Dummköpfen an der Uni. Sie sind ja alle ach-so-schlau, aber wie viele von denen kapieren, was wir ihnen sagen wollen?«, fragte Joe.

»Es gibt viele Gründe, warum Menschen nicht glauben«, sagte Alex.

»Ja, aber letztlich läuft alles darauf hinaus, ob Gott einem den Glauben gibt oder nicht. Gestern habe ich –«

»Danke Joe, wir müssen weitermachen.«

»Ich wollt' nur sagen, dass ich gestern mit neun Studenten gesprochen habe. Keiner von denen hatte auch nur einen Funken Glauben. Die ham nich ein Wort von dem verstanden, was ich ihnen erzählt hab. Und in diesem Vers steht, warum.«

»Okay, danke für deinen Input«, sagte Alex. Er beeilte sich, den Rest des Abschnitts hinter sich zu bringen und stellte nur noch wenige Fragen. Die meisten Studenten machten noch mit, aber Alex spürte, dass viele über das nachdachten, was Joe gesagt hatte.

»Normalerweise schließen wir immer mit einer Illustration«, sagte Alex, nachdem er den Bibeltext zu Ende erklärt hatte, »aber die, die ich für heute Abend vorbereitet hatte, passt doch nicht so gut, wie ich eigentlich gedacht hatte, also überspringen wir den Teil.« Er bat Jamie, zum Abschluss zu beten.

Sobald Jamie Amen gesagt hatte, kehrten alle Gespräche zum Thema des Abends zurück. Alex flüchtete in die Küche. Er war innerlich aufgewühlt, weil er den Bibeltext nicht hatte besser erklären können und er nun diese Kontroverse verschuldet hatte.

8. Kapitel

Als die Uhr des Glockenturms Elf schlug, strömten die Studenten aus den Gebäuden und auf die Wege des Campus. Für die Mitglieder von University Christian Fellowship bedeutete das, dass sie wieder zurück am Büchertisch sein sollten, wo Preston zum ersten Mal in seinem Leben eine kurze Botschaft weitergeben würde. In der Kurzpredigt würde er den christlichen Glauben vorstellen. Alex und Jamie verteilten immer noch Literatur vor Dwinelle Hall, als sie die Glocken hörten. Sie liefen sofort zurück zur Sproul Plaza. Von Norden her kommend, konnten sie schon von weitem sehen, dass sich eine ungewöhnlich große Menschentraube um den Büchertisch versammelt hatte.

»Irgendetwas stimmt da nicht«, sagte Jamie zu Alex.

»Hoffentlich nicht schon wieder Coleman«, antwortete Alex.

Sie beschleunigten ihren Gang. Als sie ein Stück näher gekommen waren, konnten sie den Grund des Auflaufs sehen. Zwei Randalierer verhöhnten Preston.

»Niemand hier wird euch diesen Müll abkaufen«, rief ein grobschlächtiger Bursche am Kopf der Menge. Er sah aus wie ein Gewichtheber. Ein schwarzer Bart ließ ihn nur noch grimmiger erscheinen.

»Jesus ist seit 2000 Jahren tot. Kapiert das endlich«, rief ein zweiter Student neben ihm. Er sprach mit einem Bostoner Akzent und sah ebenso aus, als ob er mit Hanteln in der Hand spazieren gehe. »Das Ganze ist nur ein Mythos.«

»Man kann nicht alles glauben, was man liest«, brüllte der Typ mit dem Bart.

Preston ignorierte die beiden Randalierer und sprach weiter zu den Menschen, jetzt ungefähr 40 an der Zahl. »Im Neuen Testament lesen wir verschiedene Augenzeugenberichte, die die Auferstehung Christi bestätigen«, sagte Preston. »Die gleichen Leute, die ihn am Kreuz sterben sahen, sagten nun, dass er lebt.«

»Das hier ist eine Uni«, rief der Bärtige. »Erspar uns deine Märchen.«

»Die Auferstehung Christi ist kein Märchen«, betonte Preston in seinem höflichen indisch-britischen Akzent. »Und genauso wenig eine Sage. Es ist eine historische Tatsache. Es gibt viele ernstzunehmende Beweise, die diese Behauptung untermauern. Darum haben die Christen durch all die Jahrhunderte daran festgehalten, dass Er der Sohn Gottes und der Retter der Welt ist.«

»Ich bin keiner von denen«, rief der Bostoner.

»Vielleicht würdest du ja gerne einer werden?«, fragte Preston.

»Auf gar keinen Fall.«

»Ich hoffe, du wirst es dir wenigstens fairerweise anhören?«, erwiderte Preston.

»Ich habe Wichtigeres zu tun«, antwortete der Bostoner.

»Was könnte wichtiger sein?«, fragte Preston. »Die Behauptung, dass Jesus lebt, ist entweder die wichtigste Wahrheit oder die dickste Lüge, die jemals erzählt wurde.«

»Es ist die dickste Lüge«, rief der Typ mit dem Bart. »Wann wacht ihr endlich auf?«

»Die Kirche hat uns Jahrhunderte lang mit ihren Lügen an der Nase herumgeführt«, rief der Bostoner.

Preston ignorierte die beiden nun und machte mit seiner Kurzpredigt weiter. Er sprach über die Beweise der Auferstehung Christi und versuchte, die Aufmerksamkeit der mittlerweile 80 oder mehr Menschen auf sich zu ziehen, aber die beiden Radaubrüder brüllten immer wieder dazwischen.

»Meinst du, Preston kommt klar?«

»Werden wir wohl gleich herausfinden. Wir können jetzt nicht mehr eingreifen.«

»Wenn Jesus lebt, dann ist er der, für den er sich ausgegeben hat«, erklärte Preston der Menge. »Er ist der Sohn Gottes, der jüdische Messias.«

»Er ist tot«, krakeelte der Bostoner, »laaaaaange tot.« Er und sein Freund lachten.

»Es ist eine Lüge«, brüllte der Bärtige. »Ihr seid drauf reingefallen und kapiert es noch nicht einmal.«

Die Gaffer lachten.

»Wenn Jesus tot ist, dann war er ein Betrüger«, erklärte Preston der Menge. »Wenn Jesus tot ist, dann ist das Christentum eine Lüge.«

»Langsam begreift er es«, rief der Bostoner. »Das Ganze ist ein riesiger Witz; ein bescheuerter Witz, den nur ein Blödmann nicht durchschauen würde.«

»Wer lässt euch Idioten eigentlich auf den Campus?«, rief sein Freund.

Das Gelächter der anderen heizte den Radaubrüdern nur noch mehr ein. Ihr Spott wurde lauter und aggressiver.

Preston hievte einen großen Plakatkarton auf eine Staffelei neben dem UCF-Büchertisch. Es war eine Art Flussdiagramm der logischen Konsequenzen der Auferstehung Jesu. Ganz oben stand in Großbuchstaben: JESUS LEBT! Eine kleine Linie ging nach unten und verzweigte sich dann nach links und rechts. Auf der linken Seite stand RICHTIG, auf der rechten FALSCH.

»Seht euch mal dieses Diagramm an«, bat Preston die Menschenmenge. »Die Jünger Jesu behaupteten, dass Jesus lebt. Ihre Behauptung war entweder richtig oder falsch. Da gibt es keine andere Möglichkeit.«

»Oh, aber natürlich doch«, sagte ein adrett gekleideter und intelligent aussehender älterer Herr. Vielleicht war er ein Professor. »Eine dritte Möglichkeit wäre die des Unbekannten. Niemand weiß wirklich, ob Christus wieder zurück ins Leben kam oder nicht, also ist es inkorrekt, wenn man sich auf die ersten beiden Aussagen beschränkt.«

»Bekannt oder unbekannt, Jesus muss entweder tot oder lebendig gewesen sein«, sagte Preston.

»Es ist unwahrscheinlich, dass die Nachfolger von Jesus wirklich gewusst haben, ob er tot oder lebendig war«, sagte der Mann. »Sie hätten nicht den

Zugang zu dieser Information gehabt. Konsequenterweise sollten Sie keine Behauptungen über Dinge aufstellen, die die Jünger nicht gewusst haben können und die Sie auch nicht mit Sicherheit sagen können.«

»Ihre Aussage war trotzdem entweder wahr oder falsch. Jesus war entweder tot oder lebendig.«

»Ihre Behauptung ist irrelevant, wenn man nicht weiß, welches von beiden zutrifft«, sagte der ältere Herr.

»Aber sie wussten, dass er lebt«, sagte Preston. »Hieße das nicht, dass ihre Behauptung für sie von großer Relevanz war, ebenso für all jene, die ihre Zeugenaussagen überzeugend finden?«

»Zeugenaussagen?«, sagte der Mann. »Das war doch nur ein Gerücht.«

»Das stimmt nicht«, sagte Preston. »Sie waren Augenzeugen der Auferstehung Christi. Sie haben ihn mit eigenen Augen gesehen. Sie haben ihn mit ihren Händen berührt. Sie haben mit ihm gesprochen und zusammen gegessen.«

»Vergessen Sie es«, sagte der Mann und ging.

»Die Jünger haben sich das nur eingebildet«, rief der Bärtige.

»Die Augenzeugen berichteten, dass Jesus ihnen in einem Zeitraum von 40 Tagen erschien«, sagte Preston. »Einmal sahen mehr als 500 Menschen gleichzeitig den auferstandenen Jesus.«

»Sie haben ihn mit jemanden verwechselt, passiert doch dauernd«, rief der Typ mit dem Bart.

»Wie bei einer Elvis-Erscheinung«, blökte der Bostoner.

»Vierzig Tage lang? 500 Leute«, fragte Preston. »Hört sich das für euch wirklich wie eine Elvis-Erscheinung an?«

Einige der Umstehenden lachten.

»Sie hatten eine Halluzination«, rief der Bostoner.

»Sogar in Berkeley hat es noch nie eine solche Halluzination gegeben«, kommentierte Preston trocken.

Mehr Studenten lachten. Das Blatt wendete sich.

»Alles was ihr habt, ist ein altes Buch«, höhnte der Bostoner.

»Ja, aber ein gutes Buch«, sagte Preston. »Im Neuen Testament finden wir viele Augenzeugenberichte, die bestätigen, dass Jesus lebendig ist.«

»Das haben sie sich doch nur ausgedacht«, sagte der Bostoner. »Glaubst du etwa alles, was du liest?«

»Schon im Alten Testament wurde vorhergesagt, dass der Messias von den Toten auferstehen würde«, sagte Preston. »Diese Prophezeiungen wurden zum Teil 1000 Jahre vor Jesu Geburt niedergeschrieben. Lest doch mal selber. Seht euch Psalm 16 oder Jesaja 53 an, und dann sagt *ihr* mir, wie diese Propheten solche genauen Aussagen über Vorgänge im Leben Jesu machen konnten.«

Der Bostoner machte eine obszöne Geste, drehte sich um und ging.

»Niemand hier wird sich eurer Sekte anschließen«, sagte der Typ mit dem Bart. Dann drehte auch er sich um und verschwand.

Alex und Jamie grinsten sich zu.

Preston zeigte auf sein Diagramm auf der Staffelei und machte weiter. »Entweder ist diese Aussage richtig oder falsch«, sagte er an seine Zuhörer gerichtet. Mittlerweile hatten sich über 200 Menschen versammelt. »Es gibt keine andere Möglichkeit.« Er drehte sich kurz um, um eine andere Graphik auf die Staffelei zu stellen. Während er beschäftigt war, drängten sich drei Mädchen durch die Menschenmenge nach vorne. Als Preston sich wieder zu seinem Publikum zurückdrehte, stand er Auge in Auge mit ihnen.

»Kein weiteres Wort mehr«, herrschte das mittlere Mädchen Preston an, bevor er noch seinen Mund auftun konnte. Sie war groß und blond, hatte eine sportliche Figur mit breiten Schultern und war größer als Preston. Außerdem hatte sie eine lautere Stimme. Sie drehte sich zu der Menschenmenge um, ihr Pferdeschwanz peitschte durch Prestons Gesicht. Auf ihrem Tank-Top stand GRRRRL POWER! »Die gleichen alten patriarchalischen Lügen«, klärte sie die Menge mit ihrer lauten Stimme auf. »Mit dem Zeug haben sie uns schon seit Jahrhunderten benutzt. So was gehört nicht auf den Campus einer Universität.«

»Lass den Typen reden«, rief ein männlicher Student.

»Diese Kerle wollen euren Körper kontrollieren, eurer Bewusstsein, euren Job, euer ganzes Leben«, rief sie in die Menge.

»Ihr Frauen«, rief das Mädchen rechts von ihr. »Es geht doch nur um Macht und Einfluss. Wollt ihr dem Kerl wirklich zuhören? Was sagt der euch denn? Folgt dem männlichen, europäischen Gott! Wohin hat uns das bis jetzt gebracht? Weniger als 20 Prozent aller Firmenchefs sind weiblich. Frauen verdienen 50% weniger als Männer. In Europa sitzen weniger als 5% Frauen in Aufsichtsräten. Wollt ihr das?«

»Wir sind nicht gegen Frauen«, sagte Preston.

Die Blonde drehte sich zu ihm um. »Was unternimmst du gegen die Unterdrückung der Frau in Indien? Gar nichts!« Sie drehte sich wieder zur Menschenmenge. »Und er wagt es, in unser Land zu kommen und uns hier zu erzählen, wie wir zu leben haben.

»Aber ich –«

»Halt die Klappe«, schnauzte sie ihn an.

»Halt selber die Klappe«, rief eine Studentin, die weiter vorne stand.

»Ich habe genauso das Recht, hier zu stehen«, antwortete die große Blonde.

»Er aber auch«, rief ein Student. »Lass ihn ausreden.«

Sie warf ihm üble Ausdrücke an den Kopf. Er brüllte zurück. Andere beteiligten sich. Mit einem Mal brüllten etliche Studenten herum, stritten und beschimpften sich. Einige gingen, aber für jeden, der ging, kamen drei neue. Die Menge wuchs und wurde immer aggressiver. Alex und Jamie kämpften sich außen herum bis zum Büchertisch.

»Einpacken«, sagte Alex zu Nick und Leesha, die hinter dem Tisch standen. »Packt die Staffelei und alles andere ein«, sagte er auch zu Preston. »Wir hauen ab.«

»Aber eine solche Resonanz hatten wir schon seit Jahren nicht mehr«, antwortete Preston. »Hier sind unglaublich viele Menschen.«

»Die Situation ist außer Kontrolle geraten«, rief Alex. »Sofort einpacken!«

9. Kapitel

Während der nächsten zwei Stunden wurden die Themen noch immer in Grüppchen von fünf bis zehn Leuten diskutiert. Erst dann löste die Menschenmenge sich völlig auf und das Team der UCF traf sich wieder auf der Lichtung bei den Redwoods. Sie waren noch ziemlich aufgekratzt, aber auch erschöpft. Jeder hatte mit Preston mitgefiebert, so als ob er selbst auf dem Prüfstand stehe.

»Klasse gemacht, Preston«, lobte Sharon.

»So was hab ich ja noch nie erlebt«, sagte Jamie.

»Das hast du gut gemacht, Preston«, meinte Alex. »Hunderte von Studenten haben heute zugehört.«

»Gott hat uns beigestanden«, antwortete Preston bescheiden.

»Dieser Tag geht in die Geschichte der UCF ein«, sagte Nick.

Viele andere lobten Prestons Mut auf dem ›Schlachtfeld‹ und erzählten ihre eigenen ›Kriegserlebnisse‹.

»Diese Menschenmenge war riesig«, sagte Jamie. »Ich werde niemals wieder an dir zweifeln, Preston.«

»Du hast an mir gezweifelt?«, fragte Preston.

Jamie grinste nur. »Gut gebrüllt, Löwe.«

»Irgendwelche Studenten, für die wir beten sollten?«, fragte Alex.

»Ich habe mich mit einem Student aus einem höheren Semester unterhalten«, sagte Nick. »Der hat mich anfangs ganz schön platt geredet. Sagte, er würde täglich Griechisch und Latein lesen. Ich wollte mich gerade geschlagen geben, als Ratet-mal-wer auftauchte.«

»Michael?«, fragte Sharon.

»Richtig! Ich habe sie miteinander bekannt gemacht und mich entspannt zurückgelehnt. Es war ein Blutbad.«

Obwohl er gar nicht offizielles Mitglied der UCF war, so war Michael doch ihr heimlicher Held. Er war verheiratet, hatte zwei Kinder und machte seinen Doktor, deshalb hatte er zu wenig Zeit, um regelmäßig bei UCF mitzumachen. Wann immer er jedoch Zeit erübrigen konnte, kam Michael zum Büchertisch und bot seine Unterstützung an. Er hatte schon seinen Master-Abschluss an einem Baptisten-Seminar gemacht und sprach fließend Hebräisch und Griechisch. Er war die Adresse für knifflige Fragen. Auch wenn ihm wirklich dämliche Ansichten aufgetischt wurden, so hörte sich Michael alles sehr höflich an und gab dann seine Antwort. Diskutierfreudige Studenten legten seine demütige Haltung oft als Schwäche und Unwissenheit aus. Erst mitten im Gespräch merkten sie, mit was für einem Gelehrten sie es zu tun hatten. Besonders lustig war, dass Michael gar nicht zu merken schien, wie einschüchternd sein enormes Wissen und sein schulmeisterlicher deutscher Akzent wirken konnten. Wenn die UCF-Studenten bei einer solchen Schlacht zugegen waren, fühlten sie sich oft an Simson im Alleingang gegen die Philister erinnert.

»Ihr hättet dabei sein sollen«, schwärmte Nick. »Michael zog sein griechisches Neues Testament aus der Hosentasche, um etwas zu erklären. Stellte sich heraus, dass der andere Typ kaum lesen konnte, was da stand. Das war ihm so peinlich, dass er sich lieber verkrümelte.«

Einige lachten. Andere applaudierten.

»Irgendwelche anderen guten Kontakte?«, fragte Alex.

»Ich habe mit einer ausländischen Studentin aus Kenia gesprochen«, berichtete Angela. »Ihr Name ist Stephania.«

»Ich habe gesehen, wie ihr beide euch unterhalten habt. Sie sah irgendwie krank aus.«

»Sie ist nur echt dünn«, sagte Angela. »Ich habe ihr ein Neues Testament gegeben. Sie war wirklich total lieb. Sie hat mir dreimal danke gesagt.«

»Wir werden für sie beten«, sagte Alex. »Sonst noch jemand?«

»Könnten wir auch noch für Susan Dan beten?«, fragte Angela. »Sie ist das Mädel aus Singapur, das ich letzte Woche kennen gelernt habe. Wir haben uns gestern getroffen. Aber ich glaube nicht, dass ich auch nur einen Schritt weiter gekommen bin.«

»Wir beten für beide«, sagte Alex.

Andere Studenten berichteten und dann machten sie eine Gebetsgemeinschaft. Als sie fertig waren, entließ Alex die Gruppe und machte sich auf den Weg zu seiner Wohnung südlich des Uni-Geländes. Als er die Sproul Plaza überquerte, holte Rod ihn ein.

»Laufen wir zusammen bis zur Dana Street?«, fragte Rod.

»Klar«, sagte Alex.

»Das wird sicherlich ein interessantes Jahr werden.«

»Nicht zu interessant, wie ich hoffe.«

»Hey Alex, ich möchte dir gerne eine Frage stellen.«

»Klar.«

»Glaubst du wirklich, dass heute über hundert der Botschaft von Preston zugehört haben?«

»Ja, ich denke schon, die Menge war ja wirklich riesig«, sagte Alex.

»Aber hat wirklich jemand aufrichtig zugehört?«

»Was meinst du?«

»Hast du dir mal ihre Gesichter angesehen?«, fragte Rod. »Die haben doch gar nicht zugehört. Das waren hauptsächlich Schaulustige.«

»Nicht alle.«

»Zum Beispiel wer?«

»Stephania, das Mädel aus Kenia«, antwortete Alex. »Es müssen auch mehr gewesen sein. Immerhin waren über hundert Studenten anwesend.«

»Nur ein guter Kontakt«, sagte Rod.

»Es gab bestimmt mehr, wir wissen es nur nicht.«

Sie stiegen die Treppen zur Unteren Sproul Plaza hinab.

»Ich weiß, dass alle es heute toll fanden, aber es hat buchstäblich keiner zugehört«, sagte Rod.

»Woher willst du das wissen?«, fragte Alex.

»Aus dem Resultat. Es war gleich null.«

»*Eine* hat zugehört.«

»Also so gut wie keine.«

»So genau können wir das doch gar nicht wissen«, sagte Alex.

»Doch, können wir. Jesus sagt: ›Meine Schafe hören meine Stimme, und ich kenne sie, und sie folgen mir.‹«

»Na und?«

»Na und wer in dieser Menschenmenge hat Christi Stimme gehört?«

»Stephania.«

»Ist sie Christ geworden?«

»Das behaupte ich ja gar nicht.«

Sie gingen an Zellerbach Hall vorbei.

»Wer also hat Christi Stimme gehört?«, fragte Rod.

»Das braucht Zeit«, sagte Alex. »Wir Studenten haben allerhand um die Ohren.«

»Hör mal, Alex. Preston hat alle Fakten genannt. Du weißt, wie Michael alle ihre Argumente in den Wind schlagen kann. Hast du jemals erlebt, dass einer gesagt hat, okay, ich gebe auf, ihr habt Recht, ich hatte Unrecht, jetzt glaube ich. Ist das jemals geschehen?«

»So schnell geht das nicht. In diesem Dienst säen wir. Es braucht seine Zeit, manchmal sogar Jahre.«

»Letztes Jahr, wie viele haben sich da bekehrt?«

»Zum Beispiel Joe.«

»Einer.«

»Hey, sei doch nicht so negativ.«

»Bin ich gar nicht. Ich versuche nur, objektiv zu denken«, sagte Rod.

»Dann verlier aber auch nicht das ganze Bild aus den Augen«, sagte Alex.

»Ich möchte nur betonen, dass wir mit solchen Bemerkungen wie ›Hunderte von Studenten haben heute zugehört‹ vorsichtig sein müssen.«

»Evangelisation ist ein Prozess«, sagte Alex. Sie überquerten den Bancroft Way an der Ecke Dana Street.

»Evangelisation ist das Werk Gottes, ein souveränes Werk Gottes«, sagte Rod.

»Es geht trotzdem nicht von Heut auf Morgen.«

»Wozu sollte Gott warten? Wenn er jemanden zum ewigen Leben bestimmt, dann glaubt diese Person. Das geht einfach so.« Rod schnipste mit seinen Fingern.

»Ich werde darüber nachdenken«, sagte Alex. Er wandte sich in Richtung Dana Street.

»Lass uns bald noch mal darüber reden«, rief Rod ihm nach.

10. Kapitel

Alex' Handy zeigte zwei Anrufe in Abwesenheit, die angekommen waren, als er auf der Uni gewesen war. Er hatte nicht gestört werden wollen und deswegen seine Mailbox angeschaltet. Bei der Rückkehr in seine Wohnung hörte er die beiden Anrufe ab. Der erste war von einem Mitarbeiter des Studentensekretariats. Er sagte, dass Dr. Payne, der Dean der Universität*, mit Alex über University Christian Fellowship sprechen wollte. Er bat um Rückruf und

* Dean of Students: Führender Mitarbeiter an einer amerikanischen Universität. Er kümmert sich um Disziplinfragen unter den Studenten und um einige Verwaltungsdinge. Er steht außerdem dem Studentensekretariat vor.

hinterließ die Büro-Nummer. Die zweite Nachricht stammte von einer Frau, die sich nur mit Sorna vorstellte. Sie sagte, sie sei eine Reporterin des *Daily Californian.* Alex kannte die unabhängige Studentenzeitung recht gut. Man konnte sie kostenlos an der Uni und in den Läden Berkeleys bekommen. Sorna bat ihn, sie in ihrem Büro anzurufen und hinterließ ebenfalls ihre Nummer.

Alex rief Dr. Payne zurück. Eine Sekretärin vermittelte ihn weiter. Nach der Begrüßung und ein paar netten Worten kam Dr. Payne auf den Grund seines Anrufs zu sprechen.

»Mr. Kim, als Dean bin ich für alle Studentenvereinigungen auf diesem Campus verantwortlich. Derzeit sind das genau 723. Infolgedessen habe ich leider nicht immer das Vergnügen, jeden einzelnen Leiter persönlich kennen zu lernen.«

»Das verstehe ich. Danke, dass sie sich die Zeit für dieses Telefonat nehmen.«

»Es ist höchst bedauerlich, aber leider ergibt sich der erste Kontakt erst dann, wenn es ein Problem gibt.«

»Aha?«

»Ich habe heute einen Bericht der Campus-Polizei bezüglich Ihrer Gruppe erhalten.«

»University Christian Fellowship?«

»Das ist korrekt. Wenn ich richtig verstehe, dann war Ihre Gruppe heute bei den Unruhen am Campus beteiligt.«

»Nichts Ungewöhnliches«, erklärte Alex. »Ein paar Leute haben sich nur recht laut verbal geäußert.«

»Vielleicht könnten sie mir das näher erläutern.«

Alex erklärte, dass einige Studenten überreagiert hatten, als einer der UCF-Mitglieder eine Rede gehalten hatte. Eigentlich war nichts Besonderes passiert, ein paar Studenten hatten nur ihre Meinung kundgetan. Dr. Payne fragte nach dem Sinn und Zweck ihrer Studentenvereinigung. Alex erzählte ihm, dass UCF eine christliche Organisation sei, deren Ziel es sei, die Studenten für ein Leben mit Christus zu gewinnen. Sie freuten sich über ernste Nachfragen und respektierten das Recht aller, eine andere Meinung zu haben. Sie wollten jedoch für ihren Glauben einstehen.

Dr. Payne bat Alex, etwas genauer zu definieren, was er unter »für ihren Glauben einstehen« verstand. Alex erklärte, dass UCF-Mitglieder Studenten seien, die Überzeugungen hätten. Sie hätten gründlich geprüft, was sie glaubten. In ihren Augen sei der christliche Glaube rational, historisch begründbar, nachweisbar, objektiv und beruhte auf Tatsachen. Sie seien überzeugt von dem, was sie glaubten und wollten anderen von Christus und der Errettung durch ihn erzählen. Ihr Ziel sei, Jesus und seinem Befehl, ›alle Nationen zu Jüngern zu machen‹, zu gehorchen.

»Das ist ja alles schön und gut, Mr. Kim, aber es gibt gewisse Grenzen.«

»Welche Grenzen meinen Sie?«

»Die Campus-Polizei hat den heutigen Zwischenfall als heikel, grenzwertig und krawallartig beschrieben.«

»Einige haben sich gestritten, aber es war alles ein rein intellektueller Schlagabtausch, jedenfalls das meiste davon.«

»Und wie bezeichnen Sie dann den Rest?«, fragte Dr. Payne.

»Ich habe mich wohl unglücklich ausgedrückt. Was ich eigentlich sagen wollte, ist, dass einige Leute ziemlich aufgeregt waren und einen Teil ihrer Objektivität eingebüßt haben.«

»Ich verstehe. Und wer hat sie aufgeregt?«

»Niemand.«

»Niemand?«

»Eines unserer Mitglieder, Preston Parvati, hat eine Rede über die Auferstehung Christi gehalten. Er hat erklärt, warum wir glauben, dass die Auferstehung eine historische Tatsache ist. Einige Leute stimmten ihm inhaltlich nicht zu. Es wurde lautstark debattiert, aber das waren alles Leute, die nichts mit uns zu tun haben und die wir nicht beeinflussen konnten. Wir wissen ja noch nicht einmal, wer diese Leute überhaupt waren.«

»Das alles passierte an *Ihrem* Büchertisch?«

»Ja.«

»Ausgelöst durch das, war Mr. Parvati gesagt hatte?«

»Ja.«

»Aber Sie sind nicht für das Ergebnis verantwortlich?«

»Wir können doch –«

»Ich habe hier einen weiteren Polizeibericht, Mr. Kim. Es scheint, als hätten sie letzte Woche auch einen kleinen Störfall an ihrem Büchertisch gehabt. Ist das korrekt?«

»Ich wusste nicht, dass die Polizei involviert war.«

»Es heißt hier, dass Ihre Gruppe einen zerbrochenen Tisch aufgesammelt und in einem Abfallcontainer entsorgt habe. Wie muss ich das verstehen?«

»Einer der Obdachlosen ist auf den Tisch gesprungen und hat ihn zertrümmert. Das ist alles.«

»Warum ist diese Person auf Ihren Tisch gesprungen?«

»Ich weiß auch nicht, da müssten Sie ihn schon selbst fragen, der regt sich schon mal schnell auf und macht verrückte Sachen.«

»Und wer regt ihn auf?«

»Keine Ahnung, der regt sich selbst auf, der ist einfach –«

»Er regt sich selbst auf?«

»Ja.«

»Und dann springt er auf Tische?«

»Jedenfalls auf unseren.«

»Ihre Gruppe scheint ziemlich viele Leute aufzuregen, Mr. Kim.«

»Das ist nicht unsere Absicht. Wir wollen den Menschen nur helfen und die Gute Nachricht verkünden.«

»Und welche Gute Nachricht wollen Sie genau verkünden?«

»Die biblische Botschaft der Errettung. Steht alles in der Bibel.«

»Das weiß ich, Mr. Kim, ich bin Mitglied der Episkopalkirche.«

»Oh, äh gut.«

»Ich hätte gedacht, dass Sie mehr Wert auf Nächstenliebe und Wohltätigkeit legten, als darauf, Ihre Mitmenschen aufzuregen.«

»Wir hatten niemals vor, jemanden aufzuregen.«

»Das Recht auf freie Meinungsäußerung ist im Ersten Amendment* garantiert worden, Mr. Kim.«

»Ja, ich weiß.«

»Das heißt aber nicht, dass Sie sagen können, was Sie wollen.«

»Wir versuchen, vorsichtig zu sein.«

»Worte, die eine gewaltsame Reaktion zur Folge haben können, sind nicht verfassungsrechtlich geschützt. Sie gehören zu den so genannten Hetzreden. Kennen Sie diesen Ausdruck?«

»Ich glaube schon.«

»Lassen Sie mich es Ihnen erklären, Mr. Kim: Wenn eines Ihrer Mitglieder etwas sagt, das einen Durchschnittsbürger zu einer gewalttätigen Reaktion hinreißen würde, könnten Sie dafür zur Verantwortung gezogen werden.«

»Für die Reaktion anderer?«

»Wenn Sie sie zu Gewalt oder anderen illegalen Handlungen provozieren.«

»Damit wollen wir gar nichts zu tun haben.«

»Laut Gesetz dürfen sie nichts sagen, was beleidigend, verleumderisch oder obszön ist oder jemandem schaden könnte.«

»Ich verstehe.«

»Sie dürfen gesetzloses Verhalten nicht befürworten.«

»Das würden wir nicht tun.«

»Und keine Krawalle anzetteln.«

»Das wäre das Letzte, was wir wollten.«

»Die Polizei beschreibt den heutigen Zwischenfall als an der Grenze zum

---

* Die Amendments sind Zusatzartikel zur amerikanischen Verfassung.

Krawall. Darum unterhalten wir uns jetzt.«

»Ja, Sir.«

»Die Verfassung gewährt Ihnen viele Freiheiten.«

»Ja, Sir, danke Sir.«

»Missbrauchen Sie diese Freiheiten nicht.«

»Nein, Sir.«

»Ich rate Ihnen, mehr Urteilsvermögen zu entwickeln.«

»Wir werden uns bemühen.«

»Ich werde einen Bericht schreiben, Mr. Kim. Ich werde ihn zu der Akte Ihrer Stundentenverbindung legen. Habe ich mich deutlich genug ausgedrückt?«

»Jawohl, Sir.«

»Nun gut. Dann auf Wiederhören.«

»Danke, auf Wiederhören«, sagte Alex und klappte sein Handy zu.

11. Kapitel

Zwanzig Minuten später, nachdem Alex sich etwas von seinem Telefonat mit Dr. Payne erholt hatte, rief er Sorna, die Reporterin vom *Daily Californian*, an.

»Herzlichen Dank für deinen Rückruf«, sagte Sorna. »Ich freue mich, dass du dir Zeit dafür nimmst. Ich bin mir sicher, du hast alle Hände voll zu tun.«

Ihre Stimme klang recht jugendlich, warmherzig und voller Interesse. Alex fühlte sich auf einen Schlag besser.

»Ich schreibe einen Artikel für den *Daily Cal*«, erklärte sie. »Was würdest du von einem Leitartikel über University Christian Fellowship halten?«

»Ich weiß nicht. Ich glaube, das wäre nicht schlecht.« Er setzte sich auf seine Bettkante.

»Es wäre eine Gelegenheit, eure Organisation vorzustellen, eure Botschaft zu verkünden, euch ein bisschen auf den Sockel zu stellen. Wenn ich korrekt informiert bin, gehörst du zur Leitung, bist sogar der Vorsitzende. Habe ich das richtig verstanden?«

»Ja.«

»Erzähl mir was von dir, Alex.«

»Ich studiere Elektrotechnik und bin im letzten Studienjahr. Nächsten Mai werde ich voraussichtlich meinen Abschluss machen. Dann werde ich mir eine Stelle suchen, um etwas Geld zu verdienen, und werde dann wohl noch einen Masters-Studiengang dranhängen.«

»Was kannst du mir von dir persönlich erzählen?«

»Was möchten Sie wissen?«

»Wo kommst du her, was magst du, was magst du nicht, in diese Richtung.«

»Meine Eltern sind aus Korea ausgewandert, bevor ich geboren wurde. Ich bin in Amerika geboren und aufgewachsen, genauer gesagt in Sacramento. Ich mag Basketball, Radfahren und interessiere mich für High-Tech-Sachen.«

»Wie sieht es mit deiner religiösen Seite aus?«

»Meine Eltern sind Buddhisten, aber nur auf dem Papier. In meinem ersten Studienjahr an der Uni wurde ich Christ.« Er streifte seine Sandalen ab und warf sich auf sein Bett.

»Wie kam es dazu?«

Ihr Interesse erstaunte ihn. Hier an der Cal hatte sich eigentlich noch nie jemand für seinen Glauben interessiert. Er sah es als gute Gelegenheit, ihr ein Zeugnis zu sein und erzählte von seiner Bekehrung. Er berichtete, wie er damals im Studentenwohnheim gewohnt hatte. Sein Zimmerkamerad hieß Steve. Er war Christ und außerdem Mitglied der UCF. Sie freundeten sich an. Freitags nach der Uni trafen sie sich zum Mountainbiken in den East Bay Hügeln. Während einem dieser Ausflüge redeten sie auch über Gott. Einige Tage später schenkte Steve ihm eine Bibel. In ihr las Alex von Gottes Vergebungsbereitschaft und von dem Angebot eines neuen Lebens in Christus. Drei Wochen später übergab er Jesus sein Leben und nahm ihn als seinen Herrn und Heiland an. Sorna wollte jedes Detail wissen und stellte viele Fragen.

»Das ist wirklich schön«, sagte sie, nachdem sie die ganze Geschichte gehört hatte. »Du hast das sehr gut erzählt. Lass uns jetzt mal über UCF reden. Wie lange bist du schon der Vorsitzende?«

»Dies ist mein erstes Jahr.«

»Ist es ein koreanischer Club?«

»Nein.« Er wechselte den Hörer ans andere Ohr.

»Gab es schon einmal einen asiatischen Vorsitzenden?«

»Nein, ich bin der erste.« Er griff nach einem Schaumstoff-Basketball, den er am Kopfende seines Bettes aufbewahrte.

»Machen bei euch viele Asiaten mit?«

»Ein paar. Warum fragen Sie?« Er warf den Ball in einen kleinen Basketball-Korb am Fußende seines Bettes. Zwei Punkte für die Heimmannschaft.

»Nur aus Interesse. Hast du ein Problem damit?«

Der Ball landete auf seinen Füßen. Mit einem gezielten Tritt beförderte er ihn zurück in seine Hand. »Nö. Ich bin Amerikaner.«

»Ja, ich verstehe. Was ist das Ziel eurer Gruppe?«

Alex sagte das Gleiche, was er gerade auch schon Dr. Payne erklärt hatte. Er ergänzte noch, dass sie die Begrenzung der Redefreiheit durch das Erste Amendment kannten und versuchten, ihre Glaubensüberzeugungen behutsam zu vermitteln.

»Ich wusste gar nicht, dass die Redefreiheit Grenzen hat.«

»Glauben Sie mir, die hat sie.«

»Lass dich nicht von ihnen aufhalten, Alex. Der *Daily Cal* wird hinter dir stehen!«

»Danke.« Er warf den Basketball in Richtung Korb. Er flutschte mit einem *Wusch* durch das Netz.

»Ich hab gehört, auf dem Campus sei heute ganz schön was los gewesen.«

Er feierte seinen Sieg mit hochgerissener Faust und sammelte wieder den Ball auf. »Um uns hatte sich eine ziemlich große Menschenmenge versammelt.«

»Wie viele?«

»Vielleicht so um die hundert, ich weiß es nicht genau.«

»Wie schafft ihr das?«

»Einer unserer Leute hat eine Rede über die Auferstehung Christi gehalten. Einigen Zuhörern gefiel nicht, was er sagte und sie brüllten immer wieder dazwischen. Wenn so etwas vorkommt, bleiben meistens mehr Menschen stehen.«

»Ich finde das toll, Alex, ihr tut etwas. Ich bin zwar nicht sehr religiös interessiert, aber ich bewundere, was ihr tut. Seht ihr euch selbst als radikal an?«

»Nein, so würde ich uns nicht nennen.«

»Versteh mich nicht falsch. Ich meine das in einem positiven Sinn. Wenn wir nicht einige Radikale im Laufe der Menschheitsgeschichte gehabt hätten, dann wären wir heute noch viel schlechter dran.«

»Wir wollen Veränderung erzielen, aber wir sehen uns nicht als Radikale an«, sagte Alex. Er visierte wieder seinen Basketballkorb an.

»Würden andere euch radikal nennen?«

Der Ball prallte auf den Korbrand, der heftig vibrierte, und kam wieder zurückgeflogen. »Ich glaube nicht.«

»Störe ich dich bei etwas?«

»Nö, wieso?«

»Ach so, ich dachte nur.« Einen Moment schwieg sie, dann stellte sie ihre nächste Frage. »Ist es nicht etwas sonderbar, an einem Ort wie der Uni von Berkeley auf einem öffentlichen Platz Religion zu predigen, was meinst du?«

»Ich nehme an, dass es schon Menschen gibt, die das sonderbar finden.«

»Irgendwie doch ein bisschen radikal?«

»Na ja, irgendwie schon. Wir predigen nicht irgendeine Religion. Wir reden über Jesus Christus und was er gelehrt hat.«

»Einige sagen, er sei auch ein Radikaler gewesen.«

»Jedenfalls hat er das religiöse Establishment seiner Tage herausgefordert. Darum haben sie ihn auch letztlich getötet.«

»Dann kann man also schon sagen, dass er radikal gewesen war, meinst du nicht?«, fragte Sorna.

»Doch, schon.«

»Und ihr folgt ihm nach?«

»Wir versuchen es.«

»Also seid ihr doch dann auch ...?«

»Okay, wir sind radikal« – Alex musste grinsen – »Ich denke, wir sind radikal.« Er hob seinen Wurfarm.

»Ich habe den Polizeibericht gelesen.«

Der Ball flog gegen die Aufhängung, prallte ab und landete in der Mitte des Raumes, außerhalb seiner Reichweite. »Echt?«

»So was ist öffentlich zugänglich. Das muss ganz schön aufregend sein, am Kopf einer solchen Organisation wie der euren zu stehen.«

»Manchmal schon.« Er setze sich aufrecht hin.

»Im Bericht heißt es, dass ungefähr 200 Leute vor Ort waren und dass beinahe ein Krawall entstanden sei. Das ist wirklich cool.«

»Ich weiß nicht so recht.«

»Habt ihr vielleicht ein Manifest oder so was?«

»Ein was?« Er stand auf und holte sich den Ball.

»Eine Grundsatzerklärung. Wo ihr eure Prinzipien darlegt, eure Ziele, Forderungen – na so was eben.«

»Wir haben die Bibel.«

Er hob den Ball auf und beäugte den Korb am anderen Ende des Raumes.

»Wir halten uns an die Grundsätze der Bibel.«

»Seid ihr Fundamentalisten?«

»So würden wir uns nicht bezeichnen.«

»So klingst du aber.«

»Kann schon sein.«

»Radikale religiöse Fundamentalisten – heftig!«

»Wir wollen den Menschen von Jesus Christus erzählen. Wenn das heißt, dass wir Fundamentalisten sind, dann sind wir Fundamentalisten. Nennen Sie uns, wie Sie wollen.« Er probierte einen Wurf.

»Republikaner?«

Schon wieder daneben. »Wie kommen Sie denn darauf?«

»Die religiöse Rechte besteht ganz und gar aus Republikanern. Lebst du hinterm Mond?«

»Wir gehören nicht zur religiösen Rechten.«

»Du bist doch Republikaner, oder nicht?«

»Ich habe mich als parteilos registrieren lassen, als ich mich in die Wahl-Liste eintrug. Ich finde die alle nicht gut.«

»Sehr clever, Alex. Ich sehe schon, du bist anders als die anderen, das finde ich gut. Möchtest du Veränderungen bewirken?«

»Was für Veränderungen?«

»Soziale.«

»Klar.«

»Eine soziale Revolution?«

»So würde ich das nicht nennen.« Er hob den Ball auf und stellte sich am anderen Ende des Zimmers in Position.

»Gehen deine Bestrebungen über den Campus hinaus?«

»Was meinen Sie?«

»Was du erreichen möchtest, soll sich das nur auf die Uni beschränken oder auch darüber hinausgehen?«

»Auch darüber hinaus, würde ich sagen.«

»Wie weit denn?«

»Wir wollen die ganze Welt erreichen.«

»Die Welt!«

»Öh – ja.« Langsam bewegte er sich auf den Basketball-Korb zu, wirbelte kurz vorher um seine eigene Achse und versenkte den Ball ins Netz.

»Wie willst du diese Welt-Herrschaft erreichen?«

»So meinen wir das nicht.«

»Wie meint ihr es denn?«

»Wir wollen die Welt für Christus erreichen.«

»In Ordnung, benutzen wir deine Formulierung. Wie wollt ihr also die Welt für Christus erreichen?«

»Wie man das so macht – wir verteilen gute Literatur, treffen uns mit Leuten persönlich, lesen gemeinsam in der Bibel, beten.« Er lief in die Küche.

»Massenversammlungen?«

»Manchmal.«

»Demonstrationen?«

»Nein.«

»Hungerstreiks?«

Er öffnete den Kühlschrank und angelte sich eine Tüte Milch. »Vielleicht Fasten.«

»Welche Meinung hast du bezüglich zivilen Ungehorsams?«

»Wir sind dagegen« – Alex dachte an Nazi-Deutschland und den Holocaust – »außer vielleicht in Extrem-Situationen.«

»Zum Beispiel?«

»Manchmal müssen Christen auch gegen ihre Regierung Stellung beziehen.« Er holte sich ein Glas aus dem Schrank über der Spüle.

»Ist das so?« Eine kurze Pause. »Würdest du euch als Revolutionäre bezeichnen?«

»In gewissem Sinne. Jesus sagte: ›Ich bin nicht gekommen, Frieden zu bringen, sondern das Schwert.‹ Seine Lehren waren mit Sicherheit revolutionär.«

»Che oder Gandhi?«

»Wie meinen Sie das?« Er goss sich ein Glas Milch aus.

»Siehst du dich eher auf der Seite von Che oder von Gandhi?«

»Ich habe keine Ahnung, was Sie meinen.«

»Stell dich nicht dumm, Alex.«

»Ich bin Elektrotechniker.«

»Okay, wie du willst. Bist du also für bewaffneten Konflikt oder passiven Widerstand?«

»Passiven Widerstand, denke ich.« Er nahm einen Schluck.

»Was soll dann das Schwert?«

»Welches Schwert?«

»Du sagtest, Jesus brächte das Schwert.«

»Das ist nur eine Redewendung.« Er nahm noch einen Schluck Milch.

»Na, wie auch immer. Lass uns weitermachen. Bist du jemals verhaftet worden?«

»Verhaftet!« Er musste ein paar Mal husten, denn er hatte sich an der Milch verschluckt.

»Ja, verhaftet, du weißt schon, wegen einer Straftat zum Beispiel.«

»Was soll denn diese Frage?«, sagte Alex, immer noch hustend. Er ging ins Wohnzimmer.

»Nimm es nicht persönlich, ich bin Reporterin, solche Fragen muss ich stellen. Und, bist du schon einmal verhaftet worden?«

»Nein.« Er wandte sich zur Schiebetür, durch die man auf den Balkon der Wohnung gelangen konnte. Er hatte irgendwie das Gefühl, als ob sie ihn sehen könnte. Er suchte die Straße nach ihr ab, aber dort draußen war niemand.

»Jemals zu einer polizeilichen Befragung geladen worden?«

»Worauf wollen Sie denn jetzt hinaus?«

»Ich mache nur meine Arbeit. Hintergrundrecherchen.«

»Wissen Sie was, wir müssen langsam Schluss machen, ich habe nicht mehr viel Zeit.«

»Noch ein paar Fragen.«

»Nein, ich muss jetzt Schluss machen. Ich muss für die Uni lernen.« Er ging wieder zurück in sein Schlafzimmer.

»Aber ich bin noch nicht fertig.«

»Ich aber.«

»Wirst du mich auf dem Laufenden halten?«

»Worüber?«

»Über eure nächsten Aktionen.«

»Wir haben nichts Besonderes vor.«

»Ich werde die Öffentlichkeit über euch auf dem Laufenden halten, ich kann eure Botschaft für euch in die Welt tragen, aber ihr müsst mich schon ein bis zwei Tage vorher informieren.«

»Wirklich, ich habe jetzt keine Zeit mehr.« Er nahm ein Lehrbuch über Elektrotechnik aus seinem Rucksack und legte es auf seinen Schreibtisch.

»Okay Alex, ich glaube, ihr habt was auf dem Kasten, wirklich interessant. Danke für das Gespräch.«

»Sicher, kein Problem.« Er verabschiedete sich.

Alex schlief in dieser Nacht sehr unruhig. Er träumte, er sei ein Terrorist, der gerade bemerkt hatte, dass das FBI seine Wohnung überwachen lässt.

12. Kapitel

Am folgenden Abend trafen sich die Studenten der UCF zu ihrem zweiten Bibelkreis in diesem Semester. Taylor begann das Singen und schloss 30 Minuten später mit einem Lied, das er selbst komponiert hatte. Alex hatte einige Nachzügler draußen vor der Wohnungstür begrüßt. Er war müde von dem Tumult am gestrigen Tag und hatte immer noch ein schlechtes Gewissen wegen seiner schlechten Vorbereitung für den letzten Bibelkreis. Deshalb hockte er sich nun lieber auf den Küchenboden, wo er einfach nur sitzen, alles beobachten und sich vor allem aus dem Geschehen heraus halten konnte.

An diesem Abend würde Rod Sutherland lehren, der zukünftige Seminarist einer theologischen Fakultät und zweiter Vorsitzende der UCF. Er saß in einem Polstersessel in der Nähe des vorderen Fensters. Zu seinen Füßen ruhten drei dicke Bücher, die mit Post-It-Aufklebern voll geklebt waren. Auf seinem Schoß lag ein dicker Schnellhefter. Seine Bibel ruhte auf einem Arm des wuchtigen Sessels. 41 Studenten umgaben ihn, die meisten saßen auf dem Fußboden.

»Beim letzten Mal«, begann Rod, »hat Alex uns durch eine wichtige Passage im Johannes-Evangelium geführt. Dort hat Jesus in Kapitel 6,37 Folgendes gelehrt: »›Alles, was mir der Vater gibt, wird zu mir kommen, und wer zu mir kommt, den werde ich nicht hinaus stoßen.‹ Wir haben gesehen, dass Jesus die Begriffe zu ihm *kommen* und an ihn *glauben* synonym verwendet. An dieser Stelle sagt Jesus also genau genommen: ›Alles, was mir der Vater gibt, wird an mich glauben.‹ Ist das nachvollziehbar?« Eifriges Nicken. »Gut. Heute werden wir uns mit Johannes 6,41 bis 45 beschäftigen.«

Rod führte die Gruppe durch die Verse. Alex beobachtete ihn. Er bemerkte ein gewisses Selbstvertrauen in Rods Stimme, das nur ein Lehrer ausstrahlen konnte, der wusste, wovon er sprach. Alex fühlte sich noch mieser, wenn er an seine eigene stümperhafte Vorstellung der letzten Woche dachte.

»Achtet besonders auf Vers 44«, sagte Rod, als ungefähr 20 Minuten vergangen waren. »Das ist einer der zentralen Verse der Bibel. Jesus sagt: ›Niemand kann zu mir kommen, wenn nicht der Vater, der mich gesandt hat, ihn zieht; und ich werde ihn auferwecken am letzten Tag.‹ Hier wiederholt Jesus das gleiche Prinzip, das wir letzte Woche schon kennen gelernt haben, allerdings wird er hier noch deutlicher. Nur die, welche der Vater zum Sohn zieht, können an Jesus glauben und durch ihn errettet werden.«

»Ist das nicht Calvinismus?«, fragte Sharon.

Rod lachte leise. »Ich würde eher sagen Johannes 6,44.«

»Aber darum geht es doch bei Calvin«, sagte sie, »um die Prädestinationslehre, also um Vorherbestimmung und dass Gott entscheidet, wer in den Himmel kommt und wer in die Hölle.«

»Er schrieb über diese Dinge«, sagte Rod, »aber wir sind heute Abend hier, um zu sehen, was Jesus gelehrt hat. Laut Christus kann niemand glauben, den der Vater nicht gezogen hat.«

»Man muss immer noch glauben«, sagte Taylor.

»Stimmt«, sagte Rod.

»Also liegt die letzte Entscheidung doch bei uns«, sagte Taylor.

»Stimmt«, sagte Rod. »Ich glaube, es wäre genauer, wenn wir sagen würden, dass unsere Entscheidung zu glauben oder nicht zu glauben mit Gottes souveränem und vorherbestimmten Willen übereinstimmt.«

»Was meinst du damit?«, fragte Taylor.

»Denk mal an Lazarus im Grab«, sagte Rod. »Er war vier Tage lang tot. Ihm war nicht mehr zu helfen. Sogar unsere besten Ärzte mit den neuesten Maschinen und Medikamenten hätten ihn nicht wiederbeleben können.

Genauso war das bei dir und mir, Taylor, bevor Gott uns errettet hat. Wir waren tot in unseren Sünden und standen unter dem Urteil eines heiligen Gottes, unfähig zu reagieren. Aber als Jesus rief: ›Komm heraus, Lazarus!‹, kam der, der vorher tot war, heraus und war wieder unter den Lebenden. Genauso ist das auch bei uns, Taylor. Bis Gott uns geistliches Leben gibt, sind wir tot und nicht fähig zu glauben.«

»Gute Analogie«, sagte Taylor, »aber ich sehe das nicht so. Ich denke eher, dass Jesus den Heilsweg der ganzen Volksmenge predigte und dass einige davon sich entschlossen zu glauben. Andere wollten nicht glauben.«

»Ich sehe das auch so wie Taylor«, sagte Sharon.

»Ich denke, Rod hat Recht«, sagte Nick. »Niemand kann an Jesus glauben, wenn der Vater ihn nicht zieht.«

Andere sagten ihre Meinung. Alex beobachtete, wie die Diskussion immer lebhafter wurde und schon fast in einen Streit ausartete. Es überraschte ihn nicht, dass Rods Auslegung den Anwesenden nicht gefiel. Die meisten gehörten zu unabhängigen und bundfreien Gemeinden, ähnlich seiner eigenen. In diesen Gemeinden wurde, wenn überhaupt, nur wenig über die Souveränität Gottes und über Prädestination gelehrt. Einige Studenten gehörten einer größeren presbyterianischen Kirche in der Innenstadt an. Alex wusste, dass sie irgendeine Verbindung zum Calvinismus hatte, aber wie genau, wusste er auch nicht. Wahrscheinlich kannten sich diese Studenten etwas besser mit dem Thema aus. Rod war jedoch der Einzige, der zur *Sovereign Grace Reformed Church* in Oakland gehörte. Pastor dieser reformierten Kirche war Dr. Bernard Shelton. Er leitete eine wöchentliche Radiosendung, die »Die treue Stimme souveräner Gnade« hieß. Außerdem hatte der Pastor selbst ein dickes Buch über die Prädestinationslehre geschrieben. Alex erkannte, dass Rod in diesem Thema zu Hause war und die Gelegenheit genoss, über seine Glaubensansichten zu reden.

»Seht in den Text«, sagte Rod. »Es ist wichtig, dass wir genau verstehen, was Jesus in Vers 44 sagt. ›Niemand kann zu mir kommen, wenn nicht der Vater, der mich gesandt hat, ihn zieht.‹ Auch der nächste Vers ist sehr wichtig. Vielleicht kannst du ihn uns einmal vorlesen, Taylor?«

»Gerne«, sagte Taylor. ›Jeder, der von dem Vater gehört und gelernt hat, kommt zu mir.‹«

»Seht ihr?«, fragte Rod.

»Sehr ihr was?«, fragte Taylor.

»Die Rolle des Vaters bei der Errettung. Alle, die der Vater zieht, hören ihm zu, lernen von ihm, kommen zu Jesus und werden errettet.«

»Wir müssen immer noch glauben«, beharrte Jamie. »Wir müssen zuhören, wir müssen lernen.«

»Das ist wahr, aber nur die, die der Vater zieht, *können* glauben, und die, die er zieht, *werden* glauben. Darum geht's mir.«

»Haben wir gar keine Wahl?«, fragte Angela.

»Wir haben eine Wahl«, sagte Rod, »aber wir wählen in Übereinstimmung mit Gottes souveränem Willen.«

»Das verstehe ich nicht«, sagte sie.

»Als Jesus seinen Freund Lazarus aus dem Grab herausrief, hätte er auch drin bleiben können?«, fragte Rod sie.

»Nein«, antwortete Angela.

»Genauso ist das, wenn Gott uns zu seinem Sohn zieht. Er ruft die Erwählten und sie antworten auf seinen Ruf.

»Jesus hat Lazarus aus dem Grab gerufen, um ihn körperlich zu heilen«, warf Jamie ein.

»Jesus hat Lazarus nicht geheilt«, sagte Rod. »Er hat ihn auferweckt. Er hat ihm neues Leben geschenkt. Gott tut dasselbe für uns.«

»So sehe ich das aber nicht«, sagte Taylor.

»Hört mal, ich weiß, aus welchem Hintergrund ihr kommt«, sagte Rod. »Ich habe früher auch so gedacht. Denkt mal drüber nach. Bittet Gott, dass er euch verstehen lässt, was Christus hier lehrt. Ich glaube, ihr werdet sehen, dass ich Recht habe.« Er stand auf und ging in die Mitte des Raumes. »Für meine abschließende Veranschaulichung brauche ich ein paar Freiwillige. Leesha, Sharon, Elliot, Preston – würdet ihr mir helfen? Jamie, du auch?«

»Klaro«, sagte Jamie.

»Ich werde versuchen darzustellen, wie die Errettung funktioniert«, sagte Rod. »Preston, stell dich doch bitte an den Eingang. Er soll die Himmelspforte symbolisieren. Du wirst Christus spielen.«

»Es wird mir eine Ehre sein« sagte Preston.

»Wenn ich dir das Zeichen gebe«, sagte Rod, »dann lies Johannes 6,44.«

»Verstanden«, sagte Preston und begab sich in Position.

»Ihr anderen vier repräsentiert die verlorene Menschheit.«

Jamie deutete eine Verbeugung an. »Herzlichsten Dank.«

Rod nahm ein Schüreisen vom Kamin und setzte sich wieder auf seinen großen Polstersessel beim Fenster. »Ich werde Gott darstellen«, sagte er. Das zog natürlich gut gemeinten Spott nach sich, den Rod aber lässig wegsteckte. Als die Gemüter sich wieder beruhigt hatten, hob er seine ausgestreckte Hand in die Luft und bat um Ruhe. Dann thronte er als Gott in der Herrlichkeit auf seinem Sessel, zeigte mit seinem Schüreisen als Zepter-Ersatz auf die vier Studenten, die noch am Boden saßen. »Sharon, der Vater zieht dich zu seinem Sohn«, sagte er. »Steh auf und geh zu deinem Erretter.«

Sharon ging zu Preston, der sie mit einer Umarmung begrüßte und sie den Flur hinunter Richtung Himmel einließ.

»Leesha«, verkündete Rod mit lauter Stimme, unterstützt durch sein Zepter. »Der Vater zieht dich zu seinem Sohn. Steh auf und betritt das ewige Leben.«

Leesha näherte sich Preston, der sie ebenfalls umarmte und sie in den Himmel einließ.

Rod senkte sein Zepter. »Das war's für heute Abend. Noch irgendwelche abschließenden Bemerkungen, Alex?«

»Hey, Moment mal«, rief Jamie. »Und was ist mit Elliot und mir?«

Rod gab Preston ein Zeichen, Johannes 6,44 zu lesen.

Preston las: »›Niemand kann zu mir kommen, wenn nicht der Vater, der mich gesandt hat, ihn zieht.‹«

»Ich habe meine Wahl getroffen«, sagte Rod.

»Das ist aber unfair!«, rief Jamie.

»Es ist besser als Fairness«, sagte Rod. »Es ist Gnade, souveräne Gnade.«

»Es ist trotzdem unfair«, sagte Jamie.

»Willst du also Gerechtigkeit?«, fragte Rod.

»Genau, mehr will ich ja gar nicht.«

»In Ordnung. Ich verdamme dich für immer in die Hölle.«

»Was?«, rief Jamie und sprang auf die Füße.

»Du wolltest Gerechtigkeit, also habe ich dir Gerechtigkeit gegeben. Du verdienst die Hölle.«

»Okay, dann will ich Gnade«, sagte Jamie. »Gib uns Gnade.«

»Sorry, du kannst Gerechtigkeit verlangen, aber nicht Gnade.«

»Wir bekommen gar nichts?«

»He, nimm es nicht persönlich, ich versuche nur zu illustrieren, wie die Errettung funktioniert«, beschwichtigte ihn Rod. Er wandte sich an Alex. »Ich bin fertig.«

Alex machte ein paar Ankündigungen und schloss mit einem Gebet. Die Studenten setzten ihre Diskussion sofort weiter fort und debattierten in kleinen Gruppen. Einige gingen zu Rod, um ihre Fragen loszuwerden. Alex beobachtete alles und fragte sich, was aus der UCF noch werden sollte.

13. Kapitel

Auf 400 Metern Höhe auf den East Bay Hügeln hinter dem Universitäts-Gelände war die Sicht, wenn man auf dem Rasen westlich der Lawrence Hall of Science saß, einfach Atem beraubend. »Sonnenuntergang in 46 Minuten«, verkündete Rod. »Noch immer die schönste Lichter-Show auf Erden.« Bei ihm saßen Preston, Sharon, Leesha, Joe und Nick. An diesem warmen September-Abend würde die Sonne über der San Francisco Bay mit der Golden Gate Brücke untergehen. »Helft mir mal mit den Decken«, bat Rod.

Die sechs Studenten waren nicht zur Lawrence Hall of Science gekommen, um sich wissenschaftlich weiterzubilden. Das Hightech Ressource Center war um diese Uhrzeit noch nicht einmal geöffnet. Sie waren da, weil Rod sie zu einem Picknick-Dinner eingeladen hatte. Er hob den Deckel seiner großen Kühl-Box hoch und bot den anderen den Inhalt an. Dort stapelten sich Getränke-Dosen und allerfeinste Sandwiches. »Bedient euch selbst«, sagte Rod.

Die Studenten machten es sich auf den Decken bequem. Sie plauderten über die Uni, über UCF, über den letzten Bibelkreis und über die abschließende Veranschaulichung von Rod.

»Danke, dass du mich in den Himmel geschickt hast«, sagte Sharon.

»Hey, keine Ursache«, sagte Rod.

»Jamie fand es nicht ganz so gut«, sagte Preston.

»Er wollte Gerechtigkeit, also habe ich sie ihm gegeben.«

Jeder lachte und wurde dann leise. Mit Wehmut blickten sie auf die riesige Metropole, die sich unter ihnen ausbreitete. Sie hatten eine freie Sicht, denn drei Meter weiter ging es schon steil bergab.

»Da unten leben mindestens fünf Millionen Menschen«, sagte Preston. »Glaubst du wirklich, dass alles allein Gott überlassen ist?«

»In der Frage, wer in den Himmel kommt?«, fragte Rod.

»Ja«, sagte Preston.

»Er hat den Ausgang von allem längst entschieden, falls es das ist, was du fragst.« Rod biss in ein dickes, mit Rinderbraten und Salat belegtes Sandwich. «Das lehrt jedenfalls die Bibel.«

»Ich kann das kaum glauben«, sagte Leesha. »Denkst du, dass er viele erwählt hat?«

»Nur sehr, sehr wenige«, sagte Rod. »Jesus lehrte: ›Eng ist die Pforte und schmal der Weg, der zum Leben führt, und wenige sind, die ihn finden.‹«

»Früher hab ich diesen Vers voll gehasst«, sagte Joe. »Komisch, jetzt erscheint der mir total klar.«

»Ich konnte Johannes 14,6 nicht leiden«, sagte Nick. »›Ich bin der Weg und die Wahrheit und das Leben. Niemand kommt zum Vater als nur durch mich.‹ Ich dachte, jeder, der das glaubt, kann nur ein religiöser Fanatiker sein.«

»Ich habe immer noch Probleme mit diesem Vers«, sagte Leesha.

»Du musst ihn im Rahmen der gesunden Theologie verstehen«, sagte Rod.

»Gesunde Theologie?«, fragte Sharon.

»Die Natur, den Charakter und das ewige Dekret Gottes«, sagte Rod. »Man kann Vorherbestimmung nicht verstehen, wenn man Gott nicht versteht.«

Die fünf dachten wieder über die vielen, vielen Menschen nach, die zu ihren Füßen lebten. Die Pendler im Feierabendverkehr verstopften die Autobahnen in Richtung Norden und Süden. Eine weitere Autoschlange quälte sich nach Westen über die San Francisco/Oakland Bay Brücke. Flugzeuge starteten und landeten an zwei internationalen Flughäfen, einer in Oakland, der andere hinter der Bucht südlich von San Francisco. Die Städte von Oakland, Alameda, Emeryville, Berkeley und Albany lagen vor ihnen. San Francisco und Marin County hoben sich als Silhouette gegen die untergehende Sonne ab. Gleich würde sich die gesamte Region in ein Lichtermeer aus zehn Millionen Punkten verwandeln.

»Haben die überhaupt eine Ahnung?«, fragte Sharon.

»Manche. Die meisten nicht«, sagte Rod. Er streckte sich auf seiner Decke aus und schloss die Augen.

»Haben sie überhaupt keine Wahlmöglichkeit?«, fragte sie.

»Sie haben eine Wahl«, sagte Rod, »aber ihre Wahl wird so ausgehen, wie es im ewigen Plan Gottes vorgesehen ist.«

»Das nennst du Wahlmöglichkeit?«, fragte Sharon.

»Du musst das im Gesamtzusammenhang sehen«, sagte Rod.

»Totale Verderbtheit«, sagte Joe, »das ist das Problem. In der Bibel steht: ›Trügerisch ist das Herz, mehr als alles, und unheilbar ist es. Wer kennt sich mit ihm aus?‹« Er nahm einen Schluck Ginger Ale. »Wie Lazarus im Grab, denen kann nur noch Gott helfen.«

»Und alles wegen Adam«, sagte Rod. »Eine einzige Sünde.«

»Irgendwie finde ich das nicht richtig«, sagte Leesha. »Wie kann Gott uns für etwas bestrafen, was Adam getan hat?«

»Er war unser aller Vater«, sagte Preston.

»Aber wir können doch gar nichts dafür. Wir haben ja noch nicht einmal existiert«, sagte Leesha.

»Wir sind immer noch seine Nachkommen«, sagte Rod. »Adam war der offizielle Führer und Repräsentant der menschlichen Rasse. Als er sündigte, sündigten wir.«

»Mmh, okay, dann sind wir eben genauso schuldig wie Adam«, sagte Sharon, »aber dann muss uns doch wenigstens die Chance gegeben werden, Vergebung zu erlangen.«

Eine Zeitlang herrschte Schweigen. Dann fragte Leesha: »Müssen wir alles haarklein wissen und erklären können?«

»Ist Doktrin wichtig, meinst du?«, fragte Rod.

»Ja, können wir die Details nicht einfach Gott überlassen?«

»Weißt du, was passiert, wenn man Doktrin außen vor lässt?«, sagte Rod. Er setzte sich aufrecht hin. »Ich sag's dir. Als ich klein war, gingen wir in eine presbyterianische Kirche. Sie war ganz gut, aber meine Eltern meinten, irgendetwas fehlt dort, also suchten sie nach einer anderen geistlichen Heimat. Wir landeten schließlich in einer Gemeinde, die sich in einer Turnhalle traf – Klappstühle, eine Band, zwei Videoprojektionsflächen – ihr wisst schon, was ich meine. Im Laufe des Gottesdienstes sprach jeder in Zungen. Ab und zu hat jemand laut geschrieen oder ist umgefallen wie ein toter Baum oder jemand hat hemmungslos gelacht. Ein richtiges Chaos.«

»Wie alt warst du damals?«, fragte Sharon.

»Ungefähr elf Jahre. Der Prediger hat gar nicht die Bibel gelehrt. Er hat sich mehr wie ein Cheerleader aufgeführt. Er hat alle aufgeheizt und dann ging's richtig los. Mitten im Tohuwabohu hat er dann noch den Heiligen Geist angerufen, unter uns zu wirken. Meine Eltern waren auf der Suche nach etwas Neuem gewesen, also fühlten sie sich eine Zeitlang gut aufgehoben. Dann geriet diese Gemeinde in die Befreiungsdienst-Welle. Leute erbrachen sich in Kotz-Tüten, während andere versuchten, bei ihnen Dämonen auszutreiben. Meinem Vater wurde es schließlich zu bunt und wir gingen nicht mehr hin. Wir haben eine Gemeinde in der Nähe unseres Wohnorts gefunden. Die hatten es mit Prophetie. An unserem ersten Sonntag stand eine Frau während des Gottesdienstes auf und erklärte dem Pastor, dass Gott von ihm wollte, dass er die Türen der Kirche zukettet und die Gemeinde auflöst.«

»Und, was haben die gemacht?«, fragte Nick.

»Sie ignoriert. Ein paar Wochen sind wir dahingegangen, haben uns dann aber doch noch ein paar andere Kirchen und Gemeinden angesehen. Schließlich führte uns Gott zur Sovereign Grace Reformed Church in Oakland auf dem Spreckels Court.«

»Bernard Sheltons Gemeinde?«, fragte Nick.«

Das stimmt. Mein Vater hatte ihn ein paar Mal im Radio gehört. Seitdem gehen wir in diese Kirche. Und wisst ihr auch, warum?«

»Doktrin?«, fragte Sharon.

»Doktrin. Reformierte protestantische Doktrin.«

»Was meinst du mit reformiert?«, fragte Sharon.

»31. Oktober 1517. Sagt dir das was?«, fragte Rod.

»Nein.«

»Hat das was mit Martin Luther zu tun?«, fragte Leesha.

»Richtig«, sagte Rod. »An jenem Tag hat Luther seine 95 Thesen an die Tür der Schlosskirche zu Wittenberg genagelt. Er prangerte mit ihnen den Ablasshandel der katholischen Kirche an.«

»Ablasshandel?«

»Die katholische Kirche verkaufte den Menschen so genannte Ablassbriefe und behauptete, dass man durch ihren Erwerb schneller aus dem Fegefeuer entlassen würde.«

»War das der Anfang der Reformation?«, fragte Nick.

»Sie begann früher, aber das brachte sie so richtig ins Rollen. Einer der frühen Anführer der Reformationsbewegung war Johannes Calvin. Der Begriff reformiert bezieht sich auf die Kirchen und Gemeinden, die seinen Lehren nachfolgen.«

»Ein Deutscher?«, fragte Sharon.

»Ein Franzose. Geboren in Frankreich, aber später lebte er in Genf, in der Schweiz. Von dort aus verbreiteten sich seine Lehren über Frankreich, die Niederlande und Schottland. Luther hatte mehr Einfluss auf Deutschland und die skandinavischen Länder.«

»Was ist mit England?«, fragte Sharon.

»Das war komplizierter. Kannst du dich noch an Heinrich VIII. erinnern?«

»Der König mit den sechs Frauen?«, fragte sie.

»Genau der. Heinrich brach 1534 mit Rom, als der Papst sein Gesuch ablehnte, sich scheiden lassen zu dürfen. Mit der Unterstützung des britischen Parlaments gründete der König die anglikanische Kirche, die auch als die Kirche von England bekannt ist. Anfangs war sie der katholischen Kirche sehr ähnlich, nur, dass sie keinen Papst hatten. Später versuchten die Lutheraner und Calvinisten, sie zu reformieren und sie bibeltreuer zu gestalten. Man erzählt sich, dass Elizabeth I., eine Tochter König Heinrichs, einmal sagte, dass die Calvinisten ihrer Ansicht nach reformierter seien als die Lutheraner. Damit meinte sie, dass die Calvinisten sich weiter von den falschen Praktiken der römischen Kirche wegbewegt hatten als die Lutheraner. Der Name blieb haften. Seitdem wird der calvinistische Zweig der protestantischen Bewegung ›die reformierte Kirche‹ genannt.«

»Welche Kirchen und Gemeinden sind in unserem Land reformiert?«, fragte Sharon.

»Die niederländisch-reformierte Kirche, die deutsch-reformierte Kirche und die meisten Presbyterianer. Die Lutheraner und Kongregationalisten sind zwar auch reformiert, aber längst nicht im gleichen Ausmaß.«

»Wer bleibt denn dann noch übrig, der nicht reformiert ist?«, fragte Sharon.

»Die Anglikanische Kommunion. Das ist eine Gemeinschaft von Kirchen, die aus ungefähr 75 Millionen Mitgliedern weltweit besteht. Dazu gehört auch die amerikanische Episkopalkirche. Dann gibt es noch die Pfingstler, die Charismatiker und all diese unabhängigen Freikirchen. Aber selbst bei denen findet man reformierte Gemeinden.«

»Wenn sie nicht reformiert sind, was sind sie dann?«, fragte sie.

»Arminianer«, sagte Rod. »Sie glauben, dass die Errettung eine Sache der persönlichen Entscheidung ist.«

»Was ist mit den Baptisten?«, fragte sie.

»Schwer zu sagen«, antwortete Rod. »Wir reden hier über mehr als hundert Millionen Menschen. Manche sind Arminianer, wie zum Beispiel die ›General Baptists‹ und die ›Free Will Baptists‹, die den freien Willen betonen. Sie glauben, dass Christus generell für jeden gestorben ist. Reformierte Baptisten und die ›Particular Baptists‹ halten daran fest, dass Christus nur für die Erwählten gestorben ist. Die anderen Baptisten bewegen sich irgendwo dazwischen.«

»Was ist das Besondere an Calvins Lehren?«, fragte Preston.

»Er verstand die Souveränität Gottes deutlicher als die anderen protestantischen Anführer der Reformationsbewegungen. Deshalb haben die Reformierten Kirchen die in sich logischste, die am meisten Sinn machende und überzeugendste Lehre.«

»Gott hat vorherbestimmt, wo jeder von uns die Ewigkeit verbringen würde?«, fragte Sharon.

»Das ist richtig«, sagte Rod.

»Was ist mit den ganzen Alltags-Entscheidungen, die wir ständig selbst treffen?«

Rod nickte nur.

»Scheint mir nicht so einleuchtend«, sagte Leesha.

»Wirklich nicht? Welche Entscheidungen triffst du denn wirklich selbst?«

»Weiß nicht, aber schon einige«, sagte Leesha.

»Hast du festgelegt, wer deine Eltern sein würden? Den Zeitpunkt deiner Geburt? Dass du eine schwarze Hautfarbe hast? Deinen IQ?« Rod lächelte. »Du hast keine dieser Entscheidungen getroffen. Gott hat das für dich festgelegt.«

»Einiges ist festgelegt, aber nicht alles.«

»Nenn mir eine Sache, die du selbst bestimmst«, sagte Rod.

»Meine Noten.«

»Ach? Du kannst noch nicht einmal garantieren, dass du in der nächsten Minute noch atmest, wie willst du denn dann deine Noten bestimmen? Ohne Gott könntest du keinen einzigen Kurs bestehen. Du könntest noch nicht einmal zur Prüfung erscheinen.«

»Stimmt auch wieder«, sagte sie.

Rod stand auf und blickte zur untergehenden Sonne. »Seht sie euch an.« Die anderen stellten sich neben ihn an den Rand des Rasens. Schweigend warteten sie, wie sie immer roter wurde und dann langsam in den Pazifischen Ozean versank und nur noch ein letztes Glühen sichtbar war.

»Sie können ihre Bewegung vorausberechnen«, sagte Rod, »aber nur Gott kann sie scheinen lassen.«

14. Kapitel

Zwei Wochen später saß Angela an einem warmen Dienstagmorgen allein im *Caffè Strada* gegenüber vom Uni-Gelände. Der Laden lag im Erdgeschoss eines viktorianischen Gebäudes und sollte das Gefühl eines europäischen Straßencafés vermitteln. Angela wollte sich hier mit Susan Dan treffen, der Studentin aus Singapur, die sie in der ersten Woche des Semesters kennen gelernt hatte. Sie hoffte, mit ihr über Gott sprechen zu können. Aber nachdem Angela schon 25 Minuten gewartet hatte, rechnete sie sich aus, dass die andere wohl nicht mehr kommen würde und stand auf, um zu bezahlen. In diesem Augenblick betrat Susan das Café. Angela war beim Anblick der Studentin überrascht. Sie trug ein Kostüm, Pumps und Make-up. Sie sah extrem gut aus, ein Blickfang für alle Männer. Ihre elegante Figur und ihr wunderschönes langes Haar ließen Susan wie ein Model aussehen. Angela stand auf, um die Asiatin zu begrüßen. Sie versuchte, aufrechter zu stehen, fühlte sich aber in ihrer Jeans und ihrem Shirt etwas fehl am Platz.

»Hi, danke, dass du gekommen bist«, sagte Angela.

»Sorry, dass ich ein bisschen spät bin«, sagte Susan. »Musste noch eine Hausaufgabe fertig machen.«

Sie bestellten Kaffee am Tresen und suchten sich einen freien Tisch.

»Lass uns drin bleiben«, sagte Angela. »Hier ist es ruhiger.«

»Lass uns nach draußen gehen«, widersprach Susan. »Dort sind mehr Leute.«

Sie fanden einen Tisch auf der überdachten Veranda. Dreißig oder mehr Studenten saßen um sie herum, tranken Kaffee und plauderten. Angela und Susan unterhielten sich ein bisschen über die Uni. Als Angela das Gespräch auf geistliche Themen lenken wollte, wurde die Unterhaltung sofort schleppender.

»Es lohnt sich nicht, darüber zu sprechen«, sagte Susan. »Ich habe nicht den Glauben, den du hast.«

»Du könntest, wenn du die Bibel lesen würdest«, antwortete Angela.

»Ich muss schon genug lesen, danke.«

Angela reichte ihr ein Buch. «Ich habe dir eine Bibel gekauft.«

»Sorry, ich habe einfach nicht die Zeit, neben der Uni noch andere Sachen zu lesen.«

Als Susan nicht nach der Bibel griff, legte Angela sie zwischen sich auf den Tisch.

»Letzte Woche habe ich zwei Nächte durchgemacht«, sagte Susan. «Und letzte Nacht habe ich auch nicht viel Schlaf bekommen.« Sie schlürfte an ihrem Espresso. »Ich muss auch gleich wieder los.«

»Wenn du Gott finden möchtest, Susan, dann musst du ihm schon etwas mehr Zeit einräumen.«

»Wer sagt, dass es überhaupt einen Gott gibt?«

»Das wirst du nie herausfinden, wenn du dich nicht auf die Suche machst.«

»Das werde ich, wenn ich mal mehr Zeit habe.«

»Du kannst Gott nicht nur die Reste hinwerfen.«

»Ich habe keine Reste.«

»Willst du nicht wenigstens einmal das Johannes-Evangelium lesen? Das dauert nur ungefähr eine Stunde.«

»Das wird ja doch nichts ändern.« Susan schenkte zwei Jungs am gegenüberliegenden Tisch ein kokettes Lächeln. Die beiden beobachteten die hübsche junge Dame schon eine ganze Weile hochinteressiert.

»Es könnte dein Leben verändern«, sagte Angela.

»Das ist doch nur ein Buch.«

»Es ist Gottes Wort.«

»Meinst du. Ich glaube, das ist nur ein alter Schinken.«

»Dort steht alles über Jesus.«

Susan spielte mit ihrer Goldkette und guckte dann weg. »Ich weiß, wer Jesus war.«

»Du wirst sehen, dass das, was in der Bibel steht, wahr ist.«

Susan sah ihr geradewegs in die Augen. »Also, ich studiere ein naturwissenschaftliches Fach. Ich habe einen ganzen Haufen Probleme mit den Aussagen der Bibel.«

»Alex, der Vorsitzende unserer Gruppe, studiert Elektrotechnik. Auch Jamie, unser Sekretär und Schatzmeister. Der Vorsitzende des letzten Jahres hatte einen Doktortitel in Physik. Wir haben einige Studenten, die alle möglichen Naturwissenschaften studieren. Sie haben keine Probleme mit den

Aussagen der Bibel. Wenn du möchtest, kann ich Alex oder jemanden der anderen bitten, sich mal mit dir zu treffen und dir deine Fragen zu beantworten.«

»Du verstehst nicht, Angela. Ich bin nicht so wie du. Ich glaube einfach nicht an so was.«

»Wenn du die Bibel unvoreingenommen lesen würdest, dann würdest du sehen, dass ich Recht habe. Nichts anderes ist Glaube.«

»Oder Wunschdenken.«

»Die Bibel liefert dir die Grundlage für eine sachkundige Entscheidung. Johannes hat sein ganzes Evangelium für Leute wie dich geschrieben, um ihnen zu helfen, an Jesus zu glauben.«

»Und wenn man nicht glaubt?«

»Die Bibel sagt: ›Wer an den Sohn glaubt, hat ewiges Leben; wer aber dem Sohn nicht gehorcht, wird das Leben nicht sehen, sondern der Zorn Gottes bleibt auf ihm.‹«

»Ich kann mir nicht vorstellen, dass irgendjemand in Berkeley so was ernsthaft glaubt.«

»Jesus sagte: ›Sei nicht ungläubig, sondern gläubig.‹«

»Ja, klar.«

»Gott hat uns aus einem bestimmten Grund auf diese Erde gesetzt. Möchtest du denn gar nicht wissen, warum?«

»Du redest zur falschen Person. Unsere Spezies hat sich durch Evolution entwickelt, durch Selektion und Mutation. Unser einziger wirklicher Zweck besteht darin, unsere Gene weiterzugeben und unsere Art zu erhalten.«

»Das ist nicht wahr.«

»Riesige protoplasmische Klumpen«, sagte Susan. »Sieh mal in dein Chemie-Buch. Wir sind nur eine Serie komplexer molekularer Reaktionen.«

»Wir sind Individuen«, sagte Angela. »Gott hat dich in seinem Ebenbild und ihm wesensähnlich erschaffen. Er hat dir deine Vernunft gegeben, deinen Willen und deinen Verstand. Du hast eine ewige Seele, Gefühle und ein Bewusstsein.«

»Kaskadierende biochemische Reaktionen, meine Süße, nichts mehr. Es ist alles nur Illusion.«

»Liebe?«

»Hormone.«

»Die Liebe von Eltern zu ihren Kindern?«

»Selbsterhaltungstrieb der Spezies.«

»Das stimmt nicht.«

Susan gluckste. »Und ob das stimmt.«

»Du bist ein geistliches Wesen und fähig, Gott zu erleben und zu lieben«, sagte Angela.

»Jetzt hör mir mal zu. Ich will Medizin studieren. Das Zeug kann ja bei deinen Kommilitonen in deinen Englisch-Vorlesungen ankommen, aber mich wirst du nie überzeugen.«

»Du kannst das Leben nicht mit einem Reagenzglas in der Hand bewerten.«

»Genetisch gesehen gibt es eine 99%-ige Übereinstimmung mit Schimpansen. Das hat mir jedenfalls mein Bio-Lehrer beigebracht.«

»Und unser Leben? Hat das nicht mehr Sinn als das Leben eines Schimpansen?«

»Nö.«

»Was soll das Ganze dann?«

»Genieße, solange du kannst.«

»Und, genießt du dein Leben?«

Susan sah sich um. »Meistens schon.«

»Durch Christus kannst du Gott kennen lernen, Susan. Er kann dir neues Leben geben.«

»Was, wenn ich kein neues Leben will?«

»Ein ewiges Leben.«

»Vergiss es.«

»Etwas viel Besseres als das hier.«

»Ja, sicher doch.«

»Willst du denn noch nicht einmal wissen, was er dir anbietet?«

»In Ordnung, was hat er denn so zu bieten?«

»Einen Sinn für dein Leben, ewiges Leben, Errettung.«

»Errettung wovon?«

»Sünde und Tod. Er kann dir Frieden mit Gott schenken, inneren Frieden, neues Leben, Hoffnung, Freude. Du wirst auf ewig mit ihm im Himmel leben.«

Susan kicherte. »Hast du jemals überlegt, für Tupperware zu arbeiten?«

Angela nahm die Bibel und hielt sie wieder vor Susan. »Willst du es dir denn nicht einmal selbst anschauen?«

Susan griff nach dem Buch und blätterte durch die Seiten. »Es wurde Jahrhunderte später geschrieben. Das weiß doch jeder.«

»Die Originalhandschriften beweisen aber etwas anderes. Das Neue Testament ist 60 Jahre nach dem Leben Jesu Christi fertig geschrieben worden.«

»Das hat irgendein Mensch geschrieben, jemand aus Fleisch und Blut wie du und ich.«

»Die Bibel wurde nicht von einem Menschen geschrieben. Sie wurde von vielen geschrieben, darunter auch von Augenzeugen des Lebens, Sterbens und der Auferstehung Christi. Die Autoren dieses Buches waren Propheten, Männer, durch die Gott zu uns sprechen wollte.«

»Aber trotzdem normale Menschen.«

»Dann lies es eben als von normalen Menschen geschrieben. Johannes war einer der Jünger Jesu. Er beschreibt, was er mit eigenen Augen gesehen und gehört hat. Lies und bild dir dann deine Meinung.«

»Und wenn ich immer noch nicht überzeugt bin?«

»Dann glaubst du eben nicht.«

Susan betrachtete die Bibel. »Na gut.« Sie steckte sie in ihre Tragetasche. »Liest du auch etwas für mich?«

»Sicher.«

Susan übergab ihr einen Schnellhefter. »Eine Hausarbeit für meinen Englisch-Kurs. Ich muss sie Montag einreichen. Könntest du sie mir korrigieren?«

»Sehr gerne«, sagte Angela und nahm den Hefter.

15. Kapitel

Am ersten Freitagabend im Oktober lief der UCF-Bibelkreis gut an. Alex verkündete, dass die Gemeinde, die er während des Sommers zu Hause in Sacramento besuchte, ihnen 1200 Dollar für einen Beamer gespendet hatte. Die Studenten applaudierten und das erste Mal in diesem Jahr hatte Alex das Gefühl, dass die Gruppe zusammengefunden hatte. Er übergab die Leitung damit an Jamie, der an diesem Abend lehren würde.

Jamie hockte auf dem Fußboden. Ungefähr 45 junge Leute scharten sich erwartungsvoll um ihn, die Bibeln griffbereit auf dem Schoß. Jamie betete und sprach dann mit der Gruppe über einen weiteren Abschnitt des Johannes-Evangeliums. Alle machten gut mit, das Gespräch war lebhaft und es wurden viele gute Fragen gestellt.

So soll es laufen, dachte Alex im Stillen. Ein tief empfundenes Gefühl der Zufriedenheit überkam ihn.

»Wir kommen jetzt zum nächsten Vers«, sagte Jamie. »Lies mal einer Johannes 7,17.«

Elizabeth, eine Englisch-Studentin, meldete sich freiwillig. »›Wenn jemand seinen Willen tun will, so wird er von der Lehre wissen, ob sie aus Gott ist oder ob ich aus mir selbst rede.‹«

»Was hat das für dein Leben zu bedeuten, Elizabeth?«

»Jesus scheint demjenigen, der sich bereitwillig der Autorität Gottes unterstellen will, die Fähigkeit zu schenken, zu begreifen, dass er für Gott spricht, dass er ein Prophet und noch viel mehr ist.«

»Das stimmt«, bestätigte Jamie. »Versteht das jeder?«

»Das müsstest du schon etwas genauer beschreiben«, sagte Rod. »Wir wissen aus Johannes 6,44, dass nur die, die der Vater zu Christus zieht, willens sind, zu ihm zu kommen und Gottes Willen zu tun.«

»Warum hat Jesus das dann nicht gesagt?«, fragte Jamie. »Warum sagte er ›wenn jemand‹ ohne Einschränkung, wenn er *eigentlich* nur einen ganz bestimmten Personenkreis meinte?«

»Weil er das schon gesagt hat«, sagte Rod. »Du musst die Aussage im Zusammenhang mit Johannes 6,44 sehen. In 7,17 spricht er hypothetisch. Er weiß, dass niemand Gottes Willen tun möchte, wenn er nicht von oben geboren wurde.«

»Jesus spricht in 7,17 genauso wenig hypothetisch, wie er in 6,44 hypothetisch gesprochen hat«, sagte Taylor.

»Du musst beide Verse zusammennehmen«, sagte Rod. »Gleiches Buch, gleicher Autor, gleiche Wahrheit.«

Einige Studenten taten ihre Meinung kund. Manche stimmten mit Jamie überein, manche mit Rod. Der Austausch wurde schnell angespannter.

»Lasst uns weitermachen«, bestimmte Jamie, bevor die Gemüter zu erhitzt wurden. »Lies einer die nächsten zwei Verse.«

Jamie ging mit der Gruppe ohne weitere Zwischenfälle durch die restlichen Verse. In ihnen wurde die zunehmende Feindschaft der führenden Juden gegenüber Jesus beschrieben. Nach 25 Minuten waren sie bei Johannes 7,37 angelangt. An dieser Stelle bemerkte Alex ein spitzbübisches Grinsen in Jamies Gesicht, ein Grinsen, das – wie Alex aus Erfahrung wusste – nichts Gutes verhieß. Alex las die Verse still für sich und ahnte, was Jamie vorhatte.

»Leesha, würdest du bitte Johannes 7,37 und 38 für alle vorlesen?«, bat Jamie.

»Klar«, sagte sie. »›An dem letzten, dem großen Tag des Festes aber stand Jesus und rief und sprach: Wenn jemand dürstet, so komme er zu mir und trinke! Wer an mich glaubt, wie die Schrift gesagt hat, aus seinem Leibe werden Ströme des lebendigen Wassers fließen.‹«

»Um was für einen Durst geht es hier?«, fragte Jamie.

»Geistlichen Durst«, antwortete ein Mädchen, das neu dabei war.

»Das stimmt«, sagte Jamie. »Und welche Einladung spricht Jesus demjenigen aus, der geistlich durstig ist?«

»Zu kommen und zu trinken«, sagte Leesha.

»Richtig. Und was bedeutet ›zu Jesus kommen‹?«

»An ihn zu glauben«, antwortete Elizabeth.

»Korrekt. Wenn man also alles zusammen nimmt …?«

»Jesus lädt jeden ein, an ihn zu glauben und errettet zu werden«, sagte Taylor.

»Genau richtig«, sagte Jamie.

»Das musst du einschränken«, sagte Rod. »Nur die Erwählten haben einen Durst für Christus und deshalb können nur sie glauben. Du musst diesen Vers im Lichte dessen sehen, was Jesus vorher gesagt hat.«

»Ich kann an dieser Stelle nirgends das Wort Erwählte sehen«, sagte Jamie.

»Das wird vorausgesetzt«, sagte Rod.

»Alles was ich sehe, ist eine offene Einladung«, sagte Jamie. »Jesus lädt jeden zu sich ein, der errettet werden will.«

»Stimmt, aber nur die Erwählten wollen errettet werden«, sagte Rod. »Du musst die beiden Konzepte zusammen verstehen.«

Wieder beteiligten sich einige Studenten an der Diskussion, einige stellten sich auf Jamies Seite, andere waren Rods Meinung. Joe gehörte zu denen, die die Verse wie Rod verstanden. Er sagte, er könne nicht begreifen, wie verdammte Sünder, die in Knechtschaft der Sünde steckten, Durst für Gott empfinden könnten. Tot in ihren Sünden waren sie doch völlig unfähig, auf Gottes Anruf zu reagieren, bis er ihnen das Leben schenkte. Elizabeth widersprach ihm. Sie meinte, man dürfe nur den unmittelbaren Textzusammenhang nehmen, um den Vers auszulegen. Johannes 6,44 sei zu weit von 7,37 entfernt, um letzteren Vers einzuschränken. Nick stimmte Rod zu. Er sagte, sie sollten Kapitel 6 und 7 in Abhängigkeit voneinander auslegen. Sharon schlug sich auf Jamies Seite. In den beiden Kapiteln ging es jeweils um Ereignisse, die Monate voneinander getrennt waren. Das eine könnte unmöglich das andere einschränken. Taylor war der gleichen Meinung wie Sharon. Er sagte, die Textpassagen behandelten Ereignisse in Echtzeit und nicht Verse, die durch zwei oder drei Seiten getrennt waren. Jesus redete noch nicht einmal zu den gleichen Zuhörern. Leesha widersprach ihm. Das Johannes-Evangelium sei eine Synopse der Lehren Jesu. Sie müssten den Text als Ganzes auslegen und dürften ihn nicht in unterschiedliche Abschnitte unterteilen. Johannes schrieb das Evangelium für seine Leser, nicht für die damaligen Zuhörer Jesu. Preston lehnte die ganze Diskussion ab. Er sagte, man solle sich mit einem Urteil zurückhalten, bis man das ganze Buch gelesen habe, dann erst dürfe man Schlüsse ziehen.

Alex folgte der Debatte mit großem Interesse. Jeder schien sich eine Meinung gebildet zu haben und je länger sie diskutierten, desto gereizter wurden die Argumente vorgebracht. Gerade als Alex dachte, ein Streit würde vom Zaun brechen, stand Jamie auf: »Ich finde es toll, wenn wir uns die Köpfe heiß reden. Hat es euch auch gefallen?« Viele lachten und nickten. »Prima.

Zur Anschauung würde ich jetzt gerne demonstrieren, wie die Errettung funktioniert. Ich brauche ein paar Freiwillige. Taylor, Angela, Elliot, Rod, würdet ihr mitmachen? Ihr sollt die unerlösten Menschen dieser Welt spielen.«

Alex erriet, was Jamie vorhatte. Er versuchte, die Aufmerksamkeit seines Freundes zu erlangen, um ihm zur Vorsicht zu raten, aber Jamie war so beschäftigt, dass er Alex' Bemühungen nicht wahrnahm.

»Preston, dich brauche ich bei der Tür«, dirigierte Jamie. »Du wirst Jesus darstellen. Ich repräsentiere Gott den Vater.« Jamie setzte sich in den Polstersessel, wo auch Rod ein paar Wochen vorher gethront hatte.

»Das hatten wir doch schon«, meinte Joe.

»Aber nicht so«, sagte Jamie. Er brachte sich in Position, kreiste mit seinen Schultern und ruderte mit den Armen wie ein Olympia-Schwimmer, bevor er ins Becken hechtet. »Reich mir mal einer den Schürhaken.«

Alex räusperte sich vernehmlich, ein letzter Versuch, Jamie von seinem Vorhaben abzubringen, aber Jamie hörte ihn nicht.

Jamie erhob sein eisernes Zepter und zeigte auf die vier Studenten, die auf dem Teppich vor ihm hockten. »Erhebt euch«, befahl er. Die vier standen auf. »Wen von euch dürstet nach Gott?«

»Mich«, rief Angela.

»Mich auch«, sagte Taylor.

Elliot schob seine Brille hob. »Mich ebenso.«

Rod antwortete nicht. Er sah nicht gerade fröhlich aus.

»So soll es sein«, sagte Jamie. »Was sagst du zu ihnen, Jesus?«, fragte er und schaute Preston an.

Preston schaute verdutzt zurück.

»Vers 37, lies einfach vor«, murmelte Jamie mit unterdrückter Stimme.

»Wenn jemand dürstet, so komme er zu mir und trinke.«

»Also?«, fragte Jamie die vor ihm stehenden Studenten.

Angela ging zu Preston. »Ich glaube«, sagte sie.

Preston umarmte sie und lud sie ein, den Flur hinunter in den Himmel zu gehen.

Taylor und Elliot taten es ihr nach, begleitet von dem Jubel der Studenten. Nachdem die Freude etwas abgeklungen war, wandten sich alle Blicke Rod zu. Er stand allein da, ein verlorener Sünder, trotzig und unnachgiebig.

»Das ist falsch«, sagte Rod.

»Wie, das ist falsch?«, fragte Jamie.

»Das haben wir tausend Mal durchgekaut.« Rod schnappte sich seine Bibel und lief zur Tür.

»Hey, du kannst nicht in den Himmel gehen, wenn du nicht durstig bist!«, rief Jamie ihm nach.

Rod schob sich an den im Flur stehenden jungen Leuten vorbei und verließ die Wohnung.

Jamie schaute verblüfft zu Alex. »Ist der grad gegangen?«

»Ich glaube«, sagte Alex.

Einen Moment lang sagte niemand etwas. Dann rannte Alex seinem Kommilitonen nach. Jamie eilte hinterher. Sie rannten die Treppe runter, zwei bis drei Stufen auf einmal nehmend und hatten Rod auf der Straße ein paar Häuser weiter eingeholt.

»Was ist denn los?«, fragte Jamie.

Rod starrte ihn böse an und ging weiter, sein Tempo beschleunigend. Alex und Jamie mussten traben, um Schritt halten zu können.

»Es war doch nur eine Veranschaulichung«, sagte Jamie.

»Verschwinde.«

»Können wir vielleicht in aller Ruhe darüber reden?«, bat Alex.

»Lasst mich in Ruhe«, sagte Rod und weigerte sich, einen seiner Freunde anzuschauen.

»Ich wollte dir nichts«, sagte Jamie.

»Hau ab!«

Alex und Jamie gaben ihre Verfolgung auf.

»Es war doch nur eine Veranschaulichung«, rief Jamie hinter ihm her. »Ich wollte dich nicht verletzen«, fügte er noch leise hinzu. Er brauchte nicht mehr zu rufen. Rod war um die Ecke gelaufen und verschwunden.

16. Kapitel

Samstagmorgen wachte Alex mit Unwohlsein auf. Ihm war klar, dass es mehr psychisch als körperlich war. Also machte er sich eine große Tasse Tee, nahm seine Bibel und sein Notizbuch und setzte sich draußen auf seinen Balkon, um in Ruhe nachzudenken. Er betete einige Minuten und dachte dann über die Situation nach. Er merkte schnell, dass ihm mehrere Dinge Kopfzerbrechen bereiteten. Er entschloss sich, erst einmal eine Liste zu machen.

Der Bibelkreis gestern Abend war ein Desaster gewesen. Für Rod waren die Prädestinationslehre und alles damit Zusammenhängende sehr wichtig. In Anbetracht dessen war Jamies Veranschaulichung am Schluss töricht und taktlos gewesen. Rods Reaktion hatte das Ganze jedoch nur noch verschlimmert. Die öffentliche Zurschaustellung seiner Wut war ein schlechtes Vorbild für alle Anwesenden und hatte viele bestürzt. Außerdem war es auch respektlos gegenüber Jamie, der für den Bibelabschnitt an diesem Abend verantwortlich gewesen war. Alex wusste, er durfte den Abend nicht auf sich beruhen lassen, weil das Problem sonst nur noch weiter vor sich hin gären würde. Er schrieb auf: ROD ANRUFEN. Dann suchte er passende Bibelverse, um Rod die Ernsthaftigkeit der Situation klarzumachen. Nachdem er verschiedene Stellen nachgeschlagen hatte, entschied er sich für Jakobus 1,20: »Denn eines Mannes Zorn wirkt nicht Gottes Gerechtigkeit.« Wenn Rod zum Seminar gehen wollte, um sich als Pastor ausbilden zu lassen, musste er lernen, seinen Zorn zu beherrschen. Alex suchte nach einem biblischen Beispiel, um sein Anliegen zu veranschaulichen. Er wählte 4. Mose 20, wo Mose die Geduld mit Israel verloren, sie einen Haufen Widerspenstiger genannt und den Felsen zweimal mit seinem Stab geschlagen hatte, anstatt ihm zu gebieten, wie Gott befohlen hatte. Wegen dieses einen Wutausbruchs hatte Mose das verheißene Land jenseits des Jordan nicht betreten dürfen. Alex war sich sicher, dass Rod dadurch wachgerüttelt würde.

Danach dachte Alex über seine Beziehung zu Rod und Jamie nach. Wenn sie drei die UCF leiten wollten, dann mussten sie als Team arbeiten. Das bedeutete, dass Rod und Jamie ihre Differenzen beilegen mussten. Alex schrieb einen weiteren Punkt auf seine Liste: TREFFEN MIT ROD UND JAMIE ARRANGIEREN. Wieder suchte er nach einem Vers, der zur Situation passte. Ihm kam Psalm 133,1 in den Sinn: »Siehe, wie gut und lieblich ist es, wenn Brüder einträchtig beieinander wohnen.«

Alex' Gedanken schweiften dann zu den Gerüchten ab, die er über Rod gehört hatte. Der zweite Vorsitzende hatte sich angeblich mit kleinen Gruppen von UCF-Mitgliedern getroffen, um mit ihnen über den Calvinismus zu reden. Alex erkannte, dass die Prädestinationslehre zum Zankapfel geworden und für einige Spannungen innerhalb der Gruppe verantwortlich war. Er schrieb auf seine Liste: MIT ROD ÜBER SEINE TREFFEN MIT UCF-LEUTEN SPRECHEN.

Nun dachte Alex über sein eigenes Verhalten als Verantwortlicher der University Christian Fellowship nach. Als die anderen ihn im Mai dieses Jahres zu ihrem Leiter gewählt hatten, hatte ihn das sehr überrascht. Jeder hatte eigentlich erwartet, dass Rod gewählt würde und Alex selbst hatte ihn für die bessere Wahl gehalten. Trotzdem hatte er das Votum angenommen und versprochen, sein Bestes zu geben. Jetzt nach sechs Wochen schien alles schief zu gehen und er fragte sich, ob er wirklich eine weise Entscheidung getroffen hatte. Er schrieb auf: GOTT UM HILFE BEI DER LEITUNG DER UCF BITTEN.

Alex machte sich auch um die Mitglieder der UCF Sorgen und darüber, wie die einzelnen Leute mit all den Problemen umgingen. Als er und Jamie gestern Abend in die Wohnung zurückgekehrt waren, hatten die anderen Studenten stumm dagesessen. Alex hatte sich für den Vorfall entschuldigt. Alle gingen nach ein paar Minuten nach Hause, kaum einer hatte ein Wort gesagt. Man hätte meinen können, sie wären auf einer Beerdigung gewesen. Alex schrieb die Namen von vier Studenten auf, die besonders aufgewühlt gewesen zu sein schienen. Er schrieb: MIT UCF-LEUTEN SPRECHEN und führte die Namen von ELIZABETH, SHARON, LEESHA und TAYLOR auf.

Der Dienst auf dem Campus lief auch nicht gerade berauschend. Schon am ersten Donnerstag hatte der Ärger begonnen, als Coleman sie mit seiner Stunteinlage willkommen geheißen hatte. Alex fand, dass er die Situation ganz okay gemeistert hatte, machte sich aber Sorgen, was passieren würde, falls Coleman noch einmal auftauchte. Der Kerl war unberechenbar, zu allem fähig. In der zweiten Woche hatten die zwei Randalierer den armen Preston in Grund und Boden gebrüllt und fast einen Krawall verursacht. Er hatte sogar einen Anruf vom Dean erhalten. Die wüsten Beschimpfungen der Studenten hallten Alex noch in den Ohren. Besondere Kopfschmerzen bereiteten ihm die Feministinnen. Sie waren wirklich übel. In der dritten Woche hatte es eine groß angelegte Demonstration gegen die staatlichen Kürzungen bei der Förderung von Minderheiten gegeben. Hunderte Studenten liefen den ganzen Tag die Sproul Plaza rauf und runter, machten ihrem Frust in Sprechchören Luft und verhinderten jedes sinnvolle Gespräch am Büchertisch und in unmittelbarer Umgebung. In der vierten Woche hatte sich ein A Capella Jazz Chor sein Plätzchen direkt neben dem Büchertisch gesucht. Sie zogen eine riesige Zuhörerschaft an und machten ebenfalls die Arbeit der UCF zunichte. In der fünften Woche begann es wie aus Eimern zu schütten, kurz nachdem sie alles aufgebaut hatten. Sie mussten zusammenpacken und ihren Einsatz für diesen Tag streichen. Am sechsten Donnerstag des Semesters gesellten sich fünf Obdachlose zu ihnen und beschlossen, den Tag mit der UCF zu verbringen. Es handelte sich um fünf ziemlich abgebrannte Kerle zwischen vierzig und fünfzig Jahren. Sie schnorrten Essen von den Studenten und hatten bald ihr ganzes Kleingeld erbeutet. Sie heuchelten geistiges Interesse und hofften, so noch mehr aus den Studenten herauszuschlagen. Die fünf legten jedem ihre Ansichten über das Leben, Gott und die US-Regierung dar, bis jeder und sie selbst erschöpft waren. Dann fingen die Männer an, sich untereinander über die US-Politik im Mittleren Osten zu streiten. Alex ließ den Büchertisch abbauen und die UCF-Studenten gingen nach Hause. Er schrieb auf seine Liste: MEHR FÜR DEN DIENST AUF DEM CAMPUS BETEN.

Schließlich beurteilte Alex seine Studienleistungen. Eine Zwischenprüfung in einem Kurs war schlecht gelaufen und er hinkte dem Stoff von zwei anderen Vorlesungen ebenfalls hinterher. Sein Notendurchschnitt war von 1,3 in seinem ersten Jahr auf derzeit 1,7 gesunken, was hauptsächlich an seinem Engagement bei der UCF lag. Jetzt, wo er Vorsitzender war, wurde ihm plötzlich klar, dass dies mehr ein Vollzeitjob war als eine außerschulische Aktivität. Er notierte: MEHR FÜR DIE UNI LERNEN.

Alex ging im Gebet jeden der Punkte seiner Liste durch. Als er fertig war, fühlte er sich deutlich besser. Er beschloss, die Liste der Reihe nach abzuarbeiten und herauszufinden, wie viel er vor dem Mittagessen schaffte. Er machte den Anfang mit einem Anruf bei Rod. Zuerst wollte Rod nicht reden, aber Alex ließ nicht locker. Schließlich willigte Rod ein und sie verabredeten sich für den Nachmittag um zwei Uhr.

17. Kapitel

»Jeder findet schlimm, was passiert ist«, sagte Alex seinem Freund Rod, als sie sich einige Stunden später auf eine Bank außerhalb der Doe Bücherei setzten.

»Du glaubst also, ich war sauer, weil Jamie mich vor der ganzen Gruppe bloßstellen wollte«, sagte Rod und starrte Alex direkt in die Augen.

»Das war nicht seine Absicht.«

»Was mich sauer machte war, was er gelehrt hat. Du hättest ihn aufhalten müssen.«

»Er hat den Abschnitt so gelehrt, wie er ihn verstanden hat.« Alex öffnete seine Bibel in Jakobus 1,20 und legte sie zwischen sich auf die Bank.

»Ich habe mich schon einmal mit dir darüber unterhalten«, sagte Rod.

»Schon einmal?«

»Taylor? Das Mädchen aus Peru? Hast du das komplett vergessen?«

»Ach, das meinst du.«

»Genau das gleiche Thema«, sagte Rod. »Hast du etwas wegen Taylor unternommen?«

»Er hat dem Mädchen doch nur klar gemacht, dass sie eine Sünderin ist.«

»Er hat ihr praktisch die Beichte abgenommen.«

»Taylor ist neu, gib ihm eine Chance«, sagte Alex.

»Jamie ist nicht neu. Und was ist mit unserem Positionspapier? Was wurde daraus?«

»Ich war beschäftigt.«

»Ich bin zweiter Vorsitzender, Alex, ich stehe vor Gott in der Verantwortung. Ich kann nicht dasitzen und die Hände in den Schoß legen.«

»Es gibt da aber eine gute und eine schlechte Vorgehensweise.«

»Was soll das denn heißen?«

»Gestern Abend.«

»Wärst du zufriedener, wenn ich Jamie an Ort und Stelle zur Rede gestellt hätte?«

»Das sage ich ja gar nicht.«

»So, was denn? Nichts tun? Jeden im Glauben lassen, dass alles in Ordnung ist?«

»Sei ein bisschen diplomatischer.«

»Ich habe doch nur gesagt, dass ich denke, dass das, was Jamie gelehrt hat, falsch ist. Dann bin ich gegangen, um mich nicht länger mit ihm herumstreiten zu müssen. Der Bibelkreis war vorbei, also bin ich gegangen.«

»Du hättest sagen können: ›Ich schätze, was Jamie gesagt hat, aber ich stimme nicht in allen Punkten mit ihm überein.‹«

»Ich schätze, was Jamie gesagt hat! Denkst du wirklich, so was würde ich sagen?«

»Wahrscheinlich nicht; aber du hättest nicht eine solche Szene machen sollen.«

»Was habe ich gemacht?«

»Du hast ihn einfach stehen lassen.«

»In Ordnung, vielleicht hätte ich etwas diplomatischer sein können. Möchtest du das hören?«

»Ist schon mal ein Anfang.«

Das Gespräch stoppte, als sie einen Hund beobachteten, der auf dem Rasen vor ihnen eine Frisbee-Scheibe auffing.

»Bist du also der gleichen Meinung wie Jamie?«

»Ich wüsste nicht, dass er etwas Falsches gelehrt hätte.«

»Hast du an dem ganzen Abend einmal gehört, dass er Gottes souveräne Wahl erwähnt hätte?«

»Nein.«

»Alex, weißt du überhaupt, worum es geht?«

»Ich glaube schon.«

»Kannst du die ›Fünf Punkte‹ aufzählen?«

»Des Calvinismus?«

»Ja, des Calvinismus.«

»Vielleicht nicht alle.«

»Hast du die Reformatoren gelesen?«

»Nein.«

»Die puritanischen Schreiber?«

»Ich habe einmal eine Abhandlung über die Geschichte des Christentums gelesen.«

»Du bist der Vorsitzende der UCF.«

»Das heißt doch nicht, dass ich alles wissen muss.«

»Tja, wenn du wissen willst, warum ich mir Sorgen mache – jetzt weißt du's.«

»Hey, ich möchte mich ja mit dem Thema beschäftigen. Ich habe nur so wenig Zeit. Vielleicht schaffe ich es ja während der Weihnachtsferien.«

»Das ist erst in zwei Monaten«, sagte Rod.

»Mehr kann ich nicht tun. In der Uni hinke ich in letzter Zeit auch nur hinterher.«

»Na schön, aber diese Sache muss erledigt werden.«

»Das werden wir«, sagte Alex. »Im Moment mache ich mir jedoch mehr Gedanken darüber, ob du und Jamie zusammenarbeiten könnt.«

»Er hätte mich nicht zwingen sollen, bei seiner blöden Illustration mitzumachen. Er wusste doch, dass ich anderer Meinung bin.«

»Ich stimme dir zu.«

»Ich werde keine Irrlehren tolerieren.«

»Glaubst du wirklich, was Jamie gelehrt hat, war falsch?«

»Ja, das war falsch.«

»Er hat doch nur wiederholt, was in Johannes 7,37 steht.«

»Ohne zu erwähnen, was Jesus über die Notwendigkeit sagte, dass der Vater eine Person zieht, so wie wir in Johannes 6,44 gesehen haben.«

»Kann es nicht sein, dass ihr beide Recht habt, du und Jamie?«

»Göttliche Erwählung und der freie Wille des Menschen?«

»Genau, unabhängig voneinander und doch nebeneinander bestehend.«

»Wie soll das denn gehen?«, fragte Rod.

»Man nennt das Antinomie, Widerspruch.«

»Noch nie gehört.«

»Habe ich heute Morgen auf einer Website über Prädestination gelesen. Ist eine Art Paradoxon. So nennt man das, wenn zwei wahre Aussagen nur einen Schluss zulassen, der unlogisch scheint, aber es eigentlich nicht ist.«

»Göttlich souveräne Wahl und der freie menschliche Wille als unabhängige Entscheidungen?«

»Genau.«

»Das scheint nicht unlogisch, das ist unlogisch.«

»Vielleicht in unseren Ohren, aber nicht bei Gott.«

»Das ist völlig irrational, Alex, sowohl für Gott als auch für uns.«

»Auf der Website wird das die Schienen-Sicht genannt.«

»Schienen? Wie bei Eisenbahnschienen?«

»Ja. Eine Eisenbahn braucht zwei Gleise, um fahren zu können. So spielen bei der Errettung die souveräne Wahl Gottes eine Entscheidung und der freie Wille des Menschen, und zwar beides unabhängig voneinander.«

»Wie soll das denn funktionieren?«

»Die Bibel lehrt beides, deshalb sollten wir auch beides glauben.«

»Hört sich sehr mystisch an.«

»Vielleicht in unseren Ohren, aber nicht für Gott. Überleg mal. Die beiden Gleise laufen parallel zueinander. Sie berühren sich nicht. Wenn man aber in die Ferne schaut, dann scheinen sie am Horizont doch zusammenzulaufen. Genauso parallel laufen Gottes Erwählung und unsere Entscheidungsfreiheit, zwei Wahrheiten, die im unendlichen Verstand Gottes zusammenlaufen. Gar nicht dumm, oder?«

»Ziemlich dumm. Eisenbahnschienen berühren sich nie, das sieht nur so aus. Außerdem entsteht dieser Eindruck nur bei Menschen mit ihrer begrenzten Sicht und nicht bei Gott, der alles sieht. Deine Analogie funktioniert noch nicht mal ansatzweise.«

»Aber wenn ich doch Gottes Erwählung und den Willen des Menschen in der Bibel stehen habe – Gott entscheidet, der Mensch entscheidet. Kann ich nicht beides akzeptieren?«

»Gleichzeitig? Unabhängig voneinander?«

«Ja. Jemand hat mal gesagt, Errettung ist wie das Tor zum Himmel. Über dem Eingang steht Offenbarung 22,17: ›Und wen dürstet, der komme!‹ Wenn man durch das Tor geht und zurückschaut, dann steht auf der anderen Seite des Tores: ›In Christus vor Grundlegung der Welt erwählt‹, basierend auf Epheser 1,4. Also sollten wir beides glauben.«

»Ich glaube an beides, nur nicht so, wie du es gerade formuliert hast«, sagte Rod. »Reformierte Theologie. Sie bietet eine absolut einleuchtende Erklärung.«

»Für dich«, sagte Alex.

»Für jeden, der sich unvoreingenommen damit beschäftigt. Du verstehst sie nur nicht, weil du sie noch nicht einmal gelesen hast.«

»Das mach ich während der Weihnachtsfeiertage.«

»Okay. Ich erinnere dich noch mal daran.«

»Und jetzt mach ich mir mehr Sorgen wegen dir und Jamie. Er hat mir gesagt, es täte ihm Leid, was passiert ist. Wie wär's, wenn wir drei uns morgen treffen und über die ganze Sache reden?«

»Einverstanden.«

»Wir hatten dieses Semester schon genug Ärger. Mehr können wir nicht gebrauchen.«

»Ich habe da wenig Hoffnung.«

»Mensch Rod, es gibt Wichtigeres, auf das wir uns konzentrieren müssen.«

Rod nahm aus seinem Rucksack eine Zeitung und reichte sie seinem Freund. »Schätze, du hast die heutige Ausgabe des *Daily Cal* noch nicht gelesen?«

Alex las die Überschrift: RADIKALISMUS DER 60ER KEHRT NACH BERKELEY ZURÜCK.

»Worum geht's?«

»Lies lieber selbst.«

Alex suchte nach dem Verfasser des Artikels. Sorna! Er überflog den Artikel. Sie schrieb, dass religiöse Fundamentalisten weltweit auf dem Vormarsch seien – egal, ob es sich dabei um Christen, Juden, Moslems, Buddhisten oder Hindus handle. Einige von ihnen hätten extreme politische Agenden und wären bereit, alles zu tun, um ihre Ziele zu erreichen. Eine Aufzählung der letzten Selbstmordattentate, Kidnappings und Flugzeugentführungen von religiösen Fanatikern folgte. Einige hatten an amerikanischen Universitäten Studentenvereinigungen gegründet, um Mitglieder zu werben. Sorna nannte vier solcher Gruppen an der Cal. Angeführt wurde diese Liste von University Christian Fellowship.

»Das darf doch nicht wahr sein«, rief Alex.

Rod nahm ihm die Zeitung aus der Hand. »Hör mal, was sie im Innenteil schreibt. ›Alex Kim, Vorsitzender der UCF, will für die weltweite Ausbreitung seiner Art von Christentum sorgen. Er beschreibt Jesus Christus als einen Revolutionär, der seinen Nachfolgern sagte: »Ich bin nicht gekommen, Frieden zu bringen, sondern das Schwert.« Kim glaubt, dass ziviler Ungehorsam vielleicht notwendig sein wird, um seine Ziele zu verwirklichen. Er hat sich selbst geschworen, erst dann zufrieden zu sein, wenn er die Weltherrschaft erlangt hat.‹« Rod gab Alex die Zeitung zurück. »Wo hat sie diese Ideen her?«

»Sie rief mich an und hat mir ein paar Fragen gestellt.«

»Was hast du ihr erzählt?«

»Die Wahrheit.«

»Das nennst du die Wahrheit?«

»Es tut mir Leid. Ich hätte nicht gedacht, dass sie das alles so verdrehen würde.«

18. Kapitel

Das Stakkato der Trommelwirbel riss die 72000 Fans von ihren Sitzen. Oski der Bär, das Cal-Maskottchen, sprang durch ein Papierbanner, das den Tunnel am nördlichen Ende des Memorial-Stadions bedeckt hatte. Ein Jubelorkan begrüßte ihn. Zwei Studenten mit riesigen Cal-Flaggen kamen auf das Spielfeld. Hinter ihnen ging ein groß gewachsener Student, der hoch über seinem Haupt die Stanford Axt trug, die auf einer hölzernen Tafel befestigt war. Die Bären der Cal hatten sie im letzten Jahr von Stanford gewonnen. Hinter ihm kam die aus 200 Musikern bestehende Musikkapelle. Mit weit ausholenden Schritten marschierten die 54 Hörner, 49 Saxophone und 24 Trommeln ins Stadion und spielten dabei das Kampf-Lied der Universität von Berkeley. Am Ende des Liedes imitierten die Fans das berühmte Bärenbrummen der Cal-Bären.

Grrrrrah, Grrrrrrah!

Grrrr, Rrrr, Rrrrrah!

Die kalifornische Siegeskanone, die sich östlich vom Stadion auf dem Tightwad Hügel befand, gab einen donnernden Kanonenschuss von sich. Die Menge jubelte, als das Football-Team der Cal-Bären auf das Spielfeld rannte.

»Ist in diesem Jahr mein erstes Spiel«, sagte Alex zu Kirk, dem UCF-Vorsitzenden des Vorjahres. »Danke für die Einladung.«

»Um nichts in der Welt würde ich das hier verpassen wollen«, sagte Kirk. »Ich fand schon immer, dass das eine tolle Atempause ist, bevor die Abschlussprüfungen losgehen.«

Es war das erste Mal in zehn Jahren, dass sowohl die Uni von Berkeley als auch die Uni von Stanford jeweils eine so gute Saison gespielt hatten, dass sich beide Football-Teams für die November-Classics qualifiziert hatten. Die Stimmung unter den Fans war gewaltig. Dieses letzte Spiel der regulären Saison würde bestimmen, welches Team am Rose Bowl Turnier teilnehmen dürfe. Zwischen den beiden Universitäten herrschte eine uralte und erbitterte Rivalität. Das Spiel würde auch darüber entscheiden, welche Uni sich als Sieger im Kampf der beiden miteinander konkurrierenden Universitäts-Footballmannschaften brüsten durfte.

»Ich habe gehört, auf dem Campus läuft alles ganz gut«, sagte Kirk.

»Wer hat das gesagt?«, fragte Alex.

»Jamie.«

»Wir haben jede Menge Literatur verteilt, ungefähr 2000 Büchlein mit dem Johannes-Evangelium. Nick trifft sich mit einem muslimischen Studenten aus Bahrain. Eines der Mädchen trifft sich mit einer Studentin aus Kenia und mit einer Studentin aus Singapur. Die Randalierer sind allerdings schlimmer denn je, ganz besonders Coleman.«

»Wie läuft 's im Bibelkreis?«, wollte Kirk wissen.

»Letzte Woche waren wir fast 60 Leute.«

»Super.«

»Wir hatten eine Diskussion wegen der Prädestinationslehre. Rod ging im Streit.«

»Hab ich gehört.«

»Sharon hat mir erzählt, dass Rod sich mit kleinen Grüppchen von UCF-Mitgliedern trifft und mit ihnen über reformierte Theologie spricht.«

»Da würde ich am Ball bleiben«, sagte Kirk. »Wenn sich einer in einer Gruppe wie der UCF auf Calvinismus-Kreuzzug begibt, kann das die ganze Gruppe zerreißen. Wie dieses Stadion, Alex. Wusstest du, dass die Hayward-Spalte genau hier unten herführt?«*

»Nein.«

»Wenn die Spalte auseinander bricht, würde dieses Stadion im Erdboden versinken.«

»Danke für den Hinweis«, sagte Alex.

»Du bist der Vorsitzende der UCF. Rod muss das respektieren. Auch Jamie.«

»Jamie ist nicht das Problem.«

»Wenn ihr drei nicht zusammenarbeiten könnt, steckt UCF in einer ernsten Krise.« Stanfords Trommelmajor lief auf das Feld. »Jetzt kommen die anderen.«

Ihm folgte die Marschkapelle der Universität von Stanford. Sie spielten eine raue Version des Kampf-Songs ihrer Schule. Es war eine unkonventionelle Band. In ihrer Show verfolgten sie sich gegenseitig und rannten übers ganze Spielfeld, bis sie schließlich alle in der Mitte landeten, sich auf den Rücken fallen ließen, mit den Füßen wild in der Luft zappelten und, so laut sie konnten, ihre Instrumente spielten. Einen Moment später lief das Football-Team von Stanford auf das Spielfeld. Ein lauter Jubelruf ertönte von der Stanford-Seite der Tribüne.

»Im September hätten wir fast einen Krawall angezettelt«, erzählte Alex. »Daraufhin habe ich einen Anruf vom Dean bekommen.«

»Randalierer?«

»Eine ungünstige Kombination von hirnlosen Sportlern und Feministinnen. Im Oktober hat der *Daily Cal* einen Artikel über uns verfasst. Er ließ uns wie religiöse Terroristen aussehen. Die Woche drauf kam ein Haufen Studenten zum Büchertisch, die mal einen echten Jesus Freak sehen wollten.«

»Hört sich an, als hättet ihr alle Hände voll zu tun.«

»Ich finde es schwieriger, als ich mir vorgestellt habe.«

»Als ich für UCF verantwortlich war, habe ich genau das Gleiche festgestellt und ich war immerhin schon 27. Wie alt bist du noch mal?«

»Zweiundzwanzig.«

---

* Kalifornien ist ein gefährdetes Erdbebengebiet.

»Ist halt nicht so einfach.«

»Wir müssen noch ein paar Mitarbeiter-Schulungen durchführen und unsere Erwartungen an das Verhalten der Studenten klarer formulieren. Hast du eine Ahnung, wo ich das Positionspapier der UCF finden könnte? Rod möchte es lesen.«

»Ich glaube, es war in dem Ordner, den ich dir gegeben habe.«

»Ich sehe mal nach.«

Die beiden Marschkapellen bildeten ein Quadrat in der Mitte des Rasens. Die Zuschauer standen auf, um die amerikanische Nationalhymne zu singen. Ein Jubel brach nach dem letzten Ton aus und ein weiterer, als die Cal-Bären beim Münzwerfen gewannen und entscheiden durften, wer den Anstoß bekam.

»Hey, genug Probleme gewälzt«, sagte Kirk. »Lass uns das Spiel genießen.«

Die Menge brüllte, als die Bären den Anstoß machten. Stanford brachte den Ball zurück zur 34 Yard-Linie.

»Was macht das andere Geschlecht?«, fragte Kirk

»Nichts Weltbewegendes.«

»Konkretisier mal.«

»Da ist nichts zu berichten.«

»Kenne ich sie?«

»Nein.«

»Koreanisch?«

»Nein.«

»Was hält deine Familie von ihr?«

»Ich hab ihnen nichts gesagt.«

»Hast du was zu ihr gesagt?«

»Nicht wirklich.«

»Irgendwie überrascht mich das ja gar nicht. Ahnt sie überhaupt etwas von ihrem Glück?«

»Ich glaube nicht. Ich habe ja gesagt, es gibt nichts zu berichten.«

»Okay, ich höre schon auf, Fragen zu stellen. Genieße das Spiel.«

Ein Stanford Wide Receiver* fing den Ball auf der 45 Yard-Linie der Bären, rannte zwei Verfolgern davon und punktete. Stehender Applaus auf der Stanford-Seite des Stadions belohnte den Spieler.

»Na, das ist ja wirklich entspannend«, sagte Alex. »Ich fühle mich direkt schon besser.«

»Ist doch nur ein Spiel.«

»Ja, klar«, sagte Alex.

---

* Spieler der Offensive, der lange Pässe des Quarterbacks fängt.

19. Kapitel

Zu Beginn der Thanksgiving-Ferien nahm Angela den ersten Flug nach Hause nach Los Angeles. Ihre Mutter holte sie am Flughafen ab und gemeinsam fuhren sie nach East L.A. Sie redeten ununterbrochen über die Uni, das Leben in Berkeley und über familiäre Neuigkeiten. Als sie zu Hause angekommen waren, gingen sie in die Küche und bereiteten das Abendessen vor. Angela zerkleinerte den Kohl, ihre Mutter arbeitete an der Spüle. An diesem Punkt wandte das Gespräch sich ernsthafteren Themen zu.

»Ich habe eine Gemeinde gefunden«, sagte Angela.

»Ich will nichts davon hören«, sagte ihre Mutter.

»Morgenstern-Bibelgemeinde.«

»Hört sich wie irgendeine Hippie-Kommune an.«

»Es ist einer der Bezeichnungen Jesu in der Bibel.«

»Du weißt, dein Vater und ich werden erst wieder glücklich sein, wenn du zur Kirche zurückkehrst.« Ihre Mutter holte sich einen Dosenöffner, um eine Dose mit pürierten Tomaten aufzumachen.

»Es ist eine gute Gemeinde, Mama, die Leute dort lieben den Herrn wirklich sehr.«

»Sie ist protestantisch«. Die Dose entglitt ihr und landete mit lautem Scheppern auf den Fliesen. Sie bückte sich, hob die Dose auf und setzte den Öffner noch einmal an.

»Sie ist nicht protestantisch, sie ist konfessionslos.«

Ihre Mutter hörte auf, mit dem Dosenöffner zu hantieren und trat an den Tisch. »Und dafür verlässt du die katholische Kirche? Wie lange gibt es diese Gemeinde denn überhaupt schon?«

»Sie ist fünf Jahre alt.«

»Angela, begreifst du denn nicht, mein Kind?«

»Sie machen, was in der Bibel steht.«

»Das ist nicht genug. Man kann doch nicht machen, was man will.«

Angela hackte weiter den Kohl klein. Ihre Mutter drehte sich wieder zur Spüle um. Sie schüttete Wasser aus einem Topf mit eingelegten roten Bohnen und ersetzte es durch frisches.

»Ich mache auch bei einer Studentenvereinigung mit, University Christian Fellowship.«

»Protestanten?« Sie stellte den Topf auf den Herd.

»Christen.«

»Ich wünschte, du würdest eine katholische Studentenvereinigung finden.«

»Ich weiß.«

Ihre Mutter setzte sich ans andere Ende des Tisches. »Ich habe mit Pater Ramirez gesprochen. Er kennt zwei gute Studentengruppen in Berkeley, das Newman Center und Opus Dei. Ich würde mich freuen, wenn du mal zu denen gehen würdest.«

»Mama, ich kann nicht.«

»Natürlich kannst du. Ich habe sie im Internet gefunden. Ich glaube, sie würden dir gut gefallen.«

»Du hast das Internet benutzt?«

»Dein Vater hat mir gezeigt, wie's geht.«

»Das ist ja toll, ich bin stolz auf dich. Fandest du es schwer?«

»Vergiss das Internet. Das Newman Center, das liegt auf dem Dwight Way, *Heiliger Geist Pfarrei*, bist du da schon mal vorbeigekommen?«

»Das ist in der Nähe des Gebäudes, wo wir unseren Bibelkreis machen.«

»Es wird von Paulisten betrieben, sie sind wirklich nett. Dein Vater wäre so glücklich.«

»Ich kann nicht, Mama.«

»Sie haben Bibelgesprächskreise, wo du andere Katholiken kennen lernen könntest, und Abendmessen. Du könntest immer noch auch zu deinem anderen Club gehen.«

»Sie machen eine LSBT-Messe.«

»Eine was?«

»Eine Lesben-Schwulen-Bisexuellen-Transsexuellen-Messe.«

»In der Kirche?«

»Steht jedenfalls auf ihren Ankündigungen.«

»Nun, dann geh zu Opus Dei. Die würden solche Dinge nicht unterstützen.«

»Mama, die leben wie im Mittelalter. Das sind doch die, die sich Dornenranken um ihre Oberschenkel wickeln.«

»Weil sie in Heiligkeit leben wollen.«

»Das ist völlig unbiblisch.«

»Pater Ramirez hat den Kaplan von Opus Dei in Berkeley kennen gelernt. Sein Name ist Pater Josemaria. Er beschreibt ihn als sehr intelligent und sehr gläubig.«

»Das mag ja sein«, sagte Angela.

»Du darfst deinen Glauben nicht einfach aufgeben.«

»Habe ich nicht. Ich bin nur nicht mehr katholisch.«

»Sag so etwas nicht, Angela.«

»Ich muss entweder der Bibel oder der Kirche gehorchen.«

»Das ist doch lächerlich. Alles, was die Kirche lehrt, steht in der Bibel.«

»Aber nicht so, wie die Kirche es lehrt.«

Ihre Mutter ging ins Esszimmer und holte aus einer Schublade ein großes Buch. Sie öffnete es an einer markierten Stelle und las ihrer Tochter vor: »›Die Aufgabe aber, das geschriebene oder überlieferte Wort Gottes authentisch auszulegen, ist allein dem lebendigen Lehramt der Kirche anvertraut, dessen Vollmacht im Namen Jesu Christi ausgeübt wird‹«. Sie sah Angela in die Augen. »Katechismus der Katholischen Kirche, Paragraph 85. Die offizielle Lehre der Kirche.«

»Das ist doch nur ein Buch, Mama. Das haben die doch selber geschrieben.«

»Die Gemeinde Christi, erbaut auf Petrus.«

»Das steht im Widerspruch zur Bibel.«

»Der Heilige Augustinus sagt« – ihre Mutter blätterte zu einer anderen Stelle, die sie in dem Katechismus markiert hatte – »›Ich würde selbst dem Evangelium keinen Glauben schenken, wenn mich nicht die Autorität der katholischen Kirche dazu bewöge.‹«

»Die Bibel ist das Wort Gottes, Mama. Ihre Autorität wird ihr nicht durch irgendeine Kirche verliehen.«

»Die Kirche ist unsere Führerin.«

»Der Heilige Geist ist unser Führer«, sagte Angela.

»Der Heilige Geist spricht zu uns durch die Kirche.«

»Die Kirche lehrt noch nicht einmal den Heilsweg richtig, Mama.«

»Solche Worte will ich in diesem Haus nicht hören.«

»Die Bibel lehrt Errettung durch Glauben.«

»Die Kirche auch.«

»In Römer 6,23 steht: ›Die Gnadengabe Gottes aber ist ewiges Leben in Christus Jesus, unserem Herrn.‹«

Ihre Mutter ging noch einmal ins Esszimmer und holte aus der gleichen Schublade, in der auch der Katechismus gelegen hatte, eine dicke Bibel hervor. Aus ihr schauten viele bunte Bändchen heraus. Sie öffnete die Bibel und las: »›Ihr seht, dass der Mensch aufgrund seiner Werke gerecht wird, nicht durch den Glauben allein.‹«

»Du liest in der Bibel?«

»Ja, ich lese in der Bibel.«

»Seit wann?«

»Ich besaß diese Bibel schon, bevor du geboren wurdest.«

»Ich habe sie noch nie gesehen. Seit wann liest du sie?«

»Ich gehe in einen Erwachsenen-Bibelunterricht der Santa Teresita Kirchengemeinde.«

»Wie viel hast du schon gelesen?«

»Alles.«

»Mama, das ist ja toll. Ich bin richtig stolz auf dich.«

»Hör auf, stolz auf mich zu sein und hör mir zu. Die Bibel lehrt: ›Ihr seht, dass der Mensch aufgrund seiner Werke gerecht wird.‹ Und jetzt sieh mal.« Sie legte ihre Bibel zur Seite und öffnete den Katechismus an einer weiteren Markierung. »›In jeder Lage sollen wir hoffen, mit der Gnade Gottes "bis zum Ende auszuharren" und die Freude des Himmels zu erlangen: die von Gott geschenkte ewige Vergeltung der guten Werke, die mit der Gnade Christi getan wurden.‹« Sie legte das Buch auf die Bibel. »So wie es in der Schrift steht.«

»Aber genau das meine ich«, sagte Angela. »Die Kirche lehrt, dass der Himmel die Belohnung für unsere guten Werke ist. Das hast du gerade selber vorgelesen.«

»Werke, die wir durch die Gnade Christi tun konnten.«

»Trotzdem musst du noch immer die Werke tun. In der Bibel steht: ›Denn aus Gnade seid ihr errettet durch Glauben, und das nicht aus euch, Gottes Gabe ist es; nicht aus Werken, damit niemand sich rühme.‹ Epheser 2,8 und 9.«

»Du redest, als hätten Katholiken keinen Glauben«, sagte ihre Mutter.

»Haben sie auch nicht. Sie verlassen sich darauf, dass ihre guten Werke sie in den Himmel bringen.«

»Wer sagt denn so was?«

»Mama, du weißt, dass es wahr ist.«

»Nein, weiß ich nicht.«

»Du verlässt dich darauf, dass deine guten Werke dich in den Himmel bringen werden.«

»Nein, tue ich nicht.«

»Warum gehst du dann zur Kirche?«

»Um ein besseres Leben führen zu können.«

»Warum nimmst du an der Messe teil?«

»Um Gott anzubeten und ihm zu gehorchen. Um ein besseres Leben führen zu können.«

»Warum gehorchst du den zehn Geboten?«

»Jetzt erzähl mir nicht, du würdest die zehn Gebote verwerfen!«

»Nur als Weg in den Himmel.«

»Das kommt davon, wenn man ganz alleine in der Bibel liest.«

»Mama, du verlässt dich auf deine Taten und nicht auf das, was Christus getan hat. Siehst du nicht den Unterschied?«

»Nein, sehe ich nicht.«

»Du hast es doch selber vorgelesen. Katholiken strengen sich an, damit sie auf der Grundlage ihrer guten Werke als ewige Belohnung in den Himmel kommen. Das steht da.«

»Werke, die wir durch die Gnade Christi tun konnten.«

»Katholische Gnade, Mama. Gnade, die durch die Sakramente und durch die guten Werke empfangen wurde. Das ist keine Gnade. Du vertraust nicht auf Christus als deinen Erretter.«

»Tue ich doch.«

»Wovon hat er dich dann errettet, Mama?«

»Was meinst du?«

»Du sagst, er ist dein Erretter. Wovon hat er dich errettet?«

»Von der Erbsünde.«

»Also bist du ein Sünder, richtig?«

»Wir sind alle Sünder. Jeder weiß das.«

»Ohne Christus würdest du in die Hölle gehen. Siehst du das auch so?«

»Vielleicht.«

»Warum starb Christus am Kreuz?«

»Als Opfer.«

»Als Opfer wofür?«, fragte Angela.

»Um die himmlischen Pforten zu öffnen.«

»Warum noch?«

»Um die Gnade für uns zugänglich zu machen.«

»Inwiefern vertraust du ihm dann?«

Ihre Mutter drehte sich weg. »Genug jetzt.« Sie ging zum Herd und schaute in den Topf. Angela ging ihr nach. »Mama, du vertraust doch gar nicht darauf, dass Christus dich erretten wird. Du vertraust der Tatsache, dass du getauft bist, die Messe besuchst, versuchst, die zehn Gebote zu halten und ein gutes Leben zu führen. Du glaubst, dass du deswegen in den Himmel kommst, oder?«

»Und was ist falsch daran?«, fragte ihre Mutter, den Rücken ihr zugewandt.

»Mama, so wie du die Sache siehst, bist du doch nie verloren gewesen.«

»Schluss damit.«

»Du vertraust gar nicht auf Christus als deinen Retter. Du gibst ja noch nicht einmal zu, dass du ein Sünder bist.«

Ihre Mutter wirbelte herum. Ihre Augen funkelten wütend. »Natürlich bin ich ein Sünder. ›Ich bekenne, dass ich Gutes unterlassen und Böses getan habe. Ich habe gesündigt in Gedanken, Worten und Werken durch meine Schuld.‹ Wir bekennen das jede Woche im Schuldbekenntnis.«

»Gut, also verdienst du gar nicht in den Himmel zu kommen.«

»Das habe ich nicht gesagt.«

»Die Bibel lehrt, Errettung ist das Geschenk Gottes. Wir bekommen es durch Glauben, nicht durch Werke. Siehst du denn nicht den Unterschied?«

»Du redest Unsinn.«

»Mama, niemand von uns ist gut genug, um in den Himmel zu kommen. Wir sind Sünder. Wir sind nicht in der Lage, Gottes Standard zu erreichen.«

»Und was meinst du, was ich Schlimmes getan haben soll?«

»Du hast alle Gebote Gottes gebrochen. Wir alle haben das.«

»Habe ich nicht.«

»Hast du jemals etwas an erster Stelle und vor Gott in deinem Leben gestellt?«

»Nein.«

»Hast du jemals Gottes Namen missbraucht?«

»Das würde ich niemals tun.«

»Etwas gestohlen?«

»Was sollte ich denn stehlen?«

»Gelogen?«

»Ich muss nicht lügen.«

»Jemanden gehasst?«

»Angela, was ist mit dir los? Du siehst alles so extrem. So was passiert nur, wenn man die guten Lehren der Kirche verlässt.« Ihre Mutter drehte sich wieder zum Herd zurück.

Angela setzte sich auch wieder an den Küchentisch und machte mit ihrer Arbeit weiter. Nach einigen Minuten stellte sich ihre Mutter hinter sie.

»Wirst du zum Newman Center gehen? Sie haben Priester, die ein offenes Ohr für Studenten haben und ihre Fragen beantworten können.«

»Ich kann nicht, Mama. Was du –«

Das Geräusch des sich öffnenden Garagentors unterbrach sie.

»Schnell, lauf auf dein Zimmer«, sagte ihre Mutter. »Ich bringe dir dein Abendessen später hoch.«

»Kann ich denn nicht wenigstens Hallo sagen?«, fragte Angela.

»Er ist noch nicht so weit. Als ich ihm heute Morgen von deinem Kommen erzählte, ist er sehr böse auf mich geworden.«

»Mama, ich –«

»Es ist noch zu früh dafür. Wir werden nächste Woche mit einem Priester reden, vielleicht danach oder vielleicht Weihnachten.«

Angela rannte in Tränen aufgelöst auf ihr Zimmer.

20. Kapitel

Es war die längste Stunde in Susan Dans Leben. Sie saß da, wartete, machte sich Sorgen. Die Situation war unerträglich. Ihre Note in Biochemie stand auf dem Spiel. Daran gekoppelt war ihre Zulassung zum Medizinstudium, ihre Zukunft, ihr Leben.

Ich muss vollkommen wahnsinnig gewesen sein!

Ein Schauer durchfuhr sie. Sie versuchte, ihn zu unterdrücken. Sie hatte schon bei anderen Abschlussprüfungen geschummelt, während sie sich mit Ellbogen-Einsatz nach oben gekämpft hatte, aber noch nie in einem solchen Ausmaß, noch nie das ganze Ding – und noch nie war die Sache so schief gegangen wie jetzt. Die Semester-Abschlussprüfung lief schon seit über einer Stunde, sechzig Minuten blieben ihr noch und noch immer hatte sie keine einzige Frage beantwortet.

Alles hatte in der zweiten Dezemberwoche angefangen. Jemand hatte sie auf ihrem Handy angerufen. »Lei hi mn hi Soo Sun.« Eine männliche Stimme. Dem Akzent nach jemand aus Hongkong. Er befahl ihr auf Chinesisch, gut zuzuhören.

»Ngo hai Soo Sun«, antwortete sie und identifizierte sich. Sie überprüfte die ID des Anrufers auf ihrem Display. Sie war blockiert. Dort stand nur PRIVAT.

Er erklärte ihr, sie hätten einen gemeinsamen Freund, der sie empfohlen hatte. Dann machte er ein Angebot, das so unverblümt wie seine Einleitung gewesen war – 2000 Dollar in bar für eine garantierte Eins in ihrer Biochemie-Abschlussprüfung.

Dieses Angebot schockte Susan, aber ihr wacher Verstand analysierte den Vorschlag sofort. Yingxia, eine Freundin aus dem Biochemie-Kurs, hatte ihr von einem Betrugs-Ring erzählt. Er operierte in den naturwissenschaftlichen Fakultäten der Universität. Yingxia erzählte, er helfe Studenten, die es alleine nicht schafften und interessiere sich nicht für gute Studenten wie sie beide. Susan hakte nach, aber Yingxia wusste nichts mehr. Sie hatte nur mitbekommen, dass gute Noten erkauft werden konnten, wenn man die richtigen Beziehungen hatte. Offensichtlich verfügte Susan auf einmal über die richtigen Beziehungen.

»Du hast 30 Sekunden, um dich zu entscheiden«, sagte Privat. »Das Angebot ist limitiert.«

Es handelte sich um viel Geld, aber es war machbar. Sie hatte ihren Englisch-Nachhilfelehrer sausen lassen, das ersparte ihr 240 Dollar im Monat. Sie konnte eine Extra-Überweisung von Zuhause bekommen, für eine unerwartete schulische Ausgabe oder so etwas, das war kein Problem.

»Wie hoch ist das Risiko?«, fragte sie.

»Kein Risiko. Wir sind Profis. Wir setzen auf bewährte Methoden«, erklärte er ihr. Er hörte sich jung an, aber zuversichtlich.

»Wer bist du?«, fragte sie.

»Das brauchst du nicht wissen.«

»Wie soll ich dich nennen?«

»Nenn mich, wie du willst.«

»Ich nenne dich Privat, so wie deine Anrufer-ID.«

»Gut, belassen wir es dabei.«

»Hör zu, ich habe Interesse, aber ich brauche noch Zeit.«

»Du willst doch konkurrenzfähig bleiben, oder nicht? Was meinst du denn, wie die anderen in deinen Kursen ihre guten Noten aus dem Ärmel geschüttelt haben?«

»Ich brauche einen Tag Zeit zum Nachdenken.«

»Den bekommst du nicht. Ja oder nein?«

Susan wusste, sie würde Hilfe bei ihrer Biochemie-Prüfung brauchen. Die brauchte jeder. Der Professor war zum Gähnen. Dreizehn Wochen lang hatte er die chemische Zusammensetzung, Struktur, Funktion, Synthese und Stoffwechselwege der Moleküle und Co-Faktoren der wichtigsten biologischen Makromoleküle herunter geleiert. Sie schrieb alles mit, wenn sie es zum Kurs schaffte und lieh sich von anderen Studenten Unterlagen, wenn sie eine Stunde versäumte. Obwohl die Prüfung schon nächste Woche war, musste sie erst noch aus ihrer eigenen Mitschrift irgendwie schlau werden. Sie war nicht in Panik geraten, noch nicht. Sie hatte sich schon aus ähnlichen Notlagen gerettet, sie hatte sich ganze Kurse in 48-Stunden-Lern-Marathons am Wochenende vor einer Prüfung in die Birne gehauen. Sie hatte ja noch Zeit. Aber auf der anderen Seite, das hier war was anderes, das war Berkeley und *Biochemie 100* war ein Hauptseminar. Das war kein Spaß mehr.

»Auf dem Weg ins Medizinstudium?«, fragte Privat.

»Ja.«

»Niemand kommt auf die medizinische Fakultät ohne ein bisschen Hilfe. Ja oder nein?«

Sie hatte schon seit Wochen etwas für diesen Kurs tun wollen, aber einfach keine Zeit gefunden. Es hatte eine ganze Reihe unvorhergesehener Partys gegeben. Sie war müde. Unmöglich, sich die ganze lange Liste von Enzymen, Katalysatoren, Wegen der Metabolisierung, Aminosäuren, Fettsäuren, Zuckermolekülen und Proteinen zu merken, die sie für den Test drauf haben musste. Sie hatte Besseres zu tun.

»Ja«, sagte sie ihm und fühlte sich so, als wäre sie gerade Mitglied in einem exklusiven Golf-Club geworden.

»Kluges Mädchen.«

Privat hatte ihr gesagt, was sie tun müsse. Um ein Uhr mittags am Prüfungstag sollte sie ihn vor Dwinelle Hall treffen. Sie sollte draußen auf einer Bank sitzen. Er würde sie finden. Sie sollte das Bargeld in einen weißen DIN-lang-Briefumschlag stecken und oben auf ihre Bücher legen, um einen schnellen Austausch zu ermöglichen. Er würde ihr einen ähnlichen Umschlag mit weiteren Anweisungen für den Test geben. Er garantierte ihr wieder eine glatte Eins, dann legte er auf.

Jetzt, eine Woche später, war der Test in vollem Gange. Susan blieben nur noch 60 Minuten und sie hatte noch keine einzige Antwort angekreuzt. Eine garantierte Eins! Was soll ich machen? Ihn beim Verbraucherschutz anzeigen?

Sie starrte auf das Blatt auf ihrem Tisch. Einhundert Multiple-Choice-Fragen und noch keine einzige Antwort. Sie beschloss, sich noch weiter Sorgen zu machen.

Wenn die Antworten nicht bald kamen, dann war es aus und vorbei. Sie würde durchfallen und müsste den Kurs noch einmal belegen, um ihren Schein zu bekommen. Eine solche Wiederholung würde jedoch die Abfolge ihrer Kurse durcheinander bringen. Es könnte sie ein ganzes Jahr kosten. Für das Zulassungs-Gremium einer Medizinischen Fakultät würde so etwas ein sicheres Zeichen sein, dass sie nichts taugte. Sie sah auf ihre Uhr. Zehn nach drei, noch 50 Minuten blieben ihr.

Warum habe ich mich darauf eingelassen? Das wusste sie nun auch nicht mehr. Es war ein Glaubensschritt gewesen. Sie hatte einem Typen vertraut, den sie noch nie gesehen hatte und über den sie absolut nichts wusste. Sie wusste noch nicht einmal, wie er aussah. Denn obwohl der Austausch wie versprochen stattgefunden hatte, hatte sie es noch nicht einmal bemerkt. Diese ganze Angelegenheit konnte einen wirklich aus der Fassung bringen.

Susan machte alles, wie Privat es ihr gesagt hatte. Sie kam früh zum vereinbarten Treffpunkt, setzte sich auf eine Bank vor Dwinelle Hall, legte den weißen Briefumschlag mit dem Geld neben sich und wartete. Studenten liefen an ihr vorbei und genauso lief die Zeit davon, ohne dass etwas geschehen wäre. Langsam fragte sie sich, ob das Ganze nur ein Scherz auf ihre Kosten sein sollte. Ihr wurde langsam schlecht. Sie hatte keine einzige Minute für diese Prüfung gelernt. Wenn Privat nicht auftauchte, dann würde sie mit Pauken und Trompeten durchrasseln. Garantiert.

Genau zu diesem Zeitpunkt tauchte Angela León neben ihrer Bank auf. Aus Angst, Angela könnte das Treffen mit Privat vermasseln, versuchte sie alles in ihrer Macht Stehende, um das Mädchen wieder loszuwerden. Als Angela sie wieder drängte, Alex Kim, den Leiter dieses Clubs anzurufen und mit ihm über ihre bibelkritischen Fragen zu sprechen, willigte Susan sofort ein, in der Hoffnung, dass die andere endlich abhaute. Sie bat Angela um die Telefonnummer von Alex. Angela riss ein Stück Papier ab und schrieb die Nummer auf. Susan stopfte den Zettel in ihre Handtasche und versprach, Alex bei der nächsten Gelegenheit sofort anzurufen. Sobald Angela außer Reichweite war, knirschte sie mit den Zähnen und murmelte: »Was niemals geschehen wird.«

Dann klingelte ihr Handy. Es riss sie aus ihren Gedanken. Privat war dran. Er sagte ihr, der Austausch habe stattgefunden. Susan griff nach dem Briefumschlag. Er war weg. Stattdessen lag neben ihr ein ähnlicher Umschlag, der an einem Ende sichtlich gewölbt war. Er sagte ihr, weitere Anweisungen seien im Umschlag. Wenn sie ihren Verstand einschalten würde und diskret sei, könne er sie auch bei anderen Kursen im folgenden Semester unterstützen. Wenn sie Mist baue, müsse sie selbst sehen, dass sie klar komme. Er legte ohne ein Dankeschön für die zwei Riesen auf. Susan steckte den Umschlag in ihre Handtasche und machte sich auf den Weg zur Bibliothek. Sie kannte einen abgelegenen Arbeitsplatz auf der unteren Etage, wo sie ihn ungestört öffnen konnte.

Im Umschlag fand Susan ein nierenförmiges Stück Gummi, das wie ein Hörgerät aussah, und eine Karteikarte. Auf dieser stand mit Schreibmaschine geschrieben: SOFORT ANZIEHEN. PRÜFUNGSERGEBNISSE KOMMEN UM 15.30. AM ENDE ZERSTÖREN. Sie begriff sofort. Sie steckte das Gerät in ihr linkes Ohr, überdeckte es mit ihren Haaren, warf den Umschlag mit der Karteikarte in einen Papierkorb und begab sich zu ihrer Biochemie-Prüfung. Sie war bereit.

Das war vor mehr als zwei Stunden gewesen. Jetzt war der Test im Gange, nur noch 40 Minuten Zeit und alles ging schief. Sie hatte noch keine einzige Antwort.

Was hab ich mir dabei gedacht? Ein Fremder!

Beruhig dich, ermahnte Susan sich selbst. Er hatte 15.30 Uhr geschrieben, also erst in 10 Minuten. *Er wird die Ergebnisse schon liefern. Privat weiß, was er tut.*

Sie führte eine schnelle Rechnung durch. Wenn zehn Studenten jeweils 2000 Dollar für das Privileg der glatten Eins bezahlten, dann würden die Macher 20000 Dollar kassieren. Minus Nebenkosten, sagen wir mal 200 Dollar für jeweils einen Funkempfänger, käme ein Gewinn von 18000 Dollar raus. Nicht schlecht für ein paar Stunden Arbeit. Nein, hier waren Profis am Werk und es mussten mehrere sein. Das machten sie nicht nur für sie. Das hier war das große Geschäft. Sie kontrollierte die Ohren von eventuell anderen exklusiven Clubmitgliedern, konnte aber niemanden ausmachen. Sie kontrollierte ihr eigenes Gerät. Es war noch immer bedeckt, fing jedoch langsam an weh zu tun. Es sagte ihr, was für eine große Idiotin sie gewesen war. Sie hatte ihre Karriere aufs Spiel gesetzt, um eine leichte Note einzuheimsen. Wenn sie gefasst wurde, konnte sie von der Uni fliegen.

Susan versicherte sich selbst, dass es schon klappen würde. Sie war vorsichtig und besonnen zu Werke gegangen. Als sie vor fast zwei Stunden den großen Hörsaal betreten hatte, hatte sie ein paar Bekannte begrüßt, aber sich von ihnen fern gehalten. Sie hatte sich die Testbögen geholt und einen freien Platz gesucht, genau nach den Anweisungen der Aufsicht. Die Tische waren halbkreisförmig angeordnet, jede Reihe ein Stück höher als die vorherige, wie in einem Amphitheater. Die Aufsichtsperson bat die Studenten, immer einen Sitz freizulassen. Susan wählte einen Tisch am Ende einer Reihe, ihr freies Ohr Richtung Gang. Der Tisch war weder zu weit vorne, wo die Aufsicht sitzen würde, noch am Ende des Raumes, wo die beiden studentischen Hilfskräfte am meisten nach Moglern Ausschau halten würden. Sie kannte keinen der Studenten, die in ihrer Nähe saßen. Es war perfekt.

Nachdem alle Studenten sich gesetzt hatten, informierte die Aufsicht sie, dass die Prüfung um exakt zwei Uhr starten und um vier Uhr enden würde. Er bat, dass alle ihren Namen, ihre Matrikelnummer und die Seriennummer des Tests auf die computerlesbaren Antwortbögen schreiben sollten. Pünktlich zur vollen Stunde beugten sich alle Köpfe über die Blätter. Susan zog nur eine Show ab. Sie las die Fragen, kämpfte mit den Antworten und tat so, als ob sie die kleinen Kreise auf ihrem Antwortbogen mit ihrem computerlesbaren Bleistift des Härtegrades B ausfüllen würde. Sie gab sich die größte Mühe, weder die Aufsicht noch die beiden studentischen Hilfskräfte während der Prüfung anzuschauen. Da über 250 Studenten beaufsichtigt werden mussten, die in vier langen Reihen saßen, konnte sie sicher sein, dass die drei alle Hände voll zu tun hatten. Bald hatte sie Routine. Sie konnte ihren Kopf und den Bleistift in überzeugender Weise hin- und herbewegen und sich gleichzeitig zu Tode sorgen.

Die Zeit lief davon. Sie führte eine neue Rechnung durch. Wenn eine Antwort in Zehn-Sekunden-Abständen geliefert würde, bräuchte man immer noch fast siebzehn Minuten, um die hundert Antworten niederzuschreiben. Noch hatten sie genug Zeit, aber es gab kaum Raum für Fehler. Wenn die Antworten nicht bald kämen, dann wäre es zu spät. Ihre einreihige Perlenkette hob und senkte sich bei jedem hastigen Atemzug.

Um halb vier, die Zeit, zu der Privat die Antworten versprochen hatte, verharrte sie, hielt die Luft an und wartete. Sie konzentrierte sich auf jedes Geräusch in der Hoffnung, dass ihr Funkempfänger nun angehen würde. *Stille!* Sie sog die Luft ein, ihr Herz raste, während die Panik in ihr hochstieg.

Das war doch alles total verrückt. In nur dreißig Minuten würden die studentischen Hilfskräfte die Tests einsammeln. Eine Woge der Angst brach über ihr zusammen. *Privat!,* schrie sie innerlich.

21. Kapitel

»Rod Sutherland, ich kann mich noch genau erinnern, wie Sie und Ihre Familie das erste Mal durch das Portal dieser Kirche geschritten kamen. Wie alt waren Sie damals, zehn?«

»Dreizehn«, antwortete Rod und betrat das Büro seines Pastors zur verabredeten Zeit um 15.30 Uhr.

»Junger Mann, lassen Sie sich mal anschauen. Studienabgänger von Berkeley, auf dem Weg zum theologischen Seminar in Westminster. Sie erfüllen uns mit Stolz, jawohl, mit Stolz, Mr. Sutherland.« Er bot Rod einen Stuhl an.

»Danke, Pastor Shelton, aber ich mache meinen Abschluss erst im Mai.« Mit Bewunderung ließ Rod seine Augen über den übergroßen Schreibtisch und seinen übergroßen Pastor auf dem übergroßen Ledersessel schweifen. Auf den Mahagoni-Regalen hinter ihm standen dicke Bände und bezeugten des Pastors theologische Beschlagenheit. Seine vielen Urkunden bedeckten die restlichen Wände. Er hatte auch einen Doktortitel.

»Ich habe nie verstanden, warum Sie ausgerechnet auf die Universität von Berkeley gehen mussten«, bemerkte Pastor Shelton. »Was haben Sie sich dabei gedacht, ein so cleveres Bürschchen wie Sie?«

Rod lächelte reumütig. »Als ich diese Entscheidung traf, ging ich noch zur High School. Aber immerhin ist sie eine der besten Universitäten des Landes.«

»Hm, ja, nun gut. Ich hätte es nur lieber gesehen, wenn Sie eine Lehranstalt mit guten, konservativen, christlichen Prinzipien gewählt hätten.« Er lehnte sich in seinem Ledersessel zurück und machte es sich bequem. »Mit Westminster haben Sie eine gute Wahl getroffen. Dort sind einige gute Leute.«

»Jawohl, Sir.« Rod stellte sich vor, wie er eines Tages selbst auf der anderen Seite dieses großen Schreibtisches sitzen und einen jungen Mann beraten würde, der auf dem Weg in eine theologische Ausbildung war.

»Wie geht es Ihnen geistlich, Mr. Sutherland, tief verwurzelt in der Schrift?«

»Fast täglich.«

»Die Schrift sagt: ›Seid begierig nach der vernünftigen, lautern Milch als die jetzt geborenen Kindlein, auf dass ihr durch dieselbe zunehmet.‹«

»Jawohl, Sir.«

»Gott an erster Stelle?«

»Ich versuche es.«

»In der Anbetung wachsend?«

»Jawohl, Sir.«

»Das ist wichtig, das ist wichtig.« Er schürzte seine Lippen und sah Rod in die Augen. »Das allein zählt, mein Sohn.«

»Ihre Sekretärin hat mir gesagt, Sie wünschten mich zu sehen?«

»Das ist richtig, Mr. Sutherland. Letzte Woche habe ich einen Referenzbogen zugesandt bekommen. Er gehört zu Ihrer Anmeldung zum Westminster Seminar.« Er nahm einen Umschlag aus einer Schreibtischschublade und nahm aus ihm ein einzelnes Blatt. »Ich muss diese Referenz ausfüllen.«

»Ich glaube, ich erwähnte dieses Schreiben Ihnen gegenüber.«

»Das haben Sie, ja, das haben Sie. Und ich möchte es so schnell wie möglich erledigt haben.«

»Herzlichen Dank, ich weiß das zu schätzen. Ich bin mir sicher, die Empfehlung des Pastors hat mehr Gewicht als alles andere im Bewerbungsverfahren.«

»Das würde ich genauso sehen.« Pastor Shelton ließ den Brief niedersinken. »Darum wollte ich mit Ihnen sprechen.«

»Gibt es ein Problem?«

»Ich habe mich letzten Sonntag mit Ihren Eltern unterhalten. Sie erzählten mir, dass Sie zum Vorsitzenden einer dieser Studenten-Clubs drüben in Berkeley gemacht worden sind.«

»Stellvertretender Vorsitzender der University Christian Fellowship.«

»Nun, worum geht es in diesem Club?«

»Wir sind eine christliche Studentenvereinigung. Wir haben jeden Donnerstag einen evangelistischen Büchertisch auf dem Campus. Freitagabends haben wir einen Bibelkreis.«

»Ich wusste, dass Sie freitags einen Hauskreis besuchen, aber ich dachte immer, der wäre von unseren jungen Erwachsenen.«

»Er besteht zumeist aus Cal-Studenten.«

»Wer lehrt in diesem Hauskreis?«

»Wir wechseln uns ab – Alex, Jamie und ich.«

»Nur ihr drei?«

»Ja.«

»Haben die beiden anderen eine biblisch fundierte, theologische Ausbildung genossen?«

»Es sind E-Technik-Studenten.«

»Oh, mein Junge, hier fängt's an. Sind sie Mitglieder gesunder Kirchen?«

»Ja.«

»Reformierter Kirchen?«

»Äh – nein.«

»Sag mir so was nicht, mein Sohn.«

»Es sind gute Christen.«

»Das will ich ja gar nicht bezweifeln, aber wie ist es um ihr Lehrverständnis bestellt?«

»Größtenteils ist sie gut.«

»Größtenteils? Wie sieht es mit der Gnadenlehre aus?«

»Also, äh, ich würde –«

»Es sind Arminianer, nicht wahr?«

»Äh, ja.«

Der Pastor schlug mit der flachen Hand auf den Tisch. »Du liegst mit Arminianern im Bett!«

»Nein, Sir.«

»Jaaa, Sir, Mr. Sutherland, Sir, aber ganz gewiss.« Pastor Shelton stand aus seinem Sessel auf und lief um den Schreibtisch herum zu Rod. »Stellvertretender Vorsitzender der University Christian Fellowship an der Universität von B-e-r-k-e-l-e-y.« Er ließ sich auf der Schreibtischkante nieder und lehnte sich zu Rod. »Gehören auch Pfingstler zu dieser Gruppe?« Ihre Nasen berührten sich fast.

»Ich glaube schon.«

Der Kopf des Pastors schoss zurück. Der Mann stellte sich aufrecht hin. »Donnerlittchen. Ich habe dich hängen lassen, Mr. Sutherland. Wie ein Hund bei der Treibjagd, so hätte ich auf deiner Fährte sein sollen.«

»Sie haben mich nicht hängen lassen, Pastor.«

»Was hast du dir dabei gedacht, Bürschchen?«

»Es sind wirklich ganz prima Jungs, einige meiner besten Freunde.«

»Doktrin!« Pastor Shelton schrie fast. Er starrte Rod an. »Das ist die Grundlage von allem, Junge, wenn die nicht stimmt, dann bist du Geschichte! Haben Sie mich verstanden, Mr. Sutherland?« Er kehrte hinter seinen Schreibtisch zurück und ließ sich schwer atmend in den Sessel fallen.

»Ich habe die Bücher gelesen, die Sie mir empfohlen haben, Pastor. Ich bewerbe mich in Westminster, weil ich Doktrin will.«

Pastor Shelton nahm den Referenzbogen und fuchtelte damit unter Rods Nase herum. »Was machst du dann im Bett mit Arminianern?«

»Ich versuche, ihnen zu helfen.«

»Die Schrift sagt: »›Die Hände lege niemand zu bald auf, mache dich auch nicht teilhaftig fremder Sünden. Halte dich selber keusch.‹«

»Ich halte mich keusch, Pastor.«

»›Darum gehet aus von ihnen und sondert euch ab, spricht der HERR, und rührt kein Unreines an.‹«

»Wir lesen gemeinsam das Johannes-Evangelium. Ich wünschte, sie hätten dabei sein können, als wir im sechsten Kapitel waren. Ich hab's denen richtig gegeben. Jedes Mal, wenn sie mit diesen arminianischen Ansichten daherkamen, habe ich's ihnen gezeigt.«

Pastor Sheltons Erregung wich einem fragenden Gesichtsausdruck. »Ach wirklich?«

»Ich treffe mich mit einigen Mitgliedern privat, um mit ihnen gute, reformierte Lehre durchzugehen. Wir machen wirklich hervorragende Fortschritte.«

»Ja, jetzt kommen wir der Sache langsam näher.« Pastor Shelton begab sich wieder auf seine Füße und lief um den Tisch herum zu Rod, der ebenfalls aufstand. »Erzählen Sie mir mehr.«

»Ich habe eine gute Freundschaft zum Vorsitzenden, Alex Kim, entwickelt. Wir haben uns vorgenommen, ein Positionspapier zu schreiben.«

»Nun gut, mein Junge, vielleicht ist es ja doch nicht so schlimm, wie ich mir vorgestellt habe.« Pastor Shelton legte seine schwere Hand vertrauensvoll auf Rods Schulter. »Hört sich an, als hätten Sie einen Plan. Also haben Sie doch einige Dinge hier in dieser Kirche gelernt.«

»Also, ist dann alles geklärt?«

»Mit mir schon« – er legte seinen Kopf etwas schief – »aber ich glaube, Sie sind immer noch in einer etwas prekären Lage.« Er lief im Zimmer auf und ab. »Was soll ich denen in Westminster schreiben? Er macht im UC-Arminianer-Club mit?«

Rod drehte sich zu ihm. »Nein, Sir.«

»Die Empfehlung des Pastors ist ein wichtiger Aspekt bei der Sichtung von Kandidaten für die Ausbildung zum pastoralen Dienst.«

»Jawohl, Sir.«

»Als man sah, dass du in Berkeley studierst, haben sich bestimmt einige Augenbrauen nach oben bewegt. Du weißt schon, was ich meine, mein Sohn, dieser Ort hat schließlich einen einschlägigen Ruf.«

»Sie glauben, man hätte ein Problem damit, dass ich ein Amt bei UCF bekleide?«

»Ich will es mal so formulieren: Sie haben ein Problem damit, wenn Ihr Pastor ein Problem damit hat.«

»Und haben Sie ein Problem damit?«

»Haben Sie mir überhaupt zugehört, junger Mann?«, rief Pastor Shelton mit lauter Stimme. »Natürlich habe ich ein Problem damit. Was ich nicht verstehe, ist, warum *Sie* kein Problem damit haben.«

»Habe ich ja auch. Darum versuche ich ja, dieses Problem zu lösen.«

Pastor Shelton ging wieder zu seinem Schreibtisch. Er faltete den Brief ordentlich zusammen und steckte ihn wieder in den Umschlag. »Bevor du meine Empfehlung bekommst, möchte ich, dass diese Sache aus der Welt ist, hast du mich verstanden?«

»Jawohl, Sir.«

»Du bewirbst dich nicht bei den Pfadfindern, verstehst du das? Die Ausbildung zum Kirchendienst ist eine ernsthafte Angelegenheit. Über einen Pastor muss man Folgendes sagen können: ›Haltend ob dem Wort, das gewiss ist, und lehrhaft, auf dass er mächtig sei, zu ermahnen durch die heilsame Lehre und zu strafen die Widersprecher‹.«

»Ich verstehe, Pastor.«

»Sicherlich erwartest du nicht von mir, dass ich denen erklären muss, du lägst im Bett mit Arminianern und Pfingstlern, dich aber trotzdem für die Ausbildung am Seminar empfehle?«

»Aber ich kann doch nicht für das verantwortlich gemacht werden, was andere glauben.«

Der Pastor stieß Rod einen wurstigen Finger vor die Brust. Sheltons Augen waren weit geöffnet und sprangen fast aus den Höhlen. »Nein, das wirst du nicht. Aber *du* bist verantwortlich für das, was du selbst glaubst und vor allem, mit wem du verkehrst, oder irre ich mich da?«

»Nein, Sir.«

»Ich werde dem Seminar also einen Brief schreiben. Ich werde ihnen mitteilen, dass ich das Referenzschreiben bis auf weiteres zurückhalten werde, bis Sie einen bestimmten Punkt in Ihrem Leben aufgeräumt haben. Habe ich mich klar und deutlich ausgedrückt?«

»Jawohl, Sir.«

»Ich lege den Brief genau hier auf meinen Schreibtisch, Mr. Sutherland. Jedes Mal, wenn ich diesen Brief sehe, werde ich für Sie beten, mein Sohn.«

»Jawohl, Sir.«

»Ich möchte, dass Sie in zwei Wochen wieder zu mir kommen. Wir schauen uns gemeinsam an, welche Fortschritte Sie gemacht haben und entscheiden dann, wie wir weiter vorgehen.«

»Wir stecken schon mitten in den Abschlussprüfungen für dieses Semester, Pastor. Dann sind Weihnachtsferien. Bis dahin werde ich nichts erreichen.«

Der Pastor schaute auf seinen Schreibtischkalender. »Nun, dann sehe ich Sie am 8. Januar, das ist ein Montag.«

»Bis zum 13. Januar ist noch keiner wieder da. Und dann werde ich mindestens drei Wochen brauchen.«

»Also, dann nehmen wir den 24. Februar, das ist ein Dienstag. Das ist zwar der Geburtstag meiner lieben Ehefrau« – er schmunzelte – »aber für Gnade ist immer noch Raum.«

»Ist das nicht ein bisschen zu dicht am Ende der Antragsfrist? Das ist doch schon Ende März.«

»Dann haben wir ja noch viel Zeit, nicht war?« Pastor Shelton stand auf. Er öffnete seine Bürotür. »Auf, machen Sie sich an die Arbeit. Entweder wird dieser Club eine gesunde Lehre annehmen oder Sie verlassen ihn, verstanden?«

»Ja, Sir.«

»Bin ich zu hart?«

»Nein, Pastor Shelton.«

»24. Februar.«

»Jawohl, Sir.«

22. Kapitel

Komm schon, komm schon!, schrie Susan innerlich, *ich brauche diese Note!* Sie überprüfte die Zeit, 15.48 Uhr, 12 Minuten bis zum Ende der Biochemie-Abschlussprüfung. Und noch immer hatte sie keine einzige Antwort angekreuzt. Der Bleistift zerbrach in ihrer nervösen Hand. Einige Studenten drehten sich zu ihr um. Susan kicherte unschuldig, dann starrte sie wieder auf ihren Testbogen, als ob sie eine besonders schwere Frage enträtseln wollte. Das war leicht. Diese Fragen waren alle schwer. Sie verstand kaum ein Wort. *Privat müsste doch schon längst die Antworten haben!*

Ein paar Minuten vorher hatte sie beobachtet, wie ihre Freundin Yingxia aufgestanden und zur Aufsicht geschlendert war. Sie hatte etwas zu ihm gesagt, ihre Testbögen und die Antwortseite abgegeben und war dann gegangen. In diesem Moment fiel es Susan wie Schuppen von den Augen. Yingxia, eine aus Hongkong stammende Chinesin, so wie Privat. Sie war super-intelligent. Sie hatte Susans Interesse an dem Betrugsring ausgetestet. Sie hatten ihre Handy-Nummern ausgetauscht. Yingxia musste die Verbindungsperson sein. Susan war sich sicher, dass Yingxia gerade mit einer Abschrift ihrer perfekten Antworten aus dem Raum gegangen war. Nur bis jetzt hätte Privat sie schon längst in den Raum übertragen sollen. Irgendetwas musste schief gegangen sein.

Susan schaute sich noch einmal den Computer-Antwortbogen an. Ein weiteres Problem: Was, wenn der Professor verschiedene Versionen des gleichen Tests erstellt hatte? Es war gang und gäbe, zwei oder mehr Versionen des gleichen Tests mit den Fragen in unterschiedlicher Reihenfolge zu erstellen. Susan schaute die Seriennummer auf ihren Testbögen an. Sie hatte sie neben ihren Namen auf den Antwortbogen geschrieben. Was, wenn Yingxia eine andere Version gelöst hatte? Susan begriff, wenn sie die richtigen Antworten zum falschen Test einreichte, würde der Professor sofort wissen, dass sie gemogelt hatte.

Susan merkte, dass sie die gelieferten Antworten überprüfen musste, falls sie überhaupt je kommen würden. Sie überflog den Test nach einer Frage, die sie vielleicht beantworten könnte. Das war schwieriger, als sie gedacht hätte, aber schließlich fand sie drei. Eigentlich konnte sie nur raten, aber mehr konnte sie nicht bieten. Sie legte sich einen Plan zurecht. Falls die gelieferten Antworten mit ihren drei eigenen nicht übereinstimmen würden, würde sie raus sein. Sie würde eine Panik-Attacke vortäuschen, wie eine Verrückte aus dem Raum rennen und den Antwortbogen mitnehmen. Sie würde später alles erklären. Ein Brief von ihrem Hausarzt könnte ihr einen gestörten Hormonhaushalt oder so etwas bescheinigen. Sie sei krank und brauche zwei Wochen Ruhe. Der Professor musste sie die Prüfung wiederholen lassen. Bis dahin konnte sie sich das Kursmaterial reinziehen. Plan B war bereit. Sie nahm einen tiefen Atemzug und versuchte sich ein bisschen zu entspannen. Sie schaute auf ihre Armbanduhr. 15.54 Uhr. *Ich bin geliefert!*

Das Gerät in ihrem Ohr fing an zu summen. Es knisterte, wurde wieder still, und knisterte wieder. Dann eine Stimme. »Test … kannst du mich hören?«, sagte eine Stimme auf Chinesisch.

Privat!

»Hallo, hallo … okay, sorry für die Verspätung«, sagte Privat durch das Gerät. »Ich hatte ein paar Antworten versprochen.«

Wird auch Zeit! Sie sah auf ihre Uhr, noch fünf Minuten, das reichte nicht.

»Frage Eins, B«, sagte Privat. Er machte eine kurze Pause. »Frage Zwei, C.« Eine weitere kurze Pause. Susan beeilte sich, die Kreise auf ihrem Antwortbogen auszumalen. »Frage Drei, A« – Pause – »Frage Vier, D« – Pause – »Frage Fünf, A.« Die Antworten kamen schneller und schneller, alle drei bis vier Sekunden. Sie fiel zurück. »Frage Sechs, C« – Pause –»Frage Sieben, E.«

Susan konzentrierte sich, malte schneller und holte wieder auf. Dann fiel ihr Privats Stimme auf. Sie klang angespannt, irgendwie gehetzt. Sie verriet ihn. Er war so nervös wie sie. Irgendwas lief schief. Ihr war's egal, ›Radio Biochemie leicht gemacht‹ war gerade auf Sendung. Das Thema der heutigen

Sendung – Yingxias Einser-Antworten. Susan war überglücklich. Sie vergab Privat alles. Noch vor einer Minute hätte sie ihn umbringen können. Jetzt würde sie ihn küssen.

Nach Frage 50 füllte Susan die kleinen Kreise nur noch mechanisch und ohne nachzudenken aus. Die Aufsichtsperson war aus dem Hörsaal gegangen. Die beiden studentischen Hilfskräfte standen in einer Ecke und sprachen miteinander.

Doch nicht so dumm. Eine glatte Eins!

Privat rasselte die Buchstaben mit der Präzision eines Computers herunter, aber die Zeit wurde knapp. Er fegte durch die Sechziger, Siebziger und Achtziger, die Antworten nun im 2 Sekunden-Takt. Dann sagte er nur noch die Zahl und den zugehörigen Buchstaben. »88, E. 89, C. 90, A. 91, D.«

Die Aufsichtsperson kehrte in den Raum zurück. »Die Zeit ist abgelaufen«, verkündete er.

»92, A. 93, C. 94, A«, sagte Privat gehetzt.

»Legen Sie bitte Ihre Stifte zur Seite«, sagte die Aufsicht, »und geben Sie bitte Ihre Blätter ab.«

Susan legte ihren Stift weg, aber Privat machte weiter. Er las nur noch die Buchstaben vor. »E. A. B. C. A. C.« Susan nahm das andere Ende ihres abgebrochenen Bleistifts und verbarg ihn in ihrer Hand. Sie schrieb die restlichen Antworten heimlich auf, den Kopf noch vorne gerichtet und nur die Augen auf dem Blatt. Sie schnappte sich ihre Papiere und stellte sich in die Reihe von Studenten, die ihre Unterlagen abgaben. Auf dem Weg überprüfte sie die drei Fragen, deren Antworten sie geraten hatte. Sie stimmten mit Yingxias Antworten überein. Ihr Schiff war in den Hafen eingelaufen, eine glatte Eins. Das würde sich sehr gut in ihrem Lebenslauf machen. Jedes Zulassungs-Gremium einer Medizinischen Fakultät würde diese Note auf den ersten Blick sehen. Sie konnte ihren Namen schon hören, wie er durch die Flure eines angesehenen Universitätskrankenhauses hallte – *Doktor Dan, Doktor Susan Dan, bitte sofort in den OP kommen!*

Nachdem sie die Testbögen und ihr Antwortblatt abgegeben hatte, kehrte Susan wieder an ihren Platz zurück und sammelte ihre Sachen ein. Mehrere Studenten unterhielten sich darüber, wie schwer die Prüfung gewesen sei. Der Typ neben ihr erkundigte sich, wie sie zurechtgekommen sei.

»Ziemlich gut«, hatte sie ihm geantwortet, »aber es war ganz schön schwer.« Sie grinste, als sie die abgekämpft und besorgt aussehenden Kommilitonen musterte. *Ein Haufen Idioten.*

Dann lief auf einmal alles schief. Bevor noch jemand den Saal verlassen konnte, bat die Aufsichtsperson die Prüflinge, sich bitte wieder auf ihre Plätze zu begeben. Bei ihm war Professor Dr. Morris Rosenthal, der die Vorlesung gehalten hatte und ein dritter älterer Herr mit wenig Haaren. Dann kamen noch drei weitere studentische Hilfskräfte in den Saal und positionierten sich mit den beiden anderen strategisch im ganzen Raum. Es war fast wie bei einer Razzia in einer verbotenen Spielhölle.

Susan rieb sich beiläufig am Ohr. Das Gerät war sicher an seinem Platz, aber sie musste es schnellstmöglich loswerden.

»Ich bin Dr. Jacus«, eröffnete der älteste der drei Männer den Studenten, »der Dekan der Fachschaft Biologie.«

Er redete weiter, aber Susan hörte ihm nicht zu. Sie musste den Funkempfänger loswerden. Sie steckte einen Finger ins Ohr und fischte das Gerät verborgen durch ihren langen Fingernagel heraus. Wie zufällig strich sie mit ihrer Hand über ihr Gesicht und stützte ihr Kinn auf ihrer Hand auf. Drei Finger ruhten über ihrem Mund. Der einzige Beweis, der sie mit dem Komplott in Zusammenhang bringen konnte, verschwand hinter rot geschminkten, glossigen Lippen. Sie fing an zu kauen.

»Ich muss mich heute einer höchst beunruhigenden Angelegenheit widmen«, sagte Dr. Jacus, »höchst unangenehm und bedauerlich.«

Seine schwache Stimme klang bedrückt. Susan dachte, dass der Alte gleich zusammenbrechen würde. *Was für ein Schlappschwanz.*

Ihr Kiefer bewegte sich langsam, aber kraftvoll. Der starre Gummi-Pfropfen wurde zusammengepresst, dann knackste er hörbar und zerbrach. Sie war sich sicher, dass alle das Geräusch gehört haben mussten, aber niemand drehte sich zu ihr um. Sie versuchte, den Empfänger herunterzuschlucken, aber ihr Mund war zu trocken und das Gerät zu groß. Sie kaute fester.

»Wenn ich Ihren Namen aufrufe«, sagte Dr. Jacus, »heben Sie bitte Ihre Hand.« Es klang mehr wie eine vorsichtige Bitte, als ein Befehl. Er reichte einen Stapel rosa Karten an einen der studentischen Hilfskräfte weiter, der sie unter den vier anderen jungen Leuten aufteilte. Die ersten drei Namen, die er aufrief, waren alle chinesisch.

Nicht gut.

Jeder Prüfling, der die Hand hob, bekam von den Hilfskräften eine Karte. In Susan stieg wieder die Panik hoch, sie versuchte verzweifelt zu schlucken, schaffte es aber nicht.

Mehr Namen wurden aufgerufen. Ihrer kam an zehnter Stelle. Sie hob ihre Hand leicht an und identifizierte sich als eine der Beschuldigten. Die Hilfskraft, die ihr am nächsten stand, ein Mädchen, das sie aus Singapur kannte, reichte ihr eine rosa Karte. Susan empfing sie mit einem unschuldigen Augenaufschlag. *Da muss ein Irrtum vorliegen*, sollte er verdeutlichen.

Die andere lächelte zurück. Das war kein Irrtum.

Susan legte die Karte auf ihren Tisch, aber sah sie nicht an. Dr. Jacus las noch weitere Namen vor, insgesamt 15 bis 20, aber das war ihr egal, sie würde sich nicht erwischen lassen. Wieder versuchte sie zu schlucken, aber der Empfänger ließ sich nicht herunterwürgen. Sie blickte um sich, niemand beobachtete sie. Mit zwei Fingern kramte sie in ihrer Handtasche und zog ein Stück Papier hervor, hielt es vor ihren Mund und spuckte das verhasste Ding aus, genauso wie sie einen Kaugummi ausgespuckt hätte. Sie wickelte das Papier darum und überprüfte noch einmal, ob jemand guckte. Dann ließ sie es langsam Richtung Boden sinken und warf es vor ihre Füße. Mit den Zehen gab sie einen kräftigen Stoß und der Papierball flog unter einen leeren Stuhl in der Reihe vor ihr. Sie lächelte und blickte so desinteressiert wie möglich im Saal herum.

Dr. Jacus ging zur Tür hinaus. Die Aufsicht entließ die Prüflinge. Erst dann las Susan, was auf der Karte vor ihr stand: BITTE FINDEN SIE SICH UNVERZÜGLICH IN DR. JACUS' BÜRO ZU EINER DISZIPLINARISCHEN ANHÖRUNG EIN, RAUM 170. IHRE ANWESENHEIT IST VORGESCHRIEBEN.

Susan lief aus dem Saal. Sie würde sich nirgends unverzüglich einfinden. *Schlimmstenfalls können sie mich durchfallen lassen, aber dann sollten sie lieber Beweise haben. Ich nehme mir einen Anwalt. Eine Verleumdungsklage mit Schadenersatz wegen der Unterbrechung einer viel versprechenden medizinischen Karriere ist tausende Dollar wert. Vielleicht auch eine Million oder mehr.*

23. Kapitel

An einem ungemütlich kalten Dienstagabend in der Woche nach Weihnachten trafen sich Alex und Jamie in La Val's Pizzeria, einem unterirdischen Fresstempel an der Telegraph Avenue. Im Laufe der Jahre war das Lokal zum offiziellen Nicht-Campus-Treffpunkt der UCF-Mitglieder geworden. Es war dämmrig und laut. Der meiste Lärm kam von einem riesigen Flachbildfernseher. Vor Jahren hatte einmal einer der UCF-ler das Hinterzimmer für eine Semesterabschluss-Pizzaparty reserviert. Das Management war freundlich, die Pizza lecker und die Getränke mit kostenlosem Nachfüllservice, deswegen war ihnen der Ort in guter Erinnerung geblieben. Ab und zu reservierten die UCF-ler das Hinterzimmer für besondere Treffen. Wenn sich aber nur ein paar Leute treffen wollten, dann setzten sie sich ins Séparée in der hinteren rechten Ecke, in der Nähe der Toiletten. Hier konnten acht Leute bequem Platz finden, gequetscht auch zehn. Außerdem stand dieser Tisch so weit weg vom Fernseher wie kein anderer und auch der Lärm der Videospiele war weniger zu hören. Ortsfremden Studenten konnte man den Treffpunkt leicht beschreiben – der Tisch unter der aufblasbaren Budweiser-Flasche.

Alex und Jamie gaben ihre Bestellung am Tresen auf. Alex bestellte die Tortellini mit Fleischsauce, Jamie das »Rockende Roastbeef Sandwich«. Im Fernsehen lief die Continental Tire Bowl, Universität von Boston gegen die von North Carolina. Niemand schaute zu. Seit Cal das große Spiel gegen Stanford verloren hatte, war das Interesse am Football merklich gesunken. Zwei Pärchen spielten lautstark Kicker, Mädchen gegen Jungen. Fünf junge Männer bearbeiteten die ohrenbetäubenden Videospielkonsolen, die so wohlklingende Namen wie »Time Chaos«, »The Hood«, »Murder One«, »StarRacer« und »Theater of Enchantment« trugen. Ein schwergewichtiger Typ mit einer roten Bandana auf dem Kopf hüpfte auf den Lichtpaneelen von Dance Challenge X-Treme herum. Seine beiden Kumpel studierten seine Bewegungen und warteten, bis sie an der Reihe waren. Alex und Jamie bezahlten und gingen mit ihrem Essen zu ihrem Tisch in der hintersten Ecke.

Eine Weile aßen sie und unterhielten sich hauptsächlich darüber, wie ihre Semester-Abschlussprüfungen gelaufen waren und was sie in den Weihnachtsferien so machten. Dann kamen sie auf den eigentlichen Grund ihres Treffens zu sprechen. Sie hatten sich an diesem Abend verabredet, um über den Calvinismus zu sprechen. Alex hatte sein Versprechen gegenüber Rod eingehalten und sich mit dem Thema befasst. Um den Arbeitsaufwand in Grenzen zu halten, hatte er noch Jamie rekrutiert. Genau genommen hatte er Jamie gesagt, er müsse helfen, weil es schließlich sein Verhalten gewesen war, das Rod auf die Palme gebracht hatte. Jamie hatte gestöhnt und gejammert. Er wollte Weihnachten nicht hinter Büchern verbringen. Alex erklärte ihm, er solle es einfach als eine Art abzuarbeitende Schuld sehen. Irgendwie hatte dies Jamie eingeleuchtet und so hatten sie sich geeinigt, das Thema unter sich aufzuteilen. Alex würde sich mit dem Leben von Johannes Calvin beschäftigen, Jamie sich um die theologischen Aussagen kümmern und dann würden sie sich treffen und ihre Ergebnisse zusammentragen. Darum trafen sie sich an diesem Dezemberabend im La Val's.

»Lass es uns hinter uns bringen«, sagte Jamie.

Alex nahm einen Schluck Cola und begann seinen Bericht. »Calvin wurde am 10. Juli 1509 in einem Ort 60 Meilen nördlich von Paris geboren. Das Dorf hieß Noyon. Er wurde in der katholischen Kirche getauft und gefirmt. Mit 14 Jahren ging er zur Universität von Paris und studierte dort hauptsächlich Theologie und Philosophie, um sich für das Priesteramt ausbilden zu lassen.«

»Er wurde Priester?«, fragte Jamie.

»Nein, er bekam Kontakt zu einer Gruppe, die das Neue Testament auf

Griechisch studierten. Da war's um ihn geschehen.«

»Nachfolger Luthers?«

»Vielleicht waren diese Franzosen durch seine Schriften beeinflusst worden, aber die Reformation scheint in Frankreich unabhängig von der in Deutschland begonnen zu haben, eventuell sogar vorher. Kurze Zeit, nachdem Calvin nach Paris gekommen war, verhafteten die französischen Behörden einen Mönch namens Jean Vallière wegen Häresie*. Er war ein Augustinermönch, genau wie Luther, also bestand dort vielleicht eine Verbindung. Sie haben Vallière auf dem Scheiterhaufen verbrannt. Er wurde zum ersten Märtyrer der französischen Reformation.«

Jamie zupfte ein Stückchen Chili aus seinem Sandwich und steckte es in seinen Mund. »Gefährliche Zeiten.«

»Als einige aus der Gruppe, die gemeinsam die Bibel studierten, verhaftet wurden, floh Calvin. Einige Jahre zog er umher und verbrachte die Zeit mit Studieren und Schreiben. In der Zeit schrieb er die erste Ausgabe der *Institutio*. Sie wurde zum einflussreichsten Buch der protestantischen Reformation.«

»So alt kann der doch noch gar nicht gewesen sein.«

»27 oder 28.«

»Schlaues Kerlchen, hä?«

»In gewisser Weise ein Genie«, sagte Alex. »Irgendwann ließ er sich dann in Genf nieder. Der Großteil der Bewohner waren Protestanten und kannten Calvins Schriften. Sie baten ihn, der geistliche Leiter der Stadt zu werden. Unter seiner Führung arbeitete man eine neue Verfassung aus, gründete ein Schulsystem für die Kinder aller Schichten, eine Universität, Krankenhäuser und neue Industriezweige. Außerdem wurde die Infrastruktur der Stadt verbessert.«

»Ein Mann der Renaissance!«, sagte Jamie.

»Es war die Blütezeit der Renaissance«, sagte Alex. »Michelangelo, da Vinci, Kopernikus und Erasmus lebten ungefähr zur gleichen Zeit. Calvin schrieb Bücher, Lieder, Predigten, Gedichte, einfach alles.«

»Aber nicht gerade Unterhaltungsliteratur.«

»Wohl kaum.« Alex schob sich einen Löffel Pasta in den Mund und redete weiter, als sein Mund wieder leer war. »Er war sehr streng und hielt viel von Disziplin. Die Genfer hatten geschworen, nach der Bibel zu leben, also zog Calvin sie auch dafür zur Verantwortung. Er verfasste einen moralischen Verhaltenskodex, die *Disciplines*. Sie besagten, dass man weder Karten noch Backgammon spielen durfte, nicht Tanzen oder ins Theater gehen oder am Sabbat arbeiten durfte. Steigerte nicht gerade seine Beliebtheit.«

»War das Pflicht?«

---

* Von der offiziellen Kirchenmeinung abweichende Lehre, Ketzerei.

»Absolut. Wenn du die Regeln brachst, steckten sie dich ins Gefängnis oder schickten dich in die Verbannung. Wenn man beim Ehebruch erwischt, der Hexerei oder der Häresie bezichtigt wurde, hieben sie dir für gewöhnlich den Kopf ab, es sei denn, sie entschlossen sich, Gnade walten zu lassen.«

»Die haben echt Leute hingerichtet?«

»So war das nun mal im Mittelalter. In einer Quelle stand, dass in einem Zeitraum von fünf Jahren fünfzig Menschen in Genf hingerichtet wurden. Für eine Stadt mit weniger als 20000 Einwohnern war das ganz schön viel.«

»Kein Witz?«

»Ich fürchte nicht«, sagte Alex. »Was hast du über seine Lehren herausgefunden?«

»Das Meiste war Standard.«

»Was ist mit der Prädestination?«

»Laut Calvin ist Prädestination das ewige göttliche Dekret, aufgrund dessen Gott beschlossen hat, was mit jedem Menschen passiert. Einige bekommen das ewige Leben. Der Rest die ewige Verdammnis.«

»Begründet worauf …?«

»Wer weiß? Sie behaupten, das gehöre zum geheimen Ratschluss Gottes.«

Alex schnitt eine Grimasse. »Ein bisschen heftig.«

»Die Menschen zur Zeit Calvins dachten ebenso. Einige Schweizer Städte ließen seine Bücher verbieten.«

»Was ist mit den fünf Punkten des Calvinismus? Worum geht's da?«

»Sie sind eine Art Zusammenfassung dessen, was er über die Errettung gelehrt hat«, sagte Jamie. »Ist ein bisschen kompliziert. Calvins Nachfolger in Genf war ein Typ namens Theodor Beza. Dem war die Prädestinationslehre noch viel wichtiger als Calvin. Dann ist da noch dieser Holländer namens Arminius. Er hat einige Lehren Bezas kritisch hinterfragt. Das hat die Calvinisten ziemlich verärgert. Sie haben in Holland ein großes Konzil einberufen, das Konzil von Dordrecht, und Arminius als einen Häretiker verurteilt. Zu seinem großen Glück war er da schon tot.«

»Was war mit seinen Anhängern?«

»Sie wurden zu einer verfolgten Minderheit.«

»Armenier?«

»Was?«

»Wurden so seine Anhänger genannt?«

»Nein, Armenier sind Leute aus Armenien, neben dem Schwarzen Meer.«

»Arianer?«

»Nein, Arianer sind die Anhänger von Arius. Das war der Typ, der leugnete, dass Jesus Gott ist. Die Anhänger von Arminius werden Ar-min-i-an-er genannt.«

»Arminianer, okay.«

»Egal, die Fünf Punkte des Calvinismus sind eine Zusammenfassung dessen, was das holländische Konzil über die Errettung ausgesagt hatte. Im Englischen merkt man sie sich übrigens durch ein Akronym, nämlich das Wort TULIP, also Tulpe. Ich habe dir mal eine Kopie gemacht.« Jamie reichte ihm ein Blatt und Alex las es.

Die Fünf Punkte des Calvinismus

T – *Total Depravity (völlige Verderbtheit)*: Aufgrund des Sündenfalls ist jeder Mensch hoffnungslos verloren und von seiner bösen Natur geknechtet. Er ist nicht fähig, Gutes zu tun oder sich selbst zu erretten. Weil er geistlich tot ist, kann er die Botschaft des Evangeliums nicht verstehen, es sei denn, Gott macht ihn zuerst lebendig. Dies entbindet ihn jedoch nicht von seiner Verantwortung zu glauben (Römer 5,12; Epheser 2,1-5).

U – *Unconditional Election (bedingungslose Erwählung)*: Vor Grundlegung der Welt erwählte Gott die Menschen, die er erretten wollte. Seine Auswahl und Entscheidung waren unabhängig von Charakter, Leistungen oder Taten wie Buße oder Glauben, die Gott in den Erwählten vorhersah, sei es vor oder nach ihrer Errettung (Römer 9,10-29; Epheser 1,3-14).

L – *Limited Atonement (begrenzte Sühne)*: Jesu Blut hatte einen unendlichen Wert, war aber in Bezug auf Zweck und Anwendbarkeit begrenzt. Er starb nur, um die Erwählten zu erlösen, also die, die der Vater ihm gegeben hatte. Dies wird auch die Lehre der speziellen Erlösung genannt (Matthäus 26,28; Johannes 17,9).

I – *Irresistible Grace (unwiderstehliche Gnade)*: Sobald die Erwählten von Gott, dem Heiligen Geist, gerufen werden, werden sie von Gott wiedergeboren und kommen zum Glauben an Jesus. Die Erwählten können dem Ruf Gottes nicht widerstehen (Johannes 6,37.44.45.65).

P – *Perseverance of the Saints (die Beharrlichkeit der Heiligen)*: Die Erwählten können nicht von der Gnade abfallen. Sie halten bis zum Ende an ihrem Glauben fest und werden ewig errettet (Römer 8,28; Johannes 6,39).

»Das ist harter Tobak«, sagte Alex, als er die Auflistung zu Ende gelesen hatte. »Glauben das auch heute noch viele Menschen?«

»Millionen«, sagte Jamie. »Ich habe dieses Ding auf einer Internetseite namens die ›World Alliance of Reformed Churches‹ gefunden. Sie repräsentiert 200 protestantisch reformierte Denominationen, ungefähr 75 Millionen Menschen weltweit. Sie schätzen, dass es noch ungefähr 25 Millionen Menschen in anderen Kirchen und Gemeinden gibt, die bis zu einem bestimmten Grad an Calvins Lehren festhalten, aber nicht Teil der offiziellen Organisation sind. Insgesamt also 100 Millionen.«

»Wie sind die so groß geworden?«

»Calvin hat viele Menschen beeinflusst«, sagte Jamie, »am meisten durch seine Bücher, aber auch durch eine Akademie, die er mit Hilfe von Theodor Beza in Genf gegründet hat. Sie haben Hunderte von Männern aus ganz Europa unterrichtet. Einige waren einflussreiche Prediger, wie John Knox, der Calvins Gedankengut in Schottland und England verbreitet hat. Die von der französischen Monarchie gesteuerte Verfolgung in Frankreich war ein weiterer Faktor.«

»Die Hugenotten?«

»Richtig. 1685 unterschrieb Ludwig XIV. ein Edikt, das den protestantischen Glauben in Frankreich verbot. Es rief zur Zerstörung protestantischer Kirchen und zur Schließung protestantischer Schulen auf. Zwischen 200000 und 500000 Hugenotten mussten fliehen. Sie wurden in allen Teilen Europas sesshaft. Viele segelten auch nach Amerika und siedelten sich in den englischen Kolonien an. Zu ihnen gehörte auch der Vater von Paul Revere.«

»Ich hatte einen Geschichtslehrer, der meinte, ein Drittel aller amerikanischen Präsidenten hätten hugenottische Vorfahren gehabt.«

»Der Calvinismus ist in diesem Land immer noch eine mächtige Bewegung«, sagte Jamie. »Calvinisten leiten den theologischen Zweig vieler christlicher Seminare und auch einige der größten christlichen Verlagshäuser. Einige der bekanntesten Prediger Amerikas sind reformiert.«

»Denkst du, Calvin hatte vielleicht Recht?«, fragte Alex.

»Er hatte in sehr vielen Punkten Recht«, sagte Jamie.

»Prädestination?«

»Ich weiß es nicht.«

»Du musst zugeben, dass Rod seinen Standpunkt mit einigen sehr einleuchtenden Bibelversen unterlegen kann.«

»Ich weiß. Ist irgendwie unheimlich«, sagte Jamie.

»Dieses Problem wird sich nicht von selbst lösen, oder?«, fragte Alex.

»Nein. Wir müssen schon eine Lösung finden.«

»Oder Calvinisten werden.«

24. Kapitel

Als Singapur Airlines Flug SQ2 zum Landeanflug auf den San Francisco Flughafen ansetzte, rutschte Susan Dan in ihrer engen Jeans auf ihrem Erste-Klasse-Sitz hin und her. »Muss eingelaufen sein«, sagte sie laut und fluchte dann. Sie war müde, genervt und zu Streit aufgelegt. Der eintönige Flug zurück in die Staaten war eine krasse Umgewöhnung. Während den Weihnachtsferien hatte sie eine Party nach der anderen besucht und den Rest ihrer freien Zeit in Boutiquen verbracht. Und obwohl sie in den letzten vier Wochen zu Hause kaum an die Uni gedacht hatte, konnte sie es nun nicht länger verdrängen.

Ich habe den Test bestanden. Worüber mache ich mir Sorgen?

Sie wusste, wovor sie Angst hatte. Ein Einschreiben der Universität war einen Tag vor ihrem Abflug nach Singapur in ihrer Eigentumswohnung in Berkeley abgegeben worden. Das war am 20. Dezember gewesen. In ihm wurde vor disziplinarischen Maßnahmen in einem schwebenden Verfahren gewarnt. Sie wurde angewiesen, einen Termin mit Dr. Jacus, dem Dekan der Fachschaft Biologie zu vereinbaren, um ihren akademischen Stand zu besprechen. Sie schmiss den Brief in den Müll. Jetzt, einen Monat später, fragte sie sich, ob das nicht doch ein Fehler gewesen war. Sie verfluchte sich, weil sie ihren Laptop während der Weihnachtsferien in Berkeley zurückgelassen hatte. Ohne die darin gespeicherten Passwörter hatte sie nicht ihre Noten auf der Website der Universität abfragen und das Ergebnis der Biochemie-Prüfung herausfinden können. Der Sektquirl, mit dem sie gerade herumspielte, zerbrach und stach sie in den Finger. Sie fluchte laut. Die ältere Dame im Sitz neben ihr rügte sie auf Chinesisch. Susan drehte sich zum Fenster und nuckelte an ihrem blutenden Finger.

Sobald Susan wieder am Boden war, stiefelte sie zum Taxi-Stand. Ihr einziges Gepäckstück war ihre Handtasche – eine Original Prada Kamelhaartasche für 1495 Dollar – und musste somit nicht durch den Zoll.

»Berkeley«, wies sie den Taxifahrer an.

»Mit dir fahre ich überallhin, meine Schöne«, antwortete der widerliche Typ um die Vierzig.

Susan fiel auf, dass er sie durch den Rückspiegel musterte und schaute bewusst weg. Als er ein Gespräch anfangen wollte, ignorierte sie ihn. Sie legten den Rest des Weges unter Schweigen zurück.

»72 Dollar«, sagte der Fahrer, als sie vor ihrer Wohnung an der University Avenue angekommen waren.

»Um mal eben über die Brücke zu fahren?«, sagte sie. Sie stieg aus dem

Taxi aus. »Ich dachte, eure Preise wären festgelegt.«

Der Kerl schenkte ihr ein schmieriges Grinsen. »Du und ich, wir können gerne noch 'ne kleine Runde dranhängen, wenn du willst.«

Sie warf ihm eine Hundert-Dollar-Note durchs Fenster und ließ ihn stehen. Die ganze Reise war mies gewesen.

In der Lobby des Gebäudes holte sie sich ihre Post und fuhr dann mit dem Aufzug in ihr bequemes Apartment im fünften Stock. Sie öffnete die Wohnungstür und ging sofort ins Wohnzimmer. Sie machte den Fernseher an, klickte durch die Kanäle und blieb am Home Shopping Network hängen. Auf den Möbeln hatte sich ein feiner Staubfilm gebildet, den sie abwischte. Als sie fertig war, überprüfte sie ihren Anrufbeantworter in der Küche. Zwei Nachrichten waren gespeichert, beide von Angela.

»Das Mädchen ist eine Landplage«, sagte sie laut. Sie löschte beide Nachrichten.

Susan kehrte ins Wohnzimmer zurück und holte ihren Laptop unter dem Sofa hervor und schaltete ihn ein. Sie suchte sich ihre CalNet-ID und ihr Passwort in einem Unterverzeichnis und öffnete dann die Cal-Website. Ein Adrenalinstoß fuhr durch ihren Körper.

IHRE ID UND IHR PASSWORT STIMMEN NICHT MIT EINEM AUTORISIERTEN BENUTZER UNSERER DATENBANK ÜBEREIN stand auf dem Bildschirm.

Sie schlug mit der Hand auf den Rechner. »Schrottteil!«

Sie gab noch einmal ID und Passwort ein.

IHRE ID UND IHR PASSWORT STIMMEN NICHT MIT EINEM AUTORISIERTEN BENUTZER UNSERER DATENBANK ÜBEREIN.

»Die Seite läuft mal wieder nicht.« Sie warf den Deckel zu und schob den Computer zurück unters Sofa.

Susan ging zurück in die Küche. Auf der Arbeitsplatte lag noch immer die Post. Sie schaute sie durch und warf die ersten vier Briefe ungeöffnet in den Mülleimer. Der fünfte war von der Universität.

»Wenn die nicht aufhören, mich zu belästigen, klage ich.« Sie riss das Schreiben auf und überflog es. Ihre Augen blieben an einem Wort hängen.

Sie hörte jemanden geräuschvoll atmen. Das Geräusch wurde lauter, wilder, heftiger. Der Taxi-Fahrer! Sie erstarrte und drehte sich dann ruckartig um, aber es war niemand da. Plötzlich wurde ihr klar, dass sie hyperventilierte, aber es war zu spät. Sie wollte sich irgendwo festhalten, aber griff ins Leere. Ihr Sichtfenster verengte sich, dann war es zu und es herrschte Dunkelheit. Im Fallen krachte sie mit dem Gesicht gegen die Granitarbeitsplatte. Der Brief segelte neben sie. EXMATRIKULIERT.

25. Kapitel

Vierhundert Studenten standen vom kalten Januar-Nebel umhüllt in der Mitte der Sproul Plaza. Alex und Jamie waren unter ihnen. Ebenso die restlichen UCF-Mitglieder sowie Mitglieder anderer christlicher Gruppen der Universität. Der Rest setzte sich aus Neugierigen zusammen, aus Studenten, die stehen geblieben waren, um herauszufinden, was los war. Sie wussten, eine Menschenmenge auf der Sproul Plaza bedeutete, dass bald etwas passieren würde, Gutes oder Böses. Dieser Ort schrie geradezu nach Ärger.

Am westlichen Ende der Plaza befinden sich die Martin Luther King Studentenunion und das César Chávez Studentencenter, Denkmäler für die Männer, die wussten, wie man die Massen anführt, um für ihre Rechte einzustehen und sie zu Demonstrationen bewegt. Zum Osten hin liegt die Sproul Hall. Ihre weiten Stufen führen zur Plaza hinunter und können so als ideale Plattform genutzt werden, um zu den vielen Menschen zu sprechen, die sich dort täglich tummelten. Von diesen Stufen aus startete Mario Savio das Free Speech Movement der 60er Jahre, was zu den meisten Verhaftungen in der kalifornischen Geschichte geführt hatte. Von diesen Stufen rief 1969 der damalige Vertreter der Studentenschaft Dan Siegel die anderen Studenten auf, ein von Müll übersätes Stück Land zurückzuerobern, das von den Studenten und Obdachlosen als Park benutzt wurde, das die Universität aber eingezäunt hatte, um dort weitere Gebäude zu errichten. Zweitausend Studenten marschierten als Antwort auf den Appell zu dem südlich gelegenen Ort. Der Kampf gegen die 700 Polizisten ging unentschieden aus. Nach anhaltenden Konfrontationen gab die Universitätsverwaltung ihr Vorhaben schließlich auf. Heute heißt dieser Ort People's Park. Von diesen Stufen aus verlangten Aktivisten das Ende des Vietnamkrieges, das Ende der Wehrpflicht, das Ende von US-Bombenangriffen auf Kambodscha, das Ende der Apartheid in Süd-Afrika, das Ende der Ausbeuterbetriebe in Zentralamerika und das Ende der Abholzung des Regenwaldes in Südamerika. Von diesen Stufen aus setzten sich die Redner für Bürgerrechte, Black Power, Förderung von Minderheiten, einen Studiengang zum Thema ›Kulturen ethnischer Minderheiten‹, für die Rechte von Frauen, von Schwulen und von Tieren ein.

Diese lange Tradition von Kundgebungen ist bis heute ungebrochen. Fast täglich wird in der Mittagspause die Studentenschaft über Lautsprecher, die an hohen Masten an der Seite der Treppe hängen, aufgerufen, aufzustehen und mitzureden. Und damit auch wirklich niemand vergisst, dass Berkeley die selbsternannte Welt-Hauptstadt der Meinungsfreiheit ist, schrieb die Uni einen öffentlichen Kunstwettbewerb aus, um dieser denkwürdigen Rolle ein

Denkmal zu setzen. Erwartungsgemäß gewann ein charakteristisch unkonventionelles Design den ersten Platz. Es handelte sich weder um eine Steinskulptur, noch um eine Bronzeplatte, sondern um eine runde Granitscheibe, 1,50 m im Durchmesser, die nun im Boden der Plaza eingelassen war. Im Zentrum klaffte ein 15 cm großes Loch im Granit, das den Blick auf die darunter liegende Erde freigab. Eine Inschrift war rundherum eingehauen – DIESER ERDBODEN UND DIE LUFT DARÜBER SOLLEN KEINER NATION GEHÖREN UND NICHT DER RECHTSSPRECHUNG IRGENDEINER PERSON UNTERLIEGEN. Das Objekt hatte nicht nur den Kunstwettbewerb gewonnen, sondern war darüber hinaus auch ein Lieblingsobjekt aller. Kein Wunder in einer Stadt, die sich selbst liebevoll »Volksrepublik Berkeley« nannte.

Diese Versammlung Ende Januar war jedoch etwas ganz Neues. Das öffentliche Lautsprecher-System war nicht eingeschaltet, der Rednerplatz stand leer, die Menge stand in einem großen Kreis in der Mitte der Plaza, die bis auf ein paar Tauben auf Futtersuche ansonsten leer war. Die Menge wurde nicht von der Nationalgarde in Körperschutzausstattung bewacht, sondern von den Londonplatanen, ihre stoppeligen Astenden gen Himmel zu einem stummen Salut gekrümmt. In der Menge der Studenten standen auch die Bizarren und Anormalen, denn dies war »Berserkeley«, ein Ort, wo Lernen und Verrücktsein Seite an Seite lebten. Hate Man war da – ein Typ Mitte Fünfzig, Vollbart, in einem Kleid und schweren Arbeitsstiefeln. Er lungerte jeden Tag auf der Plaza herum und belästigte Studenten so lange, bis sie ihm sagten, dass sie ihn hassten. Er sagte ihnen dann, dass er sie auch hasste, dankte ihnen und suchte sich sein nächstes Opfer. Bei ihm war Hate Boy, seine aufstrebende Zweitbesetzung, ähnlich gekleidet. Nicht weit von den beiden stand Frankie Famous – um die Vierzig, schwarzes Hemd, schwarze Krawatte, schwarze Tuchhose und dunkle Sonnenbrille. Den ganzen Tag sang er in ein imaginäres Mikrophon, Lieder wie Only the Lonely von Roy Orbison. Jedem, der ihm zuhörte, erzählte er, dass ein Plattenvertrag mit einer großen Firma in Arbeit war. Big Tom war da – lange Haare, weißer Bart, Jeans-Overall, für gewöhnlich recht still. Alle paar Minuten zuckte er mit dem Kopf, als wolle er alle bösen Gedanken von sich schütteln. Von Zeit zu Zeit wurde er wütend und gab wüste Beschimpfungen von sich. In diesem Zustand konnte er einem Angst machen. Nicht weit daneben war der Ball-Mensch, ein glatzköpfiger Kerl, der den ganzen Tag wie ein Wanderzirkus in Shorts und Tanktop über den Campus streifte und kleine Gummibälle über jedes Körperteil hüpfen ließ. Neben ihm stand Max, der sich selbst als Zwitter bezeichnete und behauptete, er sei sogleich Vater und Mutter von 34 Kindern, wobei er keine Aussage über den Verbleib seiner Nachkommenschaft machen konnte. Zwei oder drei professionelle Randalierer waren ebenfalls präsent – zornige Menschen, die ihren Verstand durch Drogen verloren hatten und mit denen man kaum noch vernünftig argumentieren konnte. Wie das Aas die Geier, so hatte sie die Menschenansammlung angezogen, denn dies war die Sproul Plaza, ein legendärer Ort, an dem immer etwas passierte. Und bei einer solchen Menschenmenge wie heute war es garantiert.

Die Tauben flogen auf. Alle Augen wandten sich dem Teil des Kreises zu, der Richtung Bancroft und Telegraph gerichtet war. Jemand ebnete sich seinen Weg durch die Menge. Es war Coleman, der übelste Randalierer von allen. Er betrat die Mitte des Kreises.

»Haley!«, brüllte er. »Zeit, anzufangen. Nur du und ich.«

Er ging durch den ganzen freien Innenkreis und starrte in die Menge. »Wo bist du? Ich weiß, dass du da bist.« Er lästerte und fluchte und lief auf und ab. Er verstellte seine Stimme und höhnte in einer Art Baby-Sprache: »Bobbylein, wo bist du? Wir warten schon alle auf dich. Bobby Haley, wir wollen deine nette, kleine christliche Ansprache hören.«

Er stolzierte durch den Kreis und suchte auf der anderen Seite nach seinem Gegner. Seine verfilzten Locken wippten bei jedem Schritt mit. Als er das andere Ende des Kreises erreicht hatte, warf er seinen Kopf in den Nacken und brüllte: »Deine Drohnen warten auf dich. Sie wollen deinen süßen Worten über Jesus lauschen.« Er marschierte längs des inneren Kreisumfangs und starrte mit irren Augen den am Rande stehenden Studenten ins Gesicht, immer auf der Suche nach Haley.

Jedes Wort traf Alex wie eine Ohrfeige. Mit den Leitern von sechs anderen christlichen Organisationen hatte er diesen Tag schon seit Monaten vorbereitet. Sie hatten Bob Haley eingeladen, einen international bekannten Autoren und Redner, um zu den Studenten über Christus zu sprechen. Das Organisationskomitee mit Alex an seiner Spitze hatte die Stufen von Sproul Hall und das öffentliche Lautsprechersystem für diesen Anlass reserviert. Haley aber hatte ihnen mitgeteilt, dass er lieber von Angesicht zu Angesicht mit den Studenten sprechen wollte, unten auf der Plaza, ohne Mikrophon, ohne Lautsprecher. Er sagte dem Komitee, sie und die gläubigen Studenten sollten einen Kreis bilden und die anderen Menschen so anlocken, er würde den Rest machen. Das Komitee hatte sich auf seine Wünsche eingelassen, jedoch fragte Alex sich nun, ob sie nicht einen Fehler gemacht hatten. Das hier war nicht irgendein Campus. Dies war UC Berkeley. Hier würde Haley es mit Randalierern von Weltklasseformat zu tun haben. Hier stand auch Coleman.

Es war jetzt schon zehn Minuten nach der vereinbarten Anfangszeit und Coleman stand immer noch im Zentrum. Alex hatte gehört, dass man Bob Haley am Flughafen abgeholt hatte, aber immer noch war kein Zeichen von ihm oder den Studenten, die ihn herfahren wollten, zu sehen. Alex fragte sich langsam, ob er überhaupt auftauchen würde. Er fragte sich, ob er auftauchen sollte.

»Vielleicht will ja einer von euch netten kleinen Christen eine Predigt halten«, rief Coleman in die Menge. »Wo steckt Alex Kim?« Er blickte suchend umher.

Alex ging unauffällig einen Schritt zur Seite und verbarg sein Gesicht hinter dem Studenten vor ihm.

»Hi, ich bin Alex Kim«, sagte Coleman mit einer Stimme wie die Zeichentrickfigur Goofy. Er ließ seine Zunge aus einem Mundwinkel baumeln. »Ich bin der Onkel der University Christian Fellowship.«

Einige Studenten lachten. Coleman genoss das Rampenlicht. Sein Publikum war auf über 600 Leute angewachsen und stieg von Minute zu Minute an. Alle Augen waren auf ihn gerichtet, es war die Stunde seines Triumphs.

»Wollt ihr alle bei meinem christlichen Club mitmachen? Düdeldü, ich glaube, wir können euch helfen.« Mehr Studenten lachten. »Wollt ihr mit mir Bibellesen?«

Alex bemühte sich, Colemans bitteren Spott nicht persönlich zu nehmen. Er rief sich selbst ins Gedächtnis, dass Coleman jeden niederbrüllte. Ihm war egal, wer gerade redete – die Palästinensische Befreiungsorganisation oder die Schwulen/Lesben/Bisexuellen/Transsexuelle/Noch-Offen-Koalition oder die Akademische Vereinigung zur Untersuchung von Prinzipien, eine von Sun Myung Moon gegründete Organisation zur Gewinnung neuer Mitglieder für seine Vereinigungskirche. Coleman funkte allen dazwischen. Üblicherweise spielte er das Echo des Redenden und plapperte alles in einer hohen, sarkastischen Fistelstimme nach. Wenn diese Methode keinen Erfolg hatte, warf er seinen Kopf in den Nacken, riss die zu Fäusten geballten Hände hoch in die Luft und kreischte wie ein Verrückter. Er hatte einen unverwechselbaren Schrei, den jeder an der Uni kannte, *Yeeeeeeeee-ahhhhhhhhhh!* Es hörte sich an, als würde jemand vom Bus überfahren. Alles stoppte. Jeder guckte. Coleman verfluchte daraufhin den Redner und brüllte so lange rum, bis er oder sie das Feld räumte. Gegen ihn war noch kein Kraut gewachsen.

»Wo ist Haley?«, schrie Coleman wütend, »ich habe keinen Bock mehr zu warten. Der hat doch die Hosen voll.« Er senkte sein Haupt und schritt auf und ab, unverständliche Schimpfwörter spieen aus seinem Mund. Wer in seiner Nähe stand, wich zurück. Mehr Obszönitäten. Mehr Hohn. Coleman zitterte vor Wut und Frust, weil sein Gegner nicht auftauchte.

Alex tauchte aus der Menge auf, um zu retten, was zu retten war. Er sah mehrere Christen, in kleinen Gebetsgruppen zusammengedrängt. Zwei vom Organisationskomitee drängten sich an ihm vorbei. Sie liefen in Richtung Sproul Hall, wo das Studentensekretariat und die Campus-Polizei angesiedelt waren. Alex wusste, dass ihre Bemühungen fruchtlos verlaufen würden. Coleman war kein Student und somit außerhalb der Befugnis von Dr. Payne und die Polizei würde nur eingreifen, wenn Coleman gewalttätig würde.

Gerade als Alex dachte, es könnte nicht schlimmer kommen, wurde es still auf der Plaza. Alex kämpfte sich bis zur ersten Reihe durch. Angela und Preston standen schon dort.

»Was ist los?«, fragte Alex sie.

»Sieh selbst«, sagte Preston.

Coleman hielt eine Bibel über seinen Kopf. Langsam schwenkte er sie durch die Luft, starrte die Umstehenden an und lief auf und ab. »Was gebt ihr mir für dieses Lügenbuch?«, rief er in die Menge. Die Adern an seinem Hals stachen hervor, sein Kopf war zornesrot. Niemand antwortete ihm. »Ihr Idioten betet es an, aber keiner von euch will es mir abkaufen?« Er schmiss die Bibel auf das Pflaster und stampfte mit seinem Fuß drauf. Dann hob er sie wieder auf.

»Jemand muss ihn aufhalten«, sagte Alex zu Angela und Preston.

»Wer?«, fragte Preston.

»Kommen wir zum nächsten Stück«, rief Coleman. Er warf die Bibel über die gesamte Kreisfläche, dann rannte er laut brüllend auf sie zu, als ob er ein angreifendes Tier sei. Kurz vor der Bibel sprang er in die Luft und landete mit beiden Füßen darauf. Er hob sie wieder auf. »Wie lautet das Eröffnungs-Angebot?«

Sogar die Nicht-Christen in der Menge waren bestürzt und entsetzt. Es gab immer einige Studenten in einer Menge, die die Randalierer anfeuerten, über ihre Witze lachten, auf ihre Fragen eingingen, johlten und kreischten. Aber nicht heute. Das hier war böse, es war dämonisch und jeder begriff es.

»Wer will mit bieten? Wie lautet Ihr Gebot?« Coleman schleuderte die Bibel auf den Boden und trampelte mit beiden Füßen darauf herum. Er verfluchte das kleine Buch. Er umkreiste es, seine Augen nur auf die Bibel fixiert, als ob sie lebendig wäre. Er spuckte drauf und stierte in die Menge, ob ihn jemand von seinem Tun abhalten würde. Aber niemand bewegte sich. Die fassungslosen Studenten standen da wie betäubt.

Coleman hob die Bibel auf und warf sie hoch in die Luft. Die Blätter flatterten wild durch die Luft. Er rannte zu ihr, hob sie auf. Sie hing schlaff in seiner Hand. Der Einband war zerdrückt und komisch verdreht, die Seiten zerfetzt und schmutzig. »Ihr wollt sie nicht? Nun, ich auch nicht.« Er fing an, das Buch am Einband aufzureißen.

Mit Entsetzen beobachtete Alex die Szene. Er schaute sich nach Hilfe um. Eine kleine Gruppe Polizisten in Vollschutz hatten auf einem kleinen Grashügel neben Sproul Hall Stellung bezogen. Einer der Beamten gab Anweisungen in ein Mikrophon, das an seiner Schulter befestigt war. Können sie etwas unternehmen? Kann überhaupt irgendjemand etwas unternehmen?

Genau in diesem Moment löste sich ein Student aus der Menge und trat zu Coleman. Es war Elliot, der stille und unscheinbare Mathematiker der UCF. Er trug einen grauen Pulli mit darauf abgebildeten Differentialgleichungen. »Wie teuer?«, fragte Elliot gelassen. Coleman war so mit sich selbst beschäftigt, dass er den anderen erst gar nicht bemerkte.

»Wie teuer?«, fragte Elliot lauter.

»Zwei Kröten,« – er fuchtelte mit der Bibel vor Elliots Nase herum – »mehr ist das nicht wert.«

Elliot gab Coleman zwei Dollar, der die Bibel vor Elliots Füße warf. Der Mathematiker hob sie auf und ging wieder zurück zu den anderen.

Jetzt erst bemerkte Coleman, dass alle ihn wie ein Wesen vom anderen Stern anstarrten. Seine Augen flogen von Student zu Student, in der Hoffnung, Unterstützung zu finden, aber niemand gewährte sie ihm. »Ein Haufen Trottel«, brüllte er. Er bahnte sich den Weg durch die Menge und zog in Richtung Bancroft Avenue von dannen.

26. Kapitel

Als Coleman die eine Seite des Kreises verließ, betrat ihn ein großer, schlanker Mann Ende Dreißig von der anderen Seite. »Hallo, ich bin Bob Haley«, sagte er. »Ich möchte mich bei den christlichen Studentengruppen bedanken, die mich eingeladen haben, heute auf diesem Campus zu sprechen.« Er blickte in die Richtung, in die Coleman gerade verschwunden war. »Ich denke, ich muss mich bei diesem Herrn, wer auch immer er war, für seine gekonnte Einleitung bedanken. Ich muss schon sagen, eine dramatischere habe ich noch nie bekommen.« Er holte eine kleine Bibel aus seiner Jackentasche. »Keine Angst. Ich bin heute nicht hierher gekommen, um euch anzupredigen. Ich würde mich lieber mit euch unterhalten. Wisst ihr, ich habe von da drüben zugesehen«, sagte er und zeigte auf das Sather Tor. »Die ganze Zeit habe ich mich gefragt: Warum so eine Wut wegen einem Buch? Schließlich sind das doch nur auf Papier gedruckte Buchstaben, oder etwa nicht?« Haley schritt langsam am Rande des Kreises entlang, während er sprach. Er blickte einen Studenten nach dem anderen freundlich an. »Habt ihr jemals einen solchen Ausbruch wegen des Koran oder der hinduistischen Veden erlebt? Und warum das ganze Theater um Jesus, einen Zimmermann, der vor

2 000 Jahren gelebt hat? Ist man anderen Religionsgründern gegenüber ebenso kritisch eingestellt?«

Preston flüsterte Alex ins Ohr: »Meinst du, sie hören zu?«

»Ich weiß nicht«, sagte Alex.

»Betet!«, flüsterte Angela.

»Heute Vormittag habe ich mich mit einem Geschichtsstudenten unterhalten«, erzählte Haley der Menschenmenge, »der anzweifelte, dass Jesus wirklich gelebt habe. Also mal ehrlich, Jesus soll nicht gelebt haben? Fragt man sich, ob Mose oder Mohammed wirklich gelebt haben? Will Durant, ein führender Historiker des letzten Jahrhunderts, schrieb, dass Jesus die bedeutendste Persönlichkeit gewesen sei, die jemals gelebt habe. Wie muss ich das jetzt verstehen? Kann es sein, dass die bedeutendste Persönlichkeit, die *jemals* gelebt hat, nicht *wirklich* gelebt hat? Ist das logisch? Ich habe diesen Studenten gefragt, welches Jahr wir schreiben. Als er mir das gesagt hat, habe ich ihn gefragt, ob dieses Datum ihm irgendetwas zu sagen habe. Er wusste, dass es die Anzahl von Jahren seit Jesu Geburt waren, aber trotzdem stellt er in Frage, ob Jesus jemals existiert hat. Was macht ihn so voreingenommen?«

»Weil das ganze Thema durch religiöse Engstirnigkeit und Fanatismus vorbelastet ist«, antwortete ein junger Mann.

»Die Beweise für die Existenz Jesu sind unbestritten«, sagte Haley. »Schon mit rein säkularen Quellen kann man dies als Tatsache sicher belegen. Warum also die ganze Skepsis?«

»Wieso ist das so wichtig?«, fragte eine Studentin.

»Wenn er nur ein ganz normaler Mensch war«, sagte Haley, »dann wäre es wohl nicht so wichtig. Aber wenn er der war, der er zu sein behauptete, dann ist das sogar sehr wichtig.«

»Er war ein normaler Mensch«, sagte sie, »sonst nichts.«

»Er behauptete, der Sohn Gottes zu sein.«

»Das kann doch jeder behaupten«, sagte sie.

»Jesus hat seine Behauptungen mit Wundern untermauert. Außerdem erfüllten sich in ihm eine Menge sehr alter Prophetien.«

»Welche denn?«, fragte sie.

»Zum Beispiel, dass er von den Toten auferstanden ist. Schon 1000 Jahre zuvor hatte David vorhergesagt, dass der Messias zurückkommen würde, nachdem er gestorben war.«

»Na und?«, rief jemand.

»Was heißt, na und?«, fragte Haley. »Dann entscheide dich für Jesus.«

»Ich denke immer noch, dass das letztlich egal ist«, beharrte die Studentin.

»Er behauptete, der Sohn Gottes zu sein. Wenn das wahr ist, dann ist er die Antwort auf die Fragen des Lebens: Wer sind wir? Warum leben wir? Was kommt danach? Wisst ihr: Ich weiß, was es heißt, sich diese Fragen zu stellen, ohne eine Antwort zu kennen. Ich habe an der Washington State Universität studiert. Eines Nachts stand ich eine Stunde auf der Dachterrasse der Coman Hall und habe überlegt, ob ich springen soll. Wenn das ganze Leben keinen Sinn hat, dann wollte ich nicht weiterleben.«

»Warum sind Sie nicht gesprungen?«, rief jemand.

»Es waren kaum mehr als zehn Meter. Ich befürchtete, dass ich den Sturz überleben könnte, da bin ich lieber zurück ins Bett gegangen.« Einige lachten. »Ich weiß, das hört sich jetzt blöd an, aber damals war es mir ernst, wie sicher einige von euch nachvollziehen können. Jeder fünfte Student kämpft mit Depressionen. Einer von zehn hat schon über Selbstmord nachgedacht. Es ist die zweithäufigste Todesursache bei Studenten.«

»Was ist die häufigste?«, rief es aus der Menge.

»Autounfälle«, sagte Haley. Die Zuhörer wurden wieder leiser. »Glücklicherweise habe ich bald darauf den Sinn für mein Leben entdeckt. Darum bin ich heute hier. Ich möchte euch von dem erzählen, der gesagt hat: ›Ich bin das Licht der Welt. Wer mir nachfolgt, wird nicht in der Finsternis wandeln, sondern wird das Licht des Lebens haben.‹«

»Wer will sich überhaupt mit einer Religion beschäftigen, die Kreuzzüge und die Inquisition hervorgebracht hat?«, rief ein Student.

»Jesus hat Männer und Frauen eingeladen, seine Jünger zu werden«, sagte Haley. »Er hat niemals jemanden zur Nachfolge gezwungen noch irgendwelche militärischen Feldzüge befürwortet.«

»Was ist mit der Plünderung der beiden Amerikas durch die christlichen Konquistadoren?«, brüllte ein Student.

»Meint ihr wirklich, Jesus Christus würde das gutheißen?«, fragte Haley. »Militärische Eroberungskriege? Übernahme von Ländern? Mit Gewalt erzwungene Bekehrungen? Da wisst ihr aber mehr von ihm als ich.«

»Das haben aber Christen getan«, antwortete der gleiche Student.

»Echte Christen, Nachfolger Jesu?«, fragte Haley. »Wohl kaum. Jesus lehrt seine Jünger, ihre Feinde zu lieben, die andere Wange hinzuhalten, für die zu beten, die sie verfolgten. Er hat nie etwas von irgendjemanden genommen und starb ohne irdischen Besitz.«

»Diese Ideen hat er aus dem Hinduismus geklaut«, rief ein weiterer Zuhörer. »Jesus reiste in seiner Jugend nach Indien und studierte dort unter den östlichen Meistern.«

»Wenn das stimmt, dann war er der schlechteste Schüler, den sie jemals hatten. Jesus lehrte, dass es nur einen Gott gibt, nicht die Tausende des hinduistischen Pantheons. Er lehrte Gnade, nicht Karma. Er lehrte, dass jeder nur *ein* Leben hat. Nach dem Tod kommt die Auferstehung. Einige werden ins ewige Leben zu Gott eingehen. Andere erwartet ewiges Gericht. Hört sich das nach Hinduismus an?«

Einige Zuhörer lachten.

»Wo war Ihr Gott am 11. September?«, rief eine Studentin.

»Er hat zugesehen.«

»Toller Gott!«

»Wir haben Gott doch gesagt, er soll Leine ziehen. Wir wollten den Laden lieber selber schmeißen«, sagte Haley. »Wollen wir ihn jetzt dafür zur Verantwortung ziehen, dass wir den Karren in den Sand gesetzt haben?«

»Was ist mit Abtreibung?«, rief eine Studentin. »Erkennen Sie das Recht einer Frau über ihren eigenen Körper an?«

Preston lehnte sich zu Alex und Angela und flüsterte: »Das ist eine der Frauen, die mir im September die Zuhörer abspenstig machen wollten.«

Angela flüsterte zurück: »Sie stellt ihm eine Falle.«

»Sind Sie für oder gegen Abtreibung?«, fragte die Studentin wieder.

»Ich werde Ihre Frage beantworten«, meinte Haley, »wenn Sie zuerst meine beantworten.«

»Gerne«, sagte sie.

»Sicherlich kennen Sie die seit 1979 in China geltende Regel, dass jedes Ehepaar nur ein Kind zeugen darf.«

»Aber klar doch. Gute Regel. Überbevölkerung und religiöser Fanatismus sind die größten Probleme der Menschheit.«

»Zweihundertfünfzig Millionen Kinder sind seitdem in diesem Land abgetrieben worden«, sagte Haley. »Haben Sie mal darüber nachgedacht?«

»Föten«, antwortete sie. »Föten, die außerhalb der Gebärmutter nicht lebensfähig wären.«

»Die meisten Babys waren weiblich. Das ist Völkermord an Frauen.«

»Die chinesische Regierung hat Abtreibung als Mittel zur Geschlechtsselektion verboten.«

»Seit dem Ein-Kind-Gesetz wurde sechzig Millionen mehr Jungen als Mädchen geboren. Wie erklären Sie das?«

»Das muss ich gar nicht. Ich habe doch schon gesagt, ich bin gegen Abtreibung, um das Geschlecht zu selektieren.«

»Sie sind gegen die Abtreibung von weiblichen Babys?«, fragte Haley.

»Ich bin gegen die Abtreibung von Föten, wenn es um geschlechtliche Vorurteile und Voreingenommenheit geht.«

»Ein Fötus hat also geschlechtsspezifische Rechte, aber nicht das Recht auf Leben an sich?«, fragte Haley. »Ist das Ihr Ernst?«

»Wir reden hier über ein bisschen Gewebe.«

»Wir reden über kleine weibliche Babys, deren Herzen 22 Tage nach der

Empfängnis zu schlagen anfingen. Und nun sind das sechzig Millionen tote kleine Babys.«

Sie verfluchte ihn und zog ab.

Andere Fragen wurden in schneller Abfolge gestellt. Die Themen reichten von Homosexualität und gleichgeschlechtlicher Ehe über Politik im Mittleren Osten bis zur Ethik von Stammzellenforschung und dem Klonen von Menschen.

Nach 40 Minuten intensiven Austauschs kam Haley zum Schluss. »Winston Churchill hat einmal gesagt: ›Manchmal stolpern Menschen über die Wahrheit, aber die meisten stehen wieder auf und eilen weiter, als ob nichts geschehen wäre.‹« Haley hielt inne und fragte dann: »Wie sieht das mit euch aus? Wenn ihr die Wahrheit über Gott rausfinden könntet, wärt ihr bereit, dieses Wissen in die Tat umzusetzen?«

»Sicher«, sagte ein Student.

»Bevor du antwortest«, sagte Haley, »überleg, was das bedeuten könnte. Es könnte bei dir eine Verhaltensänderung erfordern. Auf jeden Fall hieße es, dass du Gottes Willen über deinen eigenen stellen müsstest.« Er schaute in die Menge. »Ich denk ja gar nicht dran, sagst du? Dann frage ich dich: Warum sollte Gott seine Zeit verschwenden, sich dir selbst zu offenbaren?«

»In der Annahme, es gibt einen Gott«, sagte ein Student.

»In der Annahme. Aber ich sage euch, was ich herausgefunden habe. Es sind nicht die philosophischen oder wissenschaftlichen Gründe, die Leute davon abhalten, Gott kennen lernen zu wollen. Es sind die moralischen Folgerungen einer solchen Entdeckung. Die meisten wollen sich nicht mit den Themen beschäftigen, die dadurch in ihrem Leben aufgeworfen würden. Wenn Gott ihnen also ein bisschen von der Wahrheit offenbart, dann argumentieren sie dagegen, tun es ab und machen weiter, als ob nichts geschehen sei.«

»Wir könnten das Gleiche von Ihnen behaupten«, rief ein Student.

»Vielleicht. Aber als ich ein Student war, sagte ich Gott Folgendes: Wenn er sich mir offenbaren würde, dann würde ich ihm gehorchen. Ich würde tun, was auch immer er von mir verlangen würde. Kurze Zeit später wurde ich zu einem Bibelkreis eingeladen. Beim Bibellesen lernte ich Gott durch seinen Sohn Jesus Christus kennen. Seitdem folge ich ihm nach. Er hat mich heute hierher gebracht, um mit euch zu reden, um euch etwas von der Wahrheit zu offenbaren. Ich hoffe, dass ihr einmal ernsthaft darüber nachdenkt.«

Haley ging zu einer Studentin, die ihm eine Frage gestellt hatte und begann mit ihr eine Unterhaltung. Gleichzeitig fingen die christlichen Studenten in der Menge Gespräche mit den Leuten in ihrem Umkreis an.

27. Kapitel

Eine Stunde später hatte sich die Menschenmenge vollständig aufgelöst. Die UCF-Mitglieder trafen sich wieder zur Nachbesprechung unter den Redwoods und um für die zu beten, die Interesse gezeigt hatten.

»Ich habe noch nie so viele Studenten auf der Sproul Plaza gesehen«, meinte Taylor.

»Das war toll«, sagte Angela.

»Gott hat Haley echt gebraucht«, sagte Elliot.

»Gott hat *dich* wirklich gebraucht, Elliot«, sagte Alex.

»Das war voll mutig«, sagte Sharon.

»Ich hätte mich das nicht getraut«, sagte Jamie.

Elliot zuckte mit den Schultern.

»Mr. Haley war einzigartig«, sagte Preston. »Bemerkenswert, wie er sich verhalten hat, als diese Frau ihn wegen seiner Einstellung zur Abtreibung attackierte.«

»Hast du ihren Gesichtsausdruck gesehen?«, fragte Jamie.

»Sie traute sich nicht zu antworten«, sagte Rod.

»Er hat sie kalt erwischt und jeder hat's gemerkt«, sagte Jamie.

Andere berichteten von ihren Erlebnissen. Dann bat Alex um die Namen der Studenten, für die sie beten wollten.

»Wir müssen für Stephania beten«, sagte Angela. »Wir haben uns zweimal in den Weihnachtsferien unterhalten. Auch heute ist sie gekommen. Sie ist wirklich auf der Suche nach Gott.«

»Was ist mit Susan?«, fragte Alex.

»Ich habe sie während den Prüfungstagen gesehen. Sie sagte, sie könne der Bibel nicht glauben, weil zu viele wissenschaftliche Gründe dagegen sprächen. Ich habe sie gebeten, dich anzurufen. Ich nehme an, das hat sie nicht gemacht?«

»Ich fürchte nicht.«

Die Gruppe betete. Sie dankten Gott, dass er durch Bob Haley zu den Studenten gesprochen hatte und dass er Elliot den Mut gegeben hatte, Coleman gegenüberzutreten. Sie baten Gott, den erwähnten Studenten zu helfen. Als sie fertig waren, entließ Alex die Gruppe.

»Wie ist es in den Weihnachtsferien mit deiner Familie gelaufen?«, fragte Alex Angela, als sie über den Campus gingen.

»Nicht so gut. Mein Vater redet immer noch kein Wort mit mir. Immerhin durfte ich Heiligabend mit meiner Familie zusammen zu Abend essen. Ich habe außerdem ein paar Sachen mit meinem Bruder Vincent unternommen. Er ist 17.«

»Und deine Mutter?«

»Sie ist toll«, sagte Angela, »aber ich bin mir nicht sicher, wo sie in Bezug auf Gott steht. Ich habe versucht, ihr das Kreuz zu erklären, aber sie hat es einfach noch nicht verstanden.«

»Wo liegt das Problem?«

»Sie erkennt nicht, dass sie Vergebung braucht. Sie ist eine wunderbare Frau und hat im Vergleich zu den meisten Leuten ein sehr gutes Leben geführt. Es ist echt schwer für sie.«

»Ich werde für sie beten.«

»Bete auch für mich, Alex. Manchmal entmutigt mich die ganze Situation sehr.«

28. Kapitel

Alex kontrollierte seinen Anrufbeantworter, als er nach Hause kam. Zwei Nachrichten waren gespeichert. Die erste stammte von Dr. Payne, dem Dean der Universität. Alex hatte schon mit dem Anruf gerechnet. Er wusste, Dr. Payne würde etwas zu sagen haben über die heutige Aktion auf dem Campus. Er ging gedanklich noch einmal die Situation durch und wählte dann die Nummer von Dr. Payne, der nach dem ersten Klingeln abnahm.

»Ich möchte, dass Sie wissen, Mr. Kim, dass ich meinen gesamten Nachmittag damit verbracht habe, mich mit den Nachwehen Ihres Protestes zu beschäftigen. Ich hatte Besprechungen mit den Campusbehörden, mit der Stadt und der Staatspolizei. Sowohl der Vize-Kanzler hat bei mir angerufen als auch der Rektor der Universität. Haben Sie überhaupt einen blassen Schimmer, wie viel Schwierigkeiten Sie verursacht haben?«

»Nein, Sir.«

»Wie viel Kosten Sie verursacht haben?«

»Kosten?«

»Ja, Kosten! Die Polizei hat einen Helikopter hoch geschickt, 23 Beamte waren am Boden in Stellung und Verstärkung war außerdem im Anmarsch. Was glauben Sie eigentlich, wer das bezahlt?«

»Es tut mir Leid.«

»Sie haben die ganze Plaza blockiert. Wissen Sie eigentlich, dass Studenten auf der Bancroft Street standen, weil sie nicht mehr über den Platz gehen konnten?«

»Es tut mir Leid, das habe ich nicht gewusst.«

»Was war da los? Die Polizei konnte noch nicht einmal herausbekommen, wofür sie demonstrierten.«

»Wir haben gar nicht demonstriert.« Alex erklärte, dass sie einen international bekannten christlichen Apologeten als Redner eingeladen hätten. Mehrere Gruppen gleichzeitig hätten diese Aktion geplant, die übrigens auch vom Studentensekretariat genehmigt worden sei. Die Schwierigkeiten hätten erst angefangen, als einer der Obdachlosen, der gleiche, der auch schon im September ihren Tisch zertrümmert hatte, sich unbändig aufgeführt hätte. Sie hätten nichts machen können, um ihn von seinem Tun abzuhalten.

»Der diensthabende Polizeibeamte beschrieb sein Verhalten als aufrührerisch. In seinem Bericht steht, dieser Redner habe die Bibel entweiht und die Menge verhöhnt.«

»Das war doch nicht *unser* Redner. Das war –«

»Ich habe Sie deutlich gewarnt, Kim.«

»Ich bin doch nicht verantwortlich für das Betragen von Menschen außerhalb unserer Organisation.«

»Es war *Ihre* Aktion. Deshalb sind *Sie* verantwortlich.«

»Für das, was andere machen? Für jemanden, der außerhalb unserer Kontrolle steht?«

»Sie haben Ihre Aktion auf einem öffentlichen Platz durchgeführt und andere eingeladen, daran teilzunehmen. Auch wenn andere dieser Einladung folgen, dann ist es immer noch ihre Aktion.«

»Die Menge wurde immer größer.«

»Sie haben die Kontrolle verloren.«

»Ich weiß nicht, was wir hätten anders machen sollen.«

»Verantwortung übernehmen!«

»So etwas wird nicht wieder vorkommen.«

»So etwas ist nun schon wieder vorgekommen.«

»Ja, Sir.«

»Ich schreibe einen Bericht. Der landet bei meinem früheren. Das macht schon fünf für dieses Jahr, zwei von mir und drei von der Polizei. Es sollte besser kein weiterer dazukommen.«

»Ja, Sir.«

»Ich habe die Befugnis, der UCF die Lizenz zu entziehen und Ihre Gruppe für immer das Betreten des gesamten Uni-Geländes zu verbieten. Haben Sie mich verstanden?«

»Ich glaube nicht, dass dies nötig sein wird.«

»Mir ist egal, was Sie für nötig halten! Wenn es noch irgendwelche Schwierigkeiten gibt, dann übergebe ich Sie dem Sekretariat für Rechtsangelegenheiten. Ihre akademische Laufbahn ist gefährdet. Habe ich mich klar und deutlich ausgedrückt?«

»Jawohl, Sir.«

»Ein Sachbearbeiter wurde beauftragt, Ihre Gruppe im Auge zu behalten.«

»Jawohl, Sir.«

»Nur weil ihr Studenten seid, könnt ihr nicht machen, was ihr wollt.«

»Ich verstehe.«

»Die Gesetze des kalifornischen Staates gelten auch auf dem Campus.«

»Jawohl, Sir.«

»Und noch eins, Mr. Kim – die *Daily Californian* Ausgabe vom 7. Oktober.«

»Ich habe sie gelesen.«

»Ich auch.«

»Die Reporterin hat viele Dinge aus ihrem Zusammenhang gerissen und alles stark übertrieben.«

»Ich habe mich mit der Zeitung in Verbindung gesetzt. Der Herausgeber hat mir versichert, dass alle Aussagen des Artikels fundiert sind und belegt werden können.«

»Ich kann mir nicht vorstellen, dass das stimmt.«

»Ich kümmere mich um alle im Artikel genannten Organisationen. Ihre hat oberste Priorität. Haben Sie mich verstanden?«

»Ich glaube schon.«

»Muss ich meine Warnung noch einmal wiederholen? Muss ich Ihnen noch einmal erklären, welche Verhaltensweisen nicht von dem Ersten Amendment geschützt werden?«

»Nein, Sir. Ich glaube, das ist nicht notwendig.«

»Dies ist Ihre zweite Warnung.«

»Jawohl, Sir.«

»Es wird keine dritte geben.«

»Jawohl, Sir.«

29. Kapitel

Alex brauchte 20 Minuten, bis er wieder klar denken konnte. Dann hörte er die zweite Botschaft auf dem Anrufbeantworter ab. Sie stammte von Sorna vom *Daily Cal.* Sie sagte, es sei dringend. Sie müsse sofort mit ihm sprechen. Sie habe über ihr erstes Gespräch und über den Artikel im Oktober nachgedacht. Er beschloss, sie nicht zurückzurufen. Kurz bevor er jedoch die Nachricht löschen wollte, kamen ihm Zweifel. Als Vorsitzender musste er die Gruppe in der Öffentlichkeit vertreten. War es richtig, einen Vertreter der Presse einfach zu ignorieren? Was, wenn sie in ihrer Zeitung schriebe, dass die UCF sich weigere, mit ihr zu sprechen? Er fragte sich, was sie wohl wollte. Sie hatte gesagt, es sei dringend. Er wählte ihre Nummer.

»Ich wollte mich entschuldigen«, begann Sorna das Gespräch.

»Entschuldigen?«, hakte Alex nach.

»Ja, wegen dem, was ich im Oktober geschrieben habe.«

»Ich habe den Artikel gelesen.«

»Ich begreife nun, dass ich euch damals missverstanden habe. Kannst du mir vergeben?«

»Öh, also … klar.«

»Ich habe euch unterschätzt.«

»Ich glaube eher, dass es anders herum war.«

»Was meinst du?«

»Was meinen denn Sie?«

»Ich hatte geglaubt, du seiest einer dieser Möchtegern-Berkeley-Aktivisten«, sagte Sorna. »An der Cal gibt es viele davon, du weißt schon, die die 60er wiederbeleben wollen. Aber ich habe mich in dir geirrt. Du bist real, das habe ich mittlerweile erkannt.«

»Ich bin mir nicht sicher, ob ich Sie richtig verstehe.«

»Ich war heute da.«

»Auf der Sproul Plaza?«

»Beeindruckend. Hat mich an Filme erinnert, in denen die Aufstände der 60er festgehalten wurden. Du hast das organisiert?«

»Es waren sieben verschiedene Gruppen involviert.«

»Sieben! Ein zweiter Mario Savio. Das ist eine Gabe, Alex. Wer so viele Menschen zusammenbringen kann, hat eine besondere Gabe. Die Polizei meint, die Menge hätte zwischenzeitlich aus 4000 Menschen bestanden. Ich wünschte, du hättest mir vorher Bescheid gesagt.«

»Hab ich vergessen.«

»Was jetzt?«

»Nichts.«

»Du spielst lieber mit verdeckten Karten«, sagte Sorna.

»Wirklich, da ist nichts.«

»Was ist mit dem Betrugsring? Wie passt das ins Bild?«

»Der was?«

»Ich habe davon gehört. Meinen Informationen zufolge bist du der Hauptverdächtige.«

»Da kann etwas nicht stimmen«, sagte Alex.

»Möchtest du wissen, was sie sagen?«

»Über mich?«

»Mann, du bist ein ganz schön verschlagenes Bürschchen.«

»Was sagen sie denn?«

»Vielleicht sind 300 Studenten drin verwickelt. Die Universitätsleitung hat einen Schnüffler angeheuert, einen Ex-FBI-Agenten, der auch schon Mafiosi hat hochgehen lassen.«

»Was hat das mit mir zu tun?«

»Ich hatte gehofft, du könntest mir das erklären. Früher oder später kommt es eh raus. Möchtest du nicht lieber, dass die Presse zuerst deine Seite der Geschichte darstellt?«

»Ich habe keine Ahnung, wovon Sie reden.«

»Haben sie dich schon befragt?«

»Wer?«

»Die Schnüffler.«

»Welche Schnüffler?«

»Die von der Uni engagiert worden sind«, erklärte Sorna. »Sie haben deinen Namen und deine Nummer. Wie erklärst du dir das?«

»Das FBI hat von jedem den Namen und die Nummer«, sagte Alex.

»Aber warum gerade du?«

»Müsste ich das wissen?«

»Bist du eine Art Terrorist?«

Alex rollte genervt die Augen. »Ja, sicher doch. Erpressung, biologische Kriegsführung, Massenvernichtungswaffen, das ganze Programm. Wir haben Zellen in Tokio, Moskau und Washington.«

»Echt?«

»Hören Sie mal, ich habe keine Zeit für diesen Quatsch.«

»Bist du so eine Art Anarchist?«

»Nein.«

»Hey, ich finde Anarchisten cool.«

»Hauptsache, Sie schreiben in Ihrer Zeitung nicht, dass wir Anarchisten sind. Bitte, ich muss Hausaufgaben erledigen.«

Eine kurze Pause. »Würdest du mir von Jesus erzählen?«

Alex seufzte innerlich. »Was möchten Sie über ihn wissen?«

»Das ist dir absolut wichtig, das ganze Religiöse, nicht wahr?«

»So würde ich das nur nicht nennen.«

»Wie würdest du es denn nennen?«

»Ich lebe durch Jesus Christus in einer Beziehung mit Gott.«

»Es tut mir Leid, wenn ich dich beleidigt habe«, sagte Sorna.

»Sie haben mich nicht beleidigt.«

»Vielleicht ist das nicht der richtige Zeitpunkt für dich, um darüber zu reden.«

»Nein, ist schon okay. Entschuldigung, dass ich so kurz angebunden war«, sagte Alex. »Ich hatte einen anstrengenden Tag.«

Sorna machte eine Pause, dann sagte sie. »Ich habe keine Religion.«

»Wieso nicht?«

»Meine Eltern haben sich scheiden lassen, als ich klein war. Ich und meine Mutter standen alleine da. Sie hat auch an Wochenenden arbeiten müssen, deshalb war Kirche kein Thema für uns.«

»Oh, das tut mir Leid.«

»Ach, macht doch nichts. Irgendwann werde ich mich einmal näher mit dem Thema beschäftigen.«

»Warum kommen Sie nicht einfach zu unserem Bibelkreis freitagabends? Auf der Homepage vom Studentensekretariat finden sie einen Link zu unserer Seite.«

»Vielleicht mache ich das sogar. Vielleicht schau ich mal vorbei.«

»Es wäre nett, Sie kennen zu lernen.«

»Ja, dich auch.«

Eine weitere Pause, diesmal etwas länger.

»Hey, sagt dir ›Supreme Truth‹ etwas – ›Höchste Wahrheit‹?«, fragte Sorna.

»Wir glauben, dass die Bibel die höchste Wahrheit Gottes ist.«

»Alles ist wahr?«

»Ja.«

»Auch die Schöpfung?«

»Ja.«

»Jona und der Wal?«

»Da steht nicht, dass es ein Wal war. Er wurde von einem großen Fisch verschluckt.«

»Und das glaubst du?«

»Ja.«

»Die Jungfrauen-Geburt?«

»Ja.«

»Du glaubst also wirklich alles?«

»Ja.«

»Die Sonne wandert um die Erde?«

»Das steht da nicht.«

»Die Sonne geht unter?«

»Mmh, so steht es wohl da.«

»Du glaubst also buchstäblich, dass die Sonne im Westen untergeht?«

»Ja. Nein! Das ist eine bildhafte Beschreibung.«

»Also nimmst du das Geschriebene doch nicht wörtlich?«

»Das sage ich ja gar nicht. Die symbolischen Stellen verstehen wir symbolisch und die wortwörtlichen Sachen verstehen wir wortwörtlich. Das meinen wir mit buchstäblicher Auslegung.«

»Wie kannst du die beiden Sachen voneinander unterscheiden?«

»Wir versuchen den Text so zu verstehen wie die ursprünglichen Adressaten.«

»Das ist doch Jahrhunderte her.«

»Na und?«

»Das ist alles uralt. Man kann doch unmöglich wissen, wie die ursprünglichen Leser den Text verstanden haben.«

»Aber klar doch. Es gibt eine Menge Lexika, in denen man nachschlagen kann, wie die Worte damals gebraucht wurden. Diese Nachschlagewerke werden von Sprachwissenschaftlern geschrieben, die diese Begriffe und deren Gebrauch auch in anderen zeitgenössischen literarischen Werken untersuchen.«

»Du glaubst also, dass alles in der Bibel wahr ist?«

»Ja.«

»Die höchste Wahrheit?«

»Ja.«

»Ich verstehe. Darüber muss ich mal kurz nachdenken.« Sorna hüllte sich in Schweigen. Dann fragte sie: »Was denkst du über *Aum Shinri Kyo*?«

»Hört sich japanisch an.«

»Es heißt *höchste Wahrheit* auf Japanisch.«

»Okay.«

»Das ist eine religiöse Gruppe.«

»Oh, ach so.«

»Habt ihr etwas mit denen zu tun?«

»Ich weiß nicht. Christen wie uns gibt es auf der ganzen Welt.«

»Auch in Tokio?«

»Ich nehme schon an.«

»Wirklich? Was weißt du über Sarin?«

»Ist das auch Japanisch?«

»Süß.«

»Wie bitte?«

»Hör auf, den Dummen zu spielen, Alex. Du weißt ganz genau, dass es ein Nervengas ist.«

»Nervengas!«

»Du arbeitest für die *Aum-Sekte*, nicht wahr?«
»Ich habe keine Ahnung, wovon Sie reden.«
»Mit Verbindungen zur Symbionese Liberation Army?«
»Zur was?«
»Zu dieser Befreiungsarmee, zur SLA.« Kurze Pause. »Ich weiß, wo du wohnst.«
»Was soll das heißen?«
»Wohnung Nummer Fünf.«
»Woher wissen Sie das?«
»Treib keine Spielchen mit mir. Die SLA hat Patty Hearst aus deiner Wohnung entführt.«
»Haben Sie nicht!«
»Siehst du die Schiebetür zu deinem Balkon?«
»Klar.«
»Geh zur Tür.«
»Wie bitte?«
»Geh zur Tür.«
»Ich stehe davor.«
»Mach sie auf. Stell dich auf die Schwelle.« Sie machte eine kunstvolle Pause. »Stehst du da?«
»Ja.«
»Lege deine linke Hand auf den Türrahmen, draußen, knapp oberhalb deiner Schulter.«
»Okay.«
»Jetzt sieh dir die Stelle an, wo deine Hand ist. Was siehst du?«
»Da ist ein Loch.«
»Siehst du noch eins in den Holzschindeln daneben?«
»Ja.«
»Das sind Einschusslöcher, Alex. Einschusslöcher von der Kampfeinheit der SLA.«
»Quatsch.«
»Du solltest dir die Hände waschen. Sie haben mit Zyanid ummantelte Kugeln benutzt.«
Alex wischte seine Hand an seiner Jeans ab.
»Du siehst, Alex, ich weiß, was da los ist. Euer Kopf hat dich da nicht zufällig positioniert.«
»Welcher Kopf?«
»Ich habe ihn gesehen.«
»Wen?«
»Bei dem Mogel-Ring geht es um viel mehr als nur um Noten, habe ich

Recht?«

»Woher soll ich das denn wissen?«

»Versuchst du, Sarin herzustellen?«

»Ich habe keine Ahnung, wovon Sie reden.«

»Milzbranderreger? Anthrax?«

»Anthrax!«

»Geht es dir darum?«

»Nein!«

»Warum erpresst du Leute?«

»Ich erpresse doch niemanden.«

»Du hast das gesagt, nicht ich.«

»Ich habe nur Spaß gemacht.«

»Ja, sicher, Alex. Komm schon, sprich mit mir.«

»Das tue ich gerade.«

»Welche Verbindungen hast du zur SLA?«

»Gar keine.«

»Du wohnst da also rein zufällig. Und du glaubst, das würde ich dir abkaufen?«

»Hören Sie mal, wir müssen jetzt Schluss machen.«

»Nur noch ein paar Fragen.«

»Ich bin fertig.«

»Euer Kopf, wer ist das?«, fragte Sorna.

»Kein Kommentar.«

»Darauf läuft es also hinaus? Kein Kommentar? Alex, ich kann dir helfen, aber wir müssen zusammenarbeiten. Ich muss dich verstehen können.«

»Ich will gar nicht verstanden werden!«

»Beruhig dich wieder. Einverstanden, wir fangen einfach noch mal von vorne an.«

»Ich will nicht noch mal von vorne anfangen.«

»Wie wäre es, wenn wir uns morgen in der Uni treffen und über alles in Ruhe reden? Ich muss diesen Artikel schreiben. Ich möchte nur die Tatsachen auf die Reihe kriegen.«

»Ich möchte nicht. Auf Wiederhören.« Alex legte auf. Er schwor sich, nie wieder mit ihr zu sprechen. Dann machte er seinen Schwur rückgängig, weil ihm einfiel, dass Christen nicht schwören sollten. Er würde einfach nie wieder mit ihr reden. Diese Frau bedeutete nur Ärger.

30. Kapitel

»Du begreifst es nicht«, sagte Rod, mit immer lauter werdender Stimme. »Es geht nicht darum, dass sie nicht glauben, sie *können* nicht glauben. Warum kapierst du das nicht?«

Alex hatte einen knallroten Kopf. Jeder im Bibelkreis starrte ihn an und wartete auf seine Antwort. Neben ihm auf dem Boden lag ein weißer Kopfkissenbezug mit einer jüdischen Menorah drin. Er hatte sie für seine abschließende Illustration mitgebracht. Er sehnte sich danach, sie einfach herauszuholen und die Bibelarbeit mit Anstand zu Ende führen zu dürfen. Und das am besten sofort.

»Denkst du noch mit?«, fragte Rod.

»Ich habe dich schon verstanden, ich weiß nur nicht, ob ich mit dir übereinstimme.«

»Wieso nicht? Das kann doch gar nicht sein. In Johannes 10,26 sagte Jesus: ›Aber *ihr* glaubt nicht, denn ihr seid nicht von meinen Schafen, wie ich euch gesagt habe.‹ Es war unmöglich für sie, zu glauben. Siehst du das?«

Es zu sehen war nicht das Problem für Alex. Es zu verstehen war es. Das gleiche galt für die 40 oder mehr anwesenden Studenten. Alex senkte seinen Kopf und starrte in die Bibel, die auf seinem Schoß lag. Seine Gedanken rasten, er suchte nach einer Lösung. Schon wieder herrschte heillose Verwirrung in ihrem Bibelkreis und er als der Lehrer war verantwortlich.

Alex hatte gehofft, dass ihre Probleme hinter ihnen lagen. Die Evangelisation mit Bob Haley am vergangen Tag war prima gelaufen – und das trotz Colemans Auftritt. Und vor einer halben Stunde hatte Stephania der Gruppe erzählt, dass sie Christus ihr Leben anvertraut hatte. Alle hatten freudig applaudiert und Alex hatte angefangen zu glauben, dass es doch noch ein gutes Jahr werden könnte. Und jetzt das.

»Alex?«, fragte Rod.

»Lasst uns noch einmal den Text durchgehen«, sagte Alex, »einen Satz nach dem anderen.«

»Gut«, sagte Rod.

»Okay, wissen alle, wo wir sind?«, sagte Alex mit selbstsicherer Stimme, obwohl ihm bewusst war, dass er keine Ahnung hatte, in welche Richtung er eigentlich gehen wollte. »Wir fangen ein paar Verse vorher an, Johannes 10,24. Angela, könntest du die Verse 24 bis 26 für uns lesen?«

»›Da umringten ihn die Juden und sprachen zu ihm: Bis wann hältst du unsere Seele hin? Wenn du der Christus bist, so sage es uns frei heraus. Jesus antwortete ihnen: Ich habe es euch gesagt, und ihr glaubt nicht. Die Werke, die ich in dem Namen meines Vaters tue, diese zeugen von mir; aber *ihr* glaubt nicht, denn ihr seid nicht von meinen Schafen, wie ich euch gesagt habe.‹«

»Okay, so verstehe ich diese Verse«, sagte Alex. »Es war Ende Dezember, während des Lichterfests, oder Chanukka auf Hebräisch. Jesus war mit seinen Jüngern in Jerusalem. Die führenden Juden hielten Jesus für einen Hochstapler, einen falschen Messias. Sie fragten ihn, warum sie seiner Behauptung, er sei von Gott gesandt, Glauben schenken sollten. Er wies auf die Wunder als Beweis hin und hoffte, sie damit zu überzeugen. Okay?«

Jamie und mehrere andere nickten.

»Gut. Angela, würdest du den nächsten Vers lesen?«, bat Alex.

»Du begreifst das Wesentliche nicht«, sagte Rod.

»Du siehst das nicht so?«

»Nein, ich seh das nicht so. Die führenden Juden haben nicht versucht, Jesus zu verstehen. Sie wollten ihm eine Falle stellen. Sie wollten, dass er öffentlich sagt, dass er der Sohn Gottes sei, damit sie ihn töten könnten.«

»So versteh ich diese Verse aber nicht«, sagte Alex.

»Sieh mal in Vers 31«, sagte Rod. ›Sie hoben Steine auf, um ihn zu töten.‹ In Vers 33 sagen sie Jesus, dass sie es tun wollten ›wegen Lästerung, und weil du, der du ein Mensch bist, dich selbst zu Gott machst.‹«

Jeder schaute auf den Vers.

»Rod hat Recht«, sagte Angela.

»Ich meine das auch«, sagte Elliot. «Die Juden waren feindselig gesinnt.«

»In Ordnung«, sagte Alex, »wir sagen, sie waren feindselig, aber ich glaube trotzdem, dass Jesus versuchte, sie zu überzeugen, dass er der Messias ist.«

»Nein, versuchte er nicht«, sagte Rod. »Er erklärt, warum sie nicht an ihn glauben können. Jesus sagte: ›aber *ihr* glaubt nicht, denn ihr seid nicht von meinen Schafen‹. Das ist seine Hauptaussage. Sie glauben nicht, weil sie nicht glauben können.«

»Bist du dir sicher?«, fragte Alex.

»Absolut. Jesus sagte: ›Meine Schafe hören meine Stimme, und ich kenne sie, und sie folgen mir‹. Die Pharisäer waren jedoch nicht seine Schafe. Sie hörten seine Stimme nicht und folgten ihm auch nicht.«

»Ich denke, Rod hat Recht«, sagte Preston.

»Ich glaube auch«, sagte Angela.

»Stimmt«, sagte Leesha.

»Ich aber nicht«, sagte Jamie. »Die Errettung steht jedem offen, selbst den Pharisäern.«

»Aber das sagt Jesus hier nicht«, beharrte Rod.

»Okay, er sagt aber auch nicht, was du meinst«, antwortete Jamie.

»Bestimmt willst du uns dann diesen Vers erklären!«, sagte Rod laut zu Jamie.

»Muss ich gar nicht«, sagte Jamie. »Es gibt Hunderte von Versen, die aussagen, dass die Errettung jedem offen steht. In 1. Timotheus 2,4 steht, dass Gott möchte, ›dass alle Menschen errettet werden und zur Erkenntnis der Wahrheit kommen‹. In Titus 2,11 steht: ›Denn die Gnade Gottes ist erschienen, heilbringend allen Menschen.‹«

»Allen Menschen jeder Klasse und jeden Ranges, aber nicht jedem Individuum«, sagte Rod. »Es gibt einen allgemeinen Ruf zur Errettung und einen speziellen, also wirksamen. In Johannes 10 geht es um Gottes speziellen Ruf. Hier geht es um die, die Christi Schafe sind, die Schafe, die der Vater ihm gegeben hat.«

»Da steht gar nicht, dass der Vater Jesus die Schafe gab«, sagte Jamie.

»Doch, es steht da«, sagte Rod. »Vers 29: ›Mein Vater, der sie mir gegeben hat, ist größer als alle.‹«

Jamie und alle anderen schauten sich den Vers an.

»Jesus sagt das Gleiche fünfmal in Johannes 17«, sagte Rod. »Der Vater gab sie Jesus.«

Das Rascheln von geblätterten Seiten erfüllte den Raum, als alle Johannes 17 aufschlugen.

»Rod hat Recht«, sagte Sharon. »Das steht dort fünfmal.«

»Wo liegt das Problem?«, sagte Joe. »Nur die Erwählten glauben. Das hatten wir doch schon. Der Rest kapiert's einfach nicht.«

»Wenn Gott schon darüber entschieden hat«, sagte Sharon, »was machen wir dann überhaupt auf dem Campus? Was soll das?«

»Wir rufen die Erwählten zur Errettung«, erklärte Rod.

»Und der Rest?«, fragte sie.

Rod legte seinen Kopf in den Nacken, schloss seine Augen und wählte seine Worte sehr sorgfältig: »Kein Interesse … kein Verständnis … kein Glaube.«

»Weil sie nicht erwählt sind?«, fragte Elizabeth.

»Das stimmt, weil sie nicht erwählt sind«, sagte Rod.

»Warum beten wir dann für sie?«, fragte Angela.

»Weil wir nicht wissen, wer die Erwählten sind«, sagte Rod.

»Ach?«, sagte Jamie. »Was sollen wir unseren Kommilitonen dann sagen? Gott liebt euch vielleicht und hat vielleicht auch einen wunderbaren Plan für eurer Leben, aber andererseits hasst er euch vielleicht auch und hat euch für immer in die Hölle verdammt. Sollen wir ihnen das etwa sagen?«

»So würde ich das nicht formulieren«, sagte Rod, »aber immerhin fängst du langsam an zu verstehen, was Jesus hier lehrt.«

»Lass mich das mal auf die Reihe bringen«, sagte Jamie. »Wir sollen in der Welthauptstadt der freien Meinungsäußerung evangelisieren und unsere Botschaft lautet: Ihr habt eh nichts zu melden, Gott hat schon seit langem alles entschieden, euer Schicksal ist schon längst besiegelt.«

»Ich denke, du drückst das etwas zu dramatisch aus«, sagte Rod.

»Tja, ich kauf dir dein Prädestinations-Zeug nicht ab«, sagte Jamie.

»Ich auch nicht«, sagte Taylor. »Die Bibel lehrt: ›Denn jeder, der den Namen des Herrn anrufen wird, wird errettet werden.‹«

Rod lächelte. »Nur die Erwählten werden seinen Namen anrufen.«

»›Damit jeder, der an ihn glaubt, nicht verloren geht, sondern ewiges Leben hat‹«, sagte Taylor.

»›Denn viele sind Berufene, wenige aber Auserwählte‹«, sagte Rod.

»Das ist doch absurd«, sagte Jamie laut.

»Du denkst also, Gottes Wort sei absurd?«, fragte Rod.

»Nein, ich sage dir nur –«

Ein dumpfer Schlag ertönte vom Rahmen des Straßenfensters. Eine Sekunde später flog etwas von der Straße durch das offene Fenster. Es segelte durch das Wohnzimmer und klatschte an die gegenüberliegende Esszimmerwand.

»Ein Ei!«, brüllte jemand aus dem Esszimmer.

Sofort folgte das nächste Ei, schoss gegen die Wohnzimmerdecke und spritze alle darunter Sitzenden mit Glibber voll. Einige kreischten. Mehr Eier folgten in sehr kurzen Abständen. Sie prallten von der Decke ab, flogen gegen die Wände und auf die Studenten. Jeder ging in Deckung und schützte Kopf und Gesicht mit Armen und Händen. Sie brüllten sich gegenseitig Warnungen zu. Ein Ei krachte in die Deckenlampe im Wohnzimmer. Gelber Schleim tropfte herunter. Ein anderes landete auf dem Esszimmertisch und sorgte dafür, dass alle, die darauf gesessen hatten, die Flucht ergriffen. Ein weiteres Ei warf eine Lampe von einem Beistelltisch, die in tausend Scherben auf dem Boden zerschellte. Taylor versuchte, das große Straßenfenster zu schließen, aber bevor er es schaffen konnte, hatte der Angriff schon aufgehört.

31. Kapitel

»Er rennt in Richtung Uni … weißes T-Shirt, Jeans … rennt über die Straße«, meldete Taylor vom Fenster.

Joe Fiori war aufgesprungen und draußen, bevor sich jemand anderes bewegen konnte.

»Mannomann«, sagte Alex. »Das fehlte uns noch. Hat sich jemand verletzt?«

»Uns geht's prima«, sagte Sharon, während sie glitschige Eierschalen von ihrem Ärmel wischte.

»Alles okay«, sagte Nick.

Ein zweiter Lagebericht von Taylor am Fenster. »Joe verfolgt ihn.«

»Sollen wir Joe hinterher rennen?«, fragte Nick.

»Nein, er hätte erst gar nicht die Verfolgung aufnehmen sollen«, sagte Alex. »Ich möchte nicht, dass noch andere hineingezogen werden.«

»Nur noch zwei Blocks trennen die beiden«, meldete Taylor vom Fenster. »Er holt auf … jetzt kann ich sie nicht mehr sehen.«

»Sollen wir die Polizei verständigen?«, fragte Leesha.

»Wir sollten lieber beten«, meinte Jamie.

»Jamie hat Recht«, sagte Alex.

Preston betete zuerst. Er bat Gott, auf Joe Acht zu geben und ihn davor zu bewahren, unbesonnen zu handeln. Nick betete dafür, dass Gott der Person vergeben würde, die sie angegriffen hatte und ihr helfen würde, zu Christus zu finden. Andere dankten Gott, dass niemand ernstlich zu Schaden gekommen war. Im Gebet reflektierte die Gruppe ihr eigenes Verhalten, wurde nachdenklich und bat Gott schließlich um Vergebung, dass sie so verbissen diskutiert hatten. Mehrere brachten im Gebet ihre Bereitschaft zum Ausdruck, sich in allen Punkten der Schrift unterzuordnen und anzunehmen, was auch immer die Schrift über die Prädestination lehren würde und nicht an eigenen Vorstellungen festzuhalten.

Alex betrachtete den Schaden. Niemand war verletzt, aber einige sahen ziemlich mitgenommen aus. Überall klebte Eiermatsch. »Was für ein Chaos«, sagte Alex.

»Sieht aus, als hätten wir 'ne klasse Fete gehabt«, sagte Taylor.

»Man sagt doch, Eier seien gut für die Haare«, kommentierte Angela und kämmte sich den Schleim heraus.

»Lasst uns aufräumen«, sagte Alex, »und dann beschließen wir den Abend.«

Jeder half mit, wischte Wände und Möbel sauber und hob Eierschalen auf.

»Seht mal, was ich gefunden habe«, sagte Preston und deutete auf ein ganz gebliebenes Ei, das im Aquarium schwamm.«

»Nimm Fingerabdrücke!«, sagte Jamie.

»Das ess ich zum Frühstück«, sagte Preston.

Während die Studenten arbeiteten, stand Alex am Fenster und hielt Ausschau nach Joe. Niemand sprach es aus, aber alle fürchteten das Schlimmste. Jeder wusste, dass Joe ziemlich jähzornig war. In der vorigen Woche war Joe dafür verantwortlich gewesen, dass das christliche Flaggen-Football-Team* von den Uni-internen Meisterschaften verbannt wurde.

Ein Spieler der gegnerischen Mannschaft hatte sich losreißen können und war die Seitenlinie entlang gerannt, um einen Treffer zu landen. Joe war der einzige Verteidigungsspieler, der ihm noch im Weg stand. Er rannte ihm im vollen Lauf entgegen und sie kollidierten miteinander. Beide fielen zu Boden. Das war zwar regelgemäß, aber ziemlich hart gewesen. An der Art und Weise, wie der andere Spieler aufgestanden war, hatte Joe sehen können, dass er eine Schlägerei anfangen wollte. Joe hatte seinen Freunden später erklärt, dass er nur noch Zeit gehabt hätte, sich selber daran zu erinnern, dass er jetzt Christ sei und sich nicht prügeln sollte. Er hätte sich eigentlich entschieden, den ersten Schlag abzublocken, in Deckung zu gehen und zu warten, bis seine Teamkameraden ihn retten würden. Aber als der andere Spieler plötzlich in seiner Bewegung innegehalten, ihn beschimpft und ins Gesicht gespuckt hatte, hätte er die Kontrolle verloren. Joe schlug als Erster zu. Seine Faust landete auf der Brust des anderen und schleuderte ihn zu Boden. Kurz darauf schwang jeder Spieler auf dem Feld entweder seine Fäuste oder hielt jemand anderen davon ab. Erst als der Schiedsrichter damit drohte, dass jeder von der Uni fliegen würde, hörte der Kampf auf. Am nächsten Tag bestellte der Vize-Kanzler die Kapitäne beider Mannschaften zu sich und sperrte beide Teams für die nächsten zwei Jahre von der internen Universitätsmeisterschaft aus.

»Joe ist zurück«, brüllte jemand.

»Was ist passiert?«, wollte Alex wissen.

»Nix. Hab ihn laufen lassen.«

»Du kannst nicht hinter jedem Doofmann herlaufen, der sich gegen uns stellt.«

»Das war kein Doofmann, das war Coleman«, sagte Joe.

»Was hättest du getan, wenn du ihn erwischt hättest?«

»Ich hatte ihn eingeholt und hätte ihn jederzeit nageln können. Das hat er gemerkt. Ich hab ihn einfach laufen lassen.«

»Du hast was?«

»Ich wollt ihn nur mal zum Nachdenken bringen«, sagte Joe mit einem Grinsen.

Alex brachte nur ein nervöses Lachen zustande.

---

* Flag-football: Bei dieser sanften Form des Footballs tragen die Spieler Stoffstreifen an der Taille. Um den Spieler, der im Ballbesitz ist, zu stoppen, muss man ihn nicht zu Boden reißen, sondern den Stoffstreifen abreißen.

32. Kapitel

Susan Dan kehrte einige Tage, nachdem sie erfahren hatte, dass sie von der Universität von Kalifornien geflogen war, nach Singapur zurück. Der Rückflug war noch schlimmer als der Hinflug. Ihre Eltern mussten ziemlich viel Geld für dieses kurzfristig gebuchte Erste-Klasse-Ticket hinblättern. Verbissen und zornig legte sie die 26-stündige Reise zurück, zu der auch ein Zwischenstopp in Seoul gehörte. Zum großen Teil lag das an dem abgebrochenen Schneidezahn, den sie sich zugezogen hatte, als sie ohnmächtig geworden und gegen die Arbeitsplatte ihrer Küche geknallt war. Sobald sie den Mund öffnete, sah man die Bescherung, also redete sie mit niemandem und durchlief Check-in und Sicherheitskontrollen murmelnd.

In Singapur angekommen eröffnete Susan ihren Eltern, dass die Universität einen administrativen Fehler begangen habe. Sie habe nicht die erforderlichen Kurse belegen können, also lege sie ein Urlaubs-Semester ein. Was den kaputten Zahn anging, war sie in der Dusche ausgerutscht. Ihre Eltern waren perplex, konnten aber sehen, dass ihre Tochter nicht in der Stimmung war, nähere Auskünfte zu geben. Susan ging in ihr Zimmer und blieb dort die nächsten Tage.

Am Ende der Woche machte Susan einen Termin bei ihrem Zahnarzt. Er sagte ihr, er könne den Zahn mit einer Kunststofffüllung in der Farbe ihrer anderen Zähne reparieren. Eine reine Routinesache. Als er jedoch fertig war, sah die Farbe anders und der Zahn etwas deformiert aus. Susan beschwerte sich, aber der Zahnarzt meinte, es sei alles in Ordnung. Weil wichtigere Probleme sie gedanklich gefangen nahmen, beschloss sie, sich später darum zu kümmern.

Auf dem Bürgersteig vor dem Praxis-Gebäude traf sie drei alte Schulfreundinnen.

»Hey, wie geht's?«, fragte Te Lay. Eine aufgeweckte und begabte Schülerin, die sich ebenfalls auf dem Weg ins Medizinstudium befand.

»Alles bestens«, murmelte Susan mit fast geschlossenem Mund.

»Hab schon gehört, dass du wieder da bist.«

»Ja. Wie läuft dein Studium?«

»Prima«, antwortete Te Lay. »Wie läuft's in Berkeley?«

»Ich mache ein Urlaubs-Semester.«

»Tatsächlich? Ich dachte, du wärst gerade erst wieder rübergeflogen.«

»Ich kam nicht in die vorgeschriebenen Kurse rein.«

»Ich habe gehört, du hättest Probleme bekommen«, sagte Julie, eine andere alte Klassenkameradin und Nachbarin von Susan.

»Was soll'n das heißen?«

»Nur so ein Gerücht.«

»Man sollte nie auf Gerüchte hören.«

»Bist du sicher, dass alles okay ist?«

»Sag ich doch.«

»Jemand hat mir erzählt, du hättest dir Ärger eingehandelt. Machst du uns auch nichts vor?«

»Hey, Freunde belügen sich doch nicht«, sagte Susan.

»Ich hab das aber auch gehört«, sagte Te Lay.

»Was hast du gehört?«

»Dass du einen Bock geschossen hast.«

»Wer behauptet das?«

»Ich habe gehört, du wärst geflogen«, sagte Ann, das dritte Mädchen.

»Du wärst beim Pfuschen erwischt worden«, sagte Te Lay.

»Das ist ein Lüge«, schimpfte Susan. »Ihr habt doch keine Ahnung, was ihr da sagt.«

»Bei einer Biochemie-Prüfung«, beharrte Te Lay.

»Wer behauptet das?«

»Ein Freund.«

»Dein Freund lügt.«

»Freunde belügen sich nicht«, sagte Julie.

Susan warf ihr einen Ausdruck an den Kopf.

»Hey, seit wann so sensibel?« spottete Te Lay.

»Der getroffene Hund bellt«, sagte Ann mit einem süffisanten Grinsen.

Susan ließ die Drei stehen.

»Bis später, Doktor Dan«, sagte Te Lay.

Die Mädchen lachten.

»He, vielleicht solltest du mal zum Zahnarzt gehen«, rief Ann hinter ihr her. Die drei lachten lauter.

Susan verkroch sich einige Tage in ihrer elterlichen Wohnung, hing ihren düsteren Gedanken nach und schlief die meiste Zeit. Nach und nach erholte sie sich und konnte ihre Lage ehrlicher reflektieren. Sie begriff nun, dass es ihr eigener, blöder Fehler gewesen war, dass sie geschummelt hatte und sich darüber hinaus auch noch hatte erwischen lassen. So etwas passierte nur Versagern. Und überhaupt, wie wollte sie Medizin studieren, ohne grundlegende Kenntnisse von Biochemie zu haben?

In dem Versuch, ein neues Leben anzufangen, entschloss sie sich auch, in der Bibel zu lesen, die Angela ihr geschenkt hatte. Sie begann mit dem Johannes-Evangelium, wie Angela es ihr geraten hatte. Als sie Johannes 3,16 las, legte sie das Buch beiseite. Sie hasste es, wie Christen diesen Vers bei jeder Gelegenheit zur Schau stellten – bei Footballspielen, in Fenstern im Studentenwohnheim und sogar unter Plastikbechern. Sie packte die Bibel weg. Eines Tages würde sie die ganze Bibel lesen, dazu war sie entschlossen, aber nicht heute.

In der nächsten Woche machte Susan einen weiteren Zahnarztbesuch, aber diesmal bei einem Zahnchirurgen, der sich auf kosmetische Behandlungen spezialisiert hatte. Als dieser Arzt sie untersuchte, stimmte er ihr zu. Ihr Zahnarzt habe schlechte Arbeit geleistet. Er riet ihr zu einem Veneer, also einer Keramik-Schale, und gab ihr eine Broschüre, in der die ganze Behandlung erklärt wurde. Er bat sie, sich alles durchzulesen, während er einen anderen Patienten behandelte. Der erste Absatz las sich folgendermaßen:

> Lächle, und die Welt lächelt dir zu. Warum sollten wir dann nicht alles versuchen, um Ihr Lächeln strahlend schön zu machen? Heute können durch kosmetische Zahnchirurgie schiefe, verfärbte, abgebrochene und sogar kaputte Zähne mit höchster Präzision erneuert werden. Ein wunderschönes Lächeln wird Ihr Leben mit Freude füllen und Sie und Ihre Mitmenschen glücklich machen. Sie strahlen Selbstsicherheit aus und werden Erfolg haben. Sie werden sofort spüren, wie anders sie sich selbst fühlen und wie viel positiver andere Sie behandeln. Ihr kosmetischer Zahnarzt kann Ihnen all diese Wünsche erfüllen. Informieren Sie sich noch heute über die neusten Fortschritte auf dem Gebiet der Veneer-Technik, Ihrem Tor zu einem perfekten Lächeln.

Susan las den Rest der Broschüre.

»Also, was meinen Sie?«, fragte der Arzt sie, als er wieder ins Zimmer zurückkehrte.

»Ist wahrscheinlich nicht billig.«

»Ungefähr 4000 Dollar.«

So viel wie zwei Einsen, dachte sie. »Ich weiß nicht. Das ist viel Geld.«

»Vielleicht können wir einen Preisnachlass gewähren. Drei, vier Behandlungen und die Sache ist erledigt.«

»Ich weiß nicht so recht.«

»Sie sind eine ideale Kandidatin. Das würde Ihnen ausgezeichnet zu Gesicht stehen. Garantiert.«

Susan schaute auf den Boden.

»Kein Risiko. Bewährtes Verfahren. Sie würden staunen, wie viele Prominente sich so etwas machen lassen.«

»Ich bin keine Prominente.«
»Sie verdienen es, eine so wunderschöne junge Dame wie Sie!«
»Ich glaube nicht.« Sie stand auf.
»Vertrauen Sie mir.«
»Nein, kein Interesse.«

33. Kapitel

Einen Monat später traf sich das Erste Konzil von Berkeley. Tagungsort: Die Graduate Theological Union. Das Datum: Samstag, der 21. Februar und damit ein langes Wochenende mit einem Feiertag am Montag. Das Thema: Prädestination. Die Delegierten: Alex, Rod, Jamie, Preston, Elliot und Angela. Ihr Ziel: Die Ergründung der Prädestinationslehre.

Das Ganze war Prestons Idee gewesen. Sie war ihm am Abend der Eierschlacht gekommen. Kurz nachdem Joe zurückgekehrt war, hatte Alex die meisten Studenten nach Hause geschickt. So viele Leute versuchten gleichzeitig, die Wohnung wieder sauber zu bekommen, dass sie sich nur gegenseitig im Weg standen. Alex bat die fünf Studenten, die nun alle Konzil-Delegierte waren, noch länger zu bleiben und aufzuräumen. Jamie und Elliot mieteten im Baumarkt um die Ecke ein Teppichreinigungsgerät und schäumten die Teppiche und Polstermöbel ein. Preston und Rod schrubbten die Holzmöbel, Alex und Angela die Wände. Sie arbeiteten schweigend, aber als sie weit nach Mitternacht endlich fertig waren, hatte jeder etwas auf dem Herzen, was er sagen wollte.

Sie waren sich alle einig, dass sie nicht mehr so weitermachen konnten. Der Bibelkreis, einst eine harmonische Oase zum Auftanken, war zum Schauplatz von Streitereien und Gezänk geworden. Der Dienst auf dem Campus lief nicht richtig, immer weniger Mitglieder halfen donnerstags mit. Einige hatten ganz aufgehört, weil sie die Diskussionen und die Verwirrung leid waren. Irgendetwas musste geschehen.

An dieser Stelle machte Preston seinen Vorschlag. Er plädierte für ein Stillhalteabkommen rund um das Thema Prädestinationslehre. In dieser Zeit sollten die Offiziellen der Gruppe – Alex, Rod und Jamie – sich mit der Angelegenheit auseinandersetzen und den diesbezüglichen Standpunkt ihrer Studentenvereinigung festlegen. Sie würden den Rest der Gruppe so bald wie möglich über ihre Ergebnisse informieren.

Alle meinten, dass dieser Plan nicht schlecht klang, aber sie waren sich noch nicht ganz einig. Alex meinte, es würde zu lange dauern, bis sie die Prädestinationslehre verstanden hätten. Schließlich war sie nicht unkompliziert. Einige Verse schienen die göttliche Erwählung zu lehren, andere den freien Willen des Menschen. Obwohl diese Debatte nun schon seit Jahrhunderten geführt wurde, war noch niemand zu einem Ergebnis gekommen. Warum also ausgerechnet sie?

Jamie sah auch einige Probleme. Wo sollten sie die Zeit für solch intensive Recherchen hernehmen? Er schätzte, es würde allein schon hundert Stunden dauern, bis sie allein die Thematik abgesteckt und die damit verbundenen Fragen sortiert hätten. Wenn sie alle Theologiestudenten wären, wäre es vielleicht eine Sache, aber schließlich studierte jeder von ihnen etwas ganz anderes.

Angela schmeckte Prestons Vorschlag ebenso wenig. Ihrer Meinung nach räumten sie dem gesamten Prädestinationsgedanken viel zu viel Raum ein. Wie genau die Errettung funktioniere, sei Gottes Angelegenheit. Ihr Auftrag als Christen lautete, den Menschen von Christus zu erzählen, und nicht, sich über esoterisch anmutende theologische Gedankenkonzepte zu streiten.

Rod widersprach vehement. Prädestination sei ein essentieller Teil des christlichen Glaubens. Wie konnten sie meinen, die Bibel Vers für Vers auslegen zu können, ohne diesen Teil richtig verstanden zu haben? Er drängte sie, Prestons Vorschlag anzunehmen. Außerdem sei die Aufgabe nur vermeintlich schwer. Man könne sich leicht informieren. Im Internet gäbe es viele hilfreiche Seiten. Auf www.reformed.org, der Zentrale für reformierte Theologie und Apologetik, gab es Dokumente, Journale, Konfessionen und Katechismen. Es würde zwar etwas Zeit beanspruchen, aber sie könnten das Material in drei bis vier Sitzungen durchgekämmt haben. Die meisten Kirchen, Gemeinden und christlichen Organisationen hätten offizielle Positionen zu diesem Thema erarbeitet. Warum nicht auch die UCF? Rod erinnerte Alex auch an sein Versprechen, das Positionspapier der UCF ausfindig machen zu wollen. Wer weiß, womöglich hatten die Gründer der Organisation das Thema längst erledigt. Wie auch immer, jeder von ihnen müsste doch für sich selbst die Prädestination verstehen lernen. Er unterstützte Prestons Vorschlag auf der ganzen Linie.

Jamie schlug daraufhin vor, dass sich das Team vergrößern sollte. Wenn zum Beispiel Preston, Elliot und Angela mitmachen würden, dann würde er den Plan unterstützen.

Elliot erklärte daraufhin, wenn man ihn im Komitee dabeihaben wolle, würde er mitmachen. Sie könnten das Problem schließlich nicht länger ignorieren.

Angela entschuldigte sich, dass sie Prestons Vorschlag so negativ aufgenommen hatte. Sie sagte, wenn die anderen von diesem Vorschlag überzeugt seien, dann würde sie ihren Teil beitragen.

Rod betonte, dass das richtige Verständnis von Prädestination entscheidend sei, um Gott zu erkennen, um ein gesundes Lehrverständnis zu haben und um auf dem Campus gottwohlgefällig evangelisieren zu können. Sie mussten sich die nötige Zeit einfach nehmen.

Nach diesem ganzen Hin und Her sagte Alex, er sei bereit, den Vorschlag anzunehmen. Wenn sie alle sechs zusammenarbeiteten, dann müsste es zeitlich möglich sein, die notwendigen Informationen zu sammeln und auszuwerten. Preston betonte, dass sie sich alle von ganzem Herzen ihrem Projekt widmen müssten. Es wäre schlimm, wenn sie den anderen Mitgliedern der UCF eröffnen würden, sie wollten die Prädestinationslehre zu ergründen versuchen und dann mittendrin aufgeben würden.

Alex stimmte ihm zu. Wenn sie dieses Projekt wirklich anfingen, dann müssten sie auch bis zum Ende durchhalten. Nicht nur wegen ihrer Kommilitonen, sondern auch aus Treue zu Gott.

Die Sechs versprachen sich gegenseitig, ihren Plan durchzuziehen. Dann betete Alex und bat Gott, ihnen Gelingen zu schenken. Danach arbeiteten sie die Details aus.

Rod schlug vor, nächsten Samstag zu beginnen. Die anderen widersprachen. Einige hatten noch Hausarbeiten zu erledigen, andere mussten arbeiten. Jeder hatte Tests anstehen. Elliot schlug vor, dass sie sich alle paar Wochen träfen. Nach Möglichkeit an langen Wochenenden nach oder vor Feiertagen. Im Februar stünde das ›Presidents Weekend‹ an; im März der Gründungstag der Universität; im April die Osterferien. Zwischen den einzelnen Treffen könnte jeder alleine weiterarbeiten. Alle stimmten der Idee zu.

Rod meinte, sie sollten ihre Treffen an der Graduate Theological Union abhalten. Sie lag einen Block nördlich vom Campus. Die GTU war ein Konsortium aus 18 unterschiedlichen theologischen Seminaren und religiösen Instituten. Die größte religiöse Vereinigung der Nation und außerdem der Standort der Flora Lamson Hewlett Bibliothek, der umfassendsten theologischen Fachbücherei des Landes. Das wäre der ideale Ort für ihre Recherchen. Er erklärte sich bereit, jeweils einen Seminarraum für ihre Treffen zu reservieren.

An dieser Stelle kam Jamies Beitrag. Er schlug vor, dass ihre Sitzungen auf ein konziliarisches Level angehoben werden sollten, ganz in der Tradition des Konzils von Nicäa, dass 325 n. Chr. von Konstantin dem Großen einberufen worden war. Sie wären die Delegierten ihres Konzils. Die restlichen Delegierten stimmten ihm zu und Jamie taufte ihre Treffen auf den Namen ›Das Erste Konzil von Berkeley‹.

Und so kam es, dass sie sich vier Wochen später an einem kalten Februarmorgen in einem kleinen Seminarraum im ersten Stock der GTU-Bücherei trafen. Sie saßen in wuchtigen Sesseln um einen großen Eichentisch herum, drei auf der einen Seite, drei auf der anderen, ein Overhead-Projektor am Kopfende. Schwere Holzregale hingen an drei Seiten des Raumes. Auf ihnen waren unzählige Doktorarbeiten von GTU-Studenten aufgereiht. Sie trugen so gelehrte Titel wie: »Jesus und die mythische Reise«, »Post Vatikan II Dekrete, Dynamik und Dimensionen«, »Der theokratische Stadtstaat im Deuteronomium« und »Patchworken als theologisches Medium«. Die vierte Wand war eine in einen Holzrahmen eingelassene Glaswand, mit einer Glastür mittendrin. Durch diese Wand hatte man eine gute Sicht auf die große Büchersammlung mit beeindruckenden Einbänden und ernsten Titeln.

Alex eröffnete das Erste Konzil von Berkeley mit Gebet. Dann stellte er Rod als ihren »Eröffnungsredner« vor. Sein Thema: Die reformierte Position der Prädestination. Alex erklärte, dass Rod dies als ihren Startpunkt vorgeschlagen hatte, weil die protestantische Theologie historisch gesehen sehr viel vom Beitrag des reformierten Christentums profitiert hatte. Rod nickte zustimmend, als Alex ihn vorstellte und begab sich dann zum Kopf des Tisches. Er legte ein schweres Buch auf das kleine Lesepult, das auf dem Tisch bereit stand.

»Zunächst werde ich einige Auszüge aus der *Institutio theologiae elencticae* von Francis Turretin vorlesen«, sagte Rod. »Dieses Buch erschien erstmals 1679 und ist eine großartige Darstellung des christlichen Glaubens. Ich kenne keine bessere Erklärung der Lehre über Gott und der Lehre der Errettung.«

Dreißig Minuten lang las Rod verschiedene Stellen aus Turretins Buch vor und erklärte den Delegierten die vorweltlichen Dekrete, Absichten und die Heilsvorsorge Gottes. Er verteilte dann eine 52-seitige Zusammenfassung der Lehren und der Geschichte des reformierten Glaubens, die er während der Weihnachtsferien geschrieben hatte. Er ging diese Ausarbeitung mit allen Seite um Seite durch, beleuchtete die Hauptpunkte des Textes und erläuterte die Nuancen der Fußnoten. Er beschrieb das Leben Johannes Calvins, seine Lehren und die Verbreitung seiner Ansichten von Genf bis nach Frankreich, Holland, Deutschland, Osteuropa und Großbritannien. Rod erklärte, wie die ersten Calvinisten unermüdlich gearbeitet hatten, um die Kirche Englands zu reinigen und dass man sie deshalb Puritaner genannt hatte. Die Puritaner flohen 1620 an Bord der Mayflower vor ihren Verfolgern in die Neue Welt, weshalb man sie auch Pilgrims nannte. In Anbetracht der fortgeschrittenen Zeit – Rod hatte schon über eine Stunde referiert – sprang der junge Mann direkt ins neunzehnte Jahrhundert. Er erzählte von Archibald Alexander und wie er 1812 das theologische Seminar in Princeton gegründet hatte. Mit Turretins

Institutio als seinem Lehrbuch formte er die religiöse Gedankenwelt Amerikas. An diesem herausragenden Seminar hatten auch zwei der größten Theologen Amerikas studiert, Charles Hodge (1797-1878) und Benjamin Breckenridge Warfield (1851-1921).

Rod gab jedem der Delegierten eine 28-seitige Kopie des Westminster Bekenntnisses. Unter dem Titel prangte das Datum 1643 in großen Zahlen. Er erläuterte seinen Ursprung unter den Puritanern Englands und las einige Abschnitte laut vor. Er wies auf die Schönheit der Wortwahl hin, auf die theologisch exakten Formulierungen, betonte die große Bedeutung des Bekenntnisses bis zum heutigen Tag und entschuldigte sich fortwährend für die Länge seines Vortrags.

»Obwohl allein die Bibel Gottes Wort ist«, sagte Rod, »und einziger Maßstab der Wahrheit, ist das Westminster Bekenntnis die beste und genauste Auslegung der Bibel, die jemals geschrieben worden ist.« Er schloss mit der Aussage des Bekenntnisses zur Prädestination:

> Durch Ratschluss Gottes sind zur Offenbarung seiner Ehre die einen Menschen und Engel vorherbestimmt zum ewigen Leben, die anderen verordnet zum ewigen Tod. Diese vorherbestimmten und zuvor verordneten Menschen und Engel sind besonders und unabänderlich bezeichnet, und ihre Zahl ist so gewiss und begrenzt, dass sie weder vermehrt noch vermindert werden kann.

Nachdem Rod fast zwei Stunden geredet hatte, setzte er sich nach diesen Worten wieder zurück auf seinen Platz. Die anderen saßen stumm da. Mit glasigen Augen bewegte sich ihr Verstand in einem fast tranceartigen Zustand. Alex verkündete, dass die Delegierten des Ersten Konzils von Berkeley sich in eine Sitzungspause zurückziehen würden. Sie brauchten erstmal Kaffee.

34. Kapitel

Die sechs Delegierten verließen die GTU-Bücherei und wanderten die Ridge Road hinunter. Dann gingen sie auf der Euclid Avenue bis zum ›Rude Awakening Kaffeehaus‹. An der hinteren Wand prangten die Banner der GTU und UC. Über den beiden hing das eigene Banner des Cafés, mit der Lebensweisheit – KEIN LEBEN OHNE KAFFEE.

Sie gaben an der Kasse ihre Bestellung auf, holten sich ihre Getränke am Service-Fenster ab und setzten sich in der Mitte des Raumes auf hohe Barhocker um eine riesige Theke. Zehn Minuten später hatte das Getränk seine magische Wirkung entfaltet und jeder fühlte sich wieder in der Lage, ihr Gespräch aufzunehmen.

»Wir müssen diese Sache zügig unter Dach und Fach bringen«, mahnte Alex. »Wir haben noch so viele andere Dinge zu erledigen.«

»So schnell geht das nicht«, meinte Preston. »Wir müssen geduldig sein.«

»Vielleicht können wir das Projekt ja einschränken«, schlug Angela vor. »Sonst läuft es uns hinterher aus dem Ruder.«

»Ich gebe dir Recht«, sagte Elliot.

»Wir werden darauf achten«, sagte Alex.

Jamie blätterte in den Unterlagen, die Rod jedem von ihnen gegeben hatte. »Muss das denn so komplex sein?«, fragte Jamie. »Ich meine, aus solchen Dingen werden Atheisten gestrickt. Das törnt doch jeden ab.«

»Gott hat die Erwählten zum ewigen Leben vorherbestimmt«, sagte Rod. »Was soll denn daran so kompliziert sein?«

»Na schön, muss es denn dann so willkürlich sein?«

»Nur weil du es nicht auf den ersten Blick verstehst, heißt das nicht, dass es willkürlich ist«, sagte Rod.

»Kann man denn nicht sagen, dass Gott diejenigen erwählte, von denen er wusste, dass sie glauben würden und es dabei belassen?«, fragte Jamie.

»Dass jeder, der möchte, glauben kann?«, fragte Rod.

»Genau. Gott wusste schließlich, wer glauben würde, als er die Erwählten vorherbestimmte. Damit könnte ich gut leben.«

»Das haben wir doch schon im September geklärt«, sagte Rod. »In Johannes 6,44 sagte Jesus: ›Niemand kann zu mir kommen, wenn nicht der Vater, der mich gesandt hat, ihn zieht.‹ Daraus kann man wohl kaum schlussfolgern, dass es allein unsere Entscheidung ist.«

»Vielleicht zieht der Vater alle und dann entscheiden wir, ob wir glauben wollen?«

»Das haben wir auch schon besprochen«, sagte Rod. »Im nächsten Vers steht, dass alle, die der Vater zieht, zu Jesus kommen. Sie glauben alle. Sie sind alle errettet.«

»Was ist mit Johannes 7,17«, fragte Jamie. »Dort sagt Jesus: ›Wenn jemand seinen Willen tun will, so wird er von der Lehre wissen, ob sie aus Gott ist oder ob ich aus mir selbst rede.‹ Wann haben wir das geklärt?«

»Im September«, sagte Elliot.

»Das kann man doch nicht einfach vernachlässigen«, sagte Jamie. »Und was ist mit Apostelgeschichte 16,31: ›Glaube an den Herrn Jesus, und du wirst errettet werden‹? Und Römer 10,13: ›Denn jeder, der den Namen des Herrn anrufen wird, wird errettet werden‹? Johannes 3,16: ›Damit jeder, der an ihn glaubt, nicht verloren geht, sondern ewiges Leben hat‹?

»In diesen Versen geht es um die Erwählten«, sagte Rod.

»Das steht da aber nicht«, sagte Jamie.

»Wer sollte sonst den Namen des Herrn anrufen, wenn nicht die Erwählten?«, fragte Rod.

»Jeder, der möchte.«

»Das haben wir schon geklärt.«

»Man muss die Bibel in ihrer Gesamtheit verstehen«, sagte Jamie. »So wie ich das sehe, hat Gott alles getan, um uns zu erretten und nun müssen wir reagieren. Der Ball liegt in unserer Spielfeldhälfte, nicht in seiner.«

»Der Ball ist immer in Gottes Hälfte«, sagte Rod. »Er ist souverän. Er ist die höchste Autorität, wenn es um die Errettung geht.« Rod zog ein dünnes Taschenbuch aus seinem Rucksack, suchte etwas im Inhaltsverzeichnis und schlug dann eine Seite weiter vorne auf: »›Gott macht, was ihm gefällt, immer wann es ihm gefällt und genau wie es ihm gefällt. Niemand kann ihm entgegenwirken, niemand kann ihn hindern. Das verkündet sein Wort ausdrücklich: »Mein Ratschluss soll zustande kommen, und alles, was mir gefällt, werde ich vollbringen.« Jesaja 46,10.‹«

»Was ist das?«, fragte Preston.

»*Die Eigenschaften Gottes* von A.W. Pink«, sagte Rod. »Das ist ein Klassiker.«

»Wir müssen voran kommen«, sagte Alex. »Sind wir uns alle einig, dass nur die, die der Vater zieht, zu Christus kommen können?«

»Ja«, sagte Elliot.

»Angela? Preston?«

Angela nickte.

»Ich glaube schon«, sagte Preston.

»Das steht da so, aber ich bin mir noch nicht sicher, was es bedeutet«, sagte Jamie.

»Das reicht mir schon«, sagte Alex. »Können wir uns alle darauf einigen, dass die, die der Vater dem Sohn gibt, zu ihm kommen und die Erlösung empfangen?«

»Einhundertprozentig?«, fragte Jamie.

»Ja.«

»Das hat Jesus in Johannes 6,37 gelehrt«, sagte Rod. »›Alles, was mir der Vater gibt, wird zu mir kommen.‹ Wann hatten wir das?«

»Im September«, sagte Elliot. »Ein ereignisreicher Monat.«

»Ist jeder einverstanden?«, fragte Alex.

»Ich muss da noch länger drüber nachdenken«, sagte Jamie.

»Was ist mit euch?«

Die anderen stimmten Alex zu.

»Gut. Wir machen Fortschritte«, sagte Alex. »Rod, würdest du uns deine Meinung noch ein weiteres Mal kurz erläutern. Nicht die ganzen Details, nur ganz grob.«

Rod sah sehr zufrieden aus. »Prädestination ist Gottes ewiger Ratschluss, nach dem er das ewige Schicksal eines jeden Menschen vorherbestimmt hat: die Erwählten zum ewigen Leben und die Verworfenen zur ewigen Verdammnis.«

»Wen meinst du mit ›den Verworfenen‹?«, fragte Preston.

»Stammt von dem lateinischen *reprobare*«, erklärte Rod. »Es bedeutet, etwas für unwürdig befinden. ›Die Verworfenen‹ bezieht sich auf diejenigen, die verdammt sind.«

»Kannst du erklären, wie das geschieht?«, fragte Preston.

»Gott erwählte einige zum ewigen Leben. Niemand von ihnen verdiente es und die Wahl traf sie nicht, weil sie besonders gut wären oder etwas besonders Gutes getan hätten.« Rod warf einen Blick auf Jamie. »Das hatte nichts damit zu tun, dass Gott wusste, dass sie glauben würden.«

»Ich sehe das anders«, sagte Jamie.

»Es ist ein Akt souveräner Gnade«, fuhr Rod fort. »Gott hat die Erwählten zum ewigen Leben vorherbestimmt. Dann, an irgendeinem Punkt ihn ihrem Leben, zieht Gott sie durch den Heiligen Geist, so dass sie willig glauben. Mit Gottes Hilfe harren sie bis zum Ende aus und werden ewig errettet. In ähnlicher Weise ordnete Gott an, dass die Verworfenen ewiglich verdammt würden.«

»Das kann doch nicht richtig sein«, sagte Angela. »Ganz besonders der letzte Teil, dass Gott manche Menschen verdammt.«

»Gott überlässt sie den Konsequenzen ihrer Sünde«, sagt Rod. »Was ist daran falsch?«

Ein lautes Knacken ertönte, als Jamie den Styroporbecher in seiner Hand zerquetschte. Alle blickten erschrocken auf.

»Was ist?«, fragte Rod mit ärgerlichem Gesichtsausdruck.

»Ich brauche noch 'nen Kaffee«, sagte Jamie. »Das hier kann noch ganz schön lange dauern.« Er rutschte vom Hocker und ging zum Tresen.

35. Kapitel

»Ich glaube nicht, dass jeder von uns die reformierte Position einnehmen wird«, sagte Alex zu den anderen, als Jamie sich einen neuen Kaffee holte.

»Warum denn nicht?«, fragte Rod.

»Was ist mit der Liebe?«, fragte Angela.

»Was meinst du?«

»Ich kann nicht glauben, dass Gott Menschen erschafft, die er für die Hölle vorherbestimmt«, sagte Angela. »Die Bibel lehrt, dass Gott Liebe ist und nicht Hass.«

»Gott liebt sie auch«, sagte Rod.

»So, wie du die Dinge erklärst, hat er die meisten für die Hölle bestimmt«, sagte sie.

»Gott liebt sie vielleicht nicht in der gleichen Weise, wie er die Erwählten liebt, aber das heißt nicht, dass er sie nicht auch liebt.«

»Was für eine Liebe soll das denn sein?«, fragte sie.

Rod lehnte sich auf seinem Hocker zurück. »Gott ist nicht nur Liebe, Angela, er ist auch heilig, rechtschaffen und gerecht. Es ist richtig, dass er Sünder richtet.«

»Und du hast kein Problem damit, dass Gott ihnen noch nicht einmal eine Chance gibt?«

»Du musst das aus Gottes Blickwinkel sehen. Was siehst du dann? Einen Gott, der Sünder so sehr liebt, dass er ihr Recht, ihn abzulehnen, respektiert. Du siehst auch einen Gott, der die Sünder so sehr liebt, dass er einige von ihnen errettet. Und genau das ist ja das Wunderbare.«

»Das stört mich ja auch nicht«, sagte Angela. »Die ganzen Leute um uns herum, du meinst wirklich, das ist schon alles entschieden? Einige kommen in den Himmel, einige in die Hölle und das war's? Wir und sie können nichts am Ergebnis ändern?«

»Hey, das habe ich mir nicht so ausgedacht«, sagte Rod.

»Das kann ich nicht akzeptieren«, sagte sie.

»Sag mir das nicht«, sagte er. »Du hast ein Problem mit Gott.«

Eine Zeitlang dachten die Fünf darüber nach. Sie nippten an ihren Getränken und beobachteten die Menschen um sich herum. Jeder stellte sich die Frage, wer dabei war und wer nicht.

Jamie kehrte mit seinem zweiten Kaffee zurück. »Und, Problem gelöst?«

»Wohl kaum«, antwortete Alex.

»Dies ist wirklich eine schwierige Lehre«, meinte Preston.

»Vielleicht die schwierigste«, sagte Elliot.

»Was ist, wenn wir uns nicht einigen können? Wäre das wirklich ein Problem?«, fragte Alex.

»Kommt drauf an, was für ein Ergebnis ihr am Ende festhaltet«, sagte Rod. »Wie man Prädestination beurteilt, beeinflusst die Sicht über Gott und das Verständnis von Errettung.«

»Warum ist dir so wichtig, dass wir deine Sicht annehmen?«, fragte Jamie. »Es gibt einen Haufen Christen, die alle diese Dinge anders sehen. Ist ja schließlich nicht so, als ob jemand von uns ein Irrlehrer wäre.«

Rod verzog das Gesicht.

»So siehst du das also?«, fragte Angela. »Ist das dein Ernst?«

»Ich habe große Bedenken«, gab Rod zu. »Immer, wenn Christen sich von dem reformierten Glauben wegbewegen, dann sitzen sie einem Irrtum nach dem anderen auf. Das ist sogar mit dem Princeton Seminar passiert.«

»Die theologische Fakultät, von der du uns erzählt hast?«, fragte Alex.

»Genau. Um 1920 herum ging es dort immer liberaler zu. Die wenigen treuen Lehrer kündigten und fingen noch einmal von vorne an. Das waren die Männer, die das Westminster Seminar gründeten.«

»Das ist die Fakultät, an der du dich beworben hast?«, fragte Alex.

»Richtig.«

»Reformiert?«, fragte Jamie.

»Daher kommt der Name Westminster. Vielleicht habt ihr schon mal etwas von den Leuten gehört, die diese Schule gegründet haben?«

»Das bezweifle ich«, sagte Alex.

J. Gresham Machen, Oswald T. Allis, Cornelius Van Til und« – Rod legte eine kunstvolle Pause ein – »Robert Dick Wilson.«

»Robert Dick Wilson!«, rief Jamie aus.

Rod hatte sich diesen Augenblick seit Wochen aufgespart und genoss jetzt die erstaunten Gesichtsausdrücke der anderen. Robert Dick Wilson war eines ihrer größten Vorbilder. Er war bei den UCF-Studenten schon so legendär, dass eine Kurz-Biografie von ihm der Inhalt einer ihrer Kurz-Botschaften auf dem Campus war. Da jeder von ihnen diese Predigt schon viele Male gehört hatte, kannten sie alle Details im Schlaf.

Wilson war 1856 geboren worden. Mit 25 legte er den Ablauf seines weiteren Lebens fest. Er beschäftigte sich mit dem Stammbaum seiner Familie und errechnete für sich eine Lebenserwartung von 70 Jahren. Ihm blieben also noch 45 Jahre. Wilson unterteilte sein restliches Leben in drei gleichgroße Teile. Er beschloss, die ersten 15 Jahre dem Studium von alten Sprachen zu widmen. Die nächsten 15 Jahre würde er die hebräischen Schriften Vers für Vers untersuchen. Die letzten 15 Jahre wollte er die Erkenntnisse seines Lebens und seiner Studien schriftlich festhalten. Wilsons Plan ging fast aufs Jahr genau auf, er starb 1930. Zu Lebzeiten hatte er in Princeton seinen Doktor gemacht, danach auch in Berlin studiert und an vielen Universitäten auf der ganzen Welt gelehrt. Er war ein angesehener Archäologe, Paläograph und Philologe gewesen. Er beherrschte 45 alte Sprachen und war der führende Bibelgelehrte seiner Zeit gewesen. Die UCF-Studenten verehrten ihn sehr. Bis jetzt hatte allerdings nur Rod gewusst, dass Wilson außerdem ein erklärter Advokat des reformierten Glaubens gewesen war.

»Robert Dick Wilson war Calvinist?«, vergewisserte sich Jamie.

»Vorsitzender der Fakultät des Westminster Seminars«, sagte Rod mit erhabener Genugtuung.

»Hm«, sagte Jamie verwirrt. »Das habe ich nicht gewusst.«

»Ich glaube, das wusste keiner von uns«, sagte Alex. »Darum möchtest du ans Westminster?«

»Das beste Seminar im Land.«

»Bist du schon angenommen?«, fragte Alex.

Der freudige Gesichtsausdruck von Rod verschwand. »Noch nicht. Meine Bewerbung wird noch bearbeitet.«

»Du hast dich schon vor sechs Monaten beworben«, sagte Preston.

Rod verzog wieder das Gesicht. »Mein Pastor hat sie noch zurückgehalten.« Er schaute die anderen an, um ihre Reaktion abzuschätzen.

»Warum?«, fragte Preston.

»Das ist etwas kompliziert.«

»Sind wir das Problem?«, riet Jamie.

»Belassen wir es dabei, dass Pastor Shelton nicht ganz so erfreut über mein Engagement bei der UCF ist.«

»Weil wir nicht reformiert sind?«, fragte Alex.

»Doktrin ist ihm wichtig.«

»Er will, dass du aufhörst?«, fragte Alex.

Rod nickte.

»Oder uns bekehrst?«, fragte Jamie.

»Darum geht's dir also!«, rief Angela. »Du bekehrst uns und dein Pastor verschafft dir einen Studienplatz!«

»Das ist nicht wahr«, sagte Rod.

»Na klar ist es das«, sagte sie. »Du willst nur deinen Pastor beeindrucken!«

»Nein, will ich nicht. Ich bin der zweite Vorsitzende der UCF. Ich trage vor Gott die Verantwortung, unsere Lehre zu schützen.«

»Aber bei dir steht mehr auf dem Spiel als bei uns«, sagte Jamie.

»Bei uns allen steht viel auf dem Spiel«, sagte Rod. »Wenn wir uns nicht darauf einigen können, wie ein Mensch errettet wird, wie sollen wir dann zusammenarbeiten? Könnt ihr mir das mal verraten?«

»Rod hat Recht«, sagte Alex. »Wir müssen dieses Problem lösen. Trinkt aus und lasst uns zur GTU zurückkehren.«

36. Kapitel

Nach ihrer Rückkehr in die Bibliothek einigten sie sich darauf, in kleinen Gruppen weiterzumachen, sich eine Kleinigkeit zum Mittagessen zu besorgen und sich dann wieder um 14.00 Uhr zu treffen, um ihre Ergebnisse auszutauschen. Angela und Elliot setzten sich an die Computer im ersten Stock. Von dort aus konnten sie die 365 000 Bände und 2500 Magazine nach Informationen über Prädestination durchsuchen. Sie konnten auch den PATHFINDER benutzen, den Online-Mikrofiche-Katalog der Universität von Kalifornien, dem mehr als 100 Bibliotheken des kalifornischen Universitätssystems angeschlossen sind. Mit diesen insgesamt 32 Millionen Bänden ist auf dem amerikanischen Kontinent nur noch die Kongressbücherei größer. An den Rechnern konnten sie sich auch ins Internet einloggen und die 15 Milliarden und täglich zunehmende Zahl von Internetseiten besuchen. Mit all diesen Quellen in unmittelbarer Reichweite konnten sie schier über das gesamte Wissen der Menschheit verfügen.

Angela und Elliot loggten sich in GRACE ein, dem Computer-Katalog der GTU. Sie gaben das Wort Prädestination ein und klickten auf die Schaltfläche der Themen-Suche. Der Computer zeigte eine Liste mit 178 Titeln und Artikeln zu diesem Thema. Sie wählten einige aus und machten sich auf die Suche nach brauchbarem Material.

Als sie die Computer verlassen hatten, setzte Rod sich auf einen freien Platz. Er suchte nach allen Büchern von R. C. Sproul, einem amerikanischen Autor und Theologen der reformierten Theologie. Rods Pastor zitierte ihn regelmäßig. Der Computer spuckte eine Liste mit acht Büchern aus, die in der GTU zur Verfügung standen. Rod schrieb sich die Standorte der Bände auf und machte sich ebenfalls auf die Suche.

Alex, Jamie und Preston arbeiteten die erste Stunde zusammen. Sie notierten alle relevanten Themen auf ein Papier. Als sie jedoch langsam die Übersicht verloren, rollten sie ein großes Whiteboard in den Seminar-Raum. Bald war die Tafel mit Schemata, Flussdiagrammen, Theorien und Fragen übersät. Nach einer langen Diskussion über die Beziehung von göttlicher Souveränität und dem freien Willen des Menschen und beider Rolle bei der Errettung des Menschen trennten sie sich und gingen dem Thema nach, das sie jeweils persönlich am meisten interessierte.

Dicke Bücher stapelten sich zusehends in ihrem Seminar-Raum, zusammengetragen von allen sechs Delegierten. Sie blätterten sie durch, legten sie zur Seite und nahmen sie dann doch noch einmal in die Hand. Zwischen den Bücherbergen lagen ihre Laptops und surrten leise vor sich hin. Ein Kabelgewirr lag auf dem Teppich. Die jungen Leute sprachen nur wenig miteinander. Sie alle waren fleißige Studenten und somit in ihrem Element. Vereint machten sie sich auf die Suche nach der Lösung eines Rätsels, das tiefgründiger als Fermats letzter Satz, die Struktur der DNA oder die gemeinsame Theorie von Energie und Materie war.

Als es 14 Uhr wurde und die Zeit für ihr Treffen gekommen war, verlegten sie es mit einhelliger Übereinstimmung, denn keiner konnte sich von seinen Nachforschungen losreißen. Sie einigten sich auf 15 Uhr, konnten diese Zeit jedoch auch nicht einhalten und machten einfach weiter. Das Entdecker-Fieber hatte sie alle gepackt. Was sie nun brauchten, war Zeit, sehr viel Zeit, lange ununterbrochene Intervalle zum Lesen, Studieren und Nachdenken. Aus dem Seminar-Raum war eine Ausgrabungsstätte geworden.

Als sie schließlich um 17.30 Uhr wieder zusammenkamen, wurde es draußen langsam dunkel. Innen hatte die Stimmung ebenso umgeschlagen.

»Für heute gebe ich mich geschlagen«, tat Jamie seinen Freunden kund.

»Wir müssen unsere Ergebnisse zusammentragen«, sagte Alex.

»Ich bin ziemlich müde«, sagte Angela.

»Ich ebenfalls«, äußerte sich Elliot.

»Es war ein langer Tag«, meinte Preston. »Müssen wir das jetzt machen?«

»Ich bin am Verhungern«, sagte Jamie.

»Ich glaube, die machen hier um sechs zu«, bemerkte Angela.

»Ihr wollt doch wohl jetzt nicht schon aufhören?«, fragte Alex.

»Ich würde noch weiter machen«, bot Rod an.

»Ich nicht«, erwiderte Jamie. »Genug für heute.«

»Dürfte ich einen Vorschlag machen?«, fragte Elliot.

»Aber sicher doch«, sagte Alex.

»Montag ist doch Feiertag. Warum treffen wir uns dann nicht einfach noch einmal hier für ein paar Stunden und tauschen uns darüber aus, was wir herausgefunden haben?«

»Ich kann mir nicht vorstellen, dass die Bücherei an einem Feiertag geöffnet hat«, sagte Rod.

»Ich habe nachgeschaut«, sagte Elliot. »Morgens ist sie vier Stunden geöffnet.«

»Das dürfte reichen«, meinte Alex.

»Schon mal einer über die tiefere Bedeutung des Worts *Feiertag* nachgedacht?«, fragte Jamie. »Ihr wollt euch doch wohl nicht am Montag schon wieder hier vergraben?«

37. Kapitel

Susan deckte den Frühstückstisch ab und räumte das schmutzige Geschirr in die Spülmaschine. Eigentlich war das Isabels Aufgabe gewesen, ihre Filipina-Haushälterin. Aber Susans Eltern hatten ihr vor ein paar Monaten gekündigt, eine Kosten-Einsparungs-Maßnahme, die helfen sollte, ihrer Tochter das Studium in den USA finanzieren zu können. Jetzt, wo Susan wieder Zuhause lebte und nichts zu tun hatte, hatte sie sich des Haushalts angenommen. Alles war besser als den ganzen Tag im Zimmer herumzusitzen und sich mit düsteren und depressiven Gedanken herumzuschlagen, so wie sie es in den ersten Wochen nach ihrer Rückkehr aus Kalifornien getan hatte.

Zu Susans eigener großer Überraschung mochte sie auf einmal die Hausarbeit. Zum einen genoss sie das Alleinsein. Ihr Vater arbeitete als Ingenieur für die See- und Hafenbehörde in Singapur, ihre Mutter als Verwaltungsangestellte im *KK-Frauen- und Kinderkrankenhaus*. Zum anderen war es schön zu sehen, wie sehr sich ihre Eltern freuten, wenn sie von der Arbeit nach Hause kamen und die Wohnung sauber war und das Abendessen auf dem Tisch stand. Sie mochte auf einmal auch die gemeinsamen Familienabende, die Unterhaltung während eines Kartenspiels oder einer Partie Mahjongg. Früher war sie abends meistens ausgegangen.

Nachdem die Spülmaschine lief, goss Susan sich eine Tasse Tee ein, machte es sich in ihrem Lieblingssessel im Wohnzimmer bequem, knipste eine Stehlampe an und blätterte in ihrer Bibel zu der Stelle, wo sie gestern zu Lesen aufgehört hatte. Dieser Routine folgte sie nun schon seit vier Wochen. Der Anfang war etwas träge gewesen, denn ihrem Ermessen nach hatte sie eine Ewigkeit gebraucht, um durch das erste Buch Mose durchzukommen. Am nächsten Tag hatte sie das zweite und dritte Buch Mose gelesen. Danach das vierte und fünfte. So arbeitete sie sich durch das Alte Testament. Einige Teile fand sie sehr interessant: Moses Begegnung mit dem ägyptischen Pharao, die Geschichten von David und Salomo, die Psalmen, Sprüche und Klagelieder, die Geschichte von Israel und Juda. Andere Teile fand sie langweilig: Jeremia, Hesekiel und die kleinen Propheten. Sie war mehrmals nahe dran aufzugeben, aber machte dann doch weiter. Sie war fest entschlossen: Sollte sie jemals wieder einem Menschen wie Angela begegnen, so wollte sie sagen können, sie habe die ganze Bibel schon durchgelesen.

Als sie nach Abschluss des ATs mit dem Neuen Testament angefangen hatte, bemerkte sie sofort einen Unterschied. Man spürte eine Erwartungshaltung und Hoffnung, die sie im Alten Testament so nicht angetroffen hatte. Die Biographien von Christus in den Evangelien gefielen ihr. Sie musste lange über die Einladung der Verse in Matthäus 11,28 und 29 nachdenken: »Kommt her zu mir, alle ihr Mühseligen und Beladenen! Und ich werde euch Ruhe geben. Nehmt auf euch mein Joch, und lernt von mir! Denn ich bin sanftmütig und von Herzen demütig, und ihr werdet Ruhe finden für eure Seelen.« Das Versprechen Jesu in Johannes 5,24 brachte sie erneut zum Nachdenken: »Wahrlich, wahrlich, ich sage euch: Wer mein Wort hört und glaubt dem, der mich gesandt hat, der hat ewiges Leben und kommt nicht ins Gericht, sondern er ist aus dem Tod in das Leben übergegangen.« Die Geschichte der jungen Gemeinde in der Apostelgeschichte fesselte sie sehr und sie war sehr überrascht, als sie zu 1. Korinther 13 kam. Ein Student hatte dieses Kapitel in einem Englisch-Tutorium in Berkeley vorgelesen und gesagt, dies sei das klassische Verständnis der Liebe. Susan hatte damals nicht realisiert, dass der Kommilitone aus der Bibel vorgelesen hatte.

Heute las sie in dem Buch der Offenbarung und würde damit die ganze Bibel fertig gelesen haben. Sie las eine Stunde lang und arbeitete sich langsam durch die Kapitel vor, in denen Johannes seine Vision vom Ende der Welt niedergeschrieben hatte. Anfangs verwirrten sie die symbolhaften Bilder ziemlich, sie begriff beim Weiterlesen aber, dass der Autor die meisten Dinge im Laufe des Buches selbst erklärte. Jetzt kam sie zu Offenbarung 20 und hatte nur noch drei Kapitel vor sich. Johannes beschrieb an dieser Stelle das letzte Gericht.

> Und ich sah einen großen weißen Thron und den, der darauf saß, vor dessen Angesicht die Erde entfloh und der Himmel, und keine Stätte wurde für sie gefunden. Und ich sah die Toten, die Großen und die Kleinen, vor dem Thron stehen, und Bücher wurden geöffnet; und ein anderes Buch wurde geöffnet, welches das des Lebens ist. Und die Toten wurden gerichtet nach dem, was in den Büchern geschrieben war, nach ihren Werken.

Susan stellte sich vor, wie sie selbst vor diesem Thron stand und Christus auf sie nieder blickte. Sie zuckte beim Gedanken zusammen, dass ihre Taten öffentlich verlesen würden und jeder alles hören könnte. Sie las weiter und stoppte, als sie die Beschreibung des Himmels im zweitletzten Kapitel der Bibel las.

> Und ich sah einen neuen Himmel und eine neue Erde; denn der erste Himmel und die erste Erde waren vergangen, und das Meer ist nicht mehr. Und ich sah die heilige Stadt, das neue Jerusalem, aus dem Himmel von Gott herabkommen, bereitet wie eine für ihren Mann geschmückte Braut. Und ich hörte eine laute Stimme vom Thron her sagen: Siehe, das Zelt Gottes bei den Menschen! Und er wird bei ihnen wohnen, und sie werden sein Volk sein, und Gott selbst wird bei ihnen sein, ihr Gott. Und er wird jede Träne von ihren Augen abwischen, und der Tod wird nicht mehr sein, noch Trauer, noch Geschrei, noch Schmerz wird mehr sein: denn das Erste ist vergangen. Und der, welcher auf dem Thron saß, sprach: Siehe, ich mache alles neu.

Sie fragte sich, wie es wohl sein würde, an einem Ort zu leben, an dem es keine Schmerzen, keine Trauer und keinen Tod mehr geben würde und an dem alles neu war. Sie las weiter und kam schließlich zum letzten Kapitel der Bibel. Dort las sie:

> Ich, Jesus, habe meinen Engel gesandt, euch diese Dinge für die Gemeinden zu bezeugen. Ich bin die Wurzel und das Geschlecht Davids, der glänzende Morgenstern. Und der Geist und die Braut sagen: Komm! Und wer es hört, spreche: Komm! Und wen dürstet, der komme! Wer da will, nehme das Wasser des Lebens umsonst!

Susan fühlte sich, als ob Christus zu ihr persönlich sprechen und sie einladen würde. Dieser Gedanke war ihr unangenehm, gerade so, als ob ihr jemand über die Schulter sähe, um ihre Reaktion abzuwarten. Sie machte die Stehlampe aus, schloss ihre Augen und dachte darüber nach, was es für sie heißen würde, eine Nachfolgerin dieses Christus zu werden. Erschrocken setzte sie sich aufrecht hin. *Ich ende noch wie Angela!*

38. Kapitel

Montagmorgen versammelten sich die UCF-Delegierten wieder in der GTU-Bücherei zur zweiten Sitzung des Ersten Konzils von Berkeley. Nach einem Tag Pause war jeder wieder erfrischt und voller Tatendrang. Alex betete zu Beginn und gab dann die Tagesordnung bekannt.

»Zunächst werden wir zusammentragen, was jeder am Samstag herausgefunden hat. Ich möchte gerne bald eine Lösung finden, deshalb wollen wir nicht zu haarspalterisch miteinander umgehen. Wer will den Anfang machen?«

Rod meldete sich. Er hatte zwei Bücher von R. C. Sproul zum größten Teil gelesen und die sechs anderen auch grob überschlagen. »Dieser Mann hat mehr als 60 Bücher geschrieben«, erzählte Rod den anderen. »Großartiger Autor und Theologe.«

Rod gab eine langatmige Zusammenfassung seiner Ergebnisse. Hauptsächlich ging es um die Unterschiede zwischen Calvinisten und Arminianern. »Reformierte Christen«, sagte Rod abschließend, »sehen die Menschen als Sklaven der Sünde, aber als freiwillige Sklaven, deren Gedanken und Herzen ganz versessen darauf sind, zu sündigen. Etwas anderes können sie nicht.«

»Wie kann dann irgendjemand errettet werden?«, fragte Angela.

»Du musst Folgendes begreifen«, sagte Rod. »Wenn sich jemand bekehrt, erneuert Gott diese Person in genau diesem Moment. Er gestaltet diese Person so um, dass sie anfängt nach Gott zu suchen und das tun möchte, was in Gottes Augen wohlgefällig ist.«

»Gott verändert einen, bevor man errettet wird?«, fragte Angela.

»Das ist korrekt«, sagte Rod. »Im ersten Augenblick der Bekehrung ist der Sünder absolut passiv. Es ist allein ein Werk Gottes. Theologen nennen dies *Monergismus.*«

»Der Sünder macht gar nichts?«, fragte Jamie.

»Richtig.«

»Entscheidet er sich, Gott zu lieben?«, fragte Angela.

»Nicht bevor Gott ihn verändert hat«, sagte Rod. »Du musst bedenken, dass der erste Augenblick der Errettung allein von Gott ausgeht.«

»Und wenn der Sünder etwas tut, glauben zum Beispiel, wie nennt man das dann?«, fragte Jamie.

»Synergismus. Das behaupten die Arminianer. Der Sünder kooperiert mit der Gnade Gottes, tut Buße, glaubt und wird dann errettet.«

»Und diese Sicht verneinst du?«, fragte Jamie.

»Letztlich hängt alles damit zusammen, ob man den Sünder als absolut verderbt ansieht oder nicht«, sagte Rod. »Ich persönlich glaube nicht, dass jemand glauben kann, bevor Gott nicht ein Werk im Leben dieser Person vollbringt.«

»Wenn Gott erst den Menschen verändern muss«, fragte Angela, »inwiefern hat die Entscheidung dieser Person, Gott zu lieben, überhaupt noch Bedeutung?«

»Sie hat Bedeutung in der Hinsicht, dass sie die Antwort auf Gottes Gnade ist.«

»Das verstehe ich nicht«, sagte Angela. »Wenn Gott –«

»Wir müssen weitermachen«, sagte Alex. »Jamie, womit hast du dich am Samstag beschäftigt?«

Jamie erzählte, dass er sich mit der Lehre der begrenzten Sühne beschäftigt habe, die reformierte Ansicht, dass Christus nur für die Erwählten gestorben sei. »Sogar unter den Calvinisten ist diese Sicht umstritten«, sagte Jamie. »Einige stellen in Frage, ob Johannes Calvin dies lehrte oder nicht.«

»Wie lauten deine Ergebnisse?«, fragte Alex.

»Ich bin eigentlich nicht sehr weit gekommen. Als ich endlich verstanden habe, was jeder zu diesem Punkt zu sagen hat, war der Tag schon vorbei.«

Preston und Elliot berichteten, dass sie sich mit einer Kontroverse unter den Theologen auseinander gesetzt hatten, in der es um die korrekte Reihenfolge von Gottes Ratschluss ging. Dazu gehörte der Ratschluss, dass einige erwählt und andere verworfen sind, außerdem die Erschaffung der Menschheit, das Zulassen des Sündenfalls und die Bereitstellung der Errettung Christi. Es gab sehr viele Theorien um die richtige Reihenfolge, aber die beiden Hauptansichten waren der *Supralapsarismus* und der *Infralapsarismus*. Im Kern der Sache ging es darum, ob Gottes Ratschluss, einige Individuen zur Errettung auszuerwählen, vor (*supra*) oder nach (*infra*) seinem Ratschluss gekommen war, Adams Sündenfall (*lapsus*) zuzulassen.

»Die Theologen scheinen zu meinen, dass diese Frage sehr wichtig ist«, sagte Preston, »aber wir konnten nicht ganz nachvollziehen, warum es so wichtig ist.«

»Wir konnten keine unmittelbare Antwort auf die Frage der Reihenfolge in der Bibel selbst finden«, sagte Elliot.

Dann machte Alex weiter. Er hatte die verschiedenen Richtungen des Calvinismus untersucht. In einer Quelle war von neun die Rede. Stundenlang hatte er versucht, die verschiedenen Richtungen voneinander abzugrenzen. Besonders schwierig war dies, weil ein Autor das als den wahren Calvinismus bezeichnete, was ein anderer den extremen Calvinismus nannte und ein dritter den verwässerten Calvinismus. Und jeder behauptete, der andere habe Unrecht. Selbst Calvin war nicht ganz calvinistisch, behauptete ein Schreiber. Ein anderer schrieb, dass Calvinismus nicht unbedingt das war, was Calvin gelehrt hatte, sondern ein Schlagwort für alle theologischen Ansichten, in denen Gottes ewiger, vorherbestimmender Ratschluss den Entscheidungen und Handlungsweisen des Menschen in der Frage der Errettung vorangestellt wurde und diese bestimmte. Das weckte Alex' Interesse am Arminianismus. Dort ging es genauso komplex zu, denn auch dieser Begriff bedeutete für verschiedene Leute jeweils etwas anderes und deckte darüber hinaus ein weites Spektrum von Ansichten ab. Alex sagte, er habe eine dritte Gruppe von Theologen gefunden, die behaupteten, die Wahrheit läge irgendwo zwischen den Aussagen Calvins und Arminius'. Ein Autor schuf dafür den drolligen Begriff »Calminianer«. Nachdem er sich stundenlang mit dieser Materie beschäftigt hatte, hatte er eine Migräne bekommen und sich erstmal hinlegen müssen, informierte Alex die anderen.

Angela berichtete, sie habe die Zeit am Samstag genutzt, um das Westminster-Bekenntnis zu lesen. Die Aussagen über Gottes Steuerung von Alltagsdingen hatten sie jedoch sehr beunruhigt. »Wenn ich das richtig verstehe, dann steht da, dass Gott alles Zukünftige entschieden hat«, sagte Angela. »Glaubst du das auch?«, fragte sie Rod.

»Gott wird seinen ewigen Ratschluss erreichen und zum Ziel bringen, falls es das ist, was du meinst. Ich glaube, in dem Bekenntnis steht, dass er alle Kreaturen, Taten und Dinge aufrechterhält, lenkt, regiert.«

»Also wirklich alles?«, bohrte sie nach.

»Ja.«

»Er hat vorherbestimmt, dass wir heute hier sein würden?«

»Könntest du ohne ihn hier sein?«

»Dass wir dieses Gespräch führen?«

»Selbstverständlich.«

»Die Sünden, die ich noch tun werde?«

»Er erlaubt sie.«

»Erlaubt oder vorherbestimmt?«

»Beides.«

»Warum bekenne ich dann, dass sie falsch sind?«

»Weil du sie tust.«

»Aber er hat sie doch vorherbestimmt.«

»Wir würden das so ausdrücken: Er hat Ereignisse befohlen, um seinen bestimmten Willen auszuführen. Deshalb ist er nicht der Urheber des Bösen, sondern erlaubt es.«

»Und was ist mit der Errettung?«, fragte Angela. »Gott hat vorherbestimmt, dass ich Christus mein Leben anvertrauen würde?«

»Ja.«

»Mir blieb gar keine Wahl?«

»Du hattest die Wahl. Wir würden sagen, dass Gott dich gezogen und deinen Willen geführt hat, damit du aus eigenen Stücken glaubst, wie Gott es bestimmt hatte.«

»Meinen Willen geführt hat?«

»Wir würden sagen, dass Gott alles so gefügt hat, dass seine Pläne und deine Wünsche zusammenpassen. Er zwingt dich nicht gegen deinen Willen, sondern durch seine Liebe veranlasst er dich dazu, seinen Willen tun zu wollen.«

»Er veranlasst mich, seinen Willen tun zu wollen?«

»Richtig«, sagte Rod.

»Aber ich glaube immer noch freiwillig?«

»Richtig.«

»Ich raff das nicht«, sagte sie. »Nehmen wir mal an, ich wäre kein Christ. Nehmen wir mal an, ich wäre jemand, der Christus abgelehnt hat. Tun wir mal so« – sie machte eine lange Pause – »als ob ich Coleman wäre.«

»Gar nicht so einfach, aber bitte«, sagte Rod.

»Stellen wir uns mal vor, ich wäre Coleman und ich würde sterben, ohne Christus mein Leben anvertraut zu haben.«

»Das kann ich mir schon eher vorstellen.«

»Gott hat bestimmt, dass ich in die Hölle gehen würde?«

»Ja, in seinem ewigen Ratschluss der Prädestination.«

»Weil es das ist, was ich als Coleman wollte? Ich wollte zur Hölle gehen?«

»Nein, Gott hat dich nicht zur Hölle bestimmt, weil du zur Hölle gehen *wolltest*. Das hieße ja, seine Entscheidung wäre von deiner abhängig. Wir würden sagen, dass Gott bestimmt hat, dass du zur Hölle gehen würdest, weil das seine souveräne Wahl war. Du wolltest deine sündigen Vergnügungen und ein Leben ohne Gott obendrein. Das war deine Entscheidung. Die Hölle ist die Konsequenz.«

»Also hat doch jeder eine Wahl, sozusagen?«, fragte Angela.

»Das stimmt. Die Erwählten wählen Gott, die Verworfenen wählen die Sünde.«

»Wie es Gott für jeden vorherbestimmt hat.«

»Richtig.«

»Jeder bekommt, was er oder sie wollte.«

»Genau.«

»Ich kapier das nicht.«

»Weil das doch alles zweideutiger Quatsch ist«, sagte Jamie. »Rod, du weißt ganz genau, dass das alles keinen Sinn ergibt.«

»Für mich schon«, sagte Rod. »Du kapierst das nur nicht, weil du es nicht kapieren willst.«

»Weil ich es nicht kapieren will … oder weil Gott nicht bestimmt hat, dass ich es kapieren soll?«

»Offensichtlich beides.«

Jamie warf die Hände in die Luft. »Ich gebe auf.«

»Ich würde das alles wirklich gerne verstehen«, sagte Angela, »aber ich begreif es wirklich nicht.«

Ein Klopfen ertönte an der Tür. Ein Mann mittleren Alters steckte seinen Kopf in den Raum.

»Ich bin auf der Suche nach Alex Kim«, sagte er.

»Ich bin Alex Kim.«

39. Kapitel

»Wally Malon«, sagte der Mann und betrat den Seminar-Raum der Bibliothek. Er war ein freundlich aussehender Mann um die Fünfzig, das Haar glatt zurückgekämmt und mit einem ordentlich getrimmten Bart. Er reichte Alex eine Visitenkarte.

Alex las sie leise. WALLACE MALONE, AKADEMISCHER SICHERHEITSDIENST, EMERYVILLE, KKALIFORNIENALIFORNIEN.

»Sie wollen mit mir sprechen?«, fragte Alex.

»Können wir nach draußen gehen?«

»Was wollen Sie?«

»Das ist vertraulich, Mr. Kim. Es wird nur ein paar Minuten Ihrer Zeit in Anspruch nehmen.«

»Können Sie mir nicht ein Stichwort nennen?«

»Ich würde lieber mit Ihnen unter vier Augen sprechen.«

»Bin gleich zurück«, sagte Alex den anderen. Er verließ den Raum und machte die Tür hinter sich zu.

»Entschuldigen Sie, dass ich einfach so in Ihre Besprechung hereinplatze, aber Ihr Mitbewohner sagte mir, dass ich Sie hier finden würde. Mein Name ist Wally Malone. Ich bin von der Universität als Privatdetektiv engagiert worden.«

»Und Sie sind extra hierher gekommen, um mit mir zu reden?«

»Keine Angst. Ich habe nur ein paar Fragen«, sagte Mr. Malone.

»Ich habe schon Dr. Payne erzählt, dass das Ganze nicht unsere Schuld war. Wir wollten doch nur unsere Botschaft weitersagen. Dieser Zeitungsbericht war total falsch.«

»Dr. Payne, das ist …?«

»Der Dean, Leiter des Studentensekretariats.«

»Richtig. Und was war mit dem Zeitungsbericht?«

»Der *Daily Cal.*«

»Richtig. Erzählen Sie mir mal aus Ihrer Sicht, was passiert ist.«

Alex erklärte ihm alles. Malone schrieb mit.

»Ich verstehe. Das ist sehr interessant«, sagte Malone zu Alex, als dieser mit seinem Bericht fertig war.

»Darüber wollten Sie doch mit mir sprechen, oder?«

»Nun, genau genommen untersuche ich einen Fall in der Fachschaft Biologie.«

»Fachschaft Biologie?«

»Wenn ich richtig informiert bin, dann machen Sie bald Ihren Abschluss als Elektro-Ingenieur?«

»Ja.«

»Was haben Sie dann mit der Fachschaft Biologie zu tun?«

»Gar nichts.«

»Gar nichts?«

»Sie sind hierher gekommen, um mit mir über Biologie zu sprechen?«

»Ich werde von der Universität bezahlt, um ein Problem zu lösen, das man in einem der naturwissenschaftlichen Zweige der Uni hat. Haben Sie Biologie belegt?«

»Nein.«

»Sonst einen Kurs dieser Fachrichtung?«

»Ich kann mich nicht erinnern, jemals eine Vorlesung besucht zu haben, wo es um etwas Lebendiges ging. Ich studiere Elektrotechnik und belege nur Kurse, die für diesen Studiengang vorgeschrieben sind.«

»Wann waren Sie das letzte Mal in den Gebäuden der Fachschaft Biologie?«

»Ich glaube, ich bin da noch nie gewesen.«

»Sie haben doch bestimmt Freunde, die Biologie studieren?«

»Nicht, dass ich jemanden konkret nennen könnte.«

»Überhaupt keine Verbindung?«

»Keine.«

»Würden Sie sich einem Polygraphen-Test unterziehen?«

»Einem was?«

»Einem Lügendetektor-Test.«

»Wieso das denn?«

»Um Ihre Antworten zu verifizieren.«

Alex drehte sich um und schaute zu seinen Freunden im Seminar-Raum. Sie beobachteten ihn. Jamie winkte ihm zu. Alex drehte sich wieder zu Malone. »Was soll das Ganze?«

»Vielleicht sollte ich Ihnen das erklären, Mr. Kim. Scheinbar wurde in der naturwissenschaftlichen Fakultät in Prüfungen betrogen, am meisten betrifft es die Fachschaft Biologie. An einer Uni wird ja leider immer wieder gemogelt, aber in letzter Zeit hat es wohl ernstere Ausmaße angenommen. Die Universität hat gebeten, dass ich mich darum kümmere, das ist alles.«

»Was hat das mit mir zu tun?«

»Ihr Name ist in diesem Zusammenhang aufgetaucht. Das bedeutet normalerweise nicht unbedingt etwas. Dreißig Minuten am Polygraphen sollten die ganze Sache aufklären.«

»Aber ich habe doch gar nichts mit dieser Fakultät zu schaffen.«

»Dann ist es ja noch einfacher. Vielleicht könnten wir schon direkt für morgen einen Termin machen?«

»Ich glaube kaum.«

»Es wäre in Ihrem eigenen Interesse.«

»Da bin ich mir nicht so sicher.«

»Versuchen Sie, etwas zu verbergen?«

»Ich möchte nur nicht an irgendeine Maschine angeschlossen werden.«

»Es würde uns beiden weiterhelfen.«

»Ich wusste gar nicht, dass ich Hilfe brauche.«

»Hoffen wir mal, Sie bräuchten keine. Nach dem, was Sie mir erzählt haben, scheint es mir, als hätten Sie schon genug Probleme.«

»Hören Sie, ich muss wieder zurück zu meinen Freunden.«

»Nur noch ein paar Fragen.«

»Muss ich die beantworten?«

»Das können Sie selbst entscheiden. Sie sollten aber wissen, dass wir schon eine Person, die an diesem Betrugsring beteiligt war, gefasst haben. Im Dezember haben wir einen ganzen Kurs hochgehen lassen. Einige wurden zwangsexmatrikuliert.«

»Das ist mir neu.«

»Wirklich?«

Alex gab keine Antwort.

»Wir wissen über das Gerät Bescheid«, sagte Mr. Malone.

»Welches Gerät?«

»Ich denke, sie sollten ehrlich sein mit mir, Mr. Kim. Sie machen es sich nur noch schwerer.«

»Hören Sie mal, ich weiß nichts.«

»Folgender Vorschlag: Sie kooperieren mit uns und wir schauen, ob wir einen Deal mit Ihnen machen können.«

»Es tut mir Leid. Ich weiß wirklich nichts. Ich muss jetzt gehen.«

»In Ordnung. Sie haben meine Karte. Rufen Sie mich an, wenn Sie Ihre Meinung geändert haben.«

40. Kapitel

Alex ging wieder zum UCF-Team im Seminar-Raum.

»Wer war denn der Typ?«, fragte Jamie.

»Wollte irgendwas wegen der Bio-Fakultät. Wahrscheinlich irgendeine Verwechslung. Ist egal. Was hattest du gesagt, Angela?«

»Weiß nicht mehr«, sagte Angela.

»Du hattest Fragen bezüglich des Willens Gottes und der Entscheidungsfreiheit des Menschen«, sagte Elliot. »Rod hat dir die Wechselwirkung von beiden erklärt. Jamie hat daraufhin geäußert, dass er meint, nun, also …«

»Oh, ja ja ja«, sagte Angela. »Ich verstehe nicht, wie Gott bestimmen kann, was ein Mensch aus freien Stücken tun möchte.«

»Er ist souverän«, sagte Rod. »Er kann alles tun.«

»Und was ist mit 1. Timotheus 2,4? Dort steht, dass Gott will, ›dass alle Menschen errettet werden und zur Erkenntnis der Wahrheit kommen.‹ Wieso bekommt Gott laut diesem Vers nicht seinen Willen?«

»In dem Vers geht es um Gottes *zulassenden Willen*, nicht um seinen *wirkenden Willen*.«

»Warum hab ich eigentlich immer das Gefühl, dass du alles definieren darfst und der Rest von uns nach deiner theologischen Pfeife tanzen muss?«, fragte Jamie.

»Weil du noch nicht einmal den Versuch unternimmst, das hier zu verstehen«, sagte Rod. Er lief zum Ende des Tisches, wo eine Biografie von Jacobus Arminius lag, geschrieben von Carl Bangs. Er nahm sie hoch und knallte sie vor Jamie auf den Tisch. »Vielleicht solltest du lieber das hier lesen. Ich glaube, das würde mehr deinem Geschmack entsprechen.«

»Du glaubst, dass Arminius falsch gelegen hat?«, fragte Alex.

»Ich glaube, es ist eine Selbsttäuschung all derer, die nicht damit leben können, dass Gott die Zügel in der Hand hält.«

»Hat Arminius Errettung durch Gnade gelehrt?«, fragte Alex.

»Ja. Er sagte, die Gnade sei notwendig für die Errettung.«

»Hat er gelehrt, dass die Errettung ein kostenloses Geschenk Gottes sei?«

»Ja. Er sagte, dass man nichts wirklich Gutes tun kann, bevor man errettet ist.«

»Hat er gelehrt, dass jemand sein Heil verlieren kann?«

»In dem Punkt traf er keine eindeutigen Aussagen. Einige seiner Nachfolger lehrten, dass man sein Heil verlieren kann.«

»Wieso hast du dann ein Problem mit Arminius?«, fragte Alex.

»Er lehrte, dass die Sünder das letzte Wort haben. Sie können der Gnade

Gottes widerstehen.«

»Und Auserwählung?«, fragte Alex.

»Gott erwählte die, deren Glauben er vorhersah«, sagte Rod. »Es macht keinen Sinn, aber das hat er nun mal gelehrt. Damit verneint er Gottes Souveränität bezüglich der Errettung.«

Angela nahm die Biografie von Arminius an sich. »Ich glaube, die meisten von uns wären bereit zu akzeptieren, was du uns erklärst, Rod, wenn es nur ein bisschen mehr Spielraum für die Entscheidungsfreiheit des Menschen gäbe. Könnten wir sagen, dass Gott in seiner Souveränität die Bedingungen für die Errettung festgelegt hat und jetzt die Menschen entscheiden lässt, ob sie diese Bedingungen annehmen oder nicht?«

»Dann würde Gott auf uns reagieren«, sagte Rod.

»Muss Gott denn total unempfänglich sein, um souverän zu bleiben?«, fragte sie.

Rod kramte einige Münzen aus seiner Tasche und warf sie auf den Tisch. »Du musst dir das so vorstellen, Angela.« Er legte die Münzen in eine Reihe. »Such dir die aus, welche du willst. Du kannst so viele nehmen, wie du willst, du allein entscheidest.«

Angela hob drei Münzen auf.

»Wie hast du dich dabei gefühlt?«, fragte er.

»Ganz gut, denke ich«, sagte sie.

»Jetzt leg sie zurück.« Rod sortierte die Münzen, zwei mit Zahl nach oben, fünf mit Kopf nach unten. »Okay, such dir welche aus.« Als sie nach den Münzen griff, hielt Rod ihre Hand fest. »Ich möchte noch sagen, dass du nur die Münzen nehmen darfst, die mit der Zahl nach oben liegen.« Sie streckte wieder ihre Hand aus. Rod hinderte sie ein zweites Mal. »Noch was – du musst die Münzen mit der Zahl oben nehmen.« Er ließ ihre Hand los. »Na mach schon. Du darfst wählen.«

Angela tat, wie ihr geheißen war und hob die beiden mit der Zahl nach oben liegenden Münzen auf.

»Wie hast du dich gefühlt?«

»Irgendwie doof.«

»So würden die Arminianer es gerne mit Gott machen. Sie wollen, dass Gott auf uns reagiert.«

»Und du machst das Gleiche mit uns«, sagte Jamie. »Du gibst uns eine Wahl und sagst dann, wir können nur so handeln, wie Gott es bestimmt hat.«

»Okay, dann machen wir es eben demokratisch«, sagte Rod. »Gott bekommt eine Stimme, der Teufel bekommt eine und du darfst dann das Golden Goal schießen. Ist es das, was du willst?«

»Hatte Satan eine Wahl, als er sich gegen Gott auflehnte?«

»Ja«, sagte Rod.

»Hat Gott Satans Entscheidung bestimmt?«

Rod zögerte und antwortete dann: »Gott hat es bestimmt.«

»Hatte Adam eine Wahl im Garten Eden?«

»Natürlich hatte Adam eine Wahl.«

»Aber Gott hat das Ergebnis bestimmt«, sagte Jamie, »jedenfalls aus deiner Sicht.«

»Er ist souverän.«

Jamie stand auf und lehnte sich über den Tisch zu Rod hinüber. »Aber Gott ist doch nicht der Ursprung des Bösen oder doch?«

»Nein, er hat es nur erlaubt.«

»Du treibst mich in den Wahnsinn!«, rief Jamie.

»He, wir haben das alles schon geklärt«, sagte Rod. »Du hast wohl nicht zugehört?«

»Vielleicht hast *du* nicht zugehört. Ich meine, das ist alles zweideutiger Quatsch.«

»Jetzt macht mal halblang«, sagte Alex. »Wir sollten dies doch wirklich klären können, ohne uns zu streiten.«

»Ich empfinde es als ziemlich frustrierend«, sagte Elliot.

»Wir drehen uns im Kreis«, sagte Preston.

»Wir sind alle ein bisschen müde«, sagte Alex. »Wahrscheinlich haben wir für heute schon alles getan, was wir tun konnten. Was meint ihr, sollten wir nicht einfach etwas früher Schluss machen? Wir können doch an dieser Stelle im März weitermachen.«

»Ich bin mir nicht sicher, ob ein weiteres Treffen uns wirklich weiterbringen wird«, sagte Preston. »Es ist schon fast Mittag und was haben wir erreicht?«

»Verwirrung auf höherem Level?«, fragte Elliot.

Im Raum wurde es still, als allen die Hoffnungslosigkeit ihrer Situation bewusst wurde.

»Was machen wir also?«, fragte Alex.

»Wir könnten Michael um Hilfe bitten«, schlug Elliot vor.

Jeder drehte sich zu ihm. Jamie boxte Elliot spielerisch gegen den Arm. »Warum hast du diesen Einfall erst jetzt?«, sagte Jamie.

»Brillante Idee«, sagte Preston.

»Pastor Shelton wäre die bessere Wahl«, sagte Rod. »Er hat schließlich ein Buch über Prädestination geschrieben.«

»Ich glaube, wir wissen schon, was er sagen würde«, meinte Jamie.

»Ihr könntet es euch wenigstens mal anhören«, sagte Rod.

»Lass uns zunächst mal mit Michael reden«, sagte Alex. »Wenn wir dann noch Hilfe brauchen, können wir immer noch Pastor Shelton fragen.«

41. Kapitel

Als die Sechs die GTU-Bücherei verließen, kamen sie in der Eingangshalle an Stapeln von kostenlosen Zeitungen und Werbebroschüren vorbei. Rod nahm sich die Ausgabe des *Daily Californian* und blätterte sie durch, während sie den Hügel hinunterliefen.

»Seht euch mal das an«, rief er den anderen hinterher. Er zeigte ihnen die Titelseite. Die Schlagzeile lautete: ENDZEIT-SEKTE OPERIERT AN DER CAL. Er las laut die Eingangszeile des dazugehörigen Artikels: »›Eine laufende Untersuchung deckte auf, dass eine der Organisationen, von denen schon in der Oktober-Ausgabe des *Daily Californian* die Rede war, womöglich Kontakte zu *Aum Shinri Kyo* hat, einer japanischen Sekte mit tödlichen Absichten.‹«

»Wer hat das geschrieben?«, fragte Jamie.

»Sorna«, sagte Rod.

»Die gleiche Reporterin, die uns in einem früheren Artikel als radikale Fundamentalisten beschrieben hat«, sagte Jamie. »Das entbehrt jeglicher Glaubwürdigkeit.«

»Aum Shinri Kyo? Ist das nicht diese Aum-Sekte, die vor ein paar Jahren einen Anschlag auf die Tokyoer U-Bahn verübt hat?«

»Genau«, sagte Rod. »Hier steht, dass sie das Nervengas Sarin benutzten. Sie haben zwölf Leute getötet und Hunderte verletzt. Sie wollten eine weltweite Panik auslösen und Armageddon herbeiführen.«

»Und die sind hier an der Cal?«, fragte Angela.

»In dem Artikel steht, dass der hiesige Anführer ein koreanischer Ingenieur-Student sei. Dort steht weiter, dass sie versuchen, noch andere naturwissenschaftliche Studenten zu rekrutieren, damit sie an Anthrax und andere biologische Erreger rankommen.«

»Das ist doch völlig lächerlich«, sagte Jamie.

»Sie hätten einen Komplott geplant. Studenten seien die Antworten zu Prüfungsaufgaben zugespielt worden, damit man sie später erpressen könne.«

»Ich glaube kein Wort von dem, was diese alte Schrapnelle schreibt«, sagte Jamie.

»Es habe schon vor vier Jahren begonnen«, sagte Rod. »Die Universität hat den akademischen Sicherheitsdienst beauftragt. ›Wallace Malone, ein früherer FBI-Agent mit Erfahrungen im internationalen Terrorismus, leitet die Untersuchung. Außer zur Aum-Sekte vermutet man außerdem Verbindungen zur Symbionese Liberation Army.‹«

»Da muss doch etwas dran sein«, meinte Elliot.

»Wohin soll das noch führen?«, fragte Angela.

»Alex, in diesem Artikel geht es nicht um dich, oder?«, fragte Preston.

»Hast du sie noch alle?«, sagte Jamie. »Wie kann man denn bloß auf eine so blöde Idee kommen?«

»Immerhin bestehen einige Ähnlichkeiten«, verteidigte sich Preston.

»Lasst uns gehen«, sagte Alex. »Wir haben wirklich wichtigere Dinge zu erledigen.«

»Mir macht das Ganze ein bisschen Angst«, sagte Angela ohne weiterzugehen. »Was sind das bloß für Menschen, die so etwas tun können?«

»Spinner«, antwortete Elliot. »Wir werden Gasmasken tragen müssen, nur um zur Vorlesung zu gehen.«

»Was hältst du davon, Alex?«, fragte Angela.

Alex antwortete nicht, aber sein Gesichtsausdruck verriet alles.

»Alex?«, fragte sie noch einmal.

Alex bekannte alles. Er erzählte ihnen von seinen Telefonaten mit Dr. Payne und Sorna, wie er einige Dinge über Terrorismus im Spaß zu ihr gesagt hatte, die er jetzt bereute. Er erklärte ihnen auch, dass der Mann, mit dem er am Vormittag in der Bibliothek gesprochen hatte, Wallace Malone gewesen war, der in dem Artikel erwähnte Privatdetektiv. »Es tut mir Leid, dass ich unseren Karren in den Sand gefahren habe«, sagte Alex, nachdem er ihnen alles berichtet hatte. »Ehrlich, ich habe keine Ahnung, wie mein Name in Verbindung mit dieser Mogelei gekommen ist.«

»Das ist nicht deine Schuld«, sagte Angela. »Das ist alles ein Missverständnis.«

»Ich find das irgendwie lustig«, sagte Jamie. »Stellt euch mal vor, wir als internationale Terroristen!«

»Ich glaube nicht, dass Dr. Payne darüber lachen kann«, sagte Alex.

»Was ich nicht verstehe: Warum wollte der Privatdetektiv mit dir sprechen?«, fragte Preston. »Was hast du mit Biologie zu tun?«

»Wenn ich das wüsste!«, sagte Alex. »Es ergibt einfach keinen Sinn.«

»Es muss aber eine Verbindung bestehen«, sagte Elliot.

»Da gibt's nichts. Ich habe seit dem Gespräch mit Malone darüber nachgegrübelt.«

»Diese Reporterin ist schuld«, sagte Jamie. »Die ist verrückt. Das erklärt alles.«

»In dem Artikel wurde aber Alex' Name nicht erwähnt«, sagte Angela. »Vielleicht verstehen wir das Ganze nur falsch.«

»Macht euch mal keinen Kopf«, sagte Jamie. »Das ist eine kostenlose Berkeley-Zeitung, was kann man da schon erwarten?«

42. Kapitel

Früh am nächsten Morgen klingelte Alex' Telefon und riss ihn aus dem Tiefschlaf.

»Vor mir liegt eine Ausgabe des *Daily Californian*, Kim. Sagen Sie mir, dass es da nicht um Sie geht.«

Alex erkannte die Stimme sofort. Es war Dr. Payne, der Dean of Students. »Ich fürchte schon.«

»Sie gehören zur Aum-Sekte?«

Alex setzte sich aufrecht hin. »Das habe ich nicht gemeint.«

»Was haben Sie dann gemeint?«

»In dem Artikel geht es um mich, aber die Reporterin hat alles falsch verstanden.«

»In meinen Unterlagen steht, dass Sie E-Technik studieren. Was treiben Sie in der Biologie-Fachschaft?«

»Nichts. Ich weiß noch nicht einmal, wo die überhaupt ist.« Er rieb sich die Augen und versuchte, vollständig wach zu werden.

»Warum interessiert sich dann der Privatdetektiv für Sie?«

»Ich weiß es nicht.«

»Soll das eine Art Burschenschaft-Scherz sein?«

»Nein, ich gehöre gar nicht zu einer Burschenschaft. Ich habe so schon genug um die Ohren.«

»Wer sind Sie, Kim?«

»Niemand, wirklich niemand.«

»Ich kann das kaum glauben.«

»Ich verstehe.«

»Ich werde das nicht einfach ignorieren. Ich habe heute einen Termin mit dem Dekan der Biologie-Fachschaft. Ich hoffe für Sie, dass Ihr Name dann nicht fällt.«

»Sie müssen mir glauben. Ich habe keine Ahnung von Biologie.«

»Ich schreibe einen Bericht. Eine Kopie davon geht an das Sekretariat für Rechtsangelegenheiten.«

»Rechtsangelegenheiten?«

»Die kümmern sich um das Betragen unserer Studenten. Sehen Sie es als einen ersten Schritt.«

»Wozu?«

»Wissen Sie, was die Aufgabe des Einschreibungssekretariats ist, Kim?«

»Ja.«

»Das Sekretariat für Rechtsangelegenheiten macht genau das Gegenteil.«

Alex sprang auf, jetzt völlig wach. »Ist das wirklich notwendig?«
»Das entscheide noch immer ich, nicht Sie.«
»Aber ich habe doch gar nichts getan.«
»Warum machen Sie sich dann Sorgen?«
»Nichts … Ich habe in letzter Zeit nur eine Menge Stress gehabt.«
»Haben Sie vielleicht ein ernstes Problem, Kim?«
»Nein.«
»Sind Sie in ärztlicher Behandlung oder so etwas?«
»Nein.«
»Haben Sie ein Problem mit unserer Regierung?«
»Nein.«
»Was soll das Gerede von der Symbionese Liberation Army?«
»Ich weiß es nicht. Ich weiß noch nicht einmal, wie man das buchstabiert.«
»Das ist Ihre letzte Warnung, Kim.«
»Ja, Sir.«
»Was auch immer Sie vorhaben, lassen Sie es bleiben.«
»Jawohl, Sir.«

43. Kapitel

»Rod Sutherland, kommen Sie herein und sprechen Sie mit Ihrem Pastor. Ich freu mich, Sie zu sehen, mein Sohn.«

Der lang ersehnte Termin am 24. Februar war endlich gekommen. Rod betrat das Büro seines Pastors und grüßte ihn mit einem kräftigen Händedruck.

»Was haben Sie da mitgebracht?«, fragte Pastor Shelton.

»Das ist für Mrs. Shelton«, erklärte Rod. »Wenn ich richtig informiert bin, ist doch heute ihr Geburtstag. Nur eine Kleinigkeit.«

»Sehr aufmerksam von Ihnen, mein Junge. Ich werde es ihr mit Freuden von Ihnen geben. Und nun setzen Sie sich und erstatten mir Bericht.«

»Ich werde in drei Monaten meinen Abschluss machen.«

»Sehr gut, Mr. Sutherland. *Summa Cum Laude*?«

»*Magna*«, sagte Rod.

»Ich wusste, dass Sie ein helles Bürschchen sind. Tief verwurzelt in der Schrift?«

»Jawohl, Sir.«

»Tief verwurzelt im Herrn?«

»Ich versuche es.«

»Gut, gut, gut. Das möchte ich hören.« Der Pastor lehnte sich in seinem Sessel zurück. »Nun, was ist mit Ihrem Club? Können Sie mir freudige Neuigkeiten berichten?«

»Wir machen Fortschritte, Pastor. Ich denke, wir sind auf einem sehr guten Weg.«

»Exzellent. Habt ihr schon ein Positionspapier ausgearbeitet?«

»Daran arbeiten wir gerade.«

»Hmmm.« Pastor Shelton steckte einen Finger in den Hemdkragen und dehnte ihn, um mehr Platz für seinen wuchtigen Hals zu schaffen. »Haben die anderen Jungs die reformierte Position angenommen?«

»Sie stimmen zu, dass nur die, die der Vater zieht, gerettet werden können.«

»Sie stimmen zu? Es steht schwarz auf weiß in Johannes 6,44.«

»Sie haben wirklich lange gebraucht, um diesen Vers zu verstehen. Sie verstehen jetzt aber auch, dass jeder, den der Vater zieht, gerettet wird.«

»Weiter.« Pastor Shelton lockerte seine Krawatte und öffnete den Kragenknopf.

»Eigentlich war's das schon.«

»Das war's? Und das nennst du Forschritte?« Pastor Shelton blätterte wild in seinem Tischkalender. »Wir haben am 16. Dezember miteinander gesprochen, das war vor zehn Wochen. Was in aller Welt hast du die ganze Zeit getrieben?«

»Wir haben ein Komitee gebildet, um die Prädestinationslehre zu studieren und die Haltung der UCF dazu festzulegen. Das Komitee besteht aus Alex Kim, dem Vorsitzenden, Jamie Alfano, dem Sekretär und Schatzmeister und drei anderen: Preston, Elliot und Angela. Wir haben uns letztes Wochenende schon zweimal getroffen.«

»Na gut, das ist immerhin etwas.«

Rod reichte Pastor Shelton eine Kopie der Ausarbeitung, die er in den Weihnachtsferien geschrieben hatte. »Wir sind das zusammen durchgegangen.«

Pastor Shelton las eine Minute still für sich.

»Sie haben das geschrieben, Mr. Sutherland?«

»Jawohl, Sir.« Rod lockerte seine eigene Krawatte.

Pastor Shelton las weiter. »Nicht schlecht, nicht schlecht. Was haben die anderen dazu gesagt?«

»Sie fanden es auch ganz gut. Ich habe mich außerdem mit anderen Mitgliedern der UCF zu fünft oder zu sechst getroffen, um mit ihnen die Gnadenlehre durchzuarbeiten.«

»Wirklich?«

»Läuft eigentlich ganz gut.«

Pastor Shelton rollte einen Ärmel hoch, dann den anderen. »In Ordnung, lassen Sie sich nicht entmutigen. Diese Dinge brauchen ihre Zeit.« Er öffnete eine Schreibtischschublade und zog ein paar Papiere aus einem Hängeregister. »Lassen Sie sie als Nächstes das Westminster-Bekenntnis lesen. Es gibt keine bessere Zusammenfassung des reformierten Glaubens. Ich lasse meine Sekretärin sechs Kopien erstellen.«

»Ich habe ihnen schon Kopien des Westminster-Bekenntnisses ausgeteilt. Wir haben am letzten Samstag darüber gesprochen.«

»Tatsächlich?« Er legte die Papiere zurück und schloss die Schublade. »In Ordnung, nächster Schritt« – er öffnete seine Bibel – »Römer 9. Ein mächtiges Wort, mein Sohn.«

»Jawohl, Sir.«

»Gab mir den Rest. Gegen Römer 9 ist kein Kraut gewachsen.« Er legte die Bibel zur Seite und schrieb auf einen Block. »Wenn Sie mit Römer 9 fertig sind, dann schlagen Sie zusammen diese Verse nach.« Er vertiefte sich in seine Bibel, überprüfte eine Stelle, korrigierte seine Notizen und reichte Rod die Liste. »Ich nenne sie das tödliche Dutzend. Sie sind mächtig, mein Junge.«

»Jawohl, Sir.«

»Aber nicht zu selbstsicher werden.«

»Nein, Sir.«

»Wenn die Arminianer dich einmal in die Finger bekommen haben, lassen sie dich nicht so schnell wieder los.«

»Ich gebe Ihnen völlig Recht, Sir.«

»Geistliches AIDS, so nenne ich das, Arminianer Ich-Glaube Denken.«

»Da fehlt noch das S am Ende.«

»Weiß ich doch. Syndrom. Das haben sie.«

«Jawohl, Pastor.«

»HIV verseucht.«

»Steht das für etwas?«

»Human Immunodeficiency Virus – menschliches Immunschwäche Virus.«

»Jawohl, Sir.«

»Wenn man's einmal hat, hat man's für immer. Haben Sie mich verstanden?«

»Ich habe verstanden.«

»Stecken Sie sich ja nicht bei denen an.«

»Keine Chance, Pastor. Ich weiß, wo ich stehe.«

»Passen Sie auf sich auf. Wenn Sie sich einmal angesteckt haben, dann ist es aus und vorbei.«

»So schlimm?«

»Machen Sie Scherze?«

»Ich werde aufpassen.«

»Das hoffe ich doch sehr. Ich möchte dich in einem Monat wieder sehen und dann möchte ich Ergebnisse sehen.«

»Ich kann sie nicht zwingen. Sie müssen das schon für sich selbst erkennen.«

»Ich sage dir nicht, dass du jemanden zwingen sollst. Gehe mit ihnen die Bibelverse durch. Wenn Gott dahinter steht, dann werden sie es begreifen. Wenn nicht, dann will ich dich aus diesem Club heraushaben. Haben wir uns verstanden?«

»Jawohl, Sir.«

»Ich bete für dich, mein Sohn. Ich bete auch für diese Freunde von dir. Aber ich will Ihnen reinen Wein einschenken, Mr. Sutherland« – er lehnte sich vor – »ich sehe das nicht optimistisch. Haben Sie verstanden, was ich Ihnen sagen möchte?«

»Jawohl, Sir.«

Pastor Shelton lehnte sich in seinem Sessel zurück, kreuzte seine Arme vor seinem schweren Brustkorb und sah Rod in die Augen. »Bin ich zu hart?«

»Nein, Pastor.«

»In Ordnung, dann sind Sie hiermit entlassen.«

»Dürfte ich höflichst nach der Referenz für die Westminster-Bewerbung fragen?«

»Du bekommst meine volle Unterstützung, sowie sich diese Sache aufgeklärt hat.«

»Die Bewerbungsfrist läuft am 30. März aus.«

»Dann sehen wir uns am 26. März wieder. Das ist in einem Monat.«

»Das ist ein bisschen eng.«

»Noch reichlich Zeit. Ich nehme diesen Telefonhörer hoch und du bist drin, zack, zack, haben Sie mich verstanden?«

»Jawohl, Sir.«

»Dann machen Sie sich auf die Socken.«

44. Kapitel

Am frühen Mittwochabend fuhren die sechs UCF-Delegierten von Berkeley ins Nahe gelegene Albany, wo Michael und seine Frau Heidrun mit ihren zwei kleinen Söhnen in University Village wohnten. University Village war eine Siedlung mit ungefähr 600 Wohnungen. Einige Häuser waren schon in den 40er Jahren als Art Baracken gebaut worden, der Rest war in den 60ern entstanden, um den immer zahlreicher werdenden Studenten Unterkunft bieten zu können. Da die Miete nur halb so hoch war wie sonst in der Gegend, lebten hier viele verheiratete Studenten, die am Ende ihrer akademischen Ausbildung standen und bereit waren, auf engem Raum und ohne großen Komfort zu leben. Michael und Heidrun hießen die sechs Delegierten in ihrem kleinen Erdgeschoss-Apartment willkommen. In dem ohnehin schon winzigen Wohnzimmer waren an einer Wand Umzugs-Kisten bis unter die Decke gestapelt. Dies war das Zeugnis des siebenjährigen akademischen Weges von Michael, an dessen Ende ein Doktor in Nah-Ost-Studien stehen würde.

»Bitte leise sprechen«, bat Heidrun ihre Besucher. »Unsere Jungs schlafen noch.« Sie bot ihnen selbstgebackenen Kuchen nach deutschem Rezept und Kaffee in nicht zueinander passenden Tassen an.

»Also, wessen Idee war es denn, sich auf den *contradictionem irresulutam* einzulassen?«, fragte Michael.

Jamie lachte. »Auf was?«

»Der unlösbare Widerspruch. Prädestination. Ich hätte ja nicht gedacht, dass euch allen so langweilig ist ...«

»Wir lesen das Johannes-Evangelium im Bibelkreis«, sagte Alex. »Wir haben uns an einigen Versen im sechsten Kapitel die Zähne ausgebissen.«

»Ich weiß schon, welche du meinst.«

»Wir dachten, du könntest uns vielleicht helfen«, sagte Alex.

»Ich habe wahrscheinlich genauso viele Fragen wie ihr. Was habt ihr denn bisher schon herausgefunden?«

Alex berichtete von ihrer Marathon-Sitzung in der GTU-Bibliothek am vergangenen Wochenende. Er erzählte, dass sie sich zuerst von Rod eine Zusammenfassung über die Geschichte und die Lehraussagen des reformierten Glaubens angehört hatten und dass sich jeder dann selbst einige Stunden lang in Eigenarbeit dem Thema gewidmet hatte. Am Ende des Tages waren sie von dem zusammengetragenen Bücherberg fast erschlagen worden. Michael fragte, welche Nachschlagwerke sie zu Rate gezogen hatten. Alex sagte ihm, dass jeder von ihnen Teile aus Calvins *Institutio Christianae Religi-*

onis gelesen hatte und außerdem das Westminster-Bekenntnis. Einige hatten sich mit Martin Luthers *Vom unfreien Willen* beschäftigt und mit Francis Turretins *Institutio.* Sie hatten auch Bücher von englischen Puritanern durchgearbeitet: John Owen, Richard Baxter, John Howe, Jonathan Edwards und George Whitefield. Sie hatten darüber hinaus die Werke des schottischen Reformatoren John Knox herangezogen und auch von einigen amerikanischen reformierten Theologen: Hodge, Warfield, Berkhof, Boice, Gerstner und Sproul. Sie hatten mindestens sechs Bücher über systematische Theologie durchstöbert, einige von ihnen bestanden aus zig Bänden. Die hatten sie aufgeschlagen auf den Boden gelegt, damit sie schnell etwas nachschlagen konnten. Sie hatten sich natürlich auch in Bücher der Arminianer, Dispensationalisten, Katholiken und Anglikaner vertieft, aber im Einzelnen konnte er sie nicht mehr aufzählen.

»Am Ende umgaben uns 83 Bücher«, sagte Elliot.

»Ihr meint es wirklich ernst, nicht wahr?«, sagte Michael.

»Wir müssen eine Lösung finden«, sagte Alex. »Die anderen Mitglieder der UCF verlassen sich auf uns.«

»Wir stecken in einer Sackgasse«, sagte Jamie. »Deshalb sind wir zu dir gekommen.«

»Meint ihr denn, ihr nähert euch der Problematik aus der richtigen Richtung?«, fragte Michael.

»Was meinst du?«, fragte Alex.

»Wenn ihr euch zuerst mit den Werken der Theologen beschäftigt, dann seht ihr die Prädestination durch ihre Brille.«

»Was ja kein Problem ist, wenn man nur die richtigen Theologen auswählt«, bemerkte Rod.

»Und woher weiß man das?«, fragte Michael.

»Die Reformatoren waren treue Männer Gottes. Man findet kaum bessere.«

»In der Annahme, dass sie mit ihrer Sicht von der Prädestination Recht haben.«

»Sie haben ihre Lehren nur aus der Bibel gezogen«, sagte Rod.

»Bist du dir da so sicher?«, fragte Michael.

»Absolut«, sagte Rod. »*Sola scriptura*, allein die Schrift.«

»Ich nehme an, ihr wisst, dass die reformierte Prädestinationslehre der katholischen sehr ähnlich ist«, sagte Michael.

»Das hat Rod nie erwähnt«, sagte Angela.

»Weil das nicht stimmt«, sagte Rod.

»Es stimmt aber«, sagte Michael. »Thomas von Aquin war der wichtigste Theologe der römisch katholischen Kirche. Er war ein Dominikanermönch und lebte im dreizehnten Jahrhundert. Er lehrte, dass vor Grundlegung der Welt Gott einige Menschen für den Himmel erwählte and andere für die Hölle bestimmt hat. Laut Aquin suchte Gott die Erwählten aus, ohne dabei ihre guten Werke, die er ja vorhersehen konnte, zu berücksichtigen. Er gewährte ihnen eine Gnade, die garantierte, dass sie bis zum Ende an ihrem Glauben festhalten und errettet werden würden. Vielleicht schon mal so was Ähnliches gehört?«

Jamie grinste. »Hmmm, vielleicht bei den Calvinisten?«

»Die katholische Kirche verurteilte Calvins Ansichten, sie nannten ihn einen Häretiker«, sagte Rod.

»Es gibt ein paar Unterschiede zwischen der katholischen und der reformierten Sicht der Prädestination«, sagte Michael, »aber insgesamt haben sie vieles gemeinsam.«

»Ich kann dir da nicht zustimmen«, sagte Rod.

»Hast du dich jemals mit diesem Thema befasst?«, fragte Michael.

»Nein«, gab Rod zu. »Aber das werde ich noch.«

»Calvins Prädestinationslehre stammte von Thomas von Aquin?«, fragte Angela.

»Teilweise«, bestätigte Michael. »Wir wissen, dass ein Mann namens Martin Bucer bei der Formulierung Calvins theologischer Aussagen half. Bucer war früher ein Dominikanermönch gewesen, stammte also aus dem gleichen Orden wie Aquin. Luthers Schriften haben vielleicht auch einen gewissen Einfluss gehabt. Aber neben der Heiligen Schrift hatte wohl Augustinus den größten Einfluss auf Calvins Sicht von Prädestination.«

»Augustinus?«, sagte Jamie. »Der Kerl lebte vor 2000 Jahren.«

»Nicht ganz«, sagte Michael. »Er war der Bischof von Hippo im fünften Jahrhundert nach Christus.«

»Er lehrte doch die Kindstaufe«, sagte Angela.

»Calvin auch«, sagte Michael.

Rod rutschte auf seinem Stuhl herum. »Ich persönlich glaube, dass Calvin mit der Kindertaufe Recht hat.«

»Das ist doch nicht dein Ernst!«, rief Jamie.

»Das Thema lassen wir jetzt«, sagte Alex.

»Augustinus ist ein katholischer Heiliger«, sagte Angela.

»Na und, das tut doch nichts zur Sache«, sagte Rod.

»Das ist der Gleiche, der gesagt hat, er hätte das Evangelium nicht angenommen, wenn die Kirche es ihm nicht befohlen hätte«, sagte sie.

»Niemand behauptet, dass er perfekt war«, sagte Rod.

»Er glaubte ans Fegefeuer«, sagte Angela, »und die Sakramente.«

»Calvin sagte von ihm und hier zitiere ich: ›Der beste und verlässlichste

Zeuge der ganzen Antike‹«, sagte Michael.

»Augustinus hatte in vielen Punkten Recht«, sagte Rod.

»Das ist wahr«, sagte Michael. »Aber Angela hat auch Recht. Man kann nicht einfach blind Dingen vertrauen, nur weil sie ein Reformator gesagt hat. Man muss auch ihre Lehren im Licht der Bibel prüfen.«

»Das wissen wir doch«, sagte Rod.

»Folgendes müsst ihr auf jeden Fall bedenken: Wenn ihr Calvins Denkvoraussetzungen übernehmt und Prädestination im Rahmen des Fünf-Punkte-Calvinismus studiert, werdet ihr höchstwahrscheinlich zu den gleichen Folgerungen kommen wie er«, sagte Michael. »Außerdem sollte euch auch klar sein, dass es zeitgleich zur Reformation auch gesellschaftlich zu großen Umbrüchen kam. Das hat das Verständnis der Menschen von der Prädestinationslehre ebenfalls stark geprägt.«

»Was meinst du damit?«, fragte Alex.

»Vor der Reformationsbewegung, und zwar ungefähr 400 Jahre vorher, hatten die europäischen Gelehrten die Schriften der griechischen Philosophen wiederentdeckt, im besonderen Maße die von Aristoteles. Die Folge war eine Revolution auf philosophischem und pädagogischem Gebiet.«

»Die Scholastik«, sagte Elliot.

»Genau. Aristoteles' Regeln der Logik wurden zur Grundlage von Verständnis, Ausdruck und der Organisation philosophischer und religiöser Wahrheiten. Aquin bediente sich genau dieses Ansatzes und wurde so der erste Theologe, der die Glaubensaussagen der römisch katholischen Kirche in ein System brachte. Deshalb wurde ihm der Titel ›Fürst der Scholastik‹ verliehen.«

»Was hat das mit Calvinismus zu tun?«, fragte Rod. »Das war doch alles 250 Jahre vor der Reformation.«

»Am Anfang der Reformation«, sagte Michael, »benutzten Gelehrte und Pädagogen gleichermaßen die scholastische Methode, um religiöse Doktrin zu verstehen und zu lehren. Es hatte einen großen Einfluss darauf, wie sie mit schwierigen Themen umgingen, wie zum Beispiel auch mit der Prädestinationslehre.«

»Das werden wir berücksichtigen, danke«, sagte Rod.

»Noch etwas«, sagte Michael. »Kurz vor der Reformation gab es ein Wiederaufleben des Lernens und der schönen Künste, als die Gelehrten nämlich die antiken Kulturen Roms und Griechenlands wiederentdeckten.«

»Die Renaissance«, sagte Elliot.

»Richtig. Die Scholastiker hatten sich hauptsächlich mit den philosophischen Arbeiten von Aristoteles beschäftigt. In der Renaissance jedoch ging man noch weiter als in der Scholastik; man studierte alles, was aus Griechenland und Rom gekommen war. Es war die Wiedergeburt der Klassik. Das hat ganz Europa verändert. Große Universitäten wurden in Paris, Bologna, Salerno, Oxford und Cambridge gegründet. Eine neue Philosophie des Lernens entwickelte sich, welche sowohl die Würde des Einzelnen betonte als auch die allen Menschen innewohnende Fähigkeit, Wahrheit, das Gute und Erkenntnis zu erlangen.«

»Die Geburtsstunde des Humanismus«, sagte Elliot.

»Ganz genau. Man kann den Einfluss des Humanismus auch bei Luther, Calvin und Zwingli, dem Schweizer Reformator, deutlich erkennen. Sie hatten einen großen Wissensdurst und wenn sie wichtige theologische Fragen hatten, dann suchten sie in den hebräischen und griechischen Manuskripten nach Antworten.«

»*Sola Scriptura*«, sagte Rod. »Wie ich schon sagte, am besten ist man bei den Reformatoren aufgehoben.«

»Aber nicht alle der frühen Reformatoren teilten diesen Ansatz«, sagte Michael. »Einige, und davon ganz besonders die Nachfolger Calvins in Genf, bevorzugten den scholastischen Ansatz.«

»Wen meinst du konkret?«, fragte Alex.

»Beza und Turretin, um zwei zu nennen. Ihren Ansatz nennen wir heute die protestantische Scholastik. Man sieht das zum Beispiel in Turretins *Institutio Theologiae Elencticae.* Er stellt eine Behauptung auf und widerlegt sie dann, indem er das Gegenteil durch eine Kombination von Logik und Bibelversen beweist. Das bedeutet übrigens auch *elencticae.* Diese Vorgehensweise ist deduktiv. Er argumentiert vom Allgemeinen zum Spezifischen.«

»So ging auch Thomas von Aquin vor«, sagte Elliot.

»Gute Beobachtung.«

»Und Calvin machte das nicht?«, fragte Alex.

»Nein. Luther übrigens auch nicht. Als sie sich auf die Suche nach der Wahrheit begaben, griffen sie sofort zur Bibel. In ihrer Zeit war das eine revolutionäre Vorgehensweise. Luther traute Aristoteles nicht über den Weg. Er konnte nicht nachvollziehen, wie Christen sich von einem Heiden führen ließen. Auch Calvin sagte seinen Schülern, sie sollten sich direkt an die Schrift wenden. Und auch Huldreich Zwingli. Er war einer der führenden Humanisten seiner Zeit und zog es vor, mit den ursprünglichen Quellen zu arbeiten. Das war absolut neu. Früher hatten nur wenige Menschen direkten Zugang zu den griechischen und hebräischen Texten. Aber kurz vor dem Anfang der Reformation gab es zwei grundlegende und entscheidende Veränderungen. Zum einen strömten viele Gelehrte aus dem Osten nach Europa. Sie flohen vor den Ottomanen. Sie brachten Hunderte von antiken Manuskripten mit. Der zweite Faktor war die Erfindung der Druckerpresse im fünfzehnten Jahrhundert. Durch die Drucktechnik bekamen viele Gelehrte in ganz Europa Zugang zu diesen wertvollen Manuskripten.«

»Ich dachte immer, der Humanismus war eine atheistische Epoche«, sagte Preston.

»Du denkst dabei an den weltlichen Humanismus«, sagte Michael. »Das ist eine neuere Entwicklung und wurde vor allem in den 1970ern populär. Man betonte rationales Denken, die Bedeutung der Wissenschaft und die Fähigkeit des Menschen, seine Probleme selbst zu lösen. Im Grunde genommen ist diese Weltanschauung anti-übernatürlich.«

»Du meintest also einen anderen Humanismus?«, fragte Preston.

»Den klassischen Humanismus, den europäischen Humanismus des Mittelalters. Er betrachtete den Menschen als Gottes edelstes Geschöpf und sah unseren Lebenszweck darin, Gott in alle Ewigkeit zu verherrlichen und die Gemeinschaft mit ihm zu genießen.«

»Langsam fügt sich das Puzzle zusammen«, sagte Alex.

»Dann lass mich dir noch ein weiteres Stück geben«, sagte Michael. »Obwohl Beza Calvins Nachfolger in Genf war, zog er den scholastischen Ansatz dem humanistischen Ansatz Calvins vor.«

»Ist das wichtig?«, fragte Alex.

»Oh ja«, sagte Michael. »Beza benutzte die scholastische Vorgehensweise, um Calvins Lehraussagen umzuorganisieren und weiterzuentwickeln. Bei diesem Prozess wurde Calvins Prädestinationslehre verändert.«

»In maßgeblichen Punkten?«, fragte Alex.

»Und das ist mein Hauptargument«, sagte Michael. »Für Beza war die Prädestinationslehre grundlegend, um Gott und die Errettung verstehen zu können. Er war das, was einige einen Erz-Calvinisten nennen würden.«

»In welchem Sinn?«, fragte Angela.

»Strenger, harscher, rigider als Calvin.«

»Calvinistischer als Calvin?«, bot Alex an.

»So könnte man es nennen. Kommt mal mit in mein Büro. Ich möchte euch etwas zeigen.«

45. Kapitel

Michael führte sie den Flur runter zu den Schlafzimmern des Apartments. Sie mussten sich an selbst gebastelten Bücherregalen aus Mauersteinen und Holzbohlen vorbeiquetschen. Sie kamen in das kleine Elternschlafzimmer.

Vierzig Zentimeter unter der Zimmerdecke lief ein voll bepacktes Bücherbord rings herum.

»Ich glaube, während eines Erdbebens würde ich nicht so gerne hier liegen«, bemerkte Jamie.

»Das war der einzige Platz, den wir noch hatten«, entschuldigte sich Michael. Er rollte den Schreibtischstuhl an eine bestimmte Stelle unterhalb des Bords. »Ich möchte, dass ihr mit eigenen Augen seht, was nach Calvins Tod passierte.« Er kletterte auf den Stuhl und holte ein Exemplar von Calvins *Institutio* herunter. Er suchte etwas im Inhaltsverzeichnis. »Ab Seite 920 erklärt Calvin hier die Prädestinationslehre«, sagte Michael. Er nahm ein Lesezeichen vom Schreibtisch und steckte es an diese Stelle. Daraufhin blätterte er zur letzten Seite und schaute etwas nach, bevor er den Band dann an Alex weitergab. »Diese Ausgabe hat insgesamt 1521 Seiten.«

»Ist das wichtig?«, fragte Alex.

Michael deutete auf das Lesezeichen. »Seht mal, an welcher Stelle seines Buches Calvin mit der Prädestinationslehre anfängt.«

»Noch nicht einmal in der ersten Hälfte«, sagte Alex.

»Nachdem 60,49% des Buches schon vorbei sind«, sagte Elliot.

»Was sagt das über die Bedeutung der Prädestinationslehre in Calvins Gesamtwerk aus?«, fragte Michael.

»Es war nicht grundlegend«, sagte Elliot.

»Genau. Calvin schreibt in einem früheren Kapitel über die vorhersehende Fürsorge Gottes, dass Gott über alle Ereignisse regiert. Die Prädestination erwähnt er auch an ein paar Stellen, aber die eigentliche Erklärung kommt erst ab Seite 920. Dann widmet er dem Thema 65 Seiten. Vergleicht das mal mit Thomas von Aquin.« Michael rollte den Stuhl einen Meter weiter nach links und kletterte wieder darauf. Diesmal holte er ein Bücherset mit fünf Bänden vom Bord. Er reichte es Rod. »Hast du schon mal eine Ausgabe von Thomas von Aquins *Summa Theologica* in den Händen gehalten?«

»Und das hat er alles ohne Computer geschrieben«, staunte Jamie.

»Jedes Wort, ungefähr 1700 Seiten. Das meiste hat er zwar diktiert, aber trotzdem sehr beeindruckend.«

»Und wann beschäftigt er sich mit Prädestination?«, fragte Jamie.

»Irgendwo vorne.« Michael nahm den ersten Band von Rod und fand die Stelle. Er steckte ein Lesezeichen rein und gab es Rod wieder. »Seite 125.«

»Das ist ja noch fast im Vorwort«, sagte Jamie.

»Nach 7,4% des Inhalts«, sagte Elliot.

»Von Aquin erklärt Prädestination unter der Überschrift *Natur und Charakter Gottes*«, sagte Michael. »Das nennen einige ›gesunde Theologie‹.«

»Von Aquin erklärt Prädestination als Teil seiner Beschreibung Gottes?«, fragte Alex.

»Richtig. Sogar bevor er noch Themen wie die Dreieinheit, die Person Christi, die Schöpfung, den Menschen oder die Errettung erklärt.«

Rod verlagerte das Gewicht der Bücher, die er in den Armen trug. »Na und, worauf willst du hinaus?«

»Mit dem scholastischen Ansatz behandelte Aquin die Prädestination als fundamental für das Verständnis Gottes, seines ewigen Ratschlusses und der Errettung. Calvin jedoch wandte den humanistischen Ansatz an und kam erst viel später auf Prädestination zu sprechen.«

»Was ist mit Theodore Beza?«, fragte Alex.

»Er und viele der reformierten Schreiber, die nach Calvin auftraten, benutzten den scholastischen Ansatz. Sie gaben der Prädestination den gleichen Stellenwert wie Aquin und sahen diese Lehre als grundlegend für den christlichen Glauben. Man erkennt diese Betonung in den fünf Punkten des Calvinismus und in dem Westminster Bekenntnis.«

»Hat denn nicht Calvin die Fünf Punkte verfasst?«, fragte Angela.

»Sie wurden erst 50 Jahre nach seinem Tod verfasst«, sagte Michael.

»Ein bisschen neu organisiert, nichts Gewaltiges«, sagte Rod.

»Das war aber mehr als nur ein bisschen«, sagte Michael. »Es wurde eine ganz neue Betonung gelegt.«

»Calvin war Bezas Mentor und Schwiegervater«, sagte Rod. »Wenn Beza etwas geändert hat, dann bestimmt im Sinne Calvins.«

Michael schob den Schreibtischstuhl weiter und holte sich ein weiteres Buch. »Ihr könnt euch das hier leihen, ich möchte es aber wiederhaben. *Calvinism and the Amyraut Heresy* von Brian G. Armstrong*.« Er öffnete es weiter vorne. »Armstrong zählt die besonderen Merkmale der protestantischen Scholastik auf. Er beweist, wie Beza und seine reformatorischen Zeitgenossen weit über Calvins Lehren hinausgingen. Sie wollten ein konsistentes theologisches System und spekulierten darüber, was Gott dachte, als er seinen Plan für die Erschaffung dieser Welt und die Errettung der Menschheit fasste.«

»Die Dekrete Gottes und ihre Reihenfolge?«, fragte Preston.

»Genau. Sie sind sehr spekulativ.«

»Gesunde theologische Schlüsse, das finden jedenfalls die meisten Gelehrten«, sagte Rod.

»Die katholischen Theologen bedienten sich übrigens auf gleicher Weise des scholastischen Ansatzes«, sagte Michael.

»Und das ist schlimm?«, fragte Alex.

---

* Zu Deutsch etwa: *Calvinismus und die Irrlehre von Amyraut* (Moyse Amyraut, reformierter französicher Theologe – 1596 bis 1664)

»Wie man's nimmt. Man kann sich leicht selbst überschätzen und Aussagen über Wahrheiten machen, die Gott uns gar nicht offenbart hat. Wir nehmen dann unsere Einschätzung der Dinge, organisieren sie innerhalb eines theologischen Systems und behandeln sie auf einmal, als ob sie der Maßstab der Wahrheit seien. Wenn jemand eine andere Meinung hat, verurteilt man ihn als Häretiker. Mir gefällt, wie Armstrong sich in diesem Buch mit dieser Problematik beschäftigt.«

»Das würde ich mir mal gerne ansehen«, sagte Jamie und nahm Michael das Buch aus den Händen.

»Also, wie sollen wir weiter vorgehen?«, fragte Alex.

»Wollt ihr die Prädestination wirklich mit den Augen Calvins und den Fünf Punkten Arminius' und der Reformation studieren?«

»Man darf sie doch nicht einfach ignorieren«, sagte Rod. »Das ist unser theologisches Erbe als Protestanten.«

»Gibt es eine Alternative?«, fragte Alex.

»Bevor ich dir die Frage beantworte, möchte ich erst noch etwas wissen. Während ihr euch mit der Prädestinationslehre auseinandergesetzt habt, welche Bibelbücher habt ihr zu Rate gezogen?«

»Am meisten das Johannes-Evangelium«, sagte Alex.

»Noch andere?«, fragte Michael.

»Wir haben uns mit allen möglichen Versen beschäftigt«, sagte Rod.

»Habt ihr die Techniken angewandt, die ich euch beigebracht habe? Die für fundiertes Bibelstudium?«

»Nicht wirklich«, sagte Alex.

»Habt ihr Lexika, Grammatiken und Bibel-Kommentare benutzt?«

»Wir hatten schon so genug Bücher rumliegen«, sagte Jamie.

»Habt ihr Wortstudien betrieben?«

»Nein«, sagte Alex.

»Während eures Bibelkreises seid ihr im Johannes-Evangelium also über Fragen bezüglich der Prädestinationslehre gestolpert, aber als ihr ernstlich nach Antworten gesucht habt, habt ihr zuerst theologische Wälzer konsultiert. Richtig?«

»Was soll daran falsch sein?«, fragte Rod. Er balancierte die schweren Bücher auf seinen Armen. »Man kann sich wohl kaum ernsthaft mit Doktrin auseinandersetzen, ohne dabei auf die großartigen theologischen Werke des christlichen Glaubens zurückzugreifen.«

Michael nahm Calvins *Institutio* von Alex und öffnete sie in dem Kapitel über die Prädestinationslehre. »Als Antwort möchte ich den großen Franzosen selbst zu Wort kommen lassen. Der Herausgeber betitelt diesen Abschnitt: ›Die Prädestinationslehre darf nur in der Schrift gesucht werden.‹

Hier weist Calvin seine Leser an, die Prädestinationslehre direkt in der Bibel zu studieren. Er sagt, wer das nicht tut, der wolle durch eine unwegsame Öde laufen oder versuche, im Dunkeln zu sehen.«

»Das ist eine gute Beschreibung von uns Sechs in der GTU«, sagte Jamie.

»Ihr solltet einmal den ganzen Abschnitt lesen«, riet Michael. Er markierte die Stelle im Buch und legte es auf die fünf Bücher, die Rod die ganze Zeit halten musste.

»Was schlägst du konkret vor?«, fragte Alex.

»Bei eurem nächsten Treffen solltet ihr euch direkt mit der Heiligen Schrift beschäftigen. Benutzt die Methoden, die ich euch damals im August auf unserem Wochenend-Seminar beigebracht habe. So formt ihr euer Verständnis von Prädestination auf induktivem Weg, nicht deduktiv.«

»Ich verstehe das nicht ganz«, sagte Angela.

»Wer deduktiv argumentiert, arbeitet sich von oben nach unten durch. In eurem Fall meine ich damit, dass ihr mit der reformierten Definition der Prädestinationslehre anfangt und sie als Auslegungshilfe beim Bibelstudium benutzt.«

»Was soll daran falsch sein?«, fragte Rod.

»Man geht davon aus, welche Antwort richtig ist, bevor man loslegt.«

»Und wie arbeitet man induktiv?«, fragte Angela.

»Man fängt unten an und arbeitet sich dann hoch. Man sucht alle Bibelstellen, die mit Prädestination zu tun haben und studiert sie erst einmal. Man untersucht jedes Wort, die Grammatik und den Zusammenhang jeder Stelle. Dann vergleicht man, was man in dieser Bibelstelle herausgefunden hat, mit dem Rest der Schrift. Was aus der Bibel klar hervorgeht, erklärt die unklaren Stellen. Wenn man damit fertig ist, kann man die Prinzipien formulieren, die man gefunden hat. Man argumentiert vom Kleinen zum Großen.«

»Du hältst vom induktiven Bibelstudium also mehr als vom deduktiven?«, fragte Preston.

»Beide Methoden haben ihre Berechtigung«, sagte Michael. »Für euer Vorhaben ist meiner Meinung nach jedoch eine induktive Vorgehensweise besser, denn so zieht ihr eure Erkenntnisse direkt aus der Bibel. Als Luther sich mit der Errettung auseinandersetzte, studierte er den Römer- und Galaterbrief. Dann zog er seinen Schluss: Errettung durch Gnade ohne menschlichen Verdienst. Auch Calvin ermahnte seine Schüler, die Prädestinationslehre direkt in der Schrift zu suchen. Wer anders vorginge, der –«

»Tappt nur im Dunkeln herum«, sagte Jamie. »Ich beginne den Kerl zu mögen.«

»Das solltest du auch. Er war ein wirklich großartiger Mann. Aber seid vorsichtig. Calvin warnte auch, dass man sich von seiner Neugier in Bezug auf die Erwählung nicht übermannen lassen sollte. Er sagt, mehr in dieses Thema hineinzulegen, als die Schrift selbst darüber offenbart, hieße, ein Labyrinth ohne Ausgang zu betreten.«

»Das nächste Mal, wenn wir uns in der GTU treffen, dann würde ich sagen, benutzen wir allein unsere Bibeln«, sagte Alex.

»Noch nicht einmal Nachschlagewerke?«, fragte Preston.

»Hilfen zum Bibelstudium sind in Ordnung, aber sonst nichts«, sagte Alex. »Ich bin dafür, wir legen alle Theologiebücher und Auslegungen zur Seite, bis wir alles in der Schrift selbst aus erster Hand studiert haben.«

»Ihr wollt das Rad neu erfinden«, sagte Rod und legte den Bücherstapel, den er bis jetzt getragen hatte, auf Michaels Schreibtisch.

»Mir gefällt das«, sagte Elliot.

»Mir auch«, sagte Jamie.

»Ihr seid also alle dafür?«, fragte Alex.

»Seid Monaten haben wir uns mit der Bibel beschäftigt«, sagte Rod. »Ich glaube, wir brauchen Hilfe.«

»Wir haben hier und da ein paar Verse gelesen«, sagte Angela, »aber noch gar kein systematisches Bibelstudium betrieben. Da haben wir dringenden Nachholbedarf.«

»Glaubst du, dass wir eine Antwort finden könnten?«, fragte Preston Michael.

»Ich habe es den unlösbaren Widerspruch genannt, aber ihr habt die gleiche Chance wie alle. Wer weiß, mit Gottes Hilfe könntet genauso gut auch ihr diesen Widerspruch lösen.«

Alex hielt seine Bibel in die Luft. »Wir werden die Antwort in der Schrift finden!«

Jamie grinste, hob ebenfalls seine Hand und hielt Alex' Bibel fest: »Auf der heiligen Suche, das Unlösbare zu lösen!«

Elliot hob ebenfalls seine Hand zu Alex' Bibel. »Das Unlösbare zu lösen.«

»Angela?«, fragte Jamie.

»Okay«, sagte sie und hob ihren Arm.

»Rod?«, fragte Jamie.

»Vergiss es«, sagte Rod.

»Auf die Bruderschaft des Buches«, sagte Jamie mit lauter Stimme.

»Könnt ihr niemals ernst bleiben?«, fragte Rod.

»Warum nicht auf die Schwesternschaft des Buches?«, fragte Angela.

»Weil du zu uns Jungs gehörst«, sagte Jamie.

»Na herzlichen Dank«, antwortete sie.

46. Kapitel

»Kir Royale«, bestellte Susan Dan beim Kellner.

»Sehr wohl, meine Dame.« Er bot ihr die Mittagskarte an.

»Danke, nicht nötig. Ich nehme einen Mesclun-Salat mit Krabben.«

Er deutete ein Nicken an und brachte ihre Bestellung in die Küche.

Das Saint Julien war Susans französisches Lieblingsrestaurant. Sie schätzte die feinen Leinendecken und Servietten, frischen Blumenbouquets und das exquisite Essen. Obwohl es draußen heiß und schwül war, herrschte hier drin ein angenehm kühles Klima. Das Lokal befand sich im Herzen von Singapurs Finanzdistrikt und wurde zumeist von reichen Geschäftsleuten frequentiert. Susan beobachtete diese Männer sehr gerne. Sie schaute zu, wie sie beim Essen plauderten, während jeweils eine junge Kellnerin neben dem Tisch stand und nach jedem zweiten Schluck die Gläser unauffällig nachfüllte. Eine Jazz-Version von *I've Got the World on a String** säuselte im Hintergrund.

Susan war ins Saint Julien gekommen, um ein neues Leben anzufangen. Sie hatte diesen Ort gewählt, weil alles hier nach Erfolg roch, etwas, was ihr in den letzten Monaten nicht beschieden war. Sie sehnte sich nach Veränderung. Der Kellner kehrte mit ihrem Aperitif zurück. Sie nahm einen kleinen Schluck, dann einen größeren. Plötzlich fiel es ihr wie Schuppen von den Augen. Finanzen! Warum eigentlich nicht? Ihr Onkel Charles hatte ihr immer gesagt, dass im Finanzbereich das große Geld zu finden sei. Er war Direktor bei *Standard Chartered*, der ältesten und angesehensten Bank Singapurs, er wusste, wovon er sprach. Warum nicht etwas in Richtung Finanzwesen studieren, in die Geschäftswelt eintauchen und das wirklich große Geld verdienen?

Diese ganze Medizin-Geschichte war von Anfang an nur eine fixe Idee gewesen, das realisierte Susan nun. Wer wollte schon den Rest seines Lebens mit Siechenden und Sterbenden verbringen? Man verdiente noch nicht einmal mehr ordentlich. Die Finanzwelt jedoch, internationale Finanzen, ja, *das* hatte Zukunft.

Susan fing an, Pläne zu schmieden. Gegen Ende ihrer Schulzeit hatte sie sich unter anderem an der *National University of Singapore School of Business* beworben, eine der Top-Unis der Welt, und war angenommen worden. Sie hatte sich damals letztlich für Berkeley entschieden, aber bestimmt nahm man sie auch jetzt noch gerne an der NUS. Viele der in Berkeley erworbenen Scheine konnte sie umschreiben lassen. In nur zwei Jahren könnte sie ihren

* Zu Deutsch: Ich halte die Fäden der Welt in der Hand

Bachelor machen und dann noch einmal 18 Monate dranhängen, um ihren Master im Fach Internationale Finanzen dranzuhängen. Mit ein bisschen Vitamin B von Onkel Charles könnte sie es schnell zu etwas bringen.

Ich könnte ein Krankenhaus verwalten. Die ganzen Ärzte würden für mich arbeiten und ich würde mehr verdienen als jeder von ihnen.

Sie betrachtete die erfolgreichen Menschen an den Tischen. Sie konnte vier Damen zählen, die wie Geschäftsfrauen aussahen. Sie prägte sich ihren Kleidungsstil, ihre Frisuren und ihre Art sich zu bewegen ein. Susan hob ihr Glas und prostete sich selbst zu. »Auf die Zukunft! Möge sie mir golden scheinen.«

Als Susan ihr Mittagessen beendet hatte, nahm sie ein Taxi und fuhr in den Teil der Stadt, in dem sich Boutique an Boutique reihte. Obwohl die dicken Regenwolken, die über der Stadt hingen, nicht gerade zum Shoppen einluden, konnte sie den brandneuen Kollektionen einfach nicht widerstehen. Sie kaufte sich zwei Teile, ein Paar hochhackige Schnürsandalen und einen Kaschmir-Pullunder. Sie bezahlte mit der Kreditkarte ihrer Eltern. In einem der exklusiveren Läden kaufte sie sich ein Kostüm, das aus einer importierten schwarzen Brokatjacke und einem kurzen, passendem Rock bestand. Das war ein völlig neuer Stil für sie.

Als sie aus der Boutique trat, schüttete es wie aus Eimern. Blitze, gefolgt von ohrenbetäubendem Donner, hämmerten auf die Stadt nieder. Sie winkte sich ein Taxi heran und ließ sich vor dem Raffles Hotel absetzen. In diesem Hotel war ihr Lieblingsjuwelier ansässig. Im Laden ließ sie sich die Edelstein-Kollektionen vorführen. Sie sah sich sechs Tabletts an, bevor sie sich für einen Rubellit entschied, der ihr sehr gefiel. Tabletts mit Gold- und Platin-Einfassungen folgten. Sie wählte einen tropfenförmigen Anhänger aus achtzehnkarätigem Weißgold. Als sie darauf wartete, dass der Juwelier den Stein in den Anhänger einfasste, fiel ihr ein, dass sie niemals nach dem Preis gefragt hatte. Einige Minuten später wurde ihr der Kreditkarten-Beleg zu Unterschrift vorgelegt und sie erfuhr, dass ihre neue Kette 3650 Dollar kostete. Ihre Eltern würden sich beklagen, aber letztlich würden sie ihr die Kette lassen, froh, dass ihre Tochter wieder sie selbst war und sich wieder unter den Lebenden befand. Sie war das einzige Kind ihrer Eltern und irgendwann würde ihr sowieso alles zufallen. *Warum soll ich es nicht genießen, wenn ich noch jung bin?*

Ein leichter Nieselregen hatte eingesetzt, als sie vor das Hotel trat und das nächste Taxi heranwinkte. Sie ließ sich zu dem kosmetischen Zahnchirurgen fahren, mit dem sie vor einiger Zeit gesprochen hatte. Er begrüßte sie sehr zuvorkommend und sagte ihr, er hätte gewusst, dass sie zurückkommen würde. Sie machten einen Termin für die Zahnkorrektur aus. Er ließ sich die Kreditkarte ihrer Eltern geben, um eine Anzahlung abzubuchen.

Sie fuhr zurück zur Einkaufsmeile und kaufte sich noch einige Dinge. Dann aß sie auswärts zu Abend. Der Regen hatte nun aufgehört und die Abendluft war schwül und stickig. Müde von dem langen Tag überlegte sie, ob sie nach Hause fahren sollte. Dann dachte sie daran, wie stickig die Wohnung ihrer Eltern sein würde, denn ihre Klimaanlage war alt und lief schlecht. Sie beschloss, ins Kino zu gehen. Dort würde es wenigstens angenehm kühl sein.

Um halb eins kam sie müde und deprimiert nach Hause. Ein großes Gefühl der Leere stieg in ihr auf, als sie die Haustüre aufschloss. *Es ist diese Wohnung. Die macht einen depressiv.* Sie beschloss, noch heute ihre Eltern zu bitten, ihr ein kleines Apartment in Uni-Nähe zu kaufen.

Sie ging in ihr Zimmer, machte das Licht an und schloss die Tür. Alles kam ihr schäbig vor, die Möbel waren alt und die Luft abgestanden. Sie machte den Deckenventilator an und öffnete ein Fenster. In der Hoffnung, dies würde ihre Stimmung heben, probierte sie ihr neues Kostüm an. Sie stellte sich vor ihren großen Stand-Spiegel und schaute sich kritisch von Kopf bis Fuß an. Irgendetwas stimmte nicht. Sie legte ihre neue Kette an. Auch das half nicht. Es lag an dem Kostüm. Es saß nicht richtig. Sie stellte sich in Mannequin-Pose. Das machte es nur noch schlimmer. Ihre einst modebewusst abgehungerte Figur hatte sich in den letzen Wochen des Herumsitzens ausgefüllt. Böse starrte sie ihr Spiegelbild an. Zurück schaute ein unansehnliches, selbstsüchtiges und versnobtes Mädchen. Ihr Blick blieb an dem Edelstein um ihren Hals hängen. Ihre Gedanken rasten. Sie stellte sich vor, wie teuer ihren Eltern dieses Schmuckstück kommen würde und wie hart sie sich ihr Geld verdienten. An einem Tag hatte sie 8000 Dollar nur für sich selbst ausgegeben. Sie kämpfte mit den Tränen, als ihr bewusst wurde, wie sehr sie sich selbst verachtete. Sie fiel auf ihre Knie und weinte bitterlich.

47. Kapitel

Am Samstag, den 13. März begann die dritte Sitzung des Ersten Konzils von Berkeley. Die Delegierten waren sehr gut gelaunt, denn am letzten Donnerstag war am Büchertisch alles prima gelaufen. Der strahlendblaue Himmel und das warme Wetter hatten viele Studenten nach draußen gelockt. Preston, Jamie und Alex konnten ungestört ihre Kurz-Botschaften halten. Die UCF-Leute hatten vier neue Kontakte geknüpft. Einer davon war der stellvertretende Verkehrsminister der Volksrepublik China. Er war in Berkeley, um seinen Doktor zu machen. Er unterhielt sich eine ganze Stunde lang mit Rod über die Bibel und nahm ein Johannes-Evangelium mit nach Hause. Auch im Bibelkreis lief alles harmonisch ab und das schon seit Januar, denn der UCF-Vorstand hatte ein viertes Gesetz eingeführt: DU SOLLST NICHT ÜBER PRÄDESTINATION REDEN. Und obwohl die ersten beiden Sitzungen in der GTU ziemlich frustrierend verlaufen waren, hatte das Team nun dank Michael ein neues Ziel vor Augen: Sie wollten die Bedeutung von Prädestination direkt aus der Schrift heraus verstehen lernen.

Zwei Stunden lang arbeiteten die sechs Delegierten zunächst jeder für sich allein. Dann trafen sie sich um 11.00 Uhr, um ihre Ergebnisse auszutauschen. Rod stellte sich ans Kopfende des Tisches. Er hatte sich ungewöhnlich herausgeputzt. Er trug ein weißes Oberhemd und eine rote Krawatte mit blauem und goldenem Rautenmuster. »Wir begannen unsere Sitzung im Februar mit einem Überblick über die Geschichte und die Theologie des reformierten Glaubens«, sagte Rod. »Wir erfuhren von der Restauration der Gnadenlehre während der Reformationszeit und wie die reformierte Christenheit sich in der ganzen Welt ausbreitete. Heute wollen wir uns zu den Wurzeln dieser historischen Bewegung begeben, nämlich zur Schrift selbst.«

Er verließ seine kleine Kanzel, schritt zur Glaswand und breitete die Arme aus: »Die Niederschriften sämtlicher Weltreligionen umgeben uns«, erklärte Rod. Sein Rücken war den anderen zugewandt. »Die Werke von Generationen von Menschen. All diese Bücher verblassen jedoch vor Gottes heiligem Wort, der Bibel.« Er kehrte zu seiner Kanzel zurück und hielt seine Bibel hoch in die Luft. »Kein Buch kann es mit dem Buch der Bücher aufnehmen. Es ist Gottes Wort, von ihm selbst offenbart. Es sind nicht die Gedanken von einfachen Menschen, sondern von Propheten, von Männern, die vom Heiligen Geist angetrieben wurden, von Werkzeugen Gottes.« Er legte die Bibel auf den Tisch vor sich und schlug sie an einer bestimmten Stelle auf. »Unser heutiges Thema ist die Lehre der göttlichen Prädestination. Wir beginnen mit unserer Suche in einem Kapitel, das einen würdigen Ausgangspunkt darstellt: Das neunte Kapitel des Römerbriefs.« Rod wartete, bis jeder die Stelle gefunden hatte und redete dann weiter. »Zu Recht kann man sagen, dass es keinen besseren Text gibt, der die wahre Bedeutung göttlicher Prädestination so akkurat und vollkommen offenbaren könnte.«

»Mensch, hör auf«, sagte Jamie. »Wenn du mal ein berühmter Prediger bist, dann kommen wir gern in deine Kirche und hören dir zu. Aber bis dahin, sag uns einfach, was du zu sagen hast.«

»Eben das habe ich vor, aber ich mache nur weiter, wenn du etwas mehr Respekt zeigst.«

»Was soll 'n die Krawatte?«, fragte Jamie.

»Das geht dich nichts an.«

»Komm schon, Jamie«, sagte Alex, »pick nicht immer auf ihm rum. Rod, bitte mach weiter.«

»Das hier ist immens wichtig. Ich möchte nur, dass jeder mit dem nötigen Ernst bei der Sache ist.«

»Dann predige uns nicht an«, sagte Jamie.

»Das tue ich nicht.«

»Mach bitte weiter«, sagte Alex.

»Na schön.« Rod las die ersten neun Verse von Römer 9 und erklärte einen nach dem anderen. Nach 35 Minuten machte er eine kunstvolle Pause. Feierlich erklärte er seinen Mit-Delegierten. »Die nächsten vier Verse sind besonders wichtig. Möge die in ihnen enthaltene Wahrheit tief in unseren Herzen und Gedanken verankert werden. Preston, würdest du bitte Römer 9, 10 bis 13 für uns vorlesen?«

»Gerne«, sagte Preston und las vor: »›Und nicht allein dies, sondern auch, als Rebekka von ein und demselben, von unserem Vater Isaak, schwanger war, als die Kinder noch nicht geboren waren und weder Gutes noch Böses getan hatten – damit der gemäß der Auserwählung gefasste Vorsatz Gottes bestehen bleibe, nicht aufgrund von Werken, sondern aufgrund des Berufenden - , wurde zu ihr gesagt: »Der Ältere wird dem Jüngeren dienen«; wie auch geschrieben steht: »Jakob habe ich geliebt, Esau aber habe ich gehasst«.‹«

»Herzlichen Dank, Preston«, sagte Rod. »Mit diesen Worten hat der große Apostel uns mit Gottes ewigem Ratschluss bekannt gemacht, der vorsah, dass einige errettet, andere aber verdammt würden. Unser Text spricht von der Auserwählung zum ewigen Leben – ›Jakob habe ich geliebt‹. Er verkündet Verwerfung unter ewigen Zorn – ›Esau aber habe ich gehasst‹. Gottes Ankündigung war vor Grundlegung der Welt tiefgründig, bedingungslos, souverän und unwiderruflich – ›als die Kinder noch nicht geboren waren und weder Gutes noch Böses getan hatten‹. Folglich können nichts und niemand den Ausgang verändern. Gottes Dekret« – er machte eine dramatische Pause – »ist endgültig.«

Angela seufzte frustriert und sagte dann leise: »Ich kann einfach nicht glauben, dass Gott so etwas tut.« Sie blickte auf den Bibeltext. »Warum sollte Gott ungeborene Babys für die Hölle vorherbestimmen?«

»Man müsste eigentlich meinen, du könntest weniger verstehen, warum ein heiliger Gott verderbte Sünder für den Himmel erwählt«, sagte Rod. »*Das* ist doch das Unglaubliche.«

»Kann man den Vers nicht auch so verstehen, dass Gott Jakob einfach mehr geliebt hat als Esau?«, fragte sie.

»Nur, wenn man dem Vers seiner ganzen Bedeutung beraubt«, sagte Rod.

»Es erscheint mir nur so falsch.«

»Was sagst du dazu, Elliot?«, fragte Alex.

»Ich weiß nicht, ich denke immer noch darüber nach.«

»Preston?«, fragte Alex.

»Ich weiß es auch nicht.«

»Es ist so unfair«, sagte Angela.

»Paulus hat diese sentimentale Reaktion vorhergesehen«, sagte Rod. »Er schreibt im nächsten Vers: ›Was wollen wir nun sagen? Ist etwa Ungerechtigkeit bei Gott? Das sei ferne! Denn zu Mose sagt er: »Wem ich gnädig bin, dem bin ich gnädig, und über wen ich erbarme, über den erbarme ich mich.«‹«

»Und wir müssen schweigend zusehen?«, sagte Angela.

»Wir brauchen nicht schweigen, aber was immer wir auch sagen, wird nichts an Gottes Entschluss ändern«, sagte Rod. »Im nächsten Vers steht: ›So liegt es nun nicht an jemandes Wollen oder Laufen, sondern an Gottes Erbarmen.‹«

»Das passt aber einfach nicht zum Charakter Gottes, so etwas zu tun«, sagte sie.

»Ich gebe Angela Recht«, sagte Jamie. »Ein gerechter Gott verdammt nicht Menschen zur Hölle, bevor sie überhaupt geboren worden sind. Das sagt einem doch der gesunde Menschenverstand.«

»In Vers 20 geht Paulus dieser Kritik an Gott auf den Grund«, sagte Rod. »Er schreibt dort: ›Ja, o Mensch, wer bist du denn, dass du mit Gott rechten wirst? Spricht auch das Gebilde zu dem, der es geformt hat: Warum hast du mich so gemacht? Oder hat nicht der Töpfer Macht über den Ton, aus derselben Masse das eine Gefäß zur Ehre, das andere zur Unehre zu machen?‹« Rod legte seine Bibel zur Seite und hielt seine rechte Hand vor. »Wir sind der Ton in der Hand des göttlichen Töpfers.« Langsam hob er seine geöffnete Handfläche nach oben. Jeder der Delegierten konnte beobachten, wie seine Seele langsam zur himmlischen Herrlichkeit erhoben wurde. »Gott formt manche Menschen für den Himmel.« Rod drehte seine Handfläche um und schlug mit der flachen Hand auf den Tisch; eine unglückselige Seele war für immer in den Tiefen des Feuersees verschwunden. »Andere formt er für die Hölle.«

Angela zuckte zusammen.

»Auf gar keinen Fall!«, sagte Jamie. »Ich kauf dir das nicht ab.«

»Wir haben genauso wenig das Recht, den ewigen Ratschluss Gottes in Frage zu stellen wie der Ton in der Hand des Töpfers«, sagte Rod.

»Sorry, aber ich glaube, da liegst du einfach falsch«, sagte Jamie.

»Vielleicht hätte ich für dich die nächsten zwei Verse sofort auch noch vorlesen sollen: ›Wenn nun aber Gott, da er seinen Zorn erweisen und seine

Macht offenbar machen wollte, mit großer Langmut die Gefäße des Zorns getragen hat, die zum Verderben zugerichtet sind, damit er auch den Reichtum seiner Herrlichkeit an den Gefäßen der Barmherzigkeit erzeige, die er zuvor zur Herrlichkeit bereitet hat?‹« Er warf Jamie einen strengen Blick zu. »Möchtest du Gott noch weiter kritisieren?«

Jamie kippelte mit seinem Stuhl nach hinten. »Ich kritisiere Gott ja gar nicht. Ich kritisiere dich. Ich sehe das alles ganz anders als du.«

»Weil du es nicht sehen *willst*«, sagte Rod.

»Ich kann nicht sehen, was nicht zu sehen ist.«

»Nun, ich bin mir sicher, die anderen können es sehen«, sagte Rod.

»Was meint ihr denn dazu?«, fragte Alex.

»Ich muss da erst länger drüber nachdenken«, sagte Elliot.

»Ich denke, Rod hat einige einleuchtende Dinge gesagt«, meinte Preston.

»Wo liegt dein Problem, Jamie?«, fragte Alex.

»Als ich gehört habe, dass wir mit Römer 9 anfangen wollen, habe ich mich schon einmal mit dem Kapitel beschäftigt. Ich sehe das alles komplett anders. Oder anders formuliert: Ich denke, Rod hat Unrecht.«

»In welchem Punkt?«

»In allen Punkten.«

»Wie bitte?«, rief Rod. »Das ist reine Standard-Auslegung.«

»Wessen Standard?«, fragte Jamie.

»Der aller Ausleger und Kommentatoren«, sagte Rod.

»Du würdest die Verse anders auslegen?«, fragte Alex.

»Gebt mir fünf Minuten und ich kann es euch zeigen.«

»In Ordnung. Wir machen eine kurze Pause und danach hören wir uns Jamies Auslegung an.«

48. Kapitel

Fünf Minuten später nahmen die Delegierten des Ersten Konzils von Berkeley ihre Sitzung wieder auf. Jamie stellte sich an das Kopfende des Tisches und legte seine Armbanduhr auf das kleine Tischpult. »Ich brauche nur fünf Minuten«, kündigte er an.

Rod lehnte sich mit verschränkten Armen zurück. »Jetzt wird's spannend.«

»Du brauchst nicht zu hetzen«, sagte Alex zu Jamie.

»Mehr brauch ich nicht.«

Rod lächelte spöttisch und lockerte seinen Krawattenknoten. »Achtung, fertig, los!«

Jamie räusperte sich und fing an. »Im ersten und zweiten Kapitel seines Briefes an die Römer erklärt Paulus, dass jeder Mensch, egal ob Jude oder aus den Nationen, ein Sünder ist und Gott Rechenschaft schuldig ist. In Römer 3 zeigt er, dass das Heil durch Glauben an Christus zugänglich wird. In Kapitel vier schreibt er, dass sogar Abraham, der Vater der Juden, nicht durch das Gesetz errettet wurde, sondern durch Glauben an Christus. In Kapitel fünf –«

»Deine Zeit ist abgelaufen, bevor du überhaupt in Kapitel neun angekommen bist«, sagte Rod.

Jamie warf einen Blick auf seine Uhr. »Guter Einwand. Wir machen in Kapitel neun weiter. Dort sagt Paulus, dass Gott niemanden verwerfen wird, der durch Christus gerettet worden ist. Nichts kann ihn von der Liebe Christi scheiden. Aber das wirft einige Fragen auf. Was ist mit Gottes Versprechen in Bezug auf die Errettung des jüdischen Volkes? Gilt Gottes Wort ihnen etwa nicht? Lehnt Gott sie ab, weil sie Jesus gekreuzigt haben? Paulus beantwortet diese Fragen in dem neunten, zehnten und elften Kapitel dieses Briefes.«

»Dafür brauchte er drei Kapitel?«, fragte Preston.

»Für die jüdischen Leser war Paulus' Botschaft nicht so leicht zu akzeptieren«, sagte Jamie, »deshalb muss er notgedrungen weiter ausholen. Deshalb schreibt er auch direkt am Anfang des neunten Kapitels, wie sehr er seine jüdischen Brüder liebt und betont ebenso, dass sie noch immer Gottes auserwähltes Volk sind. Dann kommt er zu seiner Kernaussage. In Römer 9,6 schreibt er: ›Nicht aber als ob das Wort Gottes hinfällig geworden wäre; denn nicht alle, die aus Israel sind, die sind Israel.‹«

»Was meint er damit?«, fragte Angela.

»Er meint, dass Gott sein Versprechen, das Volk Israel durch den Messias zu erretten, nicht aufgehoben hat. Es ist immer noch gültig. Die Leser sollen aber auch wissen, dass sich das Versprechen nur auf die bezieht, die wahre Israeliten sind.«

»Also nicht auf alle Juden?«, fragte Angela.

»Richtig«, sagte Jamie. »In Römer 2 unterscheidet Paulus zwischen den wahren Juden und den Juden im ethnischen Sinn. Dort schreibt er: ›Denn nicht der ist ein Jude, der es äußerlich ist, noch ist die äußerliche Beschneidung im Fleisch Beschneidung; sondern der ist ein Jude, der es innerlich ist, und Beschneidung ist die des Herzens, im Geist, nicht im Buchstaben.‹«

»Ich wüsste nicht, was daran kontrovers ist«, meinte Angela.

»Weil du keine Jüdin bist«, sagte Jamie. »Für einen Juden des ersten Jahrhunderts war das das Wichtigste: ein Nachkomme Abrahams zu sein. In ihren Augen war der schlimmste Jude noch immer besser als der beste Heide.

Paulus erklärt in den ersten Kapiteln des Römerbriefes aber, dass Gott das ganz anders sieht. Ein wahrer Jude ist jemand, der durch Glauben gerechtfertigt worden ist. Hier in Römer 9 greift Paulus diese Wahrheit wieder auf, um folgende Frage zu beantworten: Hat Gott sein Versprechen, dass er das jüdische Volk erretten würde, gebrochen? Paulus antwortet, dass Gott sein Versprechen eingehalten hat, aber dass es nur den wahren Juden gilt.«

»Vielleicht geht es darum in den ersten Versen von Kapitel 9«, sagte Rod, »aber spätestens ab Vers 13 spricht Paulus über Prädestination. ›Jakob habe ich geliebt, Esau aber habe ich gehasst.‹«

»Dazu komme ich gleich«, sagte Jamie. »In Römer 9,7 bedient sich Paulus einer Analogie, um darzustellen, dass Gottes Verheißung der Errettung sich nicht auf alle Israeliten bezieht. Er schreibt: ›Auch nicht, weil sie Abrahams Nachkommen sind, sind alle Kinder, sondern in Isaak wird dir eine Nachkommenschaft genannt werden.‹ Es gab also schon mal einen Präzedentfall.«

»Ich glaube, du meinst Präzedenzfall«, sagte Angela. »Ein früheres, richtungweisendes Beispiel oder Musterfall.«

Jamie winkte ab. »Ach, wie auch immer. Hauptsache ihr versteht, dass Paulus mit Hilfe einer Analogie argumentiert. Er sagt, dass Gott in seiner Entscheidung, mit wem er sein Bündnis schließen wollte, genauso selektiv war wie in seiner Entscheidung, wer die Erben seiner Verheißung auf Errettung sein sollten.«

»Das ist Erwählung«, sagte Rod. »Gott bestimmte Isaak zur Errettung und verfluchte Ismael.«

»Das steht hier nicht«, beharrte Jamie. »Zuerst einmal erwähnt Paulus Ismael gar nicht in Römer 9. Außerdem verfluchte Gott Ismael nicht, sondern segnete ihn. In 1. Mose 17 befahl Gott Abraham, seinen Sohn Ismael zu beschneiden. Dadurch wurde er in den Bund zwischen Gott und Abraham miteinbezogen. Gott sprach von Ismael, als er sagte: ›Siehe, ich werde ihn segnen und werde ihn fruchtbar machen und ihn sehr, sehr mehren.‹ Dann sagte Gott: ›Aber meinen Bund werde ich mit Isaak aufrichten.‹ Also hat Gott beide Söhne Abrahams gesegnet, seinen besonderen Bund hat er jedoch nur mit Isaak geschlossen.«

»Was meinst du mit Bund geschlossen?«, fragte Angela.

»Gott wählte drei Männer aus, die mit seiner Verheißung, den Messias zu senden, in Verbindung standen – Abraham, Isaak und Jakob. Durch sie und ihre Nachkommen sollte der Messias kommen und den Bund erfüllen.«

»›Jakob habe ich geliebt, Esau aber habe ich gehasst‹«, sagte Rod. »Da geht es um Prädestination, nicht um einen Bund.«

»Ich bin anderer Meinung«, sagte Jamie. »Jakob wird von Paulus als zweites Beispiel angeführt. So wie Gott seinen Bund mit Isaak schloss und nicht mit dem erstgeborenen Ismael, so schloss er seinen Bund mit Jakob und nicht mit dem erstgeborenen Esau.«

»Was möchte Paulus damit zeigen?«, fragte Preston.

»Dass Gott in ähnlicher Weise die Anwendbarkeit seiner Errettungs-Verheißung auch im jüdischen Volk einschränkte. Allein die *wahren* Juden werden errettet. Wer nur Jude im *ethnischen Sinn* ist, dem gilt die Verheißung nicht.«

»Also hat Gott Esau nicht zur Hölle vorherbestimmt, als er noch im Bauch seiner Mutter war?«, fragte Angela.

»Meinst du, Gott würde so etwas tun?«, fragte Jamie.

»Nein«, sagte sie, »aber Rod hat gesagt –«

»Vergiss, was Rod gesagt hat. Schau mal, die Juden dachten, der Messias würde jeden von ihnen erlösen, weil sie alle Abrahams Nachkommen waren. Was sie aber nicht verstanden hatten, war die Tatsache, dass jüdisches Blut in ihren Adern nicht genug war. Sie mussten wahre Nachkommen Abrahams sein.« Jamie schaute auf seine Armbanduhr und schnalzte ärgerlich mit der Zunge. »Paulus erklärt im Römerbrief, dass jemand, um ein wahrer Nachkomme Abrahams zu sein, den Glauben Abrahams haben musste. Er schreibt das auch in Galater 3,7: ›Erkennt daraus: die aus Glauben sind, diese sind Abrahams Söhne!‹«

»Als Gott seinen Bund mit Abraham, Isaak und Jakob schloss, hat er sie also nicht zur Errettung erwählt?«, fragte Preston.

»Die Bibel verbindet diese beiden Sachen nicht miteinander«, sagte Jamie. »In 1. Mose 12 schloss Gott seinen Bund mit Abraham, aber erst in 1. Mose 15,6 lesen wir: ›Und er glaubte dem HERRN; und er rechnete es ihm als Gerechtigkeit an.‹ Abraham wurde durch Glauben errettet und nicht durch die Tatsache, dass Gott einen Bund mit ihm schloss.«

»Und der Töpfer und der Ton?«, fragte Rod sarkastisch. »Ist das etwa eine weitere Illustration wie Gott sein Versprechen erfüllt?«

»Richtig«, sagte Jamie.

»Du machst wohl Witze«, sagte Rod. »Vers 21: ›Oder hat nicht der Töpfer Macht über den Ton, aus derselben Masse das eine Gefäß zur Ehre, das andere zur Unehre zu machen?‹ Jetzt sag mir nicht, hier ginge es nicht darum, dass Gott manche Menschen für den Himmel und andere für die Hölle erwählt hat.«

»Darum geht's nicht.«

»Mach die Augen auf«, sagte Rod.

»Darum geht es aber nicht«, sagte Jamie. »Hör mir zu. Es gibt einen Klumpen Ton. Der steht für das ganze Volk Israel. Aus diesem Tonklumpen macht der Töpfer ein Gefäß für eine ehrenvolle Aufgabe, zum Beispiel macht er daraus eine schöne Blumenvase oder so was, und ein anderes Gefäß für weniger ehrenvolle Anlässe, zum Beispiel eine Schüssel fürs Hundefutter. Darf er das? Selbstverständlich darf er. Genauso können wir fragen: Darf Gott die Juden, die den wahren Glauben haben, so behandeln und die ungläubigen Juden anders? Die Antwort lautet –«

»Ja«, sagte Alex. »Finde ich einleuchtend.«

»Darum geht es in Römer 9«, sagte Jamie.

»Er lehrt also nicht, dass Gott Menschen für die Hölle vorherbestimmt«, fragte Angela?

»In Römer 9 geht es überhaupt nicht um Prädestination«, sagte Jamie. »Wie oft muss ich das denn noch sagen?«

Rod schaute zu Angela. »Vielleicht könntest du uns Vers 22 vorlesen?«

Sie fand den Vers und las vor. »›Wenn aber Gott, willens seinen Zorn zu erweisen und seine Macht zu erkennen zu geben, mit vieler Langmut die Gefäße des Zorns ertragen hat, die zum Verderben zubereitet sind –‹«

»Halt, stopp«, befahl Rod. Er drehte sich zu Jamie. »›Die zum Verderben zubereitet sind‹. Jetzt sag nicht, dass hätte nichts damit zu tun, dass Gott Menschen zur Hölle vorherbestimmt.«

»Das hat nichts damit zu tun, dass Gott Menschen zur Hölle vorherbestimmt«, sagte Jamie.

»Ich gebe auf«, sagte Rod. »Ich gebe auf.«

»Das hat wirklich nichts damit zu tun, jedenfalls nicht so, wie du das interpretierst«, sagte Jamie.

»Ach? Womit hat es denn dann zu tun?«, fragte Rod.

»Wann war Gott so wütend auf das jüdische Volk, dass er sie alle vernichten wollte?«, fragte Jamie.

»Ich weiß es nicht«, sagte Rod.

»Als sie das Goldene Kalb gegossen hatten und es anbeteten«, sagte Elliot.

»Stimmt«, sagte Jamie. »Aber Mose intervenierte und Gott verschonte sie«, sagte Jamie. »Gott trug ›mit vieler Langmut die Gefäße des Zorns … die zum Verderben zubereitet sind.‹ Warum er sie ertragen hat? Das beantwortet uns der nächste Vers: ›und wenn er handelte, damit er den Reichtum seiner Herrlichkeit an den Gefäßen des Erbarmens zu erkennen gebe, die er zur Herrlichkeit vorher bereitet hat, nämlich an uns, die er auch berufen hat, nicht allein aus den Juden, sondern auch aus den Nationen.‹

»Und mehr sagt er nicht?«, fragte Angela.

»Für dich und mich hört sich das vielleicht nicht weltbewegend an«, sagte Jamie, »aber für die jüdischen Leser war das eine Ungeheuerlichkeit. Sie dachten ja, wenn man ein direkter Nachkomme Abrahams sei, dann habe man seine Schäfchen im Trockenen. Alle Heiden nannten sie nur Hunde, denn in ihren Augen hatten sie nichts mit Gott oder seinem Heilsversprechen zu tun. Jetzt schreibt Paulus ihnen auf einmal, dass nur ein Teil der Juden tatsächlich Kinder Abrahams sind. Einige Verse später schreibt er ›nur der Überrest wird errettet werden.‹ Und als ob das noch nicht genug wäre, werden sogar einige Heiden errettet. Er formuliert: ›Und es wird geschehen, an dem Ort, da zu ihnen gesagt wurde: Ihr seid nicht mein Volk, dort werden sie Söhne des lebendigen Gottes genannt werden.‹« Jamie schlug seine Bibel zu und setzte sich wieder auf seinen Platz. »Man muss dieses Kapitel durch die Augen eines Juden sehen, damit man es richtig versteht.«

»Fünf Minuten und vierzehn Sekunden«, sagte Elliot. »Akzeptabel.«

»Ich kann überhaupt nicht begreifen, wie du solche Schlüsse aus Römer 9 ziehen kannst«, sagte Rod.

»Man muss es schon sehen wollen«, sagte Jamie.

Rod biss sich auf die Lippe. Man sah ihm an, dass er eine Bemerkung herunterschlucken wollte, aber dann sprudelte es doch aus ihm heraus: »Weißt du was, du kannst einem echt auf die Nerven gehen.«

»Ich will dir nicht auf die Nerven gehen. Ich habe nur eine andere Meinung.«

»Hört auf, Jungs«, sagte Alex. »Wir sollten doch wirklich in der Lage sein, darüber zu reden, ohne uns direkt an die Gurgeln zu gehen.«

»Ich geh ihm doch gar nicht an die Gurgel«, sagte Jamie.

»Ich auch nicht«, sagte Rod. »Ich denke nur, dass er absolut falsch liegt.«

»In Ordnung«, sagte Alex. »Belassen wir es dabei. Wir machen jetzt Mittagspause und sprechen nachher weiter darüber.«

»Ich kenne einen günstigen Thailänder in der Shattuck-Straße«, sagte Preston.

»Der kleine Spaziergang wird uns gut tun«, sagte Alex. »Lasst uns losgehen.«

49. Kapitel

Die sechs UCF-Studenten schwiegen fast den ganzen Weg den Hügel hinunter zu dem Restaurant. Kurz bevor sie da waren, klingelte Angelas Handy. Sie blieb ein paar Meter zurück und redete aufgeregt mit dem Anrufer. Als sie bei dem Thailänder ankamen, winkte sie den anderen zu und deutete ihnen an, schon ohne sie hineinzugehen.

Alex und die anderen setzten sich an einen Tisch auf der Gartenterrasse des Lokals. Bambusmatten und bunte Schirme über jedem Tisch schufen eine freundliche Atmosphäre, die aber die Stimmung der resignierten Studenten nicht hob. Preston bestellte für jeden von ihnen Frühlingsrollen und die Spezialität des Hauses: Hühner-Kokosnuss-Suppe als Vorspeise; Schweinefleisch mit Ingwer, Fisch süß-sauer und gebratenen Ananas-Reis als Hauptspeise.

Nachdem der Kellner ihre Bestellung schon lange aufgenommen hatte, kam Angela herein und setzte sich zu ihren Freunden. »Susan hat dem Herrn Jesus ihr Leben anvertraut!«, rief sie.

»Susan Dan?«, fragte Rod.

»Ja, das Mädchen aus Singapur. Sie hat mich gerade aufs Handy angerufen«, sagte Angela.

»Ich dachte, die wär Geschichte«, sagte Jamie.

»Dacht ich auch. Sie zog nach Singapur zurück.«

»Sie hat dich gerade aus Singapur angerufen?«, fragte Alex.

»Sie lebt jetzt wieder bei ihren Eltern.«

»Hat sie schon fertig studiert?«, fragte er.

»Sie ist rausgeflogen. Sie hat bei einer Prüfung betrogen, diese Sache in der Fachschaft Biologie.«

»Armes Ding«, sagte Alex.

»Von wegen«, sagte Angela. »Sie hat 2000 Dollar bezahlt, um eine Eins in einer Semesterprüfung zu bekommen und ist erwischt worden.«

»Man hat sie rausgeworfen, weil sie in einer Prüfung betrogen hat?«, fragte Preston.

»Und weil sie sich weigerte, zu der disziplinarischen Anhörung zu gehen.«

»Eine harte Lektion«, sagte Elliot.

»Gott hat das zum Guten genutzt«, erzählte Angela. »So fing sie an, in der Bibel zu lesen. Sie rief mich an, um mir von ihrer Bekehrung zu berichten.«

»Meinst du, das ist echt?«, fragte Alex

»Sie hörte sich total anders an. Ich habe sie zuerst gar nicht erkannt. Sie sagte, es sei die härteste Entscheidung ihres Lebens gewesen.«

»Das ist doch absolute Spitze!«, freute sich Jamie.

Der Kellner brachte ihre Frühlingsrollen und ihre Suppe. Alex dankte für ihr Essen. Dann erzählte Angela ihnen die ganze Geschichte, wie Susan auf Privats Angebot eingegangen war und in der Biochemie-Prüfung betrogen hatte. Sie erzählte von dem elektronischem Gerät, durch das Susan die richtigen Antworten zugespielt worden waren, wie das Ganze dann jedoch aufgeflogen war, weil jemand nicht dicht gehalten hatte. Susan hatte die Aufrufe der Universität zu einer Anhörung ignoriert und wurde schließlich zwangsexmatrikuliert. Angela erzählte weiter, wie Susan nach ihrer Rückkehr nach Singapur die ganze Bibel durchgelesen hatte. Zunächst hatte sie die Botschaft abgelehnt, aber sich später doch für ein Leben mit Christus entschieden. Sie berichtete einige Details, wie hart Susan mit dieser Entscheidung gerungen hatte.

»Ganz schön spannend«, sagte Elliot.

»Oh, ja, das war ja ganz schön knapp«, sagte Rod. »Gerade noch mal gut gegangen, fast hätte sie die ewigen Pläne Gottes durchkreuzt.«

»Was soll denn das heißen?«, fragte Angela.

»So wie du es darstellst, könnte man meinen, das wäre einzig und allein ihr Verdienst gewesen«, sagte Rod.

»Das tue ich gar nicht«, sagte Angela.

»Wieder zurück bei der willenlosen Errettung, Rod?«, sagte Jamie.

»Sie durfte sich entscheiden«, sagte Rod. »So, wie Gott es wollte.«

»Sie durfte sich entscheiden«, sagte Jamie, »aber Gott hat diese Entscheidung schon vorherbestimmt. So siehst du das, richtig?«

»Richtig«, bestätigte Rod. »Lass Gott Gott sein.«

»Als ob wir das nicht täten«, sagte Angela.

»Sie traf eine Entscheidung«, sagte Jamie, »und es war ihre Entscheidung.«

»Gottes Entscheidung«, sagte Rod.

»Ihre Entscheidung!«, rief Angela.

»Du schlägst dich also auf Jamies Seite?«, fragte Rod.

»Ich schlag mich auf Niemandes Seite!«, rief Angela so laut, dass sich ein Paar an einem Tisch am anderen Ende des Restaurants umdrehte. »Ich kann selber lesen, was die Bibel lehrt.«

»Ach ja? Und hast du auch schon mal gelesen, dass Jesus sagt: ›Ihr habt nicht mich erwählt, sondern ich habe euch erwählt‹?«

»So meint er das aber gar nicht«, sagte Angela. Ihr Kopf war hochrot vor Zorn.

»Ich habe nicht gesagt, was er meint«, antwortete Rod.

»Das musst du auch nicht!«, rief Angela.

»Du und Jamie, was für ein Problem habt ihr eigentlich?«, fragte Rod. »Ihr seid der Prädestination gegenüber so negativ eingestellt, ihr redet ohne nachzudenken. Hauptsache, dagegen!«

Angela sprang von ihrer Bambus-Matte hoch. Sie pfefferte die Serviette, die in ihrem Schoss gelegen hatte, auf den Tisch und stürmte aus dem Lokal.

50. Kapitel

Die fünf Jungs schwiegen unangenehm berührt. Sie wussten nicht, wie sie sich verhalten sollten. Einige Minuten später servierte der Kellner den Hauptgang und ging dann ohne einen Kommentar wieder in die Küche.

»Vielleicht sollten wir einfach weiter essen«, sagte Alex.

Kurze Zeit später kam Angela wieder zurück. »Entschuldigung«, murmelte sie und setzte sich wieder. Die anderen schwiegen.

Fünf Minuten vergingen. Dann erzählte Jamie eine Anekdote, die sich am Vortag im Roboter-Laboratorium zugetragen hatte. Ein von ihm entworfener Schaltkreis spielte auf einmal verrückt und eine vierbeinige Maschine marschierte plötzlich die Werkbank runter und mitten durch das Fenster des vierten Stocks nach draußen. Zum Glück war niemand verletzt worden. Die Studenten lachten und entspannten sich wieder. Sie redeten über die Uni und über ihre Pläne für die nahen Osterferien. Beim Nachtisch – Tee und klebriger Mangoreis – war die Stimmung wieder so fröhlich, dass Alex dachte, man könne im Sinne der vor ihnen liegende Aufgabe das Thema wieder auf Prädestination zurücklenken. »Was ist mit dem Vers, den Rod eben zitiert hat?«, fragte er. »›Ihr habt nicht mich erwählt, sondern ich habe euch erwählt.‹ Er scheint doch wirklich die reformierte Sicht zu vertreten.«

»Johannes 15,16«, sagte Rod.

»Was sagt ihr dazu?«, fragte Alex.

Elliot ergriff als erster das Wort. ›Jesus antwortete ihnen: Habe ich nicht euch, die Zwölf, erwählt? Und von euch ist einer ein Teufel.‹ Dort bezieht sich Jesus darauf, dass er die zwölf Apostel ausgewählt hatte. Mit ›Teufel‹ meinte er Judas.«

»Geht es in Johannes 15,16 vielleicht auch darum?«, fragte Alex.

»Nein, es geht um Prädestination«, sagte Rod.

»Ich dachte, Prädestination sei ein Werk Gott des Vaters«, sagte Angela.

»Das stimmt«, sagte Rod.

»In Johannes 15,16 ist aber Jesus derjenige, der auswählt«, sagte sie.

»Das müsste ich mir erst einmal anschauen«, sagte Rod.

»Wieso musst du dir das erst anschauen?«, fragte Jamie. »Ist die Erwählung ein Werk des Vaters oder des Sohnes?«

»Es ist ein Werk Gottes«, sagte Rod. »An dieser Stelle muss Jesus im Namen des Vaters gesprochen haben.«

»Nein, hat er nicht«, sagte Jamie. »Er betonte –«

»Lasst uns fertig essen«, sagte Alex. »Tut mir Leid, dass ich diese Frage gestellt habe.«

Den Rest des Essens nahmen sie schweigend zu sich. Zwanzig Minuten später verließen sie das Restaurant und liefen zurück zur GTU-Bibliothek. Als sie den Hügel hinaufgingen, brach Angela das Schweigen.

»Ich hoffe, unsere unterschiedliche Meinung in dem Bereich hält uns nicht davon ab, uns über Susans Bekehrung zu freuen.«

»Gut, dass du uns daran erinnerst«, sagte Elliot.

»Ich freue mich auch sehr«, sagte Rod. »Ich möchte nur Gott dafür die Ehre geben.«

»Ich weiß, Susan hätte ohne Gottes Hilfe nicht zu Christus finden können«, sagte Angela. »Ich verstehe das schon.«

»Ich freue mich, dass du das auch so siehst«, sagte Rod.

»Ich begreife nicht, warum sie Susan rausgeschmissen haben«, sagte Preston. »Ich dachte, schlimmstenfalls würden die jemanden, der bei einer Prüfung betrügt, in diesem Kurs durchfallen lassen und eine Verwarnung erteilen.«

»Letztes Jahr haben sie einen Studenten in einem höheren Semester beim Betrug erwischt. Er hat während der Prüfung mit seinem Handy Fotos von den Aufgaben gemacht und sie an einen Freund weitergeschickt«, erzählte Elliot. »Der am anderen Ende hat ihm per SMS die Lösungen geschickt. Sie haben diesen Studenten exmatrikuliert und ihm alle Scheine aberkannt.«

»Er hat *alles* aberkannt bekommen?«, fragte Alex. »Ich hätte nicht gedacht, dass die das einfach dürfen.«

»Susan hat die Sache nur noch verschlimmert, weil sie nicht zu dieser Anhörung gegangen ist«, sagte Angela. »Sie realisiert das jetzt.«

»Sie hätte sich niemals darauf einlassen sollen«, sagte Jamie.

»Was ich immer noch nicht verstehe«, sagte Alex, »wie kommt mein Name ins Spiel? Ich habe doch gar nichts mit der Fachschaft Biologie am Hut.«

»Das ist wirklich sonderbar«, sagte Preston.

»Überhaupt keine Verbindung?«, fragte Elliot.

»Null«, sagte Alex.

»Warum hat der Privatdetektiv dann mit dir sprechen wollen?«, fragte Preston.

»Versteh ich doch selber nicht«, sagte Alex. »Die Reporterin vom *Daily Cal* hat mich auch mit dem Betrugsring in Verbindung gebracht. Es muss irgendeinen Zusammenhang geben.«

»Vielleicht durch Susan?«, fragte Elliot.

»Ich wüsste nicht wie«, sagte Alex. »Die einzige Verbindung besteht über Angela. Ich habe noch nie mit ihr gesprochen, geschweige denn, sie gesehen.«

Angelas schlug sich erschrocken die Hand vor den Mund. »Oh nein!«

»Was ist los?«, fragte Jamie.

»Es tut mir so Leid, Alex, es tut mir so Leid.«

»Wieso?«, fragte Alex.

»Ich habe Susan kurz vor ihrer Biochemie-Prüfung getroffen«, sagte Susan.

»Na und?«

»Ich habe sie doch gebeten, dich wegen ihrer naturwissenschaftlichen Fragen anzurufen.«

»Das durftest du, das war okay.«

»Ich wollte ihr doch nur helfen.«

»Kein Problem.«

»Ich habe ihr deinen Namen und deine Telefonnummer gegeben.«

»Aha?«

»Was, wenn sie darin eingewickelt den Funkempfänger weggeworfen hat?«

»Nein!«

»Ich glaube, genau das hat sie getan«, sagte Angela.

Alex schnappte nach Luft. »Du hast ihr meinen Namen und meine Telefonnummer gegeben!«

»Ich konnte doch nicht wissen, was sie vorhat!«

»Die schmeißen mich hochkantig raus. Ich werde nie meinen Abschluss bekommen!«

»Du solltest lieber etwas unternehmen«, sagte Jamie.

»Was soll ich denn machen?«

»Geh zum Dean und rede mit ihm«, sagte Rod. »Erklär ihm, was passiert ist.«

»Wir müssen mit Dr. Payne reden«, sagte Alex zu Angela. »Du musst mit mir kommen und alles erklären.«

»Ich kann nicht. Susan beschwor mich, alles vertraulich zu behandeln. Sie hat mir erlaubt, mit euch zu reden, aber sonst soll ich die Klappe halten. Sie hat vor den Drahtziehern Angst. Die sind wohl auf der Suche nach demjenigen, der sie verpfiffen hat. Sie hat schon einen Droh-Anruf bekommen.«

»Was soll ich denn jetzt machen?«, fragte Alex.

»Es tut mir so Leid«, sagte Angela. »Ich bin mir sicher, wir finden eine Lösung.«

»Ja, klar«, sagte Alex. »Irgendwie ...«

51. Kapitel

Als sie wieder in der GTU waren, einigten die Sechs sich darauf, dass jeder für sich allein weiterarbeiten sollte. Um halb fünf trafen sie sich wieder und redeten über ihre neuesten Erkenntnisse. Jeder gab einen kurzen Bericht, außer Alex, der zugab, er habe sich nicht richtig konzentrieren können. Elliot kam zuletzt an die Reihe und erzählte von einer Wortstudie, die er zum griechischen Wort für *Prädestination* gemacht hatte.

»Wenn man sich an die Aussagen der Bibel hält«, berichtete Elliot, »dann ist Prädestination gar nicht so kompliziert.«

»Warum verstehen wir es dann nicht?«, fragte Preston.

»Ich weiß, was du meinst«, sagte Elliot, »aber hör mir mal bis zum Ende zu. Das griechische Wort für prädestinieren bedeutet, etwas vorher zu bestimmen, es im Vorfeld zu entscheiden.«

»Wir wissen das schon«, sagte Rod.

»Wusstest du, dass dieses Wort insgesamt nur sechsmal im Neuen Testament vorkommt?«, fragte Elliot.

»Bist du dir sicher?«

Elliot schaute fragend über den Rand seiner Brille: »Stellst du meine Fähigkeit zu zählen in Frage?«

Jamie grinste. »Hey, der kann bis sechs zählen. Echt. Ich hab's schon selbst erlebt.«

»Es kommt nur sechsmal vor?«, fragte Angela. »Das ist ja fast nichts. Es gibt doch bestimmt über 50 000 Worte im Neuen Testament.«

»138 020 im griechischen Grundtext«, sagte Elliot. »Die Häufigkeit von *prädestinieren* – er kniff seine Augen zusammen – »0,0043 Prozent.«

»Das ist so gut wie nichts«, sagte Alex.

»Warum verwenden wir dann soviel Zeit darauf?«, fragte Angela.

»Statistisch gesehen könnte man dieses Thema vernachlässigen«, sagte Elliot, »aber nicht theologisch.«

»Prädestination ist eine der wichtigsten Lehren des christlichen Glaubens«, sagte Rod.

»Das kann doch gar nicht so wichtig sein, wenn es nur sechsmal im Neuen Testament vorkommt«, sagte Angela.

»Vielleicht sollte ich noch erwähnen, dass in Apostelgeschichte 4,28 und 1. Korinther 2,7 steht, dass Gott den Heilsplan vorherbestimmt hat, dass sein Sohn für unsere Sünden gekreuzigt wurde. Diese Stellen beziehen sich darauf, wie er errettet, nicht wen er errettet.«

»Also bleiben nur noch vier andere Stellen übrig«, sagte Angela. »Und deshalb reden wir uns die Köpfe heiß?«

»Wie zentral sind diese Stellen?«, fragte Alex.

»Ist schwer zu sagen. Ich würde sagen, sie stünden nicht in der Bibel, wenn sie nicht wichtig wären«, antwortete Elliot.

»Vier Verse sind mehr als genug, um den Schluss zuzulassen, dass Gott Menschen für den Himmel oder für die Hölle vorherbestimmt hat«, sagte Rod.

»Keiner dieser Verse trifft genau genommen diese Aussage«, sagte Elliot. »In ihnen geht es darum, dass Gott für Christen besondere Segnungen vorherbestimmt hat. Zum Beispiel Epheser 1,5. Dort sagt Gott, der Vater, dass er uns ›vorherbestimmt hat zur Sohnschaft durch Jesus Christus für sich selbst‹. In Epheser 1,11 steht, dass er uns vorherbestimmt hat, ein Erbteil mit Christus zu haben. In Römer 8,29 und 30 wird gelehrt, dass er uns vorherbestimmt hat, wie Jesus zu werden.«

»Das ist aber doch, was es bedeutet, wenn Gott jemanden zur Errettung vorherbestimmt hat«, sagte Rod.

»Ich wäre mir da nicht so sicher«, sagte Elliot. »Diese Verse scheinen mehr damit zu tun zu haben, dass Gott uns Christen im Vorfeld Segnungen zugedacht hat und zwar noch vor der Erschaffung des Menschen«, sagte Elliot. »Noch etwas fiel mir auf – diese Segnungen haben alle ein ähnliches Thema. Der Vater hat uns Gläubige schon im Voraus dazu bestimmt, seine Kinder zu sein. Er hat uns dazu bestimmt, wie sein Sohn zu werden und schenkt uns sein Erbe. Im Klartext heißt das doch nichts anderes, als dass er uns adoptiert und uns wie seine Familie behandelt.«

»Das ist lächerlich«, sagte Rod. »Prädestination ist das Dekret Gottes, durch das er manche für den Himmel und den Rest für die Hölle vorherbestimmt hat.«

»Was Elliot sagt, klingt einleuchtend«, sagte Angela.

Rod verzog das Gesicht: »Vielleicht willst *du* lieber erklären, wie das läuft.«

»Vielleicht will ich ja«, sagte Angela.

»Dann leg doch los«, sagte Rod.

»Nun … was wäre, wenn« – sie schluckte kurz – »wenn alles wie in einer Familie wäre.«

»So?«, sagte Rod. »Ich höre.«

»Was, wenn es wie in meiner Familie wäre. Nehmen wir einmal an, meine Mutter könnte in die Zukunft schauen.«

»So wie Gott?«

»Ja«, sagte Angela. »Stellen wir uns einmal vor, sie hätte eine Art Fotoalbum mit zukünftigen Fotos.«

»Oha, jetzt wird's erst richtig interessant«, sagte Rod.

»Da sind zum Beispiel Fotos von meiner Hochzeit drin«, fuhr Angela fort, »von meinen Kindern, ihren Geburtstagsfeiern und lauter solche Sachen. Meine Mutter würde Stunden mit so einem Album verbringen, sie würde sich die Bilder anschauen und an ihre Enkel denken. Sie würde Baby-Kleider nähen, kleine Geschenke vorbereiten und schöne Ausflüge für sie planen.«

»Ich habe keine Ahnung, was das mit Prädestination zu tun haben soll«, sagte Rod.

»In gewissem Sinn würde sie ihren zukünftigen Enkelkindern kleine Geschenke vorherbestimmen.«

»Ihre Mutter würde nicht festlegen, wer Angelas Kinder sein würden«, ergänzte Elliot. »Sie würde nur festlegen, was sie später für sie tun würde, weil sie ihre Enkelkinder sind.«

»Genau«, bestätigte Angela. »Könnten wir nicht sagen, dass Gott genau das Gleiche für uns tut? Er, als unser Vater, möchte seine Kinder segnen und hat uns mit seinem Sohn ein Erbe im Himmel gegeben.«

»Ich verstehe immer noch nicht, was das mit Prädestination zu tun haben soll«, sagte Rod.

»Komm schon Rod, benutz deine Fantasie«, sagte Angela. »Meine Mutter redet wirklich schon von dem Tag, wo sie Enkelkinder haben wird. Kannst du dir nicht vorstellen, dass Gott ebenso Pläne schmiedet und zwar für die, von denen er wusste, dass sie eines Tages zu seinem Sohn gehören würden?«

»Weibliche Logik«, sagte Rod.

Jamie lachte. »In Ordnung, versuchen wir's mal so, Rod.« Er sprang auf. »Nehmen wir einmal an, dass du, als du 13 warst, einen Typen mit einem roten Corvette-Cabrio, Baujahr '66, mit 425 PS gesehen hast.«

Rod schnaubte verächtlich. »Und das soll was mit Prädestination zu tun haben?«

»Neben ihm sitzt eine supergut aussehende Blondine.« Jamie gestikulierte mit beiden Händen. »Ihre Haare wehen im Fahrtwind, die Sonne scheint.«

»Das ist doch absurd«, stöhnte Rod.

»Hab Geduld. Du siehst das und sagst dir, wenn ich groß bin, dann kaufe ich mir auch eine Corvette und fahre mit meiner wunderschönen Freundin durch die Gegend.«

»Können wir jetzt wieder zurück zur Bibel kommen?«, fragte Rod.

»Nehmen wir mal an, du wärst ein besonders ehrgeiziger Typ, alles läuft gut, du verdienst dein erstes Geld und kaufst dir so ein Auto. Allen Unkenrufen zum Trotz bekommst du eine wunderschöne Freundin und ihr beide fahrt den Pacific Coast Highway runter.«

Rod warf Jamie einen finsteren Blick zu.

»Ich weiß nicht, ob das wirklich hilft«, sagte Angela.

»Nun, sagen wir mal ihr Name ist Lola, Lola Helwig, oder wie auch immer, ist ja auch egal.« Jamie zeigte auf Rod. »Jetzt frage ich dich: Als du 13 warst und den Typen mit seiner Schnecke gesehen hast, hast du da vorherbestimmt, dass Lola Helwig deine Freundin sein würde?«

Rod schüttelte seinen Kopf und verdrehte die Augen. »Das ist entwürdigend.«

»Nein! Du kanntest sie noch nicht einmal, oder? Als du 13 warst, lebte Lola Helwig noch in Tuscaloosa, Alabama. Und das wusstest du auch nicht, nicht wahr?« Jamie lief auf seiner Seite des Tisches auf und ab. »Weißt du, was du gemacht hast, als du 13 warst? Du hast diejenige, die deine zukünftige Freundin sein würde, dazu vorherbestimmt, mit dir in einem roten Cabrio zu fahren. Du hast nicht entschieden, wer diese Freundin sein würde, sondern was du mit ihr unternehmen möchtest, wenn sie einmal deine Freundin ist.«

»Eine gute Analogie«, lobte ihn Alex. »Obwohl ich erst dachte, du hättest den Faden verloren.«

»Diese Analogien sind dämlich, sie verdeutlichen überhaupt nichts«, sagte Rod.

»Ich glaube, sie verdeutlichen, was die Bibel über Prädestination lehrt«, sagte Elliot.

»Sag mal, sprechen wir vom gleichen Buch?«, fragte Rod. »Lest euch mal 2. Thessalonicher 2,13 durch. Angela, würdest du uns diese Stelle bitte mal vorlesen?«

Angela blätterte in ihrer Bibel, fand die richtige Stelle und las vor: ›Wir aber müssen Gott allezeit für euch danken, vom Herrn geliebte Brüder, dass Gott euch von Anfang an erwählt hat zur Rettung in Heiligung des Geistes und im Glauben an die Wahrheit.‹«

Rod sah Jamie in die Augen: »Gott hat uns erwählt zur Rettung.« Er schaute die anderen an. »Da steht's doch schwarz auf weiß. Da, seht selbst. Die Bibel sagt, Gott hat ›euch von Anfang an erwählt … zur Rettung.‹« Rod starrte sie herausfordernd an, aber niemand widersprach ihm. »Preston, lies bitte Apostelgeschichte 13,48«, bat er.

Preston schlug die Stelle auf und las: »›Als die Heiden das hörten, wurden sie froh und priesen das Wort des Herrn, und es wurden alle die gläubig, die zum ewigen Leben bestimmt waren.‹«

»Wer glaubte?«, fragte Rod. »Die ›zum ewigen Leben bestimmt waren.‹ Wer hat sie bestimmt?« Rod schaute ans andere Ende des Tisches zu Jamie. »Gott.« Er blickte zu Alex. »Lies du bitte Philipper 1,29.«

Alex las vor. »›Denn euch ist es im Blick auf Christus geschenkt worden, nicht allein an ihn zu glauben, sondern auch für ihn zu leiden.‹«

»Es ist euch *geschenkt* worden, an ihn zu glauben«, sagte Rod. »Oder steht das etwa nicht da?«

»Doch«, sagte Preston.

»Gott schenkt den Glauben zur Errettung«, sagte Rod. »Das haben wir schon vor sechs Monaten in Johannes 6 gelesen oder habt ihr das etwa auch schon wieder vergessen? Elliot, könntest du Römer 8,29 und 30 für uns vorlesen?«

Elliot schlug die Stellen auf und las vor: »›Denn die er zuvor ersehen hat, die hat er auch vorherbestimmt, dem Ebenbild seines Sohnes gleichgestaltet zu werden, damit er der Erstgeborene sei unter vielen Brüdern. Die er aber vorherbestimmt hat, die hat er auch berufen, die er aber berufen hat, die hat er auch gerechtfertigt, die er aber gerechtfertigt hat, die hat er auch verherrlicht.‹«

»Theologen nennen dies die Goldene Kette. Sie besteht aus fünf Gliedern«, erklärte Rod. »Gott hat uns zuvor ersehen, vorherbestimmt, berufen, gerechtfertigt und verherrlicht. Er hat nicht nur vorher beschlossen, wie er uns retten würde, sondern auch wen er retten würde. Er hat alles schon vorher beschlossen. Hast du mich gehört?«, fragte er und starrte Angela an.

Jamie schloss seine Bibel und schob sie weit von sich weg. »Das ist doch echt frustrierend. Jedes Mal, wenn wir denken, wir haben es gerafft, dann taucht ein neues Problem auf.«

»Irgendetwas stimmt noch nicht«, sagte Alex. »Wir haben etwas übersehen.«

Die sechs Studenten saßen lange Zeit schweigend da, jeder brütete vor sich hin. Alex biss sich auf die Lippen, Angela starrte Löcher in die Luft. Jamie kippelte auf seinem Stuhl hin und her und ließ seine Fingerknöchel knacken, was jeden im Raum auf die Nerven ging. Preston blätterte hilflos durch seine Bibel und Rod starrte Alex an.

»Jetzt komm schon, Alex, zeig mal etwas Führungsinitiative«, sagte Rod. »Wir müssen weitermachen.«

»Ich weiß nicht, ob wir das können«, sagte Alex. »Wir sind verwirrter als je zuvor.«

Rod schob eine Ausgabe von Calvins *Institutio* über den Tisch zu Alex. »Das hier ist seit fünfhundert Jahren protestantische Standardlehre. Warum kämpft ihr so dagegen an?«

»Nicht alle Protestanten sehen das so«, sagte Alex.

»Selbst die Calvinisten sind sich nicht einig«, sagte Jamie.

»Können wir nicht einfach alle nur Christen sein?«, fragte Angela.

»Darf ich etwas vorschlagen?«, bat Elliot.

»Na klar«, sagte Alex müde.

»Vielleicht müssen wir noch einen weiteren Schritt zurückgehen.«

»Noch einen Schritt zurück!«, rief Rod. »Wovon redest du?«

»Vielleicht müssen wir eine noch grundlegendere Vorgehensweise wählen«, sagte Elliot. »Aufhören, einzelne Bibelstellen auszulegen und noch fundamentalere Fragen klären.«

»Ihr schafft es immer wieder, mich zu verblüffen«, sagte Rod wütend. »Erst wollt ihr euch nicht mit Theologie befassen. Jetzt wollt ihr noch nicht einmal die Bibel auslegen. Wie wollt ihr denn jetzt vorgehen – mit der Wünschelrute?«

»Beruhig dich wieder«, sagte Alex. »Könntest du uns bitte erklären, was du meinst, Elliot?«

»Wir benutzen zwar unsere Bibel, aber wir lesen auch eine Menge einfach so hinein. Vielleicht sollten wir unsere Vermutungen außer Acht lassen und die Schrift für sich selbst sprechen lassen. Wir müssen unsere Thesen induktiv herleiten, so wie Michael es vorgeschlagen hat.«

»Was sollen wir also anders machen?«, fragte Alex seinen Freund.

»Ich war wirklich überrascht, als ich feststellte, dass vorherbestimmen nur sechsmal im Neuen Testament vorkommt und dass sich sogar nur vier Stellen auf errettete Menschen beziehen. Ist euch zum Beispiel aufgefallen, dass es im Johannes-Evangelium keinen einzigen Bezug zur Prädestination gibt? Und immerhin hat ja genau dieses Bibel-Buch erst unsere Diskussionen ausgelöst.«

»War mir nicht aufgefallen«, gab Angela zu.

»Weiß einer von euch, ob das Wort Erwählung im Johannes-Evangelium vorkommt?«, fragte Elliot.

Keiner antwortete.

»Jemand muss eine Wortstudie zu Erwählung ausarbeiten«, sagte Elliot. »Wir müssen noch grundlegendere Fragen stellen.«

»Welche zum Beispiel?«, fragte Alex.

»Gibt es einen Unterschied zwischen dem Ziehen des Vaters und der Erwählung des Vaters?«, schlug Elliot vor. »Sind Prädestination und Erwählung das Gleiche oder etwas Unterschiedliches? Und diese Verse, die Rod eben hat vorlesen lassen, die müssen wir alle in ihrem Zusammenhang untersuchen und herausfinden, was sie genau aussagen.«

»Elliot hat Recht«, sagte Alex. »Wenn wir uns der Sache noch grundlegender nähern, können wir diesen Knoten vielleicht doch entwirren.«

»Ihr wollt nicht das Rad neu erfinden«, sagte Rod, »ihr wollt Bewegung neu erfinden. Wir werden hier für immer festsitzen.«

»Wir müssen unsere Fragen einschränken«, sagte Angela. »Immerhin haben wir auch noch andere Dinge, um die wir uns kümmern sollten.«

»Wir brauchen nicht bei Null anzufangen«, sagte Elliot. »Wir müssen nur ganz elementare Fragen stellen, Definitionen festlegen, Zusammenhänge klar herausstellen und solche Sachen.«

»Okay, noch eine weitere Sitzung«, bestimmte Alex. »Wir dürfen an dieser Stelle nicht aufgeben.«

»Ich weiß nicht«, sagte Jamie.

»Wir kommen nicht so gut voran«, meinte Preston

Jamie raufte sich die Haare. »Wir kommen überhaupt nicht voran.«

»Das stimmt nicht«, sagte Alex. »Wir verstehen das Problem jetzt viel besser und haben einen Lösungsweg gefunden. Das ist doch schon was ... jedenfalls nicht Nichts.«

»Ich fand Elliots Ausarbeitung über Prädestination sehr hilfreich«, sagte Angela.

Rod seufzte vernehmlich. »Das hier könnte so leicht sein.«

»Ich habe bis jetzt noch nichts erwähnt«, sagte Elliot, »aber ich habe noch etwas gefunden, das man einmal näher untersuchen müsste.«

»Was denn?«, fragte Alex.

»Eine Inkongruenz«, sagte Elliot.

»Eine was?«, sagte Rod.

»Eine Deckungsungleichheit. Oder genauer gesagt: eine statistische Anomalie in der reformierten Ortskurve«, erklärte Elliot.

»Du hast zu viele Science Fiction Romane gelesen«, sagte Rod. Er schwang seinen Rucksack über die Schulter und ging in Richtung Tür.

Jamie lachte wiehernd. »Hört sich aber interessant an!«

»Ich werde mich damit eingehender beschäftigen«, versprach Elliot.

»Sicher wirst du das«, sagte Rod und verließ den Raum.

»Noch *eine* Sitzung«, sagte Alex. »Wir werden unser Problem nächsten Samstag lösen.«

52. Kapitel

Am nächsten Montag trafen Alex und Angela sich schon früh am Morgen vor der Sproul Hall. Sie gingen die Treppe in den dritten Stock hoch und betraten das Studentensekretariat. Nach langem Hin und Her war Angela schließlich einverstanden gewesen, Dr. Payne zu erklären, wie Alex' Name mit den Betrügereien in der Fachschaft Biologie in Zusammenhang gebracht worden war. Alex hatte ihr versprochen, dass Susans Name unter keinen Umständen fallen würde. Als sie das Büro betraten, stellte Alex fest, dass die

Frau am Tresen die gleiche war, bei der er die UCF im September wieder angemeldet hatte.

»Und was wollt ihr?«, fragte die Sekretärin.

»Wir würden gerne Dr. Payne sprechen«, sagte Alex.

Sie sah die beiden mit versteinerter Miene an. »Nur mit Termin.«

»Könnten wir dann einen für heute vereinbaren?«, bat Alex.

Sie sah auf ihren Computer-Bildschirm. »Der nächste freie wäre am Freitag.«

»Gibt es heute keine Möglichkeit?«

»Freitag.«

»Es ist dringend«, sagte Alex, ein Wort, das er später bereuen sollte. »Ich muss Dr. Payne wirklich noch heute sprechen.«

»Nicht ohne Termin.«

»Könnten Sie ihm vielleicht sagen, dass Alex Kim hier ist?«

»Du bist ja ein ganz Hartnäckiger.«

»Es ist wirklich wichtig.«

Sie ließ ihre kritischen Augen über Alex und Angela wandern. »Worum geht es?«

»Ist eher persönlich«, sagte Angela.

»Ich höre.«

»Wir gehören zu einer christlichen Studentenvereinigung hier an der Uni«, erklärte Angela. »University Christian Fellowship.«

»So dringend hört sich das für mich aber nicht an«, sagte die Sekretärin.

»Die Biochemie-Semesterprüfung letzten Dezember?«, warf Alex als Stichwort ein.

Sie schüttelte ihren Kopf verneinend.

»Die Aum-Sekte?«

Die Frau antwortete immer noch nicht.

»Der Nervengas-Angriff auf die Tokioer U-Bahn?«

»Wie war noch mal dein Name?«, fragte sie.

»Alex Kim.«

Die Sekretärin floh in den Korridor hinter ihrem Tresen und betrat mit einem Klopfen einen Büroraum.

»Alex Kim!«, ertönte eine laute Stimme aus dem Zimmer.

Alex erkannte sie sofort. Es war Dr. Paynes.

»Hier?«, brüllte der Dean. Es folgten weitere laute Stimmen, dann war Ruhe.

Alex war sich sicher, dass Dr. Payne die Nationalgarde rief. Einen Augenblick später schoss ein groß gewachsener Glatzkopf mit einem riesigen Schnurrbart und in einem braunen Anzug gekleidet aus dem Büro.

»Was machen Sie hier, Kim?« verlangte Dr. Payne zu wissen.

»Wir müssen unbedingt reden.«

»Das hier ist außerhalb meiner Befugnis, Kim. Haben Sie mich verstanden? Die Fachschaft Biologie hat mich unterrichtet, dass die Universität eine formelle Untersuchung von Ihnen und Ihren Umtrieben angeordnet hat.«

»Das ist alles nur ein Missverständnis, darum sind wir ja hier, wir –«

»Sie haben einen Lügendetektor-Test verweigert.«

»Ich wollte –«

»Ich bin draußen, Kim. Ich habe Ihre Akte dem Sekretariat für Rechtsangelegenheiten übergeben. Wenn Sie mit jemandem reden wollen, dann gehen Sie eine Tür weiter.«

»Wenn Sie mir nur fünf Minuten widmen würden, dann könnten wir die ganze Angelegenheit aufklären.«

»Wenn ich dürfte, Kim, dann würden Sie und Ihre japanische Sekte ein für alle Mal des Campus verwiesen werden.«

»Ich bin Koreaner!«

»Mir ist egal, was Sie sind. Wenn's nach mir ginge, dann würde ich eine einstweilige Verfügung gegen Sie erwirken. Wenn Sie dann auch nur einen Fuß auf den Campus setzen würden, würde ich sie verhaften lassen.«

»Ich glaube nicht, dass das nötig wäre.«

»Mir ist egal, was sie für nötig halten!«

»Wenn ich –«

»Ich habe nichts mehr mit Ihrem Fall zu tun. Der Rechtsbeistand der Universität befasst sich nun mit Ihnen. Und die arbeiten mit örtlichen und bundesweiten Vollzugsbehörden. Haben Sie mich verstanden? Sie sitzen ganz schön in der Tinte.«

»Ich kann alles erklären«, sagte Alex.

»Ich habe nichts mehr mit Ihnen zu schaffen.«

»Sie müssen mit uns reden«, verlangte Angela.

Dr. Payne funkelte sie wütend an. »Sie drohen mir?« Er schaute zu Alex. »Ich werde diesen Vorfall berichten, Kim.«

»Wir drohen niemandem«, sagte Alex. »Sehen Sie« – er presste die Lippen zusammen und hob seine beiden Hände – »ich drohe niemandem.«

»Sie halten sich von mir fern, haben Sie mich verstanden?« Dr. Payne stapfte den Gang runter und ging in sein Büro. Die Tür ließ er hinter sich krachend ins Schloss fallen. Dann hörte man noch mehr Lärm.

»Hört sich an, als ob er die Tür verbarrikadiert«, sagte Alex. Angela und er drehten sich um. »Versuchen wir unser Glück im Sekretariat für Rechtsangelegenheiten«, sagte er.

Sie verließen das eine Büro und machten vor der gegenüberliegenden Tür

Halt. »Das ist ja nicht so gut gelaufen«, bemerkte Angela.

»Ich weiß«, sagte Alex.

»Sollen wir nach der gleichen Methode vorgehen?«, fragte sie.

Alex nahm die Notizen in die Hand, die Angela und er an diesem Morgen gemeinsam verfasst hatten. Sie hatten die vielen Anschuldigungen des *Daily Californian* gegen ihn und die UCF aufgelistet und wie sie jede entkräften wollten. Sie gingen die Punkte noch einmal durch.

Zuerst wollten sie betonen, dass Alex nichts mit den Vorgängen des Betrugsrings in der Fachschaft Biologie zu tun hatte. Die Tatsache, dass er Elektro-Technik studierte und sich somit mit Hochfrequenz-Kommunikationstechnik auskannte, war kein Beweis. Hunderte Studenten konnte das gleiche Wissen vorweisen. Als nächstes würde er aussagen, dass er nichts mit der Aum-Sekte zu tun habe. Er wusste, dass der Name höchste Wahrheit bedeutete, aber das hatte er auch erst von Sorna erfahren, der Reporterin vom *Daily Cal.* Als er gesagt hatte, dass er an die höchste Wahrheit glauben würde, hatte er sich auf die Bibel bezogen und nicht auf diese Endzeit-Sekte. Am Schluss wollte er noch einmal versichern, dass er nichts mit der Fachschaft Biologie zu tun habe. Sein Kommentar Sorna gegenüber bezüglich Erpressung und biologischer Kriegsführung war ironisch gemeint gewesen. Seine Bekannte – an diesem Punkt wollte er Angela vorstellen – war mitgekommen, um seine Geschichte zu bestätigen und um zu erklären, wie sein Name in diese Machenschaften hineingezogen worden war. Angela würde nur vage bleiben. Sie würde auf gar keinen Fall Susan Dans Namen und auch nicht ihr Geschlecht nennen. Sie würden zeigen, dass sie keine Ahnung von und kein Interesse an Biologie, Massenvernichtungswaffen und dem Dritten Weltkrieg hatten. Wenn jemand das Thema Politik ins Spiel bringen würde, sollte Alex klarmachen, dass er keinerlei politischen Absichten habe, keiner politischen Partei angehöre und dass er sogar noch nicht einmal regelmäßig wählen gehe. Er sei in allen Anklagepunkten unschuldig.

Nachdem sie die Liste durchgegangen waren, sah Alex Angela an. »Ich fühle mich wie ein Verurteilter, der auf die Verkündigung des Strafmaßes wartet.«

»Ich weiß, was du meinst«, sagte sie.

»Vielleicht machen wir alles nur noch schlimmer«, sagte er.

»Das haben wir vielleicht schon.«

»Denkst du, was ich denke?«

»Ja.«

Sie gingen die Treppen runter und verließen das Gebäude.

53. Kapitel

Am nächsten Morgen besuchten Alex und sein WG-Mitbewohner Nick, der ebenfalls Elektrotechnik studierte, eine an der Uni stattfindende Job-Börse. Es war Mitte März und das Semester würde noch zehn Wochen laufen. Die Wirtschaft in diesem Teil Kaliforniens boomte zurzeit, so dass High-Tech-Firmen im Moment wieder auf der Suche nach qualifizierten Fachkräften waren. Also ein idealer Augenblick für die beiden angehenden Ingenieure, sich einen Einsteiger-Job mit einem guten Anfangsgehalt zu sichern. Zusammen machten sie die Runde, besuchten die Ausstellungsstände der diversen Firmen und sammelten kostenlose T-Shirts mit Firmen-Logos, Frisbee-Scheiben, Mouse-Pads, Schlüsselanhänger und andere Souvenirs ein. Mit Hilfe ihrer PDAs übertrugen sie ihre Bewerbungsunterlagen an eventuelle Arbeitgeber, die wiederum ihre freien Stellen, Jobbeschreibungen und Bewerbungsvordrucke zurück übertrugen. Alex und Nick wollten am liebsten bei einem größeren Unternehmen anfangen, in dem sie erst einmal verschiedene Abteilungen durchlaufen und dadurch viele Erfahrungen gewinnen könnten. *Cisco Systems*, ein im Silicon Valley ansässiger Konzern, war für beide erste Wahl. Nick machte einen Termin für 13.00 Uhr mit den Personalberatern von *Cisco* aus, Alex bekam noch den letztmöglichen Termin für 16.00 Uhr. Während sie auf ihre Vorstellungsgespräche warteten, informierten sie sich bei anderen Firmen, aßen ein von Microsoft gesponsertes Mittagessen und besuchten ein Bewerbungstrainings-Seminar der Personalvermittlungsagentur *Manpower.*

Um zehn vor zwei kam Nick aus seinem Bewerbungsgespräch bei *Cisco* heraus, ein schriftliches Stellenangebot in der Hand. Das Anfangsgehalt würde höher als erwartet sein und die Stellenbeschreibung entsprach seinen Interessen und Vorstellungen optimal. Sogar den Termin seines ersten Arbeitstages durfte er selbst festlegen. Ihm waren drei Wochen Bedenkzeit eingeräumt worden. Alex gratulierte ihm herzlich.

»Genau so muss es laufen«, freute sich Nick. »Man schwingt sich aus der High School, wird in Berkeley genommen, macht hier seinen Abschluss und bekommt den Job seiner Träume.«

»Yeah!«, rief Alex und klatschte die ihm entgegen gestreckte Hand ab.

»Ich muss zu einer Vorlesung«, verabschiedete sich Nick. »Versuch mal, ob die uns beide vielleicht ins gleiche Projekt stecken.«

»Klar, machen die bestimmt«, sagte Alex und versuchte, zuversichtlich zu klingen. Im Stillen überschlug er jedoch seine eigenen Chancen. Seine Noten waren nach unten gegangen, je mehr sein Arbeitseinsatz für die UCF gestiegen war. Das war ein Preis, den er gerne hatte bezahlen wollen. Nun würde er herausfinden, wie hoch dieser Preis eigentlich genau war.

Um 16.00 Uhr kehrte Alex zum *Cisco*-Stand zurück. Sandra Celic, eine Ingenieurin, die eine neue Produkt-Linie vertrat, begrüßte ihn und führte ihn zu einem abgetrennten Bereich, in dem ein kleiner Tisch und zwei Stühle standen. Sie überflog seinen Lebenslauf und seine Zeugnisse.

»Ich weiß nicht, ob sie es schon vernommen haben, aber wir haben heute schon konkrete Stellenangebote gemacht.«

»Hab ich gehört. Mein Mitbewohner hat sich heute Mittag vorgestellt. Nick Turner?«

»Ich kann mich an den jungen Herrn erinnern.«

»Wir würden gerne zusammenarbeiten.«

»Wir sehen, was wir für sie tun können.« Sie lächelte ihn an. »Sie scheinen die richtigen Kurse gewählt zu haben. Ich sehe, Sie arbeiten gerne im Bereich hochfrequenter digitaler Kommunikation. Wenn Sie sich ein Projekt aussuchen könnten, was würden Sie wählen?«

Alex antwortete, er hätte von einem Unternehmen gehört, das an einem tragbaren satellitengestützten Internet-Interface arbeiten würde. Es hätte die Größe eines kleinen Handys. Das fände er ziemlich interessant. Er konnte sehen, dass sie beeindruckt war. Er beobachtete, wie ihre Augen an seinem Notendurchschnitt hängen blieben, der nun nur noch 2,3 betrug, und dann weiter lasen. Scheinbar war er noch ausreichend. Er rief sich selbst ins Gedächtnis, dass allein das Studium in Berkeley gepackt zu haben, schon eine Leistung war.

»An welchem Abschlussprojekt arbeiten Sie?«, wollte die Dame wissen.

»Ich habe einen drahtlosen Datenrouter modifiziert, um seine Reichweite zu optimieren. Ich habe noch nach 55 km Entfernung Empfang gehabt. Natürlich ist das alles rein experimentell, das Gerät hat keine offizielle Zulassung der FCC*.«

Ms. Celic schien beeindruckt zu sein. Alex wurde immer optimistischer. Sie sprachen über seine Interessensgebiete im Bereich der Elektronik, die Kurse, die ihm am besten gefallen hatten, warum er gerne zu *Cisco* wollte, seine langfristigen Berufsziele. Sie hörte aufmerksam zu und machte sich Notizen. Je länger sie miteinander sprachen, desto zuversichtlicher wurde Alex, dass sie auch ihm ein Angebot machen würden.

Nach 15 Minuten stellte ihm Ms. Celic einen Mark Wells vor. Der Mann war Mitte fünfzig und ein Divisions-Manager. Er war derjenige, der auch Nick das konkrete Angebot gemacht hatte. Ein glänzender roter allradgetrie-

* Federal Communications Commission – Zulassungsbehörde für Kommunikationsgeräte in den USA

bener Subaru mit Turbolader, sechs Gängen und verlängerter Kühlerhaube düste durch Alex Gedanken. Er konnte schon die Lederausstattung riechen.

»So, Sie wollen sich also in die Berufswelt stürzen«, fing Mr. Wells das Gespräch an. »Warum möchten Sie bei *Cisco Systems* anfangen?«

»Im *Fortune Magazine* wurde dieses Unternehmen in den letzten acht Jahren immer als eines der besten Arbeitgeber ausgezeichnet«, sagte Alex. »Ich habe auch von ihrem ›Fachidioten-unter-sich-Mittagessen‹ gehört und von dem ›Movie-Lunch‹ am Tag der Oskar-Verleihung.« Er wusste, Arbeitgeber mochten es, wenn Studenten ihre Hausaufgaben gemacht hatten.

»Die sind beliebt«, sagte Mr. Wells. Er stellte ähnliche Fragen wie Ms. Celic und Alex gab ähnliche Antworten, hier und da noch etwas ausführlicher. Die meisten Fragen hatte Alex vorausgesehen. Er wusste, dass die Unternehmenspolitik und faire Einstellungspraktiken die Fragen eines Personalvermittlers einschränkten. Seine Erfahrungen in anderen Jobs, seine Arbeitszeugnisse und weitere Informationen aus seiner Bewerbungsmappe durften Gesprächsgrundlage sein. Themen, die mit dem Alter, der Rasse, dem Geschlecht, der Religionszugehörigkeit, Behinderungen und so weiter zu tun hatten, durften nicht angeschnitten werden. Das einzige, was Alex ein flaues Gefühl in der Magengegend bescherte, waren schwierige Fragen zu kniffligen technischen Problemen, die Jobvermittler gerne stellten, um das technische Wissen der Bewerber auf die Probe zu stellen.

»Ich lese, Sie sind Vorsitzender einer Studentenvereinigung, University Christian Fellowship«, sagte Mr. Wells. »Seit wann leiten Sie diese Organisation?«

»Seit September vergangenen Jahres.«

»Wie viele Studenten gehören zu dieser Vereinigung?«

»Um die vierzig.« Alex wusste, dass sich das gut anhörte.

»Wie würden Sie Ihre Leistungen als Leiter dieser Gruppe bewerten?«

Diese Frage hatte Alex nicht erwartet. »Ich glaube, eigentlich ganz gut. Wir hatten ein paar Probleme, aber im Großen und Ganzen würde ich sagen, dass alles ganz okay gelaufen ist.«

»Welche Erfahrungen haben Sie dadurch gesammelt?«, fragte Mr. Wells. »Vielleicht könnten Sie mir von einem Beispiel etwas ausführlicher erzählen?«

»Ich habe viel über die Durchführung von Projekten gelernt«, sagte Alex. »Umgang mit Menschen, mit Problemen und allem, was damit zusammenhängt.« Treffer. Alex wusste, dass Problemlösung die Hauptaufgabe eines Ingenieurs war. Er befand sich schon auf der Überholspur, geradewegs zu einer Management-Position.

»Arbeiten Sie gerne mit Menschen zusammen?«

»Oh, ja, sehr gerne. Menschen sind faszinierend.« In Gedanken wanderte er zu einigen der faszinierenden Menschen, mit denen er es an der Uni schon zu tun bekommen hatte: Die Randalierer, Coleman, diese radikalen Feministinnen, die Obdachlosen, mit denen sie sich ihr Mittagessen teilten.

»Ein Ingenieur arbeitet größtenteils allein«, sagte Mr. Wells. »Stundenlanges Forschen und Entwickeln. Meistens sitzt man allein in seiner Arbeitsnische im Großraumbüro. Sind Sie sich sicher, dass Sie für solch eine Arbeit gebaut sind?«

»Das finde ich auch gut«, sagte Alex mit dem Gefühl, diese Menschen-Masche übertrieben zu haben.

»Vierzig Studenten?«

»Ja, Sir. Ich arbeite aber eng mit dem restlichen Vorstand der UCF zusammen. Wir leiten die Gruppe gemeinsam.«

»Ich verstehe. Klappt die Zusammenarbeit?«

»Würde ich so sagen.« Andere würden das nicht so sagen, musste er innerlich zugeben. Er konnte merken, wie er sich langsam verspannte.

»Hatten Sie auch Probleme?«

Alex zögerte etwas. »Ein paar.«

»Würden Sie mir ein wenig davon erzählen?«, fragte Mr. Wells. Er schaute auf seine Mappe und fing an, etwas zu schreiben.

Was soll denn die Frage? Alex hatte die UCF in seiner Bewerbungsmappe unter Sonstige Aktivitäten aufgeführt. Jetzt bereute er das. »Wir hatten ein paar Probleme, aber nichts wirklich Erwähnenswertes.« *Nichts Erwähnenswertes! Wenn der wüsste. Ich bin von einem Drogen abhängigen Verrückten angegriffen worden, der Anzettelung eines Krawalls beschuldigt worden, werde mit einem biologischen Terroristen-Komplott in Verbindung gebracht und bin nur einen Schritt davon entfernt, hochkantig von der Uni zu fliegen und vom Campus verbannt zu werden. Abgesehen von diesen Kleinigkeiten, fällt mir eigentlich nichts mehr ein … oh, da wäre noch diese Prädestinations-Besessenheit, mit der ich jede wache Minute verbringe … wie das halt so ist, wenn man unter einer Manie leidet … nein, nein, alles bestens … solange ich hier meinen Abschluss machen kann. Vielleicht sollte ich an dieser Stelle noch kurz erwähnen, dass ich jeden Moment zwangsexmatrikuliert und mir alle Scheine aberkannt werden könnten, aber das war's schon … ach, eine Sache noch: Habe ich schon erwähnt, dass ich vom Department of Homeland Security* überwacht werde?*

Mr. Wells schaute auf und blickte ihm in die Augen. »Management-Verantwortung kann schwierig sein. Was war bisher ihr größtes Problem?«

---

* Department of Homeland Security: Eine neue Bundesbehörde, die nach dem 11. September ins Leben gerufen wurde und eine Dachorganisation darstellt, der verschieden US-Heimatschutz-Behörden unterstellt sind.

»Das ist etwas schwierig zu erklären«, sagte Alex. Er hätte am liebsten angefangen zu heulen. Seit Monaten trug er nun schon die schwere Bürde der UCF-Verantwortung und war einfach nur müde. Er hätte niemals gedacht, dass die Führung einer christlichen Gruppe so anspruchsvoll und fordernd sein könnte. Er versuchte, seine Gedanken zu ordnen. Mr. Wells wartete auf seine Antwort. »Unsere Probleme waren hauptsächlich religiöser Natur.« Er rechnete sich aus, dass dieses Thema damit tabu und außerhalb Mr. Wells Befugnis sein würde. Einstellungsgepflogenheiten verboten es, dass Arbeitgeber zukünftige Angestellte über ihre religiöse Einstellung ausfragten. Er wappnete sich für die nächste Frage, aber Mr. Wells schaute ihn noch immer einfach nur an. Er wartete auf genauere Auskunft. Alex wusste nicht, was er tun sollte. Eine Ewigkeit verstrich.

»Wissen Sie etwas mit Prädestination anzufangen?«, fragte Alex schließlich.

Wells Augenbrauen gingen in die Höhe. »Prädestination?«

»Dachte ich mir schon. Entschuldigung.« Alex fühlte, wie ein Schweißtropfen in seinen Kragen lief.

»Könnten Sie das näher definieren?«, bat Mr. Wells.

Ich kann's nicht fassen. Ich muss mit einem *Cisco*-Personalbeauftragten über Prädestination reden! Alex nahm einen tiefen Atemzug, schloss seine Augen und sagte: »Prädestination ist der ewige Ratschluss Gottes, durch den er bestimmte, wer in den Himmel kommt und wer in die Hölle.« Er öffnete seine Augen wieder. Wells schaute ihn noch immer an.

»Glauben Sie das?«, fragte Wells.

»Nein, ich denke nicht. Es ist nur etwas, mit dem wir uns seit einem längeren Zeitraum herumschlagen.

»Prädestination?«

»Ja.«

»Und das ist ihr größtes Problem?«

»Nun … ja.«

»Das ist kein Thema, über das wir uns unterhalten können«, sagte Mr. Wells steif.

»Ich verstehe«, sagte Alex.

Mr. Wells schaute sich Alex' Lebenslauf an und blickte dann wieder zu dem jungen Mann vor ihm. Alex konnte fühlen, wir Mr. Wells Augen durch ihn hindurchblickten und einen Einblick in seine verwirrte Seele erhielten. Alex schaute weg, dann nach unten. Sein Blick blieb an seiner mit Werbegeschenken gut ausgefüllten Plastiktüte hängen. Ein pinkfarbener Plastik-Bumerang schaute heraus. Er versuchte, sich wieder zu konzentrieren. Mr. Wells schrieb wieder etwas auf. Dann steckte er seine Kappe auf den Füller.

»Interessieren Sie sich für Sport, Mr. Kim?«

Das ist dem doch egal. »Basketball und Mountainbike fahren.«

»Ich fahre lieber auf der Straße. Welche Basketball-Mannschaft finden Sie gut?«

Aus und vorbei. »Die LA Lakers.«

»Die finde ich auch gut.« Wells ordnete seine Papiere, Alex' Bewerbung landete ganz unten. »Wissen Sie was, ich zeige Ihre Bewerbung den Kollegen der anderen Abteilungen und dann werden wir sehen, wo sich eine Möglichkeit für Sie auftut.«

»Prima.«

Mr. Wells streckte seine Hand aus. »Danke, dass Sie sich Zeit für unser Unternehmen genommen haben.«

»Gern geschehen«, sagte Alex.

54. Kapitel

Alex und Jamie trafen sich am nächsten Abend im La Val's Pizza. Sie unterhielten sich ein bisschen über die Job-Börse. Als Jamie hörte, dass es für Alex nicht gut gelaufen war, wechselte er das Thema und sprach über die UCF. Alex berichtete ihm, dass zwei UCF-Mitglieder das Handtuch geschmissen hatten, weil sie genug von den Randalierern hatten. Jamie sprang zum nächsten Thema, diesmal zu einem Artikel im *Daily Californian* über das Basketball Team der Cal-Bären. Von dort bewegte sich das Gespräch zu Sornas Artikel über ihre Studentenvereinigung. Da das Alex auch nicht gerade aufheiterte, beschloss Jamie, dem Smalltalk ein Ende zu bereiten.

»Lass uns in den sauren Apfel beißen «, sagte Jamie.

Sie trafen sich aus zwei Gründen. Zum einen wollten sie sich über das Leben und die Lehre von Jacobus Arminius austauschen. Vor ein paar Wochen hatte Jamie seinen Freund Alex überzeugt, dass es nur Recht sei, wenn sie, nachdem sie soviel über Johannes Calvin und seine Ansichten über Prädestination von Rod gehört hatten, sich auch über das Leben und die Lehraussagen von Jacobus Arminius, seinem Haupt-Widersacher, informieren würden. Jamie hatte sich angeboten, die frühen Jahre von Arminius zu recherchieren, wenn Alex sich um dessen späteres Leben kümmern würde. Als Alex sich zierte, sagte Jamie ihm, er solle es als eine Art abzuarbeitende Schuld ansehen, weil er mit Sorna geredet habe. Irgendwie hatte das Alex eingeleuchtet und er willigte ein. Zum anderen waren sie im La Val's, weil sie

Rods zweiundzwanzigsten Geburtstag feiern wollten. Rod, Preston, Elliot und Angela würden später kommen und mit ihnen zusammen Pizza essen.

»Wir müssen uns kurz fassen«, sagte Alex. »Die anderen werden schon in 20 Minuten hier sein.«

Jamie holte seine Ausarbeitung über Arminius hervor und fing an. »Er wurde als Jacob Harmensz 1560 in einem 2000-Seelen Dorf in der Nähe von Utrecht in Holland geboren und katholisch getauft.«

»Ich dachte, er hieße Jacobus Arminius«, sagte Alex.

»Die Gelehrten jener Zeit benutzten gerne die lateinische Form ihres Namens. Sein Nachname bedeutet Sohn des Armee-Mannes, was passte, weil sein Vater Waffenschmied war. Damals war das ein wichtiger Beruf.« Jamie berichtete von verschiedenen Abschnitten aus Arminius' frühem Leben. Er fing mit dessen Kindheit an und machte bei seiner Universitätsausbildung in Deutschland und Holland weiter. Er erzählte, wie Arminius sein Studium dann in der Schweiz, nämlich in Genf, fortsetzte. Dort studierte er unter Theodor Beza, der diese theologische Ausbildungsstätte mit Johannes Calvin gegründet hatte.

»Arminius und Calvin kannten sich also?«, fragte Alex.

»Nein, Calvin starb, als Arminius noch ein Kind war«, sagte Jamie.

»Kannte er Luther?«

»Luther starb sogar 20 Jahre vor Calvin.«

»Arminius muss aber ihre Schriften gekannt haben.«

»Ich weiß es nicht, aber ich nehm's mal an. Ich weiß nur eins – zunächst war Arminius ebenfalls ein Vertreter reformierter Lehre.«

»Er war Calvinist?«

»Zum allergrößten Teil ja. Aber nicht so streng in seinen Ansichten wie der Calvinismus, der sich unter Beza entwickelt hatte.«

»Was Michael Erz-Calvinismus genannt hatte?«

»Richtig. Arminius stimmte nicht mit Bezas Sicht von Prädestination überein, aber während seines Studiums in Genf hat er sich darüber nicht viel geäußert.«

»Nachvollziehbar.«

»Er schrieb sogar ein Gedicht über Beza, ›An das Portrait von Theodor Beza‹. Dort schreibt er lauter nette Dinge über seinen Lehrer. Beza hatte ebenfalls eine hohe Meinung von Arminius. Er schrieb einen Brief an Arminius' finanzielle Unterstützer in Amsterdam und lobte seinen Schüler für dessen harte Arbeit.«

»Da müsste Arminius ungefähr 24 gewesen sein?«

»Eher 27.« Jamie sah in seinen Unterlagen nach. «Das war 1587. An dieser Stelle wolltest du weitermachen.«

»Okay.« Alex schlug seinen Schnellhefter auf. »Nach seiner Zeit in Genf zog er nach Amsterdam und wurde Pastor einer niederländisch-protestantisch-reformierten Kirche. Er heiratete die Tochter eines angesehenen Kaufmanns.«

»Damit hatte er die Schäfchen im Trockenen«, bemerkte Jamie.

»Genau, er hatte es aus menschlicher Sicht wirklich geschafft«, sagte Alex. »Jedenfalls bis zu dem Jahr, in dem er durch den Römerbrief predigte. Als er in Kapitel 7 angekommen war, kritisierten ihn einige seine Zuhörer und sagten, er würde den Zustand der Unerlösten nicht negativ genug bewerten. Sie behaupteten, er würde lehren, dass man sich den Weg in den Himmel durch gute Werke verdienen könne.«

»Hat er das denn getan?«, fragte Jamie.

»Arminius sagte, dass sie ihn falsch wiedergaben, aber das hat seine Kritiker nicht gestoppt. Der Amsterdamer Magistrat, die Burgomaster, versuchten die Sache zu klären. Sie urteilten zugunsten von Arminius.«

»Konnten sie den Streit schlichten?«, fragte Jamie.

»Eine Zeitlang ging es wohl wieder. Als Arminius in seiner Predigtreihe zum neunten Kapitel kam, wurde der Streit jedoch wieder aufs Neue entfacht. Zu diesem Zeitpunkt war Arminius schon Universitätsprofessor. Einige seiner Fakultätskollegen beteiligten sich an der Kontroverse. Da erst wurde die Sache richtig heiß.«

»Weil Arminius nicht an die Prädestination glaubte?«

»Weil er es nicht so sah wie die Erz-Calvinisten«, erklärte Alex. »Sie lehrten, dass Gottes Wahl bedingungslos sei und nichts mit irgendetwas zu tun hatte, was die Erwählten getan hätten oder tun würden. Arminius hielt jedoch an der Sicht fest, dass Gott die erwählte, bei denen er vorhersah, dass sie glauben würden.«

»Göttliche Souveränität im Widerspruch mit dem freien Willen des Menschen«, sagte Jamie.

»So ungefähr. Arminius hatte auch ein Problem mit zwei anderen erz-calvinistischen Lehren. Die erste war, dass Gott die Sünde Adams bestimmt hatte.«

»Womit sie Gott zum Urheber des Bösen machten«, sagte Jamie.

»Die Calvinisten sahen das anders.«

»Und womit noch?«

»Dass Christus nur für die Erwählten gestorben sei.«

»In der Bibel steht doch ausdrücklich, dass er für die Sünden der Welt gestorben ist.«

»Das legten sie aber anders aus«, sagte Alex. »Jedenfalls artete zu diesem Zeitpunkt die ganze Sache aus und der Streit wurde ziemlich hässlich. Die

Kritiker von Arminius beschuldigten ihn, er würde mit den Jesuiten zusammenarbeiten, um den Protestantismus zu unterminieren. Arminius wehrte die Beschuldigungen ab, aber das Gerücht blieb haften. Er wandte sich an die niederländisch-reformierte Kirche und bat um Intervention. Die Kirchenleitung entsprach seiner Bitte. Beide Seiten wurden aufgefordert, ihre Ansichten schriftlich einzureichen.«

»Lass mich raten«, sagte Jamie, »das hat's auch nicht gebracht und man verbrannte Arminius kurzerhand auf dem Scheiterhaufen.«

»Das mussten sie nicht. Kannst du dich noch an das große Konzil in Holland erinnern, von dem du mir im Dezember erzählt hast? Das, bei dem die Calvinisten Arminius und seine Anhänger in die Wüste schickten?«

»Ja. Und?«

»Das war dasselbe Konzil, das einberufen worden war, um diesen Streit zu schlichten.«

»Okay, verstehe.«

»Dann müsstest du dich doch auch noch daran erinnern, dass Arminius vorher starb.«

»Ach so, das Konzil von Dordrecht«, sagte Jamie.

»Richtig«, bestätigte Alex. »Das war 1618. Arminius starb jedoch schon 1609 an Tuberkulose. Er war fast fünfzig. Hinterließ Frau und neun Kinder. Ein Jahr nach seinem Tod schrieben 44 niederländisch-reformierte Pfarrer ein Positionspapier, in dem sie Arminius und seine Lehren verteidigten und sich gegen die Erz-Calvinisten stellten. Es wurde die Remonstranz von 1610 genannt.«

»Remonstranz?«

»Ein formeller schriftlicher Protest. Die Zusammenfassung dieser Erklärung wurden die *Fünf Punkte des Arminianismus* genannt. Ich habe dir eine Kopie gemacht.«

Die Fünf Punkte des Arminianismus

Bedingte Erwählung: Vor Grundlegung der Welt erwählte Gott die zur Errettung, bei denen er vorhersah, dass sie Buße tun, glauben und bis zum Ende ausharren würden. Ebenso entschied er die zu verdammen, die unbelehrbar und ungläubig bleiben würden (1. Petrus 1,1.2).

Universale Genugtuung: Christus starb für alle Menschen, aber Gott wählt nur diejenigen für die Erlösung aus und vergibt ihnen ihre Sünden, die an Christus glauben (1. Johannes 2,2).

Freier Wille trotz partieller Erbsünde: Der Mensch kann nichts wirklich Gutes tun, bevor er nicht wiedergeboren ist (Römer 3,9.10).

Ablehnbare Gnade: Gnade Gottes ist notwendig für die Errettung, sie kann aber auch abgelehnt werden. Ein Mensch kann den Ruf Gottes ablehnen (Matthäus 23,37; Johannes 3,19-21).

Möglichkeit des Abfalls vom Glauben: Der Heilige Geist schenkt den Erwählten die Gnade, bis zum Ende im Glauben zu verharren (Epheser 1,13-14).

Alex wartete, bis Jamie die Seite durchgelesen hatte. Dann machte er weiter. »Zum Zeitpunkt des Konzils von Dordrecht hatten die Erz-Calvinisten die reformierte Kirche schon ganz in ihrer Hand. Wie du dir wahrscheinlich vorstellen kannst, beschlossen sie, Arminius als Häretiker zu bezeichnen. Sie befahlen seinen Anhängern, mit der Verbreitung seiner Lehren aufzuhören und drohten ihnen mit Gefängnis oder dem Exil, wenn sie sich nicht an diese Anordnung hielten.«

»Das hat noch nie funktioniert«, meinte Jamie.

»Da hast du völlig Recht«, sagte Alex. »Arminius' Ansichten verbreiteten sich immer weiter und beeinflussten auch die Kirche von England im siebzehnten Jahrhundert; John Wesley und die Methodisten im achtzehnten Jahrhundert und im neunzehnten William Booth, den Gründer der Heilsarmee, sowie die Heiligungsbewegung und die Pfingstler im neunzehnten und zwanzigsten Jahrhundert.«

»Ich finde den Ansatz eigentlich gut, dass Gott diejenigen erwählt, von denen er wusste, dass sie glauben würden. Das ist einleuchtend«, sagte Jamie.

»Stimmt aber nicht überein mit der Stelle, in der Jesus selbst lehrt: ›Niemand kann zu mir kommen, wenn nicht der Vater, der mich gesandt hat, ihn zieht; und ich werde ihn auferwecken am letzten Tag‹«, sagte Alex.

»Ein einziger Vers.«

»Das ist nicht der einzige.«

»Aber passt gut mit den meisten Aussagen der Bibel zusammen«, sagte Jamie.

»Es muss aber *alles* zusammenpassen«, erklärte Alex. Er bemerkte, wie ihre Freunde die Pizzeria betraten. »Da kommen die anderen. Pack das Zeug weg. Ich will nicht, dass Rod weiß, dass wir uns damit beschäftigen. Er würde uns nur noch damit in den Ohren liegen.«

55. Kapitel

Als zwei Tage später die vierte Sitzung des Ersten Konzils von Berkeley eröffnet wurde, hatte sich die Stimmung unter den sechs Delegierten wesentlich verbessert. Das lag zum größten Teil an der harmonischen Geburtstagsfeier von Rod im La Val's. Das Essen war lecker gewesen, sie hatten sich blendend unterhalten und viel zusammen beim Kickern und Air-Hockey gelacht. Es war ein schöner Abend gewesen, an dem sie alle hatten abschalten können. Der Bibelkreis am Abend zuvor war auch sehr gut verlaufen und hatte sie alle daran erinnert, dass sie Brüder und Schwestern in Christus waren. Preston hatte das erste Mal durch den Abend geführt. Es ging um die Stelle, in der Jesus seinen Jüngern die Füße gewaschen hatte. Preston hatte die anwesenden Studenten daran erinnert, wie wichtig es war, dass man sich untereinander die Schuld vergab. Während Preston die Verse erklärte, hatte jeder der Sechs den Eindruck, dass Gott ganz besonders zu ihm gesprochen habe.

Alex begann ihre vierte Sitzung mit einer für sie überraschenden Ankündigung. »Ich glaube, wir stehen kurz vor der Antwort.«

»Quatsch mit Soße«, sagte Jamie. Er stand mit gespreizten Beinen neben dem großen Tisch. Das linke Bein war durchgestreckt, das rechte angewinkelt. Mit beiden Armen stützte er sich auf das rechte Knie und dehnte die linke Wade und den linken Oberschenkel.

»Wie kommst du denn darauf?«, fragte Preston.

»Erkläre ich gleich«, versprach Alex. »Aber erst möchte ich einen Vorschlag machen. Was haltet ihr davon, wenn wir heute solange hier bleiben, bis wir eine akzeptable Lösung gefunden haben?«

»Den ganzen Tag?«, fragte Jamie. Er atmete konzentriert ein, erhob sich und wechselte die Position, so dass er sein rechtes Bein dehnen konnte.

»Und die ganze Nacht, wenn es sein muss«, sagte Alex.

»Ich glaube, die schließen hier abends«, bemerkte Elliot.

»Dann gehen wir halt in eine andere Bibliothek und arbeiten weiter.«

»Die anderen schließen alle um zehn«, sagte Elliot.

»Dann suchen wir uns eben ein leeres Klassenzimmer oder so etwas.«

»Diese Kontroverse beschäftigt Theologen schon seit Jahrhunderten«, sagte Preston. »Wie kommst du auf den Gedanken, wir könnten sie heute abhandeln?«, fragte Preston.

»Heute Morgen beim Frühstücken kam mir auf einmal eine Erleuchtung – wo erläutert die Bibel Prädestination?«

»Die Frage hast du dir erst heute Morgen gestellt?«, wunderte sich Preston.

»Beantwortet meine Frage«, sagte Alex. »Wo erklärt die Bibel Prädestination?«

»Paulus verwendet diesen Begriff zweimal in Römer 8 und zweimal in Epheser 1«, antwortete Elliot.

»Aber erklärt er das ganze Konzept in einem der beiden Kapitel?«

Elliot dachte kurz über die Frage nach. »Nein, würde ich nicht sagen.«

»Wo also erklärt die Bibel Prädestination?«, fragte Alex.

»Wenn wir das wüssten, säßen wir nicht hier«, sagte Jamie. Er richtete sich auf und atmete langsam aus. Dann knickte er seinen Oberkörper ab der Taille abwärts, umklammerte mit seiner rechten Hand den rechten Knöchel und streckte den linken Arm in die Luft.

»Kannst du mir eigentlich mal erklären, was du da die ganze Zeit treibst?«, fragte Rod.

»Ich dehne meine Wirbelsäule«, sagte Jamie und schielte zu ihm hinauf.

»Sieht mir eher wie Yoga aus«, sagte Rod.

»Ich stretche mich«, sagte Jamie.

»Du vereinigst deine Seele mit der höchsten Seele des Hinduismus.«

»Mach ich nicht.«

»Könnten wir vielleicht wieder zurück zu meiner Frage kommen?«, bat Alex.

»Kannst du sie noch mal wiederholen?«, fragte Angela.

»Wo erklärt die Bibel die Prädestination?«

»Ich glaube, die Bibel erklärt sie gar nicht«, sagte Elliot.

»Volltreffer!«, rief Alex. »Was will uns das sagen?«

»Wir verschwenden hier unsere Zeit?«, bot Jamie an und bog sich jetzt nach links.

»Nein.«

»Wir haben keine Ahnung, was wir machen?«, fragte Jamie. Er atmete tief ein und richtete sich wieder auf.

»Kannst du das jetzt endlich sein lassen?«, beschwerte sich Rod.

»Dass Gott nicht möchte, dass wir diese Frage beantworten?«, schlug Elliot vor.

»Vielleicht«, sagte Alex.

»Dass die ersten Christen Prädestination schon verstanden hatten, bevor das Neue Testament geschrieben wurde?«, fragte Angela.

»Das ist es!«, rief Alex.

»Was?«, fragte Jamie und setzte sich auf seinen Platz.

»Die ersten Christen verstanden Prädestination«, sagte Alex.

»Und das ist dein Durchbruch?«, wunderte sich Jamie.

»Überleg doch mal«, sagte Alex. »Die ersten Christen müssten doch auch über Vorherbestimmung nachgedacht haben. Hätten sie sich nicht die gleichen Fragen wie wir gestellt? Trotzdem wird nirgends im Neuen Testament angedeutet, dass sie mit der Bedeutung von Prädestination Schwierigkeiten gehabt hätten.«

»Und das ist wichtig?«, fragte Jamie.

»Also, ich habe mir Folgendes überlegt«, erläuterte Alex. »Wenn die ersten Christen die Prädestination schon verstanden hatten, dann hätten sich die neutestamentlichen Schreiber nicht die Zeit genommen, es noch mal zu erklären, habe ich Recht?«

»Das ist rein spekulativ«, sagte Rod.

Jamie presste seine Handflächen vor seinem Brustkorb zusammen. Seine Finger zeigten nach oben, als ob er beten würde.

»Wirklich?«, fragte Alex. »Überleg mal, auf wie viele Fragen allein Paulus in seinen Briefen eingeht. Aber trotzdem erklärt er nirgends Prädestination.«

»Er erklärt das im Epheserbrief«, widersprach Rod. Er starrte Jamie an, der langsam seine Hände über seinen Kopf streckte.

»Er erwähnt es«, beharrte Alex, »aber er erklärt es nicht. Ich meine, das sagt viel aus.«

»Das sagt gar nichts aus«, meinte Rod. Jamie wiegte seinen Kopf zwischen seinen ausgestreckten Armen hin und her. »Alex, würdest du endlich für Ordnung sorgen!«, rief Rod genervt.

»Würdest du bitte aufhören, Jamie?«

»Tschuldi«, sagte Jamie. »War nur so verspannt.« Er nahm seine Arme herunter, machte seine Augen zu und verharrte bewegungslos.

Alex redete weiter. »Prädestination ist vielleicht viel einfacher, als wir ahnen«, sagte Alex.

»Warum verstehen wir es dann nicht?«, fragte Preston.

»Nur fürs Protokoll«, sagte Rod. »Einige von uns verstehen es. Wir nennen es reformiertes Christentum.«

»Der Calvinismus wirft mehr Fragen auf, als er beantwortet«, sagte Angela.

»Gilt nicht für mich«, sagte Rod.

»Was, wenn es wie's Radfahren ist?«, fragte Alex.

»Radfahren?«, meinte Rod.

»Was, wenn Prädestination wirklich nur solange schwer erscheint, bis man es auf einmal versteht?«, sagte Alex.

»Wie beim Radfahren«, spottete Rod.

»Alex könnte Recht haben«, meinte Elliot. »Alle dachten, die Molekularstruktur der DNA sei extrem komplex, bis Watson und Crick kamen. Sie stellten die Prämisse auf, dass die Lösung einfach sein muss. Während andere

Wissenschaftler mit abstrakten mathematischen Formeln hantierten, machten sie Spaziergänge durch Cambridge, hingen in Kneipen herum und unterhielten sich einfach über das Thema.«

»Als ob die DNA einfach sei«, bemerkte Rod.

»Mit der Hilfe von zwei anderen Wissenschaftlern gelang ihnen der größte medizinische Durchbruch des zwanzigsten Jahrhunderts«, sagte Elliot.

»Und sie gewannen den Nobelpreis«, ergänzte Preston.

»Genauso bei Einstein«, erzählte Elliot weiter. »Er war davon überzeugt, dass das Universum von Prinzipien bestimmt wird, die einfach und elegant sind. Die letzten hundert Jahre haben ihm Recht gegeben.«

»Selbst Elliot hätte auf $E=mc^2$ kommen können«, kommentierte Jamie, seine Augen immer noch geschlossen.

»Vielleicht sehen wir den Wald vor lauter Bäumen nicht«, sagte Alex.

»Das versuche ich euch doch schon die ganze Zeit zu sagen«, meinte Rod.

»Warum sollte Gott ein solches Geheimnis aus der Errettung machen?«, fragte Angela. »Das ergibt doch keinen Sinn. Wie sollen wir dem Gebot Christi gehorchen und aus aller Welt Jünger machen, wenn wir noch nicht einmal genau verstehen, wie jemand Christ werden kann?«

»Guter Gedanke«, sagte Elliot.

»Was schlägst du vor, Alex?«, fragte Preston.

»Einen völlig neuen Ansatz.«

Rod stöhnte. »Nicht schon wieder.«

Alex holte ein kleines Schild aus seinem Rucksack, das er aus Pappe gebastelt hatte. Darauf stand EINFACH DENKEN! »Wie findet ihr das?«

Jamie machte die Augen auf.

»Interessant«, sagte Elliot.

»Müsste es nicht ›Denk einfach‹ heißen?«, fragte Angela.

»Passt schon«, sagte Jamie. »Mir gefällt's.«

Alex stellte das Schild auf die kleine Tisch-Kanzel am Kopfende, wo es alle gut sehen konnten. »Von jetzt an«, verkündete er, »suchen wir nach einer einfachen Lösung, nach etwas, das jeder gewöhnliche Christ des ersten Jahrhunderts hätte verstehen können.«

Stumm dachten die sechs Delegierten einen Augenblick über Alex' Vorschlag nach.

Jamie sprang auf. »Kommt, wir machen auch einen Spaziergang.«

»Gute Idee«, sagte Preston.

»Ein Spaziergang!«, rief Rod.

»Der wird uns gut tun«, sagte Alex und stand ebenfalls auf. »Vielleicht haben wir ja schon eine Antwort, wenn wir das nächste Mal wieder diesen Raum betreten.«

Rod hatte sich noch nicht erhoben. »Was habt ihr eigentlich immer gegen Calvins Antworten?«

56. Kapitel

Die sechs verließen die GTU-Bibliothek und umrundeten einmal den Holy Hill, der so genannt wurde, weil sich so viele theologische Seminare auf ihm angesiedelt hatten. Dann gingen sie die Euclid-Straße hinunter zum Unigelände. Sie betraten es durch das nördliche Tor, wo sie einem Pfad folgten, der sie sanft abwärts Richtung Südwesten führte.

»Wir müssen einfach denken«, sagte Alex zu den anderen. »Nichts Kompliziertes.«

Jamie legte seine beiden Zeigefinger auf seine Schläfen und schloss seine Augen. »Ich kläre meinen Geist«, summte er.

»Dürfte ja nicht lange dauern«, kommentierte Rod trocken.

»Ich suche nach etwas Einfachem«, summte Jamie weiter. »Nach etwas, das ein gewöhnlicher Christ im ersten Jahrhundert verstanden hätte.«

»Wahrscheinlich sogar etwas, über das wir schon gesprochen haben«, sagte Alex.

Jeder blieb stehen.

»Worüber wir schon gesprochen haben?«, fragte Preston.

»Wenn die Lösung leicht ist, dann haben wir sie höchstwahrscheinlich schon in den Händen gehalten und sie vorschnell verworfen«, sagte Alex.

»Das sage ich doch schon die ganze Zeit«, sagte Rod.

»Interessant«, sagte Jamie und schloss wieder seine Augen. »Ich erkenne ein Licht am Ende dieses Tunnels«, summte er wieder. »Ja, jetzt sehe ich klarer. Wir unternehmen wieder was an unseren Wochenenden. Ich bin am Strand. Das Meer ist blau, die Wellen sind perfekt. Ich reite auf dieser großen Welle –«

Alex stieß ihm in die Rippen. »Erst, wenn wir die Lösung haben.«

»Mensch, jetzt ist das Bild weg. Wie finde ich bloß wieder an meinen Strand?«

»Komm schon, Nostradamus«, sagte Alex.

Sie liefen auf einem schmalen Pfad, der dem Strawberry Creek folgte. Er führte sie durch eine baumreiche Gegend, wo stattliche Herrenhäuser zwischen den Bäumen hervorlugten.

»Und du meinst wirklich, dass die Lösung einfach ist?«, fragte Angela.

»Ja.«

»*Ockhams Rasiermesser*«, sagte Elliot.

»Wie bitte?«, fragte Jamie.

»Ockham war ein englischer Philosoph. Er ist durch folgenden Ausspruch berühmt geworden: ›*Pluralitas non est ponenda sine necessitate.*‹«

»Das hat mich jetzt echt weitergebracht«, sagte Jamie.

»Im übertragenen Sinn bedeutet das: Die einfachste Theorie ist allen anderen vorzuziehen – oder: Einfach ist besser. Was wir im Englischen auch das *KISS-Prinzip* nennen.«

»Das kenne ich«, sagte Jamie: »›Keep It Simple, Stupid – Gestalte es einfach, Dummkopf.‹«

Elliot schmunzelte ihm bestätigend zu.

»Vielleicht ist es ja auch wie eine dieser optischen Illusionen, die zwei verschiedene Bilder verbergen«, meinte Preston. »Wenn einem das Gehirn ein Bild gezeigt hat, dann hat man echt Schwierigkeiten, das andere zu entdecken. Vielleicht liegt die Lösung vor unserer Nase und wir sehen sie nur nicht.«

»Gut möglich«, sagte Alex.

»Vielleicht ist es ja auch wie bei einem Puzzle«, sagte Angela. »Man sucht nach einem wichtigen Teil und erst, wenn man das gefunden hat, kann man die restlichen Teile zusammenfügen.«

»Auch möglich«, sagte Alex.

Sie gingen durch die *Wickson Natural Area.* Die kühle Morgenluft roch feucht und nach Erde.

»Für Watson und Crick war ein entscheidender Hinweis eine Röntgenbeugungsaufnahme eines DNA-Moleküls, das ein anderer Wissenschaftler aufgenommen hatte«, erzählte Elliot. »Man sah eigentlich nur ein paar verschwommene Linien auf dem Foto. Aber man konnte es gerade noch als Doppelhelix erkennen.«

»Hm, halten wir mal fest … wir sind auf der Suche nach der Beugungsaufnahme der Doppel-Prädestinationshelix«, sagte Rod.

»Bitte konzentrier *du* dich wenigstens«, bat Alex.

»Oh, keine Sorge«, sagte Rod. »Ich bin hochkonzentriert. Das hier möchte ich für nichts in der Welt verpassen. Ist doch zu köstlich.«

»Hey, seht euch das mal an«, sagte Preston und zeigte auf einen tropisch wirkenden Baum zur Rechten.

»Chilenische Kokospalme«, sagte Elliot. »In Südamerika wird aus ihrem Saft Wein gemacht.«

»Und was ist das?«, fragte Angela und zeigte auf einen großen Baum hinter der Kokospalme.

»*Sequoia sempervirens*«, sagte Elliot. »Das ist der älteste Redwood auf dem Uni-Gelände. Der andere dort ist ›Der Hundertjährige Baum‹. Er wurde zu Ehren von Robert Gordon Sproul benannt, dem Uni-Kanzler der 1950er Jahre.«

Die Gruppe folgte dem Pfad weiter.

»Hey, wisst ihr was? Wenn wir das ausklamüsert haben, werden wir bestimmt berühmt«, sagte Jamie. »Wir könnten den Nobelpreis für Theologie verliehen bekommen.«

»Ich glaube, in dieser Kategorie gibt es keinen«, sagte Rod. »Wie auch immer, die Reformatoren hätten ihn schon vor 500 Jahren verdient gehabt.«

»Warum gibt es dann noch so viele Christen, denen die Erklärungen der Reformatoren nicht einleuchten?«, fragte Angela.

»Weil sie Calvins Antworten nicht mögen«, sagte Rod.

»Du meinst, Augustinus' Antworten«, erwiderte Angela schnippisch.

»Ist egal«, sagte Rod. »Wenn die Menschen die Wahrheit nicht annehmen wollen, dann suchen sie eben solange, bis sie etwas gefunden haben, was ihnen besser schmeckt.«

Sie kamen an der *Wellman Hall* und dem *Valley Life Science Building* vorbei. Der Pfad lief immer noch entlang des Strawberry Creeks, der jetzt mehr Richtung Westen floss.

»Ich bin bereit, mit euch zusammenzuarbeiten«, sagte Rod, »aber glaubt keine Sekunde lang, dass ich mit der Antwort unzufrieden wäre, die ich schon habe.«

»Wie könnten wir das vergessen?«, fragte Jamie. »Hey, was sind das denn für krasse Bäume?«

»Trauerweiden«, sagte Elliot.

»Und was ist mit diesem knorrigen Teil da hinten?«

»Das ist ein Olivenbaum, ein ziemlich alter sogar, würde ich sagen.«

»Ich halte an der Gnadenlehre fest«, sagte Rod. »Völlige Verderbtheit, bedingungslose Erwählung, begrenzte Sühne, unwiderstehliche Gnade und die Beharrlichkeit der Gläubigen.«

»Glaubst du wirklich, dass die Bibel das lehrt?«, fragte Angela.

»Absolut«, sagte Rod. »Nimm Epheser 2,8: ›Denn aus Gnade seid ihr errettet durch den Glauben, und das nicht aus euch – Gottes Gabe ist es.‹ Könnte nicht klarer sein.«

»Glaube ist ein Geschenk Gottes?«, fragte Angela.

»So sagt es die Bibel.«

»Ich bin mir da nicht so sicher«, sagte Elliot. »Ich habe Michael wegen diesem Vers angesprochen. Er sagte, dass das Wort *das* in dem Satz ›und *das* nicht aus euch, Gottes Gabe ist es‹, sich nicht auf den vorher genannten

Glauben beziehen kann. Im Griechischen steht dieses Pronomen im Neutrum. Es muss sich also auf ein Neutrum beziehen.«

»Glaube steht nicht im Neutrum?«, fragte Angela.

»Im Griechischen steht dieses Nomen im Femininum. Michael sagte, dass sich das Wort *das* wahrscheinlich auf den Gedanken bezieht, der sich im Verb verbirgt, nämlich auf *errettet.* Demnach wäre nicht der Glaube, sondern die Errettung die Gabe Gottes.«

»Das sag ich doch die ganze Zeit«, ereiferte sich Rod. »Gott schenkt demjenigen die Gabe der Errettung, dem er sie schenken will.«

»Das steht da aber doch gar nicht«, sagte Angela. »Es –«

»Es ist egal«, sagte Rod. «Wir haben uns doch schon darauf geeinigt, dass niemand glauben kann, dem Gott es nicht schenkt, deswegen ist egal, aus welchem Winkel du die Sache betrachtest, Glaube ist ein Geschenk von Gott.«

»Ein Geschenk muss angenommen werden«, sagte Jamie.

»Ich will nur nicht, dass es als ein Werk des Menschen dargestellt wird«, sagte Rod.

»Wenn ein Reicher einem Bettler ein Almosen schenkt und der Bettler die Hand ausstreckt, um es zu empfangen, wird das Almosen zum Werk des Bettlers?«, fragte Jamie.

»Das hätte glatt von Arminius stammen können«, sagte Rod.

»Tut es auch. Ist es deswegen automatisch falsch?«, fragte Jamie.

»Es ist falsch, wenn es aus der Errettung ein Werk des Menschen macht«, sagte Rod.

»Ein Eukalyptusbaum?«, fragte Angela.

»Ja«, sagte Elliot. »Über hundert Jahre alt, wahrscheinlich 60 Meter hoch.«

»Was ist das für ein kleiner Baum, der direkt daneben?«

»Schuppenrinden-Hickorynuss«, sagte Elliot. »Erkennt man an –«

»Der zotteligen Rinde. Den erkenne sogar ich«, sagte Jamie.

»Dort stand sogar mal ein Größerer«, wusste Elliot, »aber die Polizei hat den auf ihrem Gewissen.«

»Sie haben den Baum umgehauen?«

»Sie haben dieses Gebiet von einem Helikopter aus mit Tränengas besprüht, während der Meinungsfreiheits-Krawalle in den 1960ern. Der Baum hat's nicht vertragen und starb. Die Uni hat vor ein paar Jahren diesen kleineren hier angepflanzt.«

Die Sechs spazierten weiter durch das Wäldchen und näherten sich nun dem westlichen Tor.

»Alex, glaubst du wirklich, dass wir die Antwort schon fast hatten?«, fragte

Angela.

»Ja«, antwortete er. »Ich wette, sie lachte uns an und wir haben es nur nicht gemerkt.«

»Was machen wir dann noch hier?«, fragte Preston. »Wir sollten wirklich zurück zur Bibliothek gehen und noch einmal unsere Unterlagen durchstöbern.«

»Du hast Recht«, sagte Alex.

»Hey, schaut euch mal diesen Baum an«, rief Jamie.

»Mensch, ist der riesig«, sagte Alex.

»*Quercus agrifolia*«, sagte Elliot. »Kalifornische Lebenseiche.«

»Sie ist wunderschön«, sagte Angela.

Die Gruppe bestaunte die Pflanze gemeinsam.

»Stellt euch mal vor, wie es erst im Himmel sein wird«, sagte Angela.

57. Kapitel

Als das Team wieder im Seminarraum in der GTU saß, befestigte Alex sein EINFACH DENKEN-Schild oben am Whiteboard. Dann machte sich jeder an die Arbeit. Sie befassten sich noch einmal mit ihren Aufzeichnungen, kauten ihre diversen Ideen durch und versuchten herauszufinden, ob sie etwas übersehen hatten. Eine Stunde später, nachdem sie immer noch keinen entscheidenden Anhaltspunkt entdeckt hatten, beschlossen sie, die diversen Hinweise einzeln weiterzuverfolgen. Angela arbeitete an ihrem Laptop. Sie benutzte verschiedene Bibel-Programme, um das Wort *Erwählung* und alle Stellen, wo es auftauchte, zu untersuchen. Rod überprüfte die Wortstudie, die Elliot über *Prädestination* gemacht hatte. Alex und Jamie gingen zusammen durch den Römer- und Galaterbrief, weil das zwei Bücher waren, die viel mit der Errettung zu tun hatten. Preston beschäftigte sich mit Römer 9 und verglich die unterschiedlichen Auslegungen von Rod und Jamie. Elliot arbeitete in einer Ecke des Zimmers. Er blätterte durch das Neue Testament und schrieb etwas in eine Tabelle in seinen Computer.

Kurz nach Mittag trafen sie sich wieder, um ihre weitere Vorgehensweise abzusprechen. Jeder erzählte ein bisschen von dem, was er am Vormittag herausgefunden hatte. Angelas Wortstudie des griechischen Begriffs für Erwählung weckte am meisten Interesse bei den anderen, deshalb ließ Alex sie ihre Erkenntnisse vorstellen.

»Ich habe drei Worte gefunden, die im Neuen Testament das Konzept der

Erwählung wiedergeben«, fing Angela an. Sie ging zum Whiteboard und machte die Kappe von einem grünen Filzstift ab. »Alle entstammen der gleichen griechischen Wurzel. Das erste Wort ist *eklegomai* und bedeutet: Jemanden oder etwas für sich auslesen oder erwählen oder jemanden für einen Zweck auswählen.« Sie schrieb das Wort und die Definitionen auf die Tafel. »Manchmal bedeutet es auswählen im Sinne einer Auslese, wobei die Qualität des Ausgewählten im Fokus ist. In Lukas 9,35 sagte der Vater bei der Verklärung Jesu: ›Dieser ist mein auserwählter Sohn, ihn hört.‹«

»Jesus war erwählt?«, fragte Jamie.

»Erwählt in dem Sinn, dass er in den Augen seines Vaters einfach die beste Wahl war«, sagte Angela. »Es geht dabei aber nicht um einen Erwählungsprozess.«

»Interessant«, meinte Jamie. Er machte sich eine Notiz.

»Das zweite Wort ist das Nomen *ekloge*«, fuhr Angela weiter fort. »Es bezieht sich auf den Akt der *Erwählung* oder der *Auswahl*. Zum Beispiel benutzt Paulus dieses Wort in 1. Thessalonicher 1,4, wo er den Christen in Thessalonich sagt: ›Und wir kennen, von Gott geliebte Brüder, eure Auserwählung.‹ Ähnliches sagt das Neue Testament auch über Christen an anderen Orten, so dass wir allgemein festhalten können: *Gott hat jeden Christen auserwählt*. Sie schrieb das Wort und die Definition an die Tafel.

»Und das dritte?«, fragte Alex.

»Das Adjektiv *eklektos*. Es beschreibt die Qualität des *ausgewählt*, *auserlesen*, *ausgesucht* oder *ausgezeichnet seins*. Im Neuen Testament steht es oft mit dem bestimmten Artikel und bezieht sich dann auf *die Auserwählten*, also auf alle wahren Gläubigen.« Sie schrieb das griechische Wort an die Tafel.

»Wie häufig kommen diese Worte vor?«, fragte Elliot.

»Die drei kommen 51 mal im Neuen Testament vor«, sagte Angela.

»Ich habe euch ja gesagt, dass es wichtig ist«, sagte Rod.

»Viele Vorkommnisse beziehen sich jedoch auf das alltägliche Wählen von Möglichkeiten, die nichts mit Errettung zu tun haben«, sagte Angela. »Zum Beispiel kritisierte Jesus die Pharisäer dafür, dass sie sich immer die besten Plätze auf Feiern aussuchten. In Apostelgeschichte 1,24 wählten die Apostel einen Ersatz für Judas. Beides hat nichts mit Errettung zu tun.«

»Wenn man also solche Alltagsentscheidungen rauslässt, wie viele bleiben dann übrig?«, fragte Alex.

»Ungefähr 39«, sagte Angela.

»Das ist mehr als genug, um zu zeigen, dass ich Recht habe«, sagte Rod.

»Diese 39 haben jedoch nicht unbedingt etwa damit zu tun, dass Gott Menschen für die Errettung auswählt«, sagte Angela. »Fünf beziehen sich auf Jesus, der Männer zu seinen Aposteln wählte. Eine bezieht sich darauf, dass

Gott für die Nation Israel besondere Segnungen auswählt. Ein anderes Mal geht es darum, dass Paulus ausgewählt wurde, den Heiden das Evangelium zu bringen.«

»Dann sind noch 32 übrig«, sagte Elliot.

»Immer noch reichlich«, sagte Rod.

»In den meisten von ihnen geht es allerdings im Wesentlichen um etwas anderes. Zum Beispiel sagt Jesus in Lukas 18,7: ›Gott aber, sollte er das Recht seiner Auserwählten nicht ausführen?‹ Da wird eigentlich nichts über die Bedeutung von Auserwählung gesagt.«

»Wie viele Stellen sagen ausdrücklich, dass Gott uns zum ewigen Leben auserwählt hat?«, fragte Alex.

»Ich brauche mehr Zeit, bevor ich das sagen kann«, antwortete Angela.

»Nun, wie viele hast du bis jetzt gefunden?«, fragte Rod.

»Ich bin mir noch nicht sicher«, sagte sie. »Ich bin immer noch dabei, die Stellen genau zu kategorisieren.«

»Das wissen wir ja«, sagte Rod. »Sag uns nur, was du bis jetzt herausgefunden hast. Wie oft steht im Neuen Testament, dass Gott uns zur Errettung auserwählt hat?«

»Ich möchte mich eigentlich nicht so gerne dazu äußern. Ich habe meine Arbeit noch nicht abgeschlossen.«

»Willst du etwas vor uns verbergen?«, fragte Rod.

»Quatsch.«

»Dann sag uns jetzt, wie viele Stellen du gefunden hast!«, befahl Rod.

»Gar keine«, sagte sie.

Rod schnaubte verächtlich. »Du hast keine Ahnung, wovon du redest.«

»Es tut mir Leid, ich habe aber keine einzige Stelle gefunden.« Sie legte den grünen Whiteboard-Stift zur Seite und kehrte zu ihrem Stuhl zurück. »Es gibt mehrere Stellen, in denen steht, dass wir Gottes Auserwählte sind, aber ich habe keinen einzige gefunden, in der steht, dass er uns zum ewigen Leben auserwählt hat.«

»Das ergibt doch keinen Sinn. Du hast uns gerade gesagt, dass Gott uns auserwählt hat.«

»Ich habe aber nicht gesagt, *wozu* er uns auserwählt hat«, sagte Angela.

»Zur Errettung«, sagte Rod. »Wozu denn sonst?«

»Der Vater hat den Sohn erwählt«, sagte Jamie. »Das war auch nicht zur Errettung.«

»Das ist was anderes«, sagte Rod.

»Gott wählte die jüdische Nation«, sagte Jamie. »Das bedeutet aber nicht, dass alle errettet wären.«

»Das ist auch was anderes«, beharrte Rod.

»Jesus erwählte einige seiner Jünger zu Aposteln«, sagte Jamie. »Das hatte auch nichts mit Errettung zu tun.«

»Du bringst das alles durcheinander«, sagte Rod.

»Und vielleicht verkomplizierst du alles«, erwiderte Jamie.

»Man kann nicht einfach ein Wort hier und da nachschlagen und dann behaupten, man verstünde eine so grundlegende Doktrin wie die Prädestination«, sagte Rod. »Man muss theologische Analysen durchführen, dafür reichen bloße Wortstudien nicht aus.«

Alex ging zur Tafel. »Okay, lasst uns das mal analysieren. Was ist die grundlegendste Frage, die wir zu beantworten versuchen?«

Jamie lachte leise und antwortete dann mit einer Roboterstimme, die jedes Wort einzeln betonte: »Was – ist – Prädestination?«

»Gut«, sagte Alex. Er schrieb Jamies Antwort auf die Tafel.

Jamie klatschte freudig in die Hände. »Jetzt hab ich auch mal was richtig gesagt!«

»Wollen wir nicht eigentlich verstehen, warum manche Leute Christus ihr Vertrauen schenken und andere nicht?«, fragte Elliot.

»Elliot hat Recht«, meinte Angela. »Wir sollten nicht einfach voraussetzen, dass Prädestination die richtige Antwort ist.«

»Einverstanden«, sagte Alex. Er wischte Jamies Antwort weg. Er zog eine senkrechte Linie und trennte Angelas Notizen ab. Er schrieb Elliots Frage ganz oben in sein freigewordenes Feld: WARUM VERTRAUEN MANCHE MENSCHEN CHRISTUS? »Okay, welche Möglichkeiten gibt es?«, fragte er den Rest der Gruppe.

»Ich würde sagen, drei«, antwortete Preston. »Gott entscheidet; Gott und der Mensch entscheiden; der Mensch entscheidet.«

»Was meint ihr anderen?«, fragte Alex.

»Das reicht fürs Erste«, sagte Rod.

Alex schrieb Prestons drei Möglichkeiten horizontal unter Elliots Frage auf.

»Was schreiben wir unter ›Gott entscheidet‹?«, fragte Alex.

»Calvinismus«, antwortete Jamie.

»Reformiertes Christentum«, sagte Rod. »Calvinismus ist pejorativ.«

»Ich nehme an, das ist was Schlechtes«, sagte Jamie.

»Es bedeutet, etwas herabzusetzen, indem man es mit einer abwertenden Bezeichnung tituliert«, erklärte Angela.

»Wenn man es als Calvinismus bezeichnet, hört sich das so an, als ob es sich Calvin ausgedacht hätte«, sagte Rod.

»Wir werden den Begriff *Reformiertes Christentum* nehmen«, bestimmte Alex. Er schrieb REFORMIERTES CHRISTENTUM unter GOTT ENTSCHEIDET und verband die beiden Aussagen miteinander.

»Nenn es, wie du willst«, sagte Jamie, »ich kapiere es immer noch nicht. Gott schreibt das Drehbuch, stellt uns auf die Bühne und sieht zu, wie wir sein Stück aufführen. Was soll das?«

»Du verdrehst den ganzen tieferen Sinn und bittest mich dann, es dir zu erklären«, sagte Rod. »Das Spielchen mache ich nicht mit.«

»Das musst du auch nicht«, beruhigte Alex ihn. »Wie möchtest du, dass wir das reformierte Christentum definieren, Rod?«

»In seinem souveränem Willen beschloss Gott vor der Erschaffung der Welt das ewige Schicksal eines jeden Menschen«, erklärte Rod. »Dann bringt er seinen Willen im Leben eines jeden Individuums zur Vollendung. Die Erwählten entscheiden sich vorsätzlich für Christus, die Verworfenen vorsätzlich gegen Christus und verharren in ihrer Sünde.«

»Also? Entscheidet Gott oder wählt der Mensch?«, fragte Jamie.

»Beide«, antwortete Rod.

»Das krieg ich nicht auf die Reihe.«

»Weil du nicht Gott bist.«

»Lasst uns weitermachen«, bat Alex. »Was sollen wir unter ›Gott und der Mensch entscheiden‹ packen?«

»Die Eisenbahnschienen-Sicht«, sagte Preston.

Rod schlug die Hände vors Gesicht. »Nicht schon wieder!«

»Hab ich aus dem Internet«, sagte Preston zaghaft.

»Eisenbahnschienen-Sicht?«, fragte Jamie. »Hm, gefällt mir, ich versteh eh nur Bahnhof.«

»Göttliche Prädestination und der freie Wille des Menschen arbeiten parallel, wie die Gleise von Eisenbahnschienen«, erklärte Alex. Er schrieb EISENBAHNSCHIENENSICHT in das Diagramm unter GOTT UND DER MENSCH ENTSCHEIDEN. »Wenn man in die Ferne schaut, scheinen die Schienen irgendwann zusammenzulaufen. So ähnlich auch in dieser Frage: Zwei anscheinend widersprüchliche Aussagen laufen aus Gottes unendlicher Sicht zusammen.«

»Aber hat Rod nicht gerade was Ähnliches über den Calvinismus gesagt?«, fragte Jamie.

»Von wegen«, sagte Rod. »Dieser ganze Eisenbahnen-Kram ist völlig irrational.«

»Wieso? Du sagst doch im Grunde genommen dasselbe«, sagte Jamie. »Die Erwählten glauben willig an Christus und die Verworfenen lehnen Christus willig ab. Wo ist denn da der Unterschied?«

»Ich erklär dir das nicht noch einmal«, sagte Rod. »Und was diese Eisenbahnschienen-Sicht angeht, die ist völlig irrational. So was gefällt nur Mystikern.«

»Ach, und wem gefällt dieser reformierte Kram?«

»Was soll das heißen?«, fragte Rod.

Jamie streckte seine Arme in Schulterhöhe von sich, die Hände baumelten schlaff nach unten. »Marionetten.«

»Kommentare wie dieser beweisen nur, wie schlecht du das reformierte Christentum verstehst«, sagte Rod.

»Ich würde sagen, wir schreiben reformiertes Christentum unter ›Gott und der Mensch entscheiden«, sagte Jamie.

»Was?!«, rief Rod.

»Das hast du doch selber gesagt: Gott bewirkt, dass der Mensch bewusst das glaubt, was Gott vorherbestimmt hat«, sagte Jamie. »Also haben sie doch beide eine Wahl, richtig? Gott und der Mensch. Sie entscheiden beide souverän.«

»Das habe ich so nicht gesagt.«

»Wenn wir keine Marionetten sind, dann schreib reformiertes Christentum unter ›Gott und der Mensch entscheiden‹.«

»Es bleibt, wo es ist«, sagte Rod.

»Hallo, ihr beiden«, sagte Alex. »Lasst uns zusammenarbeiten. Was schreiben wir unter ›der Mensch entscheidet‹?«

»Arminianismus«, antwortete Angela.

»Gut«, sagte Alex. »Wir können das so formulieren: Gott erwählte die, von denen er vorher wusste, dass sie glauben und bis zum Ende ausharren würden.« Er schrieb ARMINIANISMUS.

»Ich finde, wir sollten Arminianismus statt unter ›der Mensch entscheidet‹, unter ›Gott und Mensch entscheiden‹ packen«, kommentierte Jamie.

»Arminianismus!«, rief Rod. »Da entscheidet allein der Mensch.«

»Stimmt nicht«, sagte Jamie. »Arminianisten glauben, dass ohne Gottes Hilfe niemand glauben könnte. Ich meine, es gehört unter ›Gott und Mensch entscheiden‹.«

»Arminius lehrte, dass der Mensch dem Ruf Gottes widerstehen kann«, sagte Rod. »Der Mensch hat das letzte Wort, nicht Gott. Deswegen gehört das unter ›der Mensch entscheidet‹.«

»Calvin lehrte, dass Gott das letzte Wort hat«, antwortete Jamie. »Unwiderstehliche Gnade, weißt du noch? Also hör auf mit deinem Der-Mensch-glaubt-vorsätzlich-Gerede.«

»Du hast die feineren Nuancen meiner Position null kapiert«, sagte Rod.

»Was ist mit den feineren Nuancen meiner Position?«, fragte Jamie.

»Welche Nuancen?«, erwiderte Rod.

Jamie wandte sich an Angela. »Was ist eine Nuance?«

»Müsst ihr Ingenieure eigentlich nur rechnen können?«, fragte Angela.

Jamie öffnete seinen Mund, um ihr eine gepfefferte Antwort zu geben, besann sich dann aber eines Besseren. »Gib mir einfach eine Definition.«

»Eine Nuance ist eine minimale Feinheit oder ein geringfügiger Unterschied«, sagte sie.

Jamie drehte sich wieder zu Rod. »Was für ein Problem hast du mit den Nuancen meiner Position?«, fragte er.

»Du hast gar keine Position«, antwortete Rod. »Das ist das Problem. Alles was du kannst, ist mir zu widersprechen.« Er wandte sich an Alex. »Das hier bringt doch nichts.«

»Was ist aus unserem ›Einfach Denken‹ geworden?«, fragte Alex.

»Wir können uns noch nicht einmal darauf einigen, wie wir uns nicht einigen wollen«, sagte Elliot.

»Soll ich das alles abwischen?«, fragte Alex.

»Nein, ich glaube, dass es hilfreich ist«, sagte Angela. »Auch wenn wir es nicht jedem Recht machen können, so helfen die Definitionen doch, die Themen voneinander abzugrenzen. Wir müssen nur aufhören, wie Hühner auf einem Korn herumzuhacken.«

Jamie meldete sich wie in der Schule. »Wo wir gerade beim Thema Essen angelangt sind, ich sterbe vor Hunger. Wann wollen wir eigentlich essen?«

Alex schaute in die Runde. »Vielleicht würde uns eine Pause gut tun.«

»Ich habe ein paar Sandwiches mitgebracht«, sagte Rod leise.

»Wie bitte?«, fragte Alex.

»Ich habe uns allen Sandwiches gemacht und auch was zu Trinken mitgebracht«, sagte Rod.

»Hey, danke Rod«, sagte Alex.

»Das ist wirklich ganz lieb von dir«, sagte Angela.

»Absolut genial, Rod«, sagte Jamie. »Ich nehme alles zurück, was ich über dich persönlich gesagt habe und die Hälfte dessen, was ich über deine Ansichten gesagt habe.«

»Wie großzügig von dir«, sagte Rod.

»Lasst uns draußen essen«, schlug Alex vor.

58. Kapitel

Als die Sechs fertig gegessen hatten und zum Seminarraum zurückkehrten, stand ein elegant gekleideter Mann vor dem Diagramm, das Alex auf der

Tafel aufgemalt hatte. Er war ungefähr Mitte fünfzig.

»Ich bin schon einige Male an diesem Raum vorbeigekommen und heute musste ich einfach anhalten und meine Neugier befriedigen. Ich bin Dr. Shaw« – er streckte Rod seine Hand entgegen, der als erster den Raum betreten hatte – »Kanzler der GTU.«

Rod stellte sich und die anderen vor.

»Studiert ihr an einem der Seminare?«, fragte Dr. Shaw.

»Wir sind Cal-Studenten«, antwortete Alex.

»Ich werde voraussichtlich im September am Westminster Seminar anfangen«, sagte Rod.

»In Philadelphia?«

»Genau. Es gibt aber auch noch einen Zweig in Texas und in New York, und kleinere in London und Seoul.«

»Ich habe euch hier schon öfters gesehen«, sagte Dr. Shaw. »An der GTU haben wir derzeit ungefähr 1300 Studenten in neun Seminaren und in acht religiösen Instituten, aber ich glaube, ihr seid häufiger in unserer Bibliothek, als jeder unserer Studenten. Sehr löblich.« Dr. Shaw drehte sich wieder zu dem Diagramm an der Tafel. »Ihr studiert Theologie?«

»Nein«, antwortete Alex. »Angela studiert Anglistik. Rod studiert Rethorik. Preston Wirtschaftswissenschaften. Elliot arbeitet an seinem Doktor in Mathematik und Jamie und ich studieren Elektrotechnik.«

»Was macht ihr dann hier?«, fragte Dr. Shaw und deutete vage in Richtung Tafel.

»Wir gehören zur University Christian Fellowship, einer christlichen Studentenvereinigung«, antwortete Alex. »Wir überprüfen die verschiedenen Prädestinations-Theorien der christlichen Heilslehre.«

»Ich verstehe«, sagte Dr. Shaw. »Reformiertes Christentum … ja. Arminianismus … ja. Die Eisenbahnschienen-Sicht? Die kenne ich nicht.«

Rod winkte ab. »Ist auch mehr Folklore als Theologie.«

»Interessant. Theologie ist meine Leidenschaft. Ich wünschte, ich könnte bei euch mitmachen. Die meisten Stunden verbringe ich heutzutage mit leidigen Finanzfragen. Erzählt doch mal, worüber habt ihr zum Beispiel heute Morgen gesprochen?«

»Wir haben über das Wort *Auserwählung* im Neuen Testament gesprochen«, antwortete Alex.

»Und, etwas Interessantes herausgefunden?«

»Doch«, sagte Angela. »Wir konnten keinen einzigen Vers finden, der aussagt, dass Gott die Menschen zum ewigen Leben auserwählt.«

»Wirklich?«, fragte Dr. Shaw. »Auserwählung ist ein ganz wichtiger Bestandteil von katholischer und reformierter Theologie. Habt ihr eure

Ergebnisse überprüft?«

»Das sind nur ihre persönlichen Schlüsse«, sagte Rod. »Ihre Ergebnisse sind erst vorläufig. Es ist noch zu früh, sie als gesichert darzustellen.«

»Ach?«, sagte Dr. Shaw.

»Es gibt mehrere Stellen in der Bibel, die aussagen, dass Gott Menschen zur Errettung auserwählt hat«, sagte Rod.

»Ich habe keine einzige gefunden«, sagte Angela.

»Römer 9,13«, sagte Rod.

»Was steht da?«, fragte Dr. Shaw.

»›Jakob habe ich geliebt, Esau aber habe ich gehasst.‹«

»Den Vers kenne ich«, sagte Dr. Shaw.

»In dem Vers kommt das Wort ›auserwählen‹ noch nicht einmal vor«, sagte Angela.

»Aber in den beiden vorangehenden Versen«, sagte Rod. Er schlug den Text in seiner Bibel auf und las ihn vor: »›Als die Kinder noch nicht geboren waren und weder Gutes noch Böses getan hatten – damit der gemäß der Auserwählung gefasste Vorsatz Gottes bestehen bleibe, nicht aufgrund von Werken, sondern aufgrund des Berufenden – wurde zu ihr gesagt: »Der Ältere wird dem Jüngeren dienen.«‹«

»Ich dachte, wir hätte festgehalten, dass es in diesen Versen um Gottes Entscheidung geht, seinen Bund mit Jakob und den Juden zu schließen, anstatt mit Esau und den Edomitern«, sagte Angela.

»Wir haben zwar darüber diskutiert, aber keinen Konsens gefunden«, sagte Rod. »Ich bin mir sicher, dass ein Mann wie Sie, Dr. Shaw, die zentrale Bedeutung dieser Bibelstelle in der reformierten Theologie kennt.«

»Selbstverständlich.«

Rod lächelte selig. »Ein weiterer Vers ist Johannes 15,16. Dort sagt Jesus: ›Nicht ihr habt mich erwählt, sondern ich habe euch erwählt.‹«

»Ich dachte, es wäre klar, dass Jesus sich hier auf die Auserwählung seiner 12 Apostel bezieht?«, sagte Angela.

»Vielleicht gibt es Ausleger, die diesen Vers so verstehen«, sagte Rod, »aber die Standard-Auslegung ist nun mal die, dass er sich auf die Prädestination bezieht. Dann wäre da noch 2. Thessalonicher 2,13, wahrscheinlich der aussagekräftigste Vers zu diesem Thema in der Bibel. Dort schreibt Paulus: ›Wir aber sind es Gott schuldig, allezeit für euch zu danken, vom Herrn geliebte Brüder, dass Gott euch von Anfang an zur Errettung erwählt hat in der Heiligung des Geistes und im Glauben an die Wahrheit.‹ Das ist doch wirklich ein sehr eindrucksvoller Vers, meinen Sie nicht auch, Dr. Shaw?«

»Auf jeden Fall.«

»Das habe ich auch gedacht«, sagte Angela, »bis ich mir mal den genauen

Zusammenhang angeschaut habe. Das Wort Errettung ist ein häufig vorkommendes griechisches Wort, das Rettung bedeutet. In Apostelgeschichte 28 wird es zum Beispiel für die Rettung von einem Sturm gebraucht.«

»In 2. Thessalonicher kommt kein Sturm vor«, sagte Rod.

»In Thessalonich hatten einige Christen fälschlich angenommen, dass der Tag des jüngsten Gerichts gekommen sei«, erklärte Angela. »Paulus schrieb seinen zweiten Brief an die Thessalonicher, um diesen Irrtum aufzuklären. Er sagte ihnen, dass der Gerichtstag nicht kommen würde, bevor zunächst nicht eine Zeit großen Abfalls auf der Erde gekommen sei.«

»Abfall?«, fragte Dr. Shaw.

»Das prophezeite Abfallen vom Glauben in der Endzeit«, erläuterte Elliot. »Die Bibel lehrt, dass viele, die sich selbst Christen nennen, Irrlehren nachfolgen werden. Man wird sich kaum noch für die Wahrheit interessieren. Den Menschen ist es egal, ob sie orthodoxe, lutherische, episkopale, katholische, universell unitaristische oder sogar buddhistische Lehren hören. Sie behandeln sie als gleichwertige Wege zum gleichen geistlichen Ziel.«

»Aber so machen wir das doch auch hier an der GTU«, sagte Dr. Shaw. »Findest du das etwa schlecht?« Er schaute die sechs Studenten prüfend an. »Oh, Moment mal … ihr seid Fundamentalisten, nicht wahr? Natürlich! Das ist es. Das hätte ich doch sofort merken müssen. Fundamentalisten an der GTU. Was es nicht alles gibt!«

»Ich hoffe, Sie haben nichts dagegen«, sagte Alex.

»Nein, nein, nein, das ist schon in Ordnung. Ein Rabbi hat mir einmal gesagt, dass die Toleranz eines Menschen das Barometer seiner Geistlichkeit ist. An der GTU ist auch Raum für euch. Wir unterstützen religiöse und kulturelle Vielfältigkeit. Ja sicher doch, was religiöse Zusammenarbeit angeht, kämpfen wir seit 1962 schon an vorderster Front. Das ist doch das Wichtigste, findet ihr nicht?«

»Das ist etwas schwierig«, meinte Elliot. »Wir –«

»Wir freuen uns, Ihre Bibliothek nutzen zu dürfen«, unterbrach ihn Jamie.

»Und wir freuen uns, dass ihr hier seid«, sagte Dr. Shaw. »Ihr dürft alles benutzen. Nun, wie lautete noch mal der Vers?«

»Zweite Thessalonicher 2,13«, sagte Rod. »›dass Gott euch von Anfang an zur Errettung erwählt hat.‹ Das sagt doch schon alles, nicht wahr?«

»Im Zusammenhang geht es aber um die Endzeit«, sagte Angela. »Paulus erklärt, wie vor der Wiederkunft Christi der Antichrist die Erde unter seine Herrschaft stellen wird und sich selber als Gott anbeten lässt und dass er sich auf den jüdischen Thron im Tempel in Jerusalem setzen wird.«

»Ich wusste gar nicht, dass die Juden wieder einen Tempel in Jerusalem haben«, sagte Dr. Shaw.

»Im Moment noch nicht, aber dann schon«, sagte Elliot. »In der Bibel steht, dass er wieder erbaut werden wird, bevor Christus wiederkommt.«

»Glaubst du das?«, fragte Dr. Shaw.

»Selbstverständlich«, sagte Elliot.

»Und darum geht es im zweiten Thessalonicherbrief«, sagte Angela. »Paulus sagt, dass Gott denen einen Lügengeist schicken wird, die dem Antichristen nachfolgen, damit sie seinen Irrlehren glauben. Der Apostel versichert seinen gläubigen Lesern jedoch, dass Gott sie zur Errettung auserwählt hat. Mit anderen Worten, Gott rettet sie von dem Bösen und der Täuschung in der Endzeit. In dem Kapitel geht es gar nicht darum, ob Gott aussucht, wer in den Himmel kommt und wer nicht.«

»Noch einmal, das sind ihre eigenen Folgerungen«, sagte Rod. »Viele ihrer Ideen sind eher neu.«

»Findest du das schlimm?«, fragte Dr. Shaw.

»Ihre theologische Sicht entbehrt jeglicher historischen Grundlage«, sagte Rod.

»Ich finde das nicht so schlimm«, sagte Dr. Shaw zu Rod. »Die Theologie muss die Freiheit zur Entwicklung haben.« Er blickte zu den anderen. »Worüber habt ihr euch sonst noch unterhalten?«

»Vielleicht ist das jetzt nicht der richtige Zeitpunkt, um es zu erwähnen«, sagte Elliot, »aber ich habe abstrakte Feldtheorien auf die Prädestination angewandt.«

»Jetzt übertreibst du aber ein bisschen«, sagte Rod. »Außerdem sollten wir nicht länger Dr. Shaws Zeit stehlen.«

»Ich muss tatsächlich gleich zu einer Sitzung, aber das hier ist wirklich faszinierend.« Er blickte Elliot an. »Du bist der Mathematiker?«

»Elliot. Elliot Hall.«

»Ja, danke, Elliot. Interdisziplinäre Verknüpfungen sind die Wege der Zukunft, weißt du. Verbindungsfähigkeit, kulturübergreifende Lösungen, Kontextualisierung, religiöser Pluralismus. Dafür steht die GTU.« Dr. Shaw schaute auf seine Uhr. »Aber ich muss langsam los. Hört mal, kommt doch einfach mit in mein Büro. Ich muss dort meine Unterlagen holen und wir können uns auf dem Weg weiter unterhalten.«

59. Kapitel

»Bitte rede weiter, Elliot«, sagte Dr. Shaw, als er und die sechs UCF-Studenten die Bücherei verließen und in Richtung Ridge Road gingen, wo die Verwaltung der GTU ansässig war.

»In der höheren Mathematik müssen wir konzeptionell denken, oft außerhalb der reellen Grenzen – imaginäre Zahlen, unendliche Mengen, solche Sachen eben. Ich habe diesen Ansatz auf unsere Suche nach der Wahrheit über Prädestination angewandt.«

»Ausgezeichnet«, sagte Dr. Shaw.

»Ich habe versucht, es aus Gottes Perspektive zu sehen«, sagte Elliot. »Dadurch wurden einige interessante Fragen aufgeworfen.«

»Zum Beispiel?«, fragte Dr. Shaw.

»Zum Beispiel – wie kann Gott das ewige Schicksal von Individuen festlegen, bevor sie existieren?«

»Da sehe ich aber kein Problem«, sagte Dr. Shaw.

»Man kann nicht wirklich den Himmel für jemanden auswählen, der noch gar nicht existiert«, sagte Elliot.

»Nein, da hast du natürlich Recht.«

Sie betraten das Verwaltungsgebäude.

»Also müssen wir die Präexistenz der Seele voraussetzen«, erklärte Elliot.

»Präexistenz?«, fragte Dr. Shaw.

»Genau.«

»Auf Kolob?«

»Wie bitte?«, fragte Elliot.

»Du redest jetzt von der Sternenbasis Kolob und der Präexistenz im ersten Stadium, oder nicht?«

»Ich weiß nicht, was Sie meinen«, sagte Elliot.

»Ihr seid also nicht Mormonen?«

»Nein.«

»Wir sind evangelikale Christen«, erklärte Alex.

»Oh, ach so.« Dr. Shaw nickte seiner Sekretärin zu und führte die sechs Studenten in sein geräumiges Büro. Die Wände waren mit dunklem Holz getäfelt. Der Kanzler der GTU bot Angela und Elliot die beiden Sessel vor seinem Schreibtisch an. Die anderen blieben stehen. Dr. Shaw ging um den Tisch herum und setzte sich in seinen teuren Lederschreibtischsessel. Seine vielen Diplome zierten dic Wand hinter ihm. »Rede weiter, Elliot.«

»Wir glauben nicht an die Präexistenz der Seele. Wenn wir also davon reden, dass Gott die Erwählten vor Grundlegung der Welt für den Himmel vorherbestimmt hat, was behaupten wir da eigentlich?«

»Auserwählung findet in Gottes Gedanken statt«, sagte Rod. »Präexistenz ist nicht notwendig.«

»Aber trotzdem wirft das Fragen auf«, sagte Elliot. »Solch eine Erwählung würde eine Reihenfolge von Ereignissen einführen, ein Vorher und Nachher. Das wiederum verlangt nach einem Bereich, in dem so etwas wie Zeit existiert.«

»Das macht doch nichts«, sagte Dr. Shaw.

»Es gibt eine Verbindung zwischen Raum und Zeit «, sagte Elliot. »Folglich gilt: Vor der Erschaffung des körperlichen Universums gab es die Zeit, wie wir sie kennen, noch gar nicht.«

»Das habe ich auch schon mal irgendwo gehört«, sagte Dr. Shaw.

»Wir reden von einer logischen und philosophischen Ereignisreihenfolge innerhalb der Gedanken Gottes«, sagte Rod. »Echtzeit ist dafür gar nicht notwendig.«

»Da bin ich mir nicht so sicher«, sagte Elliot. »Damit die Erwählung stattfinden kann, müssen wir uns erst einmal vorstellen, dass jeder in einem gleichen Zustand vor Gott war. Wir könnten diese Gruppe ›die noch nicht erwählten, verlorenen Sünder, die gefallenen Kinder Adams‹ nennen.«

»Das hört sich meiner Meinung nach ein bisschen überzogen streng an«, sagte Dr. Shaw, »aber rede nur weiter, ich bin ganz Ohr.«

»Dann hätte Gott aus dieser Gruppe diejenigen auswählen müssen, die er für das ewige Leben vorherbestimmen wollte.«

»Das stimmt«, sagte Rod.

»Das Problem dabei ist aber, dass eine Ereignisreihenfolge aufgebaut wird, ein Vorher und Nachher. Wir wurden in eine Zeit-Dimension gestellt, bevor wir und die Zeit überhaupt existierten.«

»Brillant!«, rief Dr. Shaw so laut, dass alle anderen zusammenzuckten und sich erschrocken umsahen, ob jemand ihn gehört hatte.

»Kein Problem, dafür bin ich der Chef in diesem Laden«, versicherte Dr. Shaw. »Rede weiter, Elliot.« Dr. Shaw fing an, verschiedene Papiere einzusammeln und in einen Aktenkoffer zu legen.

»Was für Rückschlüsse würde man bei einer solchen Vorgehensweise über Gott ziehen können?«, fragte Elliot. »Wenn Gott allwissend ist, lernt er dann so wie wir?«

»Nein, das kann ich mir nicht vorstellen«, sagte Dr. Shaw. Er ordnete immer noch seine Unterlagen, hörte aber weiterhin zu. Dann schloss er seinen Aktenkoffer und ging zu einem Hängeregisterschrank hinter seinem Schreibtisch. »Gott weiß alles. Ich glaube, daran besteht kein Zweifel.« Er öffnete die oberste Schublade und suchte nach einer weiteren Akte.

»Was ist mit Entscheidungen?«, fragte Elliot.

Dr. Shaw hielt inne und sah Elliot an. »Nun, da Gott ja alles weiß, dann wird er wohl vorher wissen, was er entscheiden wird.«

»Sehr präzise«, sagte Elliot. »Gott überdenkt seine Entscheidungen nicht wie wir. Wenn das der Fall ist, kann man doch auch sagen, dass er alle Themen schon immer entschieden hat.«

»Ich denke schon«, sagte Dr. Shaw.

»Wie können wir dann sagen, dass Gott eines Tages innerhalb des geheimen Ratschlusses seines Willens nachgedacht und ausgewählt hat, wer in den Himmel kommt und wer nicht?«

»Ich bin mir sicher, dass Gott damit zurechtkam«, sagte Rod.

»Aber ist es nicht logischer, wenn man sagt, dass Gott die Erwählten von Ewigkeit her kennt, weil er ja alles kannte und wusste? Und wenn das der Fall ist, kann man dann nicht sagen, dass die Erwählten schon immer die Erwählten waren?«

Dr. Shaw hielt wieder inne und sah Elliot an. »Ich mag die Art, wie du denkst. Wenn die Erwählten schon immer die Erwählten waren, wann hat Gott sie also ausgesucht? Absolut brillant!« Er schloss die Schublade, nahm seinen Aktenkoffer und lief um den Schreibtisch herum. Angela und Elliot standen auf. »Ich muss euch jetzt leider verlassen.«

»Wenn wir über Erwählung im Sinne von *Auswahl* denken«, sprach Elliot weiter, »dann müssen wir erst voraussetzen, dass alle Menschen zu einem Zeitpunkt nicht ausgewählt waren.«

»Und da sind wir wieder bei einem Vorher und Nachher«, sagte Dr. Shaw. »Dazu müsste es aber eine Zeit geben und wie du schon gezeigt hast, ist das ein Problem.«

»Es hieße auch, dass Gott zu einem Zeitpunkt nicht wusste, dass die Erwählten seine Auswahl sein würden, später aber schon«, sagte Elliot.

Dr. Shaws Kinnlade fiel nach unten. »Du hast Recht. Dickes Problem.« Er wandte sich zu Rod. »Wie erklärst du das?«

»Für Gott ist das doch nur eine Kleinigkeit«, sagte Rod.

»Da hast du auch wieder Recht«, sagte Dr. Shaw.

»Noch etwas«, sagte Elliot. »Wenn die Erwählten schon immer die Erwählten waren, dann sollten wir sie vielleicht mehr im Sinne von *Auslese* sehen und nicht als *die Erwählten*. Das würde die Betonung eher auf ihre *gute Qualität* legen, als auf den Auswahlvorgang. Angela hat uns ja heute Morgen gezeigt, dass das griechische Wort für Erwählung diese Bedeutungen zulässt.«

»Darum ging es also in dem Diagramm in der Bücherei. Ihr nähert euch diesem Thema auf einem Level, den meines Wissens vor euch noch keiner erreicht hat. Ihr solltet mal wiederkommen und eure Gedanken vor unserem

Kollegium vortragen. Ich bin von eurer Vorgehensweise begeistert.«

»Noch etwas«, sagte Elliot.

»Er muss gehen«, sagte Rod. »Wir sollten Dr. Shaw nicht länger belästigen.«

»Nicht doch, nicht doch«, sagte Dr. Shaw. »Rede weiter, Elliot.«

»Was, wenn Erwählung gar nichts mit der Frage zu tun hat, ob manche Menschen errettet werden und manche nicht?«

»Gar nichts?«, fragte Dr. Shaw.

»Gar nichts«, antwortete Elliot.

»Das nenne ich Denken außerhalb aller Grenzen!«, sagte Dr. Shaw strahlend.

»Wir haben angenommen, dass Erwählung die Antwort auf folgende Frage ist: ›Warum werden manche gerettet und manche gehen verloren‹?«, sagte Elliot. »Vielleicht ist diese Annahme aber nicht zulässig. Vielleicht hat – wie Angelas Funde zu belegen scheinen – die Erwählung nichts mit der Frage zu tun, ob jemand errettet wird oder nicht.«

»Menschenskinder«, sagte Rod und stöhnte. »Wir beschäftigen uns mit alldem seit September und du weißt noch nicht einmal *das*?«

»Sei nicht so kritisch«, ermahnte ihn Dr. Shaw. »Lernen findet in einer offenen und bestätigenden Umgebung statt. Gib einer neuen Idee die Chance, das Licht der Welt zu erblicken, ihren ersten Atemzug zu holen. Bitte rede weiter, Elliot.«

»Wir haben eine Beziehung von Ursache und Wirkung zwischen Erwählung und Errettung vorausgesetzt, aber ich frage mich langsam, ob unsere Annahme Gültigkeit hat.«

»Erläutere mir das näher«, bat Dr. Shaw.

»Wir haben niemals ein deutliches Bindeglied zwischen Prädestination, Erwählung und Errettung festgelegt.«

»Du suchst nach einem Kausalzusammenhang«, sagte Dr. Shaw.

»Sehr richtig«, sagte Elliot. »Wir haben immer so getan, als ob einer existieren würde, aber jetzt habe ich langsam meine Zweifel.«

»Ich wünschte, ich hätte noch mehr Zeit, um euch zuzuhören«, sagte Dr. Shaw. »Ihr solltet alle belobigt werden. Eine hervorragende Arbeit leistet ihr hier.« Er ging aus dem Zimmer und steckte dann noch einmal den Kopf durch die Tür. »Elliot, noch etwas Kurzes bevor ich gehen muss, etwas, worüber ich während der Sitzung nachgrübeln kann.«

»Erzähl ihm von der distortionalen Abnormität, die du gefunden hast«, sagte Alex.

»Bist du etwa ein Science-Fiction-Fan, Elliot?«

»Äh, ja schon, aber –«

»Ich auch!«, sagte Dr. Shaw und hob seine Hand zum Spock-Gruß.

»Was Alex eigentlich sagen wollte: Ich habe eine statistische Anomalie im reformierten Modell gefunden.«

»Sag's ihm«, sagte Alex.

»Sag's ihm nicht«, bettelte Rod.

»Sag's mir«, bat Dr. Shaw. »Ich bin ganz Ohr.«

»Das reformierte Modell setzt voraus, dass die Erwählten keine wahrnehmbaren Gemeinsamkeiten haben«, sagte Elliot. »Es postuliert einen Gott, der gewisse Individuen wählte, ohne dass sie bestimmte Bedingungen erfüllt hätten und ohne dass sie besonders tugendhaft gewesen wären. Gott suchte die Erwählten aus, so besagt jedenfalls das Modell, nicht weil sie an Christus glaubten oder irgendetwas Besonderes getan hätten. Gottes Wahl war völlig bedingungslos.«

»Wo liegt das Problem?«, fragte Dr. Shaw.

»Wenn das reformierte Modell korrekt ist, dann müssten die Erwählten innerhalb der Gesamtpopulation zufällig verteilt erscheinen.«

»Und das ist nicht der Fall?«, fragte Dr. Shaw.

»Nein. Ich habe eine Liste aller Personen erstellt, die im Neuen Testament als Christen identifiziert werden und habe sie analysiert«, sagte Elliot. »Die Daten sind verzerrt.«

»Verzerrt?« Dr. Shaw Augen weiteten sich. »In welche Richtung?«

»Nach unten.«

»Nach unten?«

»Die meisten Christen stammten aus der Unterschicht – einfache Menschen, Sklaven, stadtbekannte Sünder, Zöllner und andere Verstoßene und Außenseiter.«

»Es gibt nun einmal mehr einfache Menschen«, sagte Rod. »Sie sind rein zahlenmäßig mehr.«

»So viele der Jünger Jesu waren Ausgestoßene«, machte Elliot weiter, »dass seine Kritiker ihn Freund der Zöllner und Sünder nannten.«

»In meinem Land wird das Christentum als die Religion der untersten Kaste angesehen«, sagte Preston. »Vielleicht ist das ja der Grund.«

»Niemand hat gesagt, dass Gottes Wahl rein zufällig war«, sagte Rod. »Gott wird seine Gründe gehabt haben.«

»Ich verstehe, was du meinst«, sagte Elliot, »aber wenn Gottes Wahl bedingungslos war, wie du immer wieder betonst, dann müsste seine Auswahl zumindest in unseren Augen zufällig erscheinen.«

»Der Frage müsste man einmal gezielt nachgehen«, sagte Rod. »Deine Folgerungen sind höchst spekulativ.«

»Das sind keine Folgerungen«, korrigierte ihn Elliot. »Das sind Beobachtungen, die auch schon der Apostel Paulus gemacht hatte.«

»Hat er gar nicht«, sagte Rod.

Elliot schlug seine Bibel auf. »Paulus schreibt in 1. Korinther 1: ›Denn seht, eure Berufung, Brüder, dass es nicht viele Weise nach dem Fleisch, nicht viele Mächtige, nicht viele Edle sind; sondern das Törichte der Welt hat Gott auserwählt, damit er die Weisen zuschanden mache; und das Schwache der Welt hat Gott auserwählt, damit er das Starke zuschanden mache. Und das Unedle der Welt und das Verachtete hat Gott auserwählt, das, was nicht ist, damit er das, was ist, zunichte mache, dass sich vor Gott kein Fleisch rühme.‹«

»Also nicht zufällig«, sagte Dr. Shaw.

»Eben«, sagte Elliot. »Im Jakobusbrief steht übrigens das Gleiche.«

»Das stimmt nicht«, sagte Rod.

Elliot las vor: »›Hat nicht Gott die vor der Welt Armen auserwählt, reich im Glauben und Erben des Reiches zu sein, das er denen verheißen hat, die ihn lieben?‹«

»Interessant«, bemerkte Dr. Shaw.

Über den Rand seiner riesigen Brille schaute Elliot zu Rod. »Jesus hat das auch gesagt.«

»Niemals!«, rief Rod.

»›Es ist leichter, dass ein Kamel durch ein Nadelöhr geht, als dass ein Reicher in das Reich Gottes hineinkommt.‹«

»Was sagst du dazu, Rod?«, fragte Angela.

»Hey genau, was sagst du dazu, Rod?«, fragte Jamie. »Wenn die Errettung wirklich bedingungslos ist, warum hat dann ein Armer eine bessere Chance als ein Reicher?«

»Vielleicht hat Gott einfach mehr errettete Seelen für arme Familien vorgesehen.«

»Elliot, falls du deine Gedanken zu Papier bringen solltest, schick mir bitte eine Kopie«, sagte Dr. Shaw. »Wir werden es in unserem Journal veröffentlichen. Ich muss mich jetzt leider sputen, aber ich möchte, dass ihr wisst, dass die Tore der GTU euch jederzeit offen stehen. Wenn ihr noch etwas braucht, dann ruft in meinem Büro an.« Mit diesen Worten verließ er die Studenten, die sich wieder auf den Rückweg zur Bibliothek machten.

»Cooler Typ«, meinte Jamie.

»Ja, sehr nett«, sagte Alex.

»Hört mal, ich weiß, dass ich vorgeschlagen habe, wir sollten uns in der GTU-Bibliothek treffen«, sagte Rod, »aber missversteht das nicht als Empfehlung dieser Einrichtung. Hier herrscht der pure endzeitliche Abfall. Shaw hat es ja selber gesagt.«

»Übertreibst du nicht ein wenig?«, fragte Alex.

»Sieh dir das mal an«, sagte Rod und hielt ihm eine Broschüre unter die Nase. »Das habe ich aus der Lobby im Verwaltungsgebäude mitgenommen. Eine Liste der nächsten öffentlichen Veranstaltungen der GTU.« Er schlug die Broschüre auf und zeigte auf etwas auf der linken Seite. »Das Seminar der Episkopalkirche veranstaltet eine Bäume-Umarmen-Session.«

»Im Ernst?«, fragte Jamie.

»Der Titel lautet ›Theologischer runder Tisch zur ökologischen Ethik und Spiritualität.« Er zeigte auf etwas in der mittleren Spalte. »Das Zentrum für lesbische und schwule Studierende in religiösen Studiengängen und in der Ausbildung zum vollzeitlichen Dienst der Pazifik-Schule für Religion lädt zu folgendem Vortrag ein: ›Die homosexuelle Politik des Vergnügens: Die Scham hinter sich lassen und in neue theologisch erogene Zonen eintauchen.‹ Ihr Redner ist ein Dr. Robert E. Goss, ehemaliger Jesuit und Autor des Buches ›Der schwule Christus‹.«

Jamie griff nach der Broschüre. »Lass mich mal sehen.«

»An diesem Ort ist alles erlaubt«, sagte Rod.

»Rod hat Recht«, sagte Jamie. »Genau das steht hier.«

»Okay, ich verstehe, was du meinst«, sagte Alex.

»Vielleicht sollten wir uns lieber woanders treffen«, sagte Angela.

Sie betraten die GTU-Bibliothek und liefen durch die Eingangshalle.

»Man kann hier sehr gut Recherchen betreiben«, sagte Rod. »Lasst uns nur nicht Shaw zu unserem Ehren-Vorsitzenden erklären.«

»Wenn wir hier sitzen und die Entrückung findet statt, meint ihr, wir dürfen immer noch mit?«, fragte Jamie.

»Wahrscheinlich ist das nicht der maßgebliche Faktor«, antwortete Alex. Sie betraten wieder ihren Seminarraum. »Lasst uns weitermachen. Vor uns liegt noch eine Menge Arbeit.«

»Ich weiß nicht, ob ich noch lange durchhalte«, sagte Angela. »Ich kriege langsam Kopfschmerzen.«

»Ich bin auch müde«, sagte Preston. »Müssen wir wirklich die Nacht durcharbeiten?«

»Tja, dann wohl doch nicht«, sagte Alex.

»Ich dachte, wir wollten so lange hier bleiben, bis wir die Lösung in Händen halten«, sagte Jamie.

»Beim nächsten Mal«, sagte Alex.

60. Kapitel

»Rod Sutherland! Ich habe mich schon den ganzen Tag auf diesen Termin mit Ihnen gefreut. Erzählen Sie mir die guten Neuigkeiten, mein Junge.«

Rod ließ sich in den Sessel vor dem riesigen Schreibtisch seines Pastors fallen. »Es tut mir sehr Leid, Pastor Shelton, aber die Dinge haben sich etwas verkompliziert.«

»Sagen Sie mir nicht, dass Sie sich infiziert haben!«

»Nein, natürlich nicht. Meine Freunde tischen mir dauernd diese närrischen Ideen auf. Immer, wenn wir gerade einen Schritt vorwärts gekommen sind, kommt einer mit einer neuen Verrücktheit. Bevor man sich versieht, herrscht wieder nur Durcheinander.«

»Wem sagen Sie das«, sagte Pastor Shelton, auf seinem riesigen Schreibtischsessel thronend.

»Dieser Deutsche, Michael, hat sich eingemischt. Er ist so 'ne Art Gelehrter.«

»Student in Berkeley?«

»Macht seinen Doktor in Nah-Ost-Studien, ein Hebräisch-Experte.«

Pastor Shelton verzog sein Gesicht, als hätte er in eine Zitrone gebissen. »Sie brauchen gar nichts mehr sagen, Mr. Sutherland, den Typus kenne ich. Wahrscheinlich lässt er euch Bultmann* lesen.«

»Er schlug vor, dass wir noch mal von vorne anfangen.«

»Wie bitte?«

»Er sagte, wir sollten uns so mit der Prädestination beschäftigen, als ob die Reformation nie stattgefunden hätte.«

»Junge, Junge, wir kommen völlig vom Weg ab.«

»Er sagte, wir sollten allein die Bibel benutzen.«

»Die Bibel?«

«Er sagte, wir sollten alle theologischen Bücher beiseite legen und nur in der Bibel forschen.«

»Ein Deutscher? Sind Sie sich sicher, dass er Deutscher ist?«

»Er sagte, dass wir wieder bei Null anfangen und induktiv vorgehen sollten. Alles ist so kompliziert geworden, Pastor Shelton. Als wir uns letzten Samstag trafen, haben Alex und die anderen ihre Spinnereien auf einer Tafel festgehalten. Dann tauchte auch noch der Kanzler der GTU auf und Elliot fing an, die Prädestination mit Astrophysik erklären zu wollen.«

---

* Rudolf Bultmann (1884-1976), deutscher Theologe, der in seiner bibelkritischen Haltung u.a. alle übernatürlichen Wunder ablehnte.

»Der Kanzler der GTU? Wo kam der denn her?«

»Er war auf einmal in unserem Seminarraum und behandelte Elliot, als ob er Einstein wäre oder so jemand.«

»In eurem Seminarraum?« Pastor Shelton lehnte sich so weit er konnte über den Schreibtisch zu Rod. »In welchem Seminarraum?«

»Na in der GTU. Dort halten wir unsere Treffen ab.«

»Das Schlangennest oben auf dem Hügel!«

»Wir benutzen nur die Bibliothek.«

»Was denkst du dir dabei!« Pastor Shelton katapultierte sich aus seinem Sessel. Wütend stieß er mit seinem Zeigefinger Löcher in die Luft. »›Darum gehet aus von ihnen und sondert euch ab, spricht der HERR, und rührt kein Unreines an.‹«

»Er hat sich uns regelrecht aufgedrängt.«

»›Wie stimmt Christus mit Belial? Oder was für ein Teil hat der Gläubige mit dem Ungläubigen?‹«

»Keinen Teil, Pastor, das weiß ich doch.«

»Mannomann, oh Mannomann, jetzt erst sehe ich die Sache klar.« Pastor Shelton starrte Rod an. »Wo soll das mit dir noch hinführen?«

Rod stützte seine Ellbogen auf die Knie und vergrub den Kopf in seinen Händen. »Ich weiß nicht mehr weiter.«

Pastor Shelton lief um seinen Schreibtisch herum. Er baute sich vor Rod auf. »Hast du ihnen Römer 9 unter die Nase gehalten, wie ich dir gesagt habe?«

»Ja.«

»Und?«

»Jamie kam auf einmal mit der Idee, dass der Klumpen Ton Israel sei.«

»Ist mir nichts Neues.« Pastor Shelton ging zu einem Beistelltisch und goss zwei Gläser Wasser aus. Eins reichte er Rod. »Bist du mit ihnen die Versliste durchgegangen, die ich dir mitgegeben hatte?«

»Ja. Das hat sie erst umgehauen, aber nun kommen sie auf einmal mit allen möglichen wilden Auslegungen.«

»Du musst sie die Puritaner lesen lassen.« Er nahm einen Schluck Wasser. »Das wird ihren Übermut dämpfen.«

»Sie wollen die Reformatoren oder die Puritaner nicht mehr anrühren. Sie wollen nur noch die Bibel lesen.« Rod stürzte das ganze Glas Wasser auf einmal runter.

»Junge, Junge, Junge, wir befinden uns in einer prekären Lage.« Pastor Shelton kehrte wieder zu seinem Schreibtischsessel zurück. Er lehnte sich weit nach hinten. »Neue Taktik.« Er legte ein Bein auf den Schreibtisch, dann das andere quer darauf. Er nahm noch einen Schluck Wasser. »Wir schlagen einen neuen Kurs ein, Mr. Sutherland.«

Rod ließ immer noch den Kopf hängen. »Ich brauche Ihre Hilfe. Ich komme nicht mehr weiter.«

»Zeit für Sie, Ihren Hut zu nehmen. Sagen Sie ihnen, dass Sie draußen sind. Ich will, dass Sie diese Geschichte zu den Akten legen.«

»Ich darf jetzt nicht aufgeben!« Rod stellte das leere Glas auf Pastor Sheltons Schreibtisch. »Sie laufen in die Irre! Wenn ich jetzt aufgebe, lasse ich sie in ihr Verderben laufen!«

»Das ist nicht länger Ihre Verantwortung. Sie haben getan, was Sie konnten.«

»Ich bin mir sicher, dass ich sie noch überzeugen kann, wenn ich nur etwas mehr Zeit hätte.«

»Wenden Sie sich wichtigeren Dingen zu, Mr. Sutherland.«

»Ich begreife einfach nicht, warum sie die Wahrheit nicht erkennen.«

»›Ihr sollt das Heiligtum nicht den Hunden geben, und eure Perlen nicht vor die Säue werfen.‹«

»Ich muss es noch einmal versuchen.«

»Ihre Zukunft steht auf dem Spiel, mein Sohn.«

»Aber sie sind meine Freunde. Ich muss ihnen doch helfen.«

Pastor Shelton setzte sich wieder aufrecht hin. »Du hast es da mit Arminianern zu tun, mit geistlichem AIDS, und nicht mit einer einfachen Erkältung, vergiss das nicht!«

»Ich weiß.«

»Zeit, aufzuhören. ›Lass vom Bösen und tue Gutes.‹«

»Wir werden uns übernächsten Samstag wieder treffen. Ich muss es einfach noch einmal versuchen. Auch die UCF steht auf dem Spiel.«

»Was ist mit dem Westminster Seminar? Der Anmeldeschluss ist« – er griff nach den Anmeldeunterlagen, die vor ihm auf dem Schreibtisch lagen – »in vier Tagen, von heute an gerechnet.«

»Sie können mir immer noch nicht ihre Empfehlung geben, Pastor?«

»Ich würde Ihnen ja gerne helfen, Mr. Sutherland, aber was soll ich denen denn sagen? Er ist der stellvertretende Vorsitzende des Berkeley Arminianer-Clubs? Sie treffen sich in der Graduate Theological Union, dem Westküstenzentrum des kommenden großen Abfalls? Soll ich *das* etwa sagen?«

»Nein, natürlich nicht.«

»Ich weiß, Sie meinen es nur gut, mein Sohn, aber denken Sie das mal zu Ende. Es geht ja letztlich nicht darum, Sie ins Seminar zu bringen, es geht doch um viel mehr. Es ist eine Sache des Charakters. Ein Diener Gottes muss sich gut überlegen, welchen Umgang er pflegt und welches Vorbild er anderen dadurch ist. Der Ruf eines Mannes in Amt und Würden ist sein Ein und

Alles.«

»Ich gebe Ihnen in allen Punkten Recht, Pastor, aber was soll ich denn tun?«

Pastor Shelton betonte jedes Wort: »›*Gehet aus von ihnen.*‹«

»Morgen treffe ich mich mit Preston. Er wird bestimmt der nächste Vorsitzende der UCF. Ich glaube, er vertraut meinem geistlichen Urteilsvermögen.«

»Ich bewundere Ihren Eifer, mein Sohn, aber …«

»Er hat mir gesagt, er fände Jamies Auslegung von Römer 9 nicht so überzeugend.«

»Das heißt noch lange nicht, dass er Ihrer Ansicht ist.«

»Wenn ich nur mal allein mit ihm sprechen könnte, ohne dass die anderen immer dazwischen quatschen, dann könnte ich ihn bestimmt überzeugen.«

»Ich bin nicht sehr optimistisch. Ich weiß, wo so etwas endet, ich habe meine Erfahrungen.«

»Ich kann jetzt nicht einfach aufgeben.«

»Dann kann ich Ihnen jetzt keine Empfehlung schreiben.«

Rod wand sich in seinem Sessel. »Dürfte ich eine Bitte äußern, Pastor? Würden Sie die Leute in Westminster anrufen und denen erklären, was los ist? Vielleicht kann man mir ja noch ein paar Tage Aufschub gewähren. Ich bin mir sicher, dass ich die ganze Angelegenheit in ein oder zwei Wochen klären kann.«

»Hm, hm, hm«, sagte Pastor Shelton, ein mildes Lächeln auf dem Gesicht. »Was soll ich bloß mit Ihnen machen, Mr. Sutherland? Sie sind ja ein ganz hartnäckiger Bursche, scheint mir.«

»Ich darf meine Freunde nicht einfach hängen lassen.«

»Na schön. Ich werde im Seminar anrufen und Ihnen eine Fristverlängerung besorgen.«

»Vielen herzlichen Dank, Pastor.« Rod erhob sich.

»Werden Sie auf sich aufpassen, mein Sohn?«

»Ja, Sir. Alex und die anderen sind wirklich in Ordnung. Ich glaube, Sie würden sie auch mögen, wenn Sie sie kennen lernen würden.«

»Dessen bin ich mir sicher. Hoffentlich lerne ich sie eines Tages kennen.«

»Möchten Sie das wirklich? Würden Sie sich vielleicht sogar bald mit ihnen treffen?«

»Nun, wenn Sie meinen, dass das helfen würde, sicher.«

»Das wäre ganz prima. Wenn jemand sie überzeugen kann, dann *Sie*, Pastor Shelton.«

»Ich habe da so meine Zweifel, aber wenn es dir so wichtig ist, dann mach einen Termin mit meiner Sekretärin aus. Ich lade euch alle zum Mittagessen zu mir nach Hause ein.«

»Ich glaube, das würde die Lösung aller Probleme sein.«

»Erwarten Sie nicht von mir, dass ich Ihre Freunde unter Druck setze, verstanden?«

»Ja, Sir.«

»In Ordnung, sagen Sie meiner Sekretärin, dass sie euch einen Termin für übernächsten Samstag geben soll.«

»Vielen herzlichen Dank, Pastor.«

»›Wandelt weise und kauft die gelegene Zeit aus.‹«

»Jawohl, Sir.«

»Und jetzt legen Sie sich ins Zeug.«

»Jawohl, Sir.«

61. Kapitel

Der Dienst auf dem Unigelände am nächsten Donnerstag verlief gut, bis plötzlich um kurz vor zwei Sharon zum UCF-Büchertisch rannte und laut rief: »Er kommt!«

Ihr Rufen schreckte Alex und Angela auf, die gerade gemeinsam den Tisch betreuten. »Wer?«, fragte Alex.

»Coleman. Er dreht durch!«

Bevor Alex etwas tun konnte, war Coleman schon bei ihnen. Mit beiden Händen zerrte er am Büchertisch. Alex und die anderen hielten dagegen. Coleman riss einen Bücherstapel an sich und schleuderte die Bücher zu Boden. Alle Hände griffen nach den restlichen Schriften, um sie vor Coleman in Sicherheit zu bringen. Der Obdachlose entwand ihnen ein weiteres Buch. Er warf es über seine Schulter nach hinten. Seine Augen blickten irre. Wieder versuchte er, etwas zu erbeuten.

»Hör auf!«, schrie Alex.

Coleman ignorierte ihn. Er riss den Umschlag von einer Bibel ab, die Sharon zu schützen versucht hatte. Er schnappte sich noch eine und feuerte auch sie auf den Boden. Angela legte schnell ihren Rucksack genau vor Coleman auf den Büchertisch und bedeckte so einige Bücher. Aber er entriss ihr den Rucksack und schleuderte ihn dem Mädchen so fest vor die Brust, dass sie umgeworfen wurde. Alex und Sharon packten die Bücher gleichzeitig so schnell sie konnten in die bereitstehenden Kisten. Coleman trat mehrfach gegen ein vorderes Tischbein, bis es zerbrach. Der Tisch wankte. Coleman nahm das kaputte Tischbein und schlug damit wie besessen auf die restlichen Bücher ein.

»Tu etwas, Alex«, schrie Angela, immer noch am Boden liegend.

»Was?«, schrie Alex zurück und wich Colemans Schlägen mit dem Tischbein aus.

»Irgendwas.«

Alex bewegte sich in Richtung des Angreifers. Coleman attackierte ihn mit seiner Waffe und verfehlte ihn nur knapp. »Bleib mir vom Leib«, schrie Coleman. Er schlug wild um sich.

Alle wichen zurück. Coleman versetzte dem Tisch einen mächtigen Schlag. Er fiel in sich zusammen. Coleman sprang nun mit beiden Füßen darauf und ruinierte ihn vollends. Aus einer verfilzten Haarlocke zog er eine Rasierklinge hervor. Voller Entsetzen mussten die Studenten mit ansehen, wie Coleman sich mit der scharfen Klinge den ganzen Unterarm längs aufschnitt. Sharon kreischte. Coleman hob seinen Arm in die Höhe und ließ sein Blut auf die am Boden liegenden Bücher fließen. Er brüllte etwas, was sich schmutzig und fremdartig anhörte und rannte dann in Richtung Sather Tor. Zurück blieb eine Spur aus dicken, roten Blutstropfen.

62. Kapitel

Joe erfuhr von Colemans Attacke, kurz nachdem es passiert war. Da er wusste, dass er für sich selbst nicht die Hand ins Feuer legen konnte, hatte er sich dem Schauplatz des Geschehens nicht genähert. Aber jetzt, Freitagnachmittag, 30 Stunden nach Colemans zweiter Attacke, siegte Joes Neugier. Er kam aus der Doe Bibliothek, wo er an einer Hausarbeit für seinen Soziologie-Kurs gearbeitet hatte und wandte sich nach Süden, Richtung Sather Tor und Sproul Plaza. Zweihundert Fuß von der Stelle, wo sie jede Woche ihren Büchertisch aufstellten, entdeckte Joe etwas am Boden, das wie ein getrockneter Blutstropfen aussah, aber er war sich nicht sicher. Er ging weiter und nördlich vom Sather Tor fand er die Spur. Braune Flecken führten ihn zum letzten Baum der nordöstlichen Ecke der Sproul Plaza und damit zu dem Ort, wo der UCF-Tisch gestanden haben musste. Es war so, wie ihm beschrieben worden war.

Joe fühlte, wie Wut in ihm hochstieg. Dieser Ort war in gewissermaßen heilig für ihn. Vor einem Jahr hatte er hier das erste Mal von Jesus Christus gehört. Er war mit einigen Kumpels aus der Leichtathletikmannschaft über die Plaza gegangen. Sie hatten hier Halt gemacht und einem der UCF-Leute zugehört. An jenem Tag hatte der Redner über die Zuverlässigkeit des Neuen Testaments geredet. Sie hatten blöde Witze gerissen und waren dann weitergegangen. Einige Wochen später war Joe alleine am Büchertisch vorbeigekommen. Wieder hatte jemand von der UCF eine Kurzbotschaft gehalten. Dieses Mal ging es um Jesus Christus und seine göttliche Natur. Die Woche darauf blieb Joe wieder stehen, um zuzuhören und die nächste auch. Jedes Mal verbarg er sich hinter der kleinen Menschenmenge und beobachtete alles, ohne involviert zu werden. Einmal sahen ihn einige seiner Kumpels und machten sich über ihn lustig. Joe leugnete jedes Interesse. Am folgenden Donnerstag ging er jedoch wieder zum Büchertisch.

Ungefähr zur selben Zeit borgte sich Joe eine Bibel von Zuhause. Seit Jahren hatte sie niemand angerührt, also nahm er sie beim nächsten Besuch einfach heimlich mit – niemand würde dieses Buch vermissen. Vor dem Schlafengehen las er nun immer einige Seiten. Er fand den Inhalt faszinierend, besonders die neutestamentlichen Berichte des Lebens Jesu. Die Art und Weise, wie Christus selbst mit seinen Feinden umging, fesselte ihn, genauso seine Weisheit und Zielstrebigkeit. Joe musste dadurch viel über sein eigenes Leben nachdenken. Im Vergleich erschien ihm sein eigenes Leben selbstsüchtig und oberflächlich.

Damals drehte sich Joes Leben allein um eine zwei Kilo schwere Aluminium- und Stahlscheibe, oder genauer gesagt, sie drehte sich um ihn. Er war Diskuswerfer im Leichtathletik-Team und verbrachte seine Stunden mit Gewichtheben, Joggen und Techniktraining. Sein Training verbrachte er in einem kleinen Kreis, die Füße schulterweit auseinander stehend, den Körper lotrecht zur Wurfrichtung, den rechten Fuß etwas weiter vor als den linken. Seine rechte Hand umfasste den Diskus, Finger gespreizt, den Zeigefinger in einer Linie mit dem Handgelenk. Dann verlagerte er sein Gewicht auf sein rechtes Bein, drehte seinen Oberkörper entgegengesetzt zur Wurfrichtung, den rechten Arm seitlich weit vom Körper weggestreckt, den linken im 90-Gradwinkel dazu. So begann er die Kreisbewegung, zuerst aus der Hüfte heraus, dann kamen die Beine und schließlich beide Arme. Der linke Arm kam bei der Drehung eng an den Körper, mit den Füßen lief er eine umgekehrte Sieben. Er gewann an Geschwindigkeit, die sich auf das Zentrum des Kreises richtete, um ein Drehmoment zu erzielen. Zuletzt kam der Augenblick des Loslassens, seine Finger ließen den Diskus aus der Hand flutschen wie ein glitschiges Stück Seife. In einer hohen Flugkurve flog der scheibenförmige Diskus in enormen Tempo durch die Luft. In einem Wettkampf entschieden die ersten drei Versuche über sein weiteres Schicksal. Wenn er zu den besten

Acht gehörte, bekam er drei weitere Versuche. Der Athlet, der den Diskus am weitesten warf, gewann. Ein paar Meter machten dich zum Sieger oder Verlierer.

Der Spaß hatte für Joe schon lange aufgehört, aber Aufhören war keine Option. Die Universität finanzierte sein Studium. Man bezahlte ihm die Studiengebühren, Bücher, Unterkunft und volle Verpflegung. Die Athleten der Leichtathletikmannschaft bekamen nur die beste Ausstattung. Großzügige Spesenerstattungen seines Coachs waren ein zusätzliches Taschengeld und wann immer er mehr Geld benötigte, verkaufte er einige seiner zahlreichen und für ihn kostenlosen Ausrüstungsgegenstände. An den Wochenenden fuhr er durch das ganze Land und nahm an Sportwettkämpfen teil. Die Mannschaft wohnte in teuren Hotels, aß in guten Restaurants und feierte danach bis tief in die Nacht hinein. Bier floss in Strömen und Mädchen waren leicht zu haben. Sogar das Studium war kein Problem. Joe besaß eine recht gute Auffassungsgabe und wann immer er etwas nicht verstand, bekam er die besten Nachhilfelehrer bezahlt. So bekam er mit wenig Aufwand gute Noten. Er hatte seine Schäfchen im Trockenen, jedenfalls versicherte ihm das jeder.

Joe wusste es besser. In seinem Inneren war er rastlos und voller Sorgen. Häufig lag er nachts wach und grübelte über den Sinn seines Lebens nach. *Du arbeitest dein ganzes Leben, wirst alt und fällst irgendwann tot um. Was soll das?*

Außerdem raubten ihm die Dinge, die er in seinem Leben falsch gemacht hatte, den Schlaf – die Abtreibung, zu der er seine letzte Freundin fast gezwungen hatte, die Prügelei mit seinem älteren Bruder, die Wutausbrüche. Manchmal schlief er dann ein, nur um 20 Minuten später aus einem unruhigen Schlaf aufzuwachen. Dann lag er wieder grübelnd im Bett, bis er irgendwann aufstand und sich ein oder auch zwei Bier reinzog, die ihn beruhigten und ihn wieder einschlafen ließen.

Joe hoffte, dass das Bibellesen helfen würde, aber im Gegenteil, er fühlte sich plötzlich noch mieser. Je mehr er von Jesus und dessen Leben erfuhr, desto dreckiger kam ihm sein eigenes vor. Nachdem er drei Wochen lang in der Bibel gelesen hatte, warf er sie in den Kofferraum seines Wagens und nahm sich vor, sie beim nächsten Besuch bei seinen Eltern wieder in den Schrank zurückzustellen.

Am folgenden Tag sah Kirk, der damalige Präsident der UCF, den jungen Leichtathleten über die Sproul Plaza gehen und stellte sich ihm vor. »Mir ist aufgefallen, dass du in letzter Zeit öfters zugehört hast. Bist du Christ?«

»Nein.«

»Interessiert?«

»Nee, nicht wirklich, nur neugierig.«

»Hast du schon mal in der Bibel gelesen?«

»Ein bisschen. Hab nicht viel kapiert.«

»Ging mir am Anfang auch so«, sagte Kirk. »Wenn du ein paar Minuten Zeit hast, dann zeig ich dir, worum es eigentlich geht.«

Joe nahm die Einladung an und sie fanden eine Bank, wo sie ungestört sitzen und reden konnten. Ein Stunde später redeten sie immer noch. Joe willigte ein, sich mit Kirk in der folgenden Woche wieder zu treffen. Das führte zu einem weiteren Termin und einem dritten. Durch die Gespräche ermutigt, fischte Joe die Bibel wieder aus dem Kofferraum und las weiter. Mit Kirks Hilfe verstand er den Inhalt auf einmal.

Kirk zeigte Joe zwei Verse, die ihn besonders angesprochen hatten. Der erste stand in Römer 6,23: ›Der Lohn der Sünde ist der Tod.‹ Kirk erklärte, dass jede Sünde die Todesstrafe nach sich zog, das heißt, nicht nur den körperlichen Tod, also die Trennung der Seele vom Leib, sondern auch den geistlichen Tod – die Trennung des Geistes des Sünders von Gottes Geist. Der zweite Vers stand in Markus 10,45. Dort sagte Jesus: ›Denn auch der Sohn des Menschen ist nicht gekommen, um bedient zu werden, sondern um zu dienen und sein Leben zu geben als Lösegeld für viele.‹

»Er starb für deine Sünden«, sagte Kirk. »Er hat deine Strafe für dich getragen.«

Das war das erste Mal, dass Jesus' Tod am Kreuz für Joe Sinn machte. Am gleichen Tag noch entschied er sich, sein Leben zu ändern. Er schwor dem Alkohol ab und beschloss, auf keine Partys mehr zu gehen. Er fand eine Kirche in der Nähe seiner Wohnung und ging dort am nächsten Sonntag hin. Einige Wochen lief es ganz gut, aber schnell war Joe wieder in sein altes Leben zurückgerutscht. Nachdem er eine Nacht durchgezecht hatte, wachte er morgens neben einem Mädchen auf, das er gar nicht kannte. Frustriert und wütend versprach er Gott, er sei bereit, alles tun, wenn er ihm nur helfen würde, mehr wie Jesus zu werden.

Am nächsten Tag ging Joe zu Kirk und erzählte ihm alles. Er schwor, sich zu ändern. Kirk jedoch überraschte ihn. Er sagte dem jungen Athleten, er versuche das Unmögliche. Dann zeigte er ihm anhand der Bibel, dass er eine Sünden-Natur habe. Er sei ein Nachkomme Adams und in diesen Zustand hineingeboren worden. Er könne seine moralische Verfassung genauso wenig ändern wie seinen genetischen Code.

»Darum lehrte Jesus: ›Ihr müsst von neuem geboren werden‹«, erklärte Kirk. »Allein Gott kann dich verändern.«

»Warum tut er es dann nicht?«, fragte Joe.

»Er macht es nur mit deiner ausdrücklichen Erlaubnis.«

»Ich möchte mich aber ändern.«

»Bist du dir sicher? Das bringt nämlich schwerwiegende Änderungen mit sich. Der Heilige Geist wird kommen und in dir wohnen. Es wird nie wieder so sein wie früher. Einige Veränderungen geschehen sofort, anderes wird eine Zeitlang dauern. Du wirst lernen müssen, ein neues Leben zu führen, im Geist zu wandeln und nicht im Fleisch.«

»Es kann nur besser werden als mein altes Leben«, sagte Joe. Ein paar Minuten später vertraute er Jesus Christus sein Leben an. Er sagte, dass er glaube, dass Jesus Christus für ihn am Kreuz gestorben sei und bat Gott, ihn zu erretten.

Das war vor einem Jahr gewesen und darum war diese Ecke der Sproul Plaza für Joe etwas Besonderes. Er schaute sich noch einmal das getrocknete Blut am Boden an, genau dort, wo sonst ihr Büchertisch stand. Er dankte Gott, dass er nicht dabei gewesen war, als es passiert war und dankte ihm, dass er Alex, Angela und Sharon bewahrt hatte.

Die Glocken des Campanile begannen zu läuten. Joe blickte auf seine Uhr. Es war sechs. Er sollte jetzt eigentlich schon bei Preston und Elliot zum Abendessen sein. Er drehte sich um und eilte über die Sproul Plaza in Richtung Bancroft.

Als er am südlichen Ende des Platzes angekommen war, bemerkte er eine große Menschenmenge, die sich am Haupteingang des Campus' gebildet hatte. Dann sah er auch, warum. In der Mitte stand ein alter Mann, der manchmal auf dem Bürgersteig vor dem Uni-Hauptgebäude stand und predigte. Er war von kleinem Wuchs und hatte nur noch wenige graue Haare. Ihm gegenüber standen die beiden Radaubrüder, die im September während Prestons Kurzbotschaft immer wieder dazwischengebrüllt hatten; der Typ mit dem schwarzen Bart und sein Freund mit dem Bostoner Akzent. Sie verhöhnten den alten Mann. Ihre geröteten Gesichter und ihr unverschämtes Grinsen waren ein eindeutiges Indiz für Joe, dass sie gesoffen hatten. Er bahnte sich einen Weg durch die Menge und trat zwischen den alten Mann und die beiden Betrunkenen.

»Lasst ihn in Ruhe«, befahl Joe mit einer Stimme, die so angespannt war, dass es ihn selber überraschte.

Die beiden lachten. Dann wurden sie wütend und warfen Joe wüste Beschimpfungen an den Kopf.

»Feiert eure Party woanders «, sagte Joe ihnen.

»Wir feiern genau hier weiter«, widersprach der Bostoner.

»Der alte Mann hat das Recht zu sprechen.«

»Verschwinde«, sagte der Bärtige.

Der alte Mann brachte sich aus der Gefahrenzone. Die Menge schloss sich hinter Joe, so dass er und die beiden angetrunkenen Randalierer nun allein in der Mitte des Kreises standen, umgeben von etwa 40 jungen Männern. Bevor er sich versah, machte er einen großen Satz nach vorne, seine beiden Hände griffen nach den Gurgeln der beiden bulligen Typen. Die drei stürzten zu Boden. Wuchtige Hiebe und Tritte folgten, aber Joe konnte sich wieder aufrichten. Die drei tauschten mehrere Schläge aus. Ein lautes Krachen ertönte, als Joe seine Faust gegen den Kopf des Bostoners schmetterte, der benommen zurücktaumelte. Der andere warf sich gegen Joe und riss ihn zu Boden. Für kurze Zeit konnte er Joe am Boden halten und ihm einige harte Schläge versetzen. Dann konnte Joe sich losreißen und wegtauchen. Blitzschnell kam er hinter seinem Angreifer wieder auf die Beine. Er umschlang ihn mit beiden Armen unter dessen Rippenbogen. Mit den Füßen sicher auf dem Boden, hob er seinen Gegner hoch und drückte so fest er konnte zu. Der Bärtige stöhnte. In diesem Augenblick sah Joe, wie der Bostoner auf ihn zugestürmt kam, die Schultern wie ein Footballspieler nach vorne gekrümmt. Joe ging ein wenig in die Knie, lehnte sich ein bisschen zurück und begann dann in einer Bewegung, die er schon zehntausend Mal geübt hatte, zu rotieren. In einem Moment drehte er seinem Angreifer den Rücken zu, den Bärtigen immer noch fest umschlungen. Im nächsten drehte er sich zu ihm hin, zuerst mit den Hüften, dann mit den Beinen und zum Schluss mit Armen und seinem Oberkörper. Der Typ mit dem Bart drehte sich mit ihm. Den Bruchteil einer Sekunde lang war Joes Gesicht dem seines heranstürmenden Angreifers zugewandt, dann beschleunigte er seine Drehung und wandte ihm seinen Rücken zu. Als Joe sich ihm ein zweites Mal zuwandte, hatte er in seiner Drehung die Maximalgeschwindigkeit erreicht. Mit einem Schrei ließ Joe den Typen, den er mit sich geschwungen hatte, los. Der Rowdy flog davon und knallte gegen seinen Kumpel. Der Aufprall war so heftig, dass beide bewusstlos wurden. Joe jedoch hatte zu viel Schwung bekommen. Wie ein außer Kontrolle geratener Kreisel drehte er sich auf dem Bürgersteig. Dann krachte er mit seiner Hüfte gegen eine Reihe miteinander verketteter Zeitungsautomaten, die wie Dominosteine alle nacheinander umfielen. Metall schepperte. Joe flog über sie hinweg und landete mit dem Gesicht zuerst auf dem Asphalt.

63. Kapitel

»Hi, hier ist Alex«, meldete er sich mit leiser Stimme.

»Hi«, sagte Angela.

»Ich hoffe, ich habe dich nicht geweckt.« Es war zehn Minuten vor Mitternacht.

»Nein … schon in Ordnung … ich war noch wach.« Sie klang traurig.

»Ich habe dich nach dem Bibelkreis gar nicht mehr gesehen.«

»Ich bin direkt am Schluss gegangen.«

»Ich hab dich auch gestern nach dem Büchertisch am Campus nicht mehr gesehen«, sagte Alex.

»Coleman hat mich so angeekelt«, sagte Angela. »Ich wollte lieber allein sein.«

»Soll ich auflegen? Wir können auch ein andermal telefonieren.«

»Nein, ich freue mich über deinen Anruf.«

»Ich wollte nur sicher gehen, dass du okay bist.«

Angela schwieg. Dann fragte sie: »War es im letzten Jahr genauso schlimm?«

»Nein. Der Typ ist echt krank.«

»Meinst du, er könnte besessen sein?«

»Ich weiß nicht.«

»Ich würde am liebsten alles hinschmeißen, Alex.«

»Wenn du dich ein bisschen zurückziehen möchtest, kann ich das gut verstehen. Dieses Jahr ist so manches mies gelaufen.«

»Mmh.« Sie schwieg wieder, dann sagte sie: »Ich habe heute so einen Typen auf dem Campus gesehen, er trug ein großes Transparent. Hast du ihn auch gesehen?«

»Ich glaube nicht.«

»Es hing an einer 3-Meter langen Fahnenstange. Auf der einen Seite stand: ›Gott hasst Schwuchteln‹ und auf der anderen Seite ›Homosexuelle werden in der Hölle schmoren‹.

»Oh, der Typ. Ja, den hab ich auch gesehen.«

»Ist dir auch aufgefallen, wie jeder den angestarrt hat?«

»Mmh.«

»Sehen sie uns genauso an, Alex?«

»Ich glaube nicht. Denk nicht länger drüber nach.«

»Meinst du, meine Familie sieht mich so an?«, fragte Angela.

»Was meinst du?«

»Wie, als ob ich sie nicht mehr alle hätte … wie eine Bibel-Fanatikerin.«

»So würden sie niemals von dir denken.«

Beide schwiegen eine Weile lang.

»Irgendwelche Fortschritte bei deinem Vater?«, fragte Alex.

»Er hat in den Osterferien Geburtstag. Meine Mutter meint, das wäre ein guter Zeitpunkt für einen Besuch. Ich werde am Sonntag runterfahren.«

Diesmal schwiegen sie länger.

»Ich weiß nicht, wer mich wütender macht. Coleman … oder Rod«, sagte Angela schließlich und brach die Stille.

»So schlimm, mmh?«

»Ich hasse, was er über Gott und diesen ganzen Prädestinationsmist sagt.«

»Mir schmeckt auch nicht alles, aber –«

»Er stellt Gott als Oger dar.«

»Ist das eines dieser Dinger, die unter Brücken hausen?«

»Eines dieser Dinger, die Menschen fressen. Wie kann jemand, der Gott und sein Wort kennt, ihn nur so darstellen? Das will Satan doch nur, dass wir so von Gott denken.«

»Wie von einem Oger?«

»Oder von etwas Schlimmerem.«

»Ich weiß nicht, Angela, wir wissen doch gar nicht, was Satan denkt.«

»Hast du jemals darüber nachgedacht, was Satan den anderen Engeln erzählt haben muss, damit sie sich mit ihm gegen Gott stellen?«

»Nein.«

»Es muss etwas Schreckliches gewesen sein. Einige Ausleger behaupten, dass man aus Offenbarung 12 ableiten kann, dass ein Drittel der Engel sich auf seine Seite geschlagen haben muss. Kannst du dir das vorstellen? Tausende und Abertausende dieser wunderschönen, mächtigen Geschöpfe wandten sich gegen Gott. Es muss ihm so wehgetan haben.«

»Du meinst, solche Sachen machen ihm was aus?«

»Ist dir schon mal jemand in den Rücken gefallen, ich meine, jemand, den du wirklich liebst?«

»Weiß nicht. Kann mich jedenfalls nicht erinnern.«

»Wenn es so wäre, dann wüsstest du es. Es tut sehr, sehr weh.«

»Mmh.«

»Hast du schon mal darüber nachgedacht, wie es für Gott gewesen sein muss, als Adam und Eva ihm in den Rücken gefallen sind?«

»Sie sind ihm doch gar nicht richtig in den Rücken gefallen.«

»Oh doch, das sind sie«, widersprach Angela ihm. »Sie glaubten Satans Lügen, die er über Gott verbreitete.«

»Okay, ich gebe dir Recht.«

»Ich glaube, es hat Gottes Herz gebrochen. Ich glaube, das hat Satan ganz viel Vergnügen bereitet. Das war seine Art, es Gott heimzuzahlen.«

»Was heimzuzahlen?«

»Du weißt doch, wie Gott Adam aus Staub formte und ihm den Atem des Lebens einhauchte?«

»Klar.«

»Das war etwas ganz, ganz Persönliches und Vertrautes, Alex. Wie, wenn jemand einen Menschen mit Mund-zu-Mund-Beatmung wiederbelebt. Kannst du dir das vorstellen? Dass Gott das bei einem aus Erde geformten Menschen macht?«

»So habe ich noch nie darüber nachgedacht. Glaubst du wirklich, dass Gott das so gemacht hat?«

»So steht es jedenfalls in 1. Mose 2.«

»Ich weiß nicht«, sagte Alex. »Wahrscheinlich ist das eher bildlich gemeint. Gott ist doch Geist. Er hat noch nicht einmal einen Körper.«

»Aber diese Darstellungsweise ist schließlich nicht zufällig gewählt worden, sie muss eine besondere Bedeutung haben.«

»Okay.«

»Ich glaube, Satan hat zugesehen, wie Gott den ersten Menschen gemacht hat. Satan wusste, dass Adam etwas Besonderes ist. Er ist schließlich die erste Kreatur gewesen, die im Bild Gottes und ihm wesensgleich geschaffen wurde. Das wird auch Satan aufgefallen sein.«

»Mir gefällt, was du über Gott sagst, aber wie du Satan darstellst, ist um diese Uhrzeit etwas gruselig.«

»Gott liebte Adam von ganzem Herzen. Als er sah, dass Adam einsam war, erschuf er Eva für ihn und präsentierte sie ihm. Ich glaube, das hat Gott sehr glücklich gemacht. Satan muss gewusst haben, wie sehr Gott sie liebt. Das machte sie zu Satans Angriffsziel. Er wollte alles daran setzen, sie gegen Gott aufzuhetzen.«

»Und du glaubst wirklich, dass das so ablief?«

»Ich bin mir sicher. Darum hasse ich, was Rod mit seiner Prädestination lehren will. Er spielt genau in Satans Hände. Es hört sich an, als ob niemand Gott um seiner selbst willen lieben würde. Gott muss erst unsere Herzen und Gedanken verändern, bevor ihn jemand liebt.«

»Und das ist in Satans Interesse?«

»Der ganze Mist, dass sich ein Mensch beim Augenblick seiner Errettung absolut passiv verhält. Gott drückt auf den Knopf und zack, im nächsten Augenblick will man Gott lieben und ihm nachfolgen – was soll denn das?«

»Hm, ja, ich weiß nicht.«

»Bei Rod klingt das so, als ob niemand Gott einfach so lieben würde.«

»Wir sind tote Sünder«, sagte Alex.

»Wirklich? Absolut tot?«

»Siehst du das nicht so?«

»Nein, das sehe ich nicht so«, sagte Angela. »Wenn wir, bevor wir zu Christus kamen, lebendig genug waren, um auf Satan und seine Versuchungen zu reagieren, wären wir dann nicht auch lebendig genug, um auf den Heiligen Geist und Gottes Liebe zu reagieren?«

»Satan hatte uns verblendet«, sagte Alex.

»Du redest, als wäre er mächtiger als Gott.«

»Ich dachte, Rod hätte in dem Punkt Recht gehabt.«

»Wenn Rod Recht hat, dann hat Satan Recht.«

»Wie meinst du das?«

»Kannst du ihn nicht geradezu hören, Alex? Satan verhöhnt Gott. ›Du bist ein Loser, Gott. Du hast die Engel erschaffen und sie haben sich gegen dich entschieden. Du hast Adam und Eva gemacht und sie haben sich gegen dich entschieden. Das ganze Universum ist gegen dich. Niemand liebt dich. Niemand gehorcht dir. Niemand außer denen, die du durch deinen alles dominierenden, souveränen und vorherbestimmenden Willen verändert hast.«

»Du meinst, das würde er sagen?«

»Nachdem Adam und Eva gesündigt hatten, als sie hörten, dass Gott sich ihnen im Garten näherte, weißt du noch, was sie da machten? Sie versteckten sich vor Gott. Bricht das nicht dein Herz, Alex? Gott liebte sie so sehr. Er hatte soviel für sie getan und was machten sie? Sie hörten auf Satan und gehorchten ihm. Dann schämten sie sich und wollten nicht mit Gott reden. Gott muss sich furchtbar gefühlt haben.«

»Mmh.«

»Das hat alles kaputt gemacht, Alex.« Sie wurde leise. »Sogar meine Familie.« Sie begann zu schluchzen.

Zuerst schwieg Alex, dann sagte er sanft: »Ich verstehe, was du meinst.«

»Deshalb hasse ich, was Rod uns die ganze Zeit erzählt. Er stellt Gott in ein völlig falsches Licht.«

»Das will er aber gar nicht.«

»Er tut es aber.«

»Er hat nur eine andere Meinung als du und ich.«

»Nun, seine Meinung ist falsch«, sagte sie.

»Und du bist dir sicher, dass du nicht einige dieser Dinge in die Bibel hineinliest?«

»Was meinst du?« Sie schniefte.

»Zum Beispiel, dass Satan möchte, dass Gott sich schlecht fühlt. Das steht nicht in der Bibel, weißt du.«

»Doch, tut es. Hast du schon mal das Buch Hiob gelesen?«

»Natürlich«, sagte er.

»Dann weißt du auch, dass Satan forderte, der Familie Hiobs schaden zu dürfen.«

»Ja.«

»Erinnerst du dich noch, wie reich Hiob war? Satan sagte, dass wenn Gott ihm diesen Besitz wegnehmen würde, Hiob Gott ins Gesicht spucken und verfluchen würde. Dann würde Gott schon sehen, was Hiob wirklich von ihm hält.«

»Ich weiß.«

»Satans Angriff richtete sich gegen Gottes Herz, Alex. Er wollte ihn davon überzeugen, dass Hiob ihn nur anbetete, weil er einen Nutzen davon hatte. Es war, als ob Satan sagte: ›Du bist ein gigantischer Loser, Gott, und du kapierst es noch nicht einmal!‹«

»Mensch, so habe ich das noch nie gesehen.«

»Gott hat Satans Herausforderung angenommen und gab ihm die Erlaubnis, Hiobs Familie zu schlagen, ihm seine Besitztümer wegzunehmen und alles zu zerstören, was er hatte. Du kennst die Geschichte. Hiob verlor alles, aber er blieb Gott treu und sagte: ›Nackt bin ich aus meiner Mutter Leib gekommen, und nackt kehre ich dahin zurück. Der Herr hat gegeben, und der Herr hat genommen, der Name des Herrn sei gepriesen!‹«

»Das zeugt von großem Glauben«, sagte Alex.

»Und von großer Liebe. Und das ist genau mein Punkt. Sein Verhalten zeigte, dass er Gott wirklich liebte und ihm vertraute.«

»Ja.«

»Genauso ist das mit uns Christen, Alex. Wir sind Anschauungsmaterial dafür, wie Gott wirklich ist.«

»Was meinst du?«

»Jedes Mal, wenn Satan und die Engel uns sehen, dann werden sie daran erinnert, dass Gott seinen Sohn für uns hat sterben lassen, dass er wirklich Liebe und Gnade ist. Er ist wunderbar. Sie werden auch daran erinnert, dass wir uns dafür entschieden haben, Gott zurück zu lieben, dass wir ihm nachfolgen und bei ihm sein wollen.«

»Okay, das verstehe ich.«

»Darum hasse ich, was Rod über die Prädestination verbreitet, dass Gott alles entscheidet, dass Gott einen verändert und dass man plötzlich an ihn glauben und ihm nachfolgen will. Gott würde das niemals tun. Das würde doch nur beweisen, dass Satan Recht hat. Es würde Gott zu einem … Gaston machen.«

»Zu wem?«

»Gaston. Der Widerling aus ›Die Schöne und das Biest‹.«

»Oh, ach der.«

»Es würde die größte Liebesgeschichte in eine groteske Parodie verwandeln. Wenn wir gar nicht die Wahl haben, Alex, keine freie Wahl, dann ist das keine Liebe. Liebe muss aus dem Herzen kommen, es muss deine eigene Entscheidung sein.«

»Mmh.«

»Du stimmst mir doch zu, nicht wahr?«

»Sicher, ich gebe dir Recht.«

»Satan will, dass jeder Gott als eine Art Diktator sieht, der uns das Leben schwer machen will. Darum bin ich so unendlich wütend wegen dem, was Rod sagt. Er verzerrt unsere Wahrnehmung von Gott. Er spielt damit genau in Satans Hände.«

»Ich verstehe, was du meinst.«

»Es macht mich so wütend, Alex«

»Das merke ich.«

»Total wütend.«

»Mmh, weißt du was? Aber besten schläfst du mal eine Nacht darüber, Angela. Wir telefonieren dann noch mal.«

64. Kapitel

Außer Atem und erhitzt kam Jamie in den Seminarraum in die GTU-Bibliothek gestürmt. »Tschuldigung.«

»Wird aber auch langsam Zeit« motzte Rod. Er und die anderen warteten schon seit 20 Minuten auf Jamie, damit sie die fünfte Sitzung des Ersten Konzils von Berkeley beginnen konnten.

Jamie warf seinen Rucksack achtlos in die Ecke. »Joe ist verhaftet worden.«

»Fiori?«, fragte Alex.

»Gestern Abend«, sagte Jamie, immer noch außer Atem. »Er hat sich vor dem Haupteingang mit zwei anderen geprügelt. Ich hab gerade mit seinem Vater telefoniert.«

»Ist mit ihm alles in Ordnung?«, fragte Angela.

»Ja. Sein Vater sagte, Joe hätte die beiden anderen ganz schön in die Mangel genommen.«

»Was ist mit Joe?«

»Sie haben ihn in Handschellen abgeführt.«

»Das erklärt, warum er gestern Abend nicht zum Abendessen erschienen ist«, sagte Preston.

»Und auch nicht zum Bibelkreis«, sagte Elliot.

Alex ließ sich in seinen Stuhl zurückfallen. »Er hatte sich so gut entwickelt.«

»Ist noch schlimmer, als du denkst«, sagte Jamie. »Die UCF wird mit in die Sache hineingezogen.«

»Wieso, wir haben doch gar nichts damit zu tun?«, fragte Alex.

Jamie legte eine Ausgabe des Oakland Tribune auf den Tisch. »Wir stehen auf der Titelseite.«

Die anderen schauten sich schockiert die Zeitung an. Ein großes Bild von Joe zierte die obere Hälfte der Seite. Er lag bäuchlings auf der Straße, die Arme und Beine weit von sich gestreckt, den Kopf nach oben gereckt. Er schaute direkt in die Kamera. Ein Berkeley-Polizeiauto parkte mit eingeschaltetem Blaulicht hinter ihm. Zwei Beamte mit Gummiknüppeln in der Hand waren ausgestiegen und kamen auf Joe zu. Die Schlagzeile lautete: CHRISTLICHE STUDENTEN KÄMPFEN AUF DER STRAßE.

»Meinen die uns?«, fragte Preston.

»Ich fürchte ja«, sagte Jamie. »Könnt ihr euch noch an diese zwei Muskelpakete erinnern, die uns im September am Büchertisch das Leben schwer gemacht haben? Die haben den alten Mann schikaniert, der immer auf Bancroft predigt. Joe hat sich ihnen in den Weg gestellt, sie haben sich geprügelt und Joe wurde verhaftet. Er sitzt im Knast.«

»Was hat das denn mit der UCF zu tun?«, fragte Rod.

»Joe hat der Polizei erzählt, dass er versucht hatte, den alten Mann vor ihnen zu schützen. Er hat den Beamten gesagt, er sei ein Mitglied der UCF und dass die beiden Typen unsere Gruppe auch schon belästigt hätten.«

»Das hört sich gar nicht gut an«, sagte Rod.

»Joe hat ihnen auch erzählt, was Coleman am Donnerstag mit unserem Büchertisch gemacht hat. Er hat sich beschwert, dass die Polizei nicht für genügend Sicherheit auf dem Campus sorgt. Er meinte, irgendjemand müsste ja schließlich für die Rechte der Christen eintreten.«

Alex stöhnte. »Das hätte er nicht sagen dürfen.« Er nahm die Zeitung und fing an, den Artikel gründlich durchzulesen. »Das ist kein Scherz, oder?«

»Toller Scherz«, sagte Jamie. »In der Zeitung steht, dass die Staatsanwaltschaft prüft, ob Joe wegen Verletzung der Grundrechte dieser beiden Muskelpakete angeklagt werden kann. Man überlegt, ob es sich um eine vorsätzliche Tat handelt. Im San Francisco Chronicle erschien die Geschichte übrigens auch auf der Titelseite und wer weiß noch wo. Joes Vater musste mit Reportern aus der ganzen Umgebung sprechen.«

»Auch aus Sacramento?«, fragte Alex. Er legte die Zeitung auf den Tisch. »Das dürfen meine Eltern auf gar keinen Fall erfahren.«

»Ich weiß es nicht, aber jedenfalls erwähnt diese Zeitung deinen Namen. Und auch meinen und Rods. Die tun in dem Artikel so, als ob Joe der personifizierte Schlägertrupp der UCF wäre.«

Alex nahm die Zeitung wieder in die Hand. »Das darf nicht wahr sein.«

»Wir sind der Vorstand, man wird uns zur Verantwortung ziehen«, sagte Rod.

Alex warf die Zeitung mit angeekeltem Gesichtsausdruck von sich. Diese Woche war absolut mies gelaufen. Am Donnerstagmorgen hatten er und Angela eine peinliche Begegnung mit einem Studenten vor Dwinelle Hall gehabt. Mit lauter Stimme, so dass auch wirklich jeder in Hörweite es mitbekommen musste, hatte der Typ gefragt, ob sie Moonies seien. Dann hatte er gefragt, ob eine Busladung von ihnen zur Uni gebracht worden sei, um neue Mitglieder für ihre Sekte zu rekrutieren. Viele Studenten hatten gelacht. Eine Stunde später hatte Coleman zum zweiten Mal ihren Büchertisch zerstört und diesmal sogar ihre ganzen Bücher mit seinem Blut verschmiert und unbrauchbar gemacht. Vier UCF-Mitglieder hatten sich seitdem von der Studentenvereinigung abgemeldet, unter anderem auch Taylor, der begabte Musiker. Er hatte Alex gesagt, er sei die Uneinigkeit innerhalb ihrer Gruppe leid. Alex wusste, dass sich noch mehr abmelden würden, wenn die Neuigkeit von Joes Verhaftung die Runde machen würde. Es war ein Desaster.

»Lasst uns beten«, schlug Jamie vor.

Er fing sofort an und die anderen beteten nach ihm. Alex betete zuletzt, aber mehr aus Pflichtgefühl. Aber nachdem sie fertig waren, fühlten sich alle besser.

»Was machen wir jetzt?«, fragte Elliot.

»Nichts«, sagte Jamie. »Joes Vater versucht, ihn auf Kaution herauszubekommen. Wir können ihn noch nicht einmal besuchen, solange er nicht aus dem City-Gefängnis in ein County-Gefängnis verlegt wird.«

»Der nächste Anruf von Dr. Payne ist schon vorprogrammiert«, sagte Alex.

»Na und, lass ihn doch anrufen«, sagte Jamie. »Wir haben nichts gemacht.«

»Die Zeitung irrt sich eben«, sagte Preston. »Ich bin mir sicher, dass sich alles nach ein paar Tagen aufklären wird.«

»Er hat Recht«, sagte Elliot. »Sorgen machen bringt nichts.«

»Das hier ist Berkeley«, meinte Jamie. Er setzte sich auf seinen Platz und kippte mit dem Stuhl auf die Hinterbeine. »So was passiert hier doch dauernd. Dieser Ort ist echt abgefahren.«

»Sie werden diesen Artikel nicht ignorieren«, sagte Alex und blätterte wieder in der Zeitung.

»Ist kein Thema«, widersprach Jamie und klapperte mit seinen Flip-Flops. »Vor ein paar Jahren haben die eine Inschrift auf den Stufen von Sproul Hall anbringen lassen und sie Mario Savio und der Bewegung zur freien Meinungsverkündigung gewidmet. In einem Augenblick verhaften sie den Typen, im nächsten errichten sie ihm ein Denkmal. So ist das eben in Berkeley. Die ganze Geschichte wird nächste Woche vergessen sein.«

»Das sind echte Polizisten auf dem Foto«, sagte Alex.

»Geh mal an der Ecke Shattuck und Addison vorbei«, riet ihm Jamie. »Dort ist eine Gedenktafel in den Bürgersteig eingelassen, die an die Verhaftung von Janis Joplin durch die Berkeley Polizei im Jahre 1963 erinnert. Welche Stadt hängt schon Gedenktafeln von ihren Verhaftungen auf?«

»Da hat er Recht«, sagte Angela.

»Das macht Berkeley zu Berkeley«, erklärte Jamie. »Hier passiert dauernd was. Jetzt haben sich drei Jungs geprügelt, na und?«

»Bist du dir sicher?«, fragte Alex.

»Absolut.«

»Was ist mit den anderen Mitgliedern der UCF? Manche werden das Handtuch werfen wollen«, sagte Alex.

»Dann lass sie doch«, sagte Jamie und winkte lässig ab. »Ein Haufen Weicheier. Wir kommen prima ohne solche Typen klar.«

»Am Ende werden wir aber allein dastehen, wenn wir nicht etwas unternehmen«, meinte Angela. »Einige der Mädels sagen, sie wollen nicht mehr hinter dem Büchertisch stehen.«

»Einige der Jungs haben das auch gesagt«, ergänzte Preston. »Coleman ist vielleicht ein größeres Problem als Joes Verhaftung.«

»Ich bin der Meinung, wir sollten Coleman anzeigen und ihn von der Polizei verhaften lassen«, sagte Rod.

»Wenn du meinst, dass dies der richtige Schritt ist, bin ich dazu bereit«, sagte Alex.

»Kennt denn jemand seinen Nachnamen oder weiß, wo er wohnt?«, fragte Preston.

»Wahrscheinlich ist Coleman sein Nachname«, meinte Elliot.

»Weiß jemand, wie er mit Vornamen heißt?«, fragte Alex.

»Noch nie gehört«, sagte Rod.

»Seine Eltern haben ihm wahrscheinlich keinen gegeben«, sagte Jamie. »Ich kann mir nicht vorstellen, dass jemand ihn anders als Coleman ruft.«

»Er treibt sich im People's Park rum«, wusste Rod. »Die Polizei wird ihn kennen.«

»Welche Anschuldigungen kann man gegen ihn vorbringen?«, fragte Angela.

»Ruhestörung«, sagte Rod und zählte mit seinen Fingern mit, »Vandalismus, Zerstörung fremden Eigentums, Verweigerung unsere Grundrechte, Mordversuch.«

»Er wollte niemanden umbringen«, widersprach Angela.

»Verwendung einer tödlichen Waffe«, sagte Rod.

»Mit dem Rasiermesser hätte er niemanden umbringen können«, sagte Angela.

»Ich habe damit auch sein Blut gemeint.«

»Wir wollen ihn nicht lebenslänglich in den Knast schicken«, wandte sie ein.

»Darüber würde ich gerne mal abstimmen«, sagte Jamie.

»Meinst du, Jesus hätte ihn in den Knast werfen lassen?«, fragte Angela.

Niemand sagte etwas.

»Wahrscheinlich nicht«, antwortete Alex schließlich.

»Und was für einen Eindruck macht das auf die anderen Studenten, wenn wir auf einmal die Polizei auf einen Obdachlosen hetzen?«, fragte Angela

»Keinen guten«, sagte Preston. »Das könnte alle Stadtstreicher gegen uns aufbringen.«

Jamie schnaubte verächtlich. »Klar, als ob sie sonst auf unserer Seite stünden.«

»Vielleicht sollten wir erst einmal darüber beten«, schlug Elliot vor.

»Er hat das Gesetz gebrochen«, sagte Rod. »Ich bin dafür, wir bringen ihn ins Gefängnis.«

»Vielleicht ist er ja wirklich von einem Dämon besessen«, sagte Preston.

»Dann kommen sie eben beide in den Bunker«, meinte Jamie.

»Habt ihr gehört, was Coleman gerufen hat, nachdem er sich den Unterarm aufgeschnitten hat?«, fragte Elliot.

»Irgendein ein Gebrabbel«, sagte Rod.

»Hörte sich jüdisch an«, sagte Alex.

»Es war hebräisch«, sagte Elliot. »Ich habe es aufgeschrieben und Michael gezeigt. Ich habe es nicht ganz korrekt notiert, aber Michael konnte es trotzdem übersetzen.«

»Und, was hat er gesagt?«, fragte Alex.

»Ich bin mir nicht sicher, ob ihr das wirklich wissen wollt«, sagte Elliot.

»Wir müssen es wissen«, sagte Alex.

Elliot reichte Alex eine Karteikarte mit der Übersetzung. Rod und Jamie schauten ihm über die Schulter.

»Das ist echt krank«, kommentierte Jamie.

»Okay, du hast Recht«, sagte Rod. »Der Mann hat einen Dämon.«

»Ich will es gar nicht wissen«, wehrte Angela ab.

Alex zerriss die Karte. »Ich möchte nicht, dass du es weißt.« Er schmiss die Fetzen in einen Papierkorb. »Was sollen wir also machen?«

»In den Evangelien gab Jesus seinen Jüngern Macht über die unreinen

Geister und befahl ihnen, sie auszutreiben«, sagte Elliot.

»Das fehlt gerade noch, dass wir durch Berkeley ziehen und Dämonen austreiben«, sagte Jamie.

»In der Bibel steht, dass man dem Dämon im Namen Jesu Christi gebieten soll, den Menschen zu verlassen«, erklärte Elliot.

»Wer würde sich das trauen?«, fragte Preston.

Jeder schaute den anderen an.

»Ich mache es, wenn keiner von euch es machen will«, sagte Angela.

»Nein, das ist meine Verantwortung«, sagte Alex.

»Was, wenn du es machst, und nichts passiert?«, fragte Jamie.

»Weiß ich auch nicht.«

»Was, wenn du es machst, und es passiert etwas?«, fragte Elliot.

»Das werden wir wohl dann sehen«, sagte Alex.

»Ich kann mir Coleman gar nicht als normalen Menschen vorstellen«, sagte Jamie.

Darüber dachte jeder einen Augenblick schweigend nach.

»Mann, das wäre echt seltsam«, sagte Jamie. Er stand auf und lief zur Tür. »Kommt, lasst uns noch mal einen kleinen Spaziergang machen, damit wir auf andere Gedanken kommen.«

»Ich lade euch alle auf einen Kaffee im Rude Awakening ein«, sagte Rod.

65. Kapitel

Fast eineinhalb Stunden später kehrte das Team wieder in den Seminarraum der GTU zurück. Joes Zeitungsbild grüßte sie, seine Augen blickten ihnen hilflos vom Asphalt aus entgegen. Jamie pfiff durch die Zähne. »Seht euch mal diesen Hundeblick an.«

»Armer Joe«, sagte Angela.

Jamie nahm die Zeitung in die Hand. »Das hier kommt ins Poesie-Album. Ich werde es Joe schenken, wenn er ein alter Mann ist und seine Kinder zur Uni gehen.«

Jetzt konnten sie alle wieder über den sonderbaren Verlauf der Ereignisse befreit lachen.

»Joe hat sich schon oft geprügelt. Für den ist das nichts Neues«, meinte Jamie.

»Ich hoffe, du hast Recht«, sagte Alex.

»Vertrau mir.«

»Wir sollten uns lieber an die Arbeit machen«, sagte Preston. »Wir haben viel zu tun.«

»Womit sollten wir uns heute beschäftigen?«, fragte Alex.

»Vergesst nicht, dass wir bei Pastor Shelton und seiner Frau zum Mittagessen eingeladen sind«, erinnerte sie Rod.

»Ich bin mir nicht sicher, ob heute der passende Zeitpunkt ist«, sagte Alex.

»Er könnte uns aber wirklich weiterhelfen«, sagte Rod.

»Meinst du, es wäre in Ordnung, wenn wir einen anderen Termin ausmachen?«

»Wir haben diesem aber alle zugestimmt. Pastor Shelton erwartet uns um Punkt Zwölf bei ihm zu Hause.«

»Ich bin mir wirklich nicht sicher, ob wir heute in der richtigen Stimmung sind«, sagte Alex.

»Er weiß mehr über Prädestination als irgendjemand sonst, den ich kenne. Er könnte uns eine riesengroße Hilfe sein.«

»Wir müssen uns da selber durcharbeiten«, sagte Angela.

»Das heißt aber nicht, dass wir nicht die Hilfe von anderen annehmen könnten«, sagte Rod. »Wir haben schließlich auch mit Michael gesprochen. Wir sollten uns anhören, was Pastor Shelton zu sagen hat.«

»Es könnte uns wirklich weiterbringen«, sagte Preston.

Rod legte seine Hand auf Alex' Schulter und schaute ihm direkt in die Augen. »Bei unserem letzten Treffen hast du behauptet, wir wären kurz vor einer Lösung. Du meintest, wir würden sie spätestens bei unserem nächsten Treffen finden. Nun, das ist heute. Und weißt du was – ich glaube, ein bisschen Hilfe könnte uns nicht schaden.«

»Ich weiß nicht«, sagte Alex. »Ich glaube einfach, es ist keine so gute Idee, mit Pastor Shelton über Prädestination zu diskutieren.«

»Dann hättest du das früher sagen müssen. Wir haben jetzt 10.25 Uhr. Seine Frau hat bestimmt schon mit Kochen angefangen.«

Alex schaute Hilfe suchend zu den anderen, aber sie schienen sich schon alle mit dem Treffen abgefunden zu haben. Er gab auf und antwortete: »Wir lassen uns aber nicht von ihm rumschubsen.«

»Er wird niemanden rumschubsen«, sagte Rod.

»Ich möchte mich nicht mit ihm streiten müssen.«

»Keine Angst, das wird nicht passieren.«

»In Ordnung. Wir nehmen seine Einladung an, aber das heißt nicht, dass wir seine Meinung übernehmen müssen.«

»Natürlich nicht.«

»Ich hab da auch so meine Zweifel«, sagte Jamie.

»Jetzt erzähl mir nicht, du hättest ein Problem damit, die Meinung von anderen Leuten abzulehnen.«

»Das meine ich nicht.«

»Was meinst du dann?«

»Nichts. Wir gehen hin.«

»In Ordnung«, sagte Alex. »Bis zum Mittag bleibt uns noch ein bisschen Zeit. Womit wollen wir uns beschäftigen?«

»Ich habe noch etwas Interessantes herausgefunden«, sagte Angela. »Ich habe mich mit Elliots Theorie beschäftigt – ihr wisst schon, dass die Ausgestoßenen und Unterdrückten höhere Chancen haben, erlöst zu werden, als der normale Durchschnittsbürger. Was ich herausgefunden habe, scheint Elliots Theorie zu bestätigen.« Sie erklärte, dass das Neue Testament voll von Beispielen von Bekehrungen von Leuten sei, die aus den unteren Gesellschaftsschichten stammten. Zum Beispiel Zachäus, der gierige Oberzöllner, der für die Römer gearbeitet hatte; Maria Magdalena, aus der Christus sieben Dämonen austrieb; und die Samariterin aus Johannes 4, die mit fünf oder sechs verschiedenen Männern zusammengelebt hatte. Außerdem viele Bettler und Aussätzige. Laut Paulus waren in der korinthischen Gemeinde ehemalige Diebe, Säufer, Hochstapler, Götzendiener, Unzüchtige, Ehebrecher, Prostituierte beider Geschlechter und Homosexuelle.

»Auch angesehene Bürger folgten Christus nach«, sagte Rod. »Sogar aus den obersten Schichten.«

»Wer zum Beispiel?«

»Nikodemus«, sagte Rod. »Er war ein Priester und ein Angehöriger des Hohen Rats der Juden.«

»Einer«, sagte Jamie.

»Die Mutter von Jesus.«

»Zwei.«

»Stimmt nicht«, sagte Angela. »Maria war eine einfache Frau aus einem kleinen Nest.«

»Nenn noch jemanden«, sagte Jamie.

»Mir fällt grad keiner ein«, gab Rod zu, »aber es waren viele.«

»Ist ja auch egal«, sagte Angela. »Ich möchte nur unterstützen, was Elliot gesagt hat. Die meisten der Nachfolger Christi scheinen wirklich aus den unteren Gesellschaftsschichten zu kommen. Die meisten waren arm und sogar verachtet.«

»Menschen mit persönlichen Problemen scheinen offener für das Evangelium zu sein«, sagte Alex. »Ihnen ist deutlicher bewusst, dass sie Gott brauchen. Vielleicht werden deshalb mehr solcher Leute errettet.«

»Ich habe noch etwas herausgefunden«, sagte Angela. »Viele der Jünger von Johannes dem Täufer wurden später Nachfolger Jesu. Das könnte auch ein Hinweis auf die Frage sein, warum manche Leute errettet werden und warum manche nicht.«

»Wie viele sind denn viele?«, fragte Alex.

»Wahrscheinlich sogar alle«, antwortete sie.

Rod schüttelte den Kopf. »Das kann nicht sein.«

»An einer Stelle verließen so viele Jünger von Johannes den Täufer ihn und folgten Jesus nach, dass die engsten seiner Jünger sich bei Johannes darüber beschwerten«, sagte Angela.

»Vielleicht waren einige der Jünger Jesu vorher Jünger des Johannes«, gab Rod zu, »aber ganz gewiss nicht alle.«

»Aber genug, um da einen Zusammenhang erahnen zu lassen«, sagte Angela.

»Um wie viele Menschen geht es denn da konkret?«, fragte Alex.

»Ich glaube, man kann nachweisen, dass alle zwölf Apostel vorher Jünger des Johannes waren«, sagte Angela.

»Das ist reine Spekulation«, sagte Rod.

»Ich denke nicht«, sagte sie. »Wir wissen aus Johannes 1, dass die ersten beiden Jünger Jesu, Andreas und Johannes, zuerst Jünger des Täufers waren.«

»Zwei von Zwölf«, sagte Rod. »Das ist unerheblich.«

»Johannes der Täufer stellte sie Jesus vor, als sie im Jordantal waren. Da waren sie einige Kilometer von ihrem Heimatort entfernt. Trotzdem lesen wir, dass Andreas sofort seinem Bruder Petrus von Jesus erzählte. Das zeigt doch, dass Petrus auch dort bei Johannes dem Täufer gewesen sein muss.«

»Na toll«, sagte Rod. Er hielt drei Finger in die Luft. »Drei von Zwölf. Das beweist gar nichts.«

»Am nächsten Tag wurde Philippus von Jesus zur Nachfolge aufgefordert, also muss er auch an Ort und Stelle gewesen sein. Auch Philippus ist einer der zwölf Apostel.«

»Das heißt gar nichts«, sagte Rod. »Vielleicht war Philippus nur rein zufällig in der gleichen Gegend. Er könnte ja genauso gut auf dem Weg zur Arbeit gewesen sein.«

»Unwahrscheinlich«, sagte Elliot. »Philippus stammte aus Betsaida, einem Ort nördlich vom See Galiläa, aus dem gleichen Ort, aus dem auch Andreas und Petrus stammten. Das Jordantal ist viel, viel weiter südlich.«

»Na gut, vier«, sagte Rod. »Immer noch weit von zwölf entfernt.«

»Philippus erzählte Nathanael von Jesus«, berichtete Angela weiter. »Also war auch er im Jordantal bei Johannes dem Täufer.

»Okay, fünf. Aber noch nicht einmal die Hälfte.«

»Zweiundvierzig Prozent«, kommentierte Elliot.

Jamie klatschte in die Hände. »Nicht schlecht, Angela.«

»Ich bin doch noch gar nicht fertig. In Apostelgeschichte 1 beschlossen die Apostel, dass jemand die Stelle von Judas Iskariot einnehmen sollte, der Jesus verraten und dann sich selbst umgebracht hatte. Petrus sagte Folgendes.« Angela blätterte in ihrer Bibel. »›Es muss nun von den Männern, die mit uns gegangen sind in all der Zeit, in welcher der Herr Jesus bei uns ein- und ausging, angefangen von der Taufe des Johannes bis zu dem Tag, an dem er von uns hinweg aufgenommen wurde, von diesen muss einer Zeuge seiner Auferstehung mit uns werden.‹ Das würde doch heißen, dass alle zwölf Apostel schon immer als Gruppe zusammen waren – vorher bei Johannes dem Täufer und dann bei Jesus Christus.«

»Hm, lass mich mal rechnen« – Jamie schielte zu Rod – »ich glaube, das macht dann zwölf.«

»Oh, beeindruckend«, sagte Rod. »Schade, dass deine Theorie sich gerade selber abgeschossen hat. Jeder weiß, dass Judas Iskariot nicht errettet war, obwohl er laut deinen Ausführungen ein Jünger des Johannes war, was beweist, dass man keine Rückschlüsse auf die Frage der Errettung ableiten kann.«

»Judas war ein falscher Jünger von Johannes«, sagte Angela. »Genauso wie er ein falscher Jünger Jesu war.«

»Ich finde, was sie erzählt hat, ist nachvollziehbar«, sagte Jamie.

»Das Muster wiederholt sich auch bei den Pharisäern. Die allermeisten weigerten sich, auf Johannes zu hören und weigerten sich auch, auf Jesus zu hören.«

»Nikodemus war ein Pharisäer«, widersprach Rod, »trotzdem glaubte er an Jesus.«

»Der Einzige«, sagte Jamie.

»Paulus war ein Pharisäer.«

»Dann sind es Zwei. Ich wette, du kannst keinen Dritten nennen.«

»Ich bräuchte nur noch einen weiteren zu nennen und schon würde sich Angelas Theorie in Luft auflösen.«

»Ich denke auch, dass etwas an dem dran ist, was Angela gesagt hat«, meinte Elliot.

»Johannes der Täufer hat die Menschen zur Buße aufgerufen«, sagte Angela. »Ich dachte, vielleicht ist das ja der Zusammenhang, also habe ich eine Wortstudie zu ›Buße‹ betrieben.«

»Es gibt keinen Zusammenhang«, sagte Rod. »Die Buße kommt, nachdem man von oben wiedergeboren wurde, nicht vorher.«

»Was hast du herausgefunden, Angela?«, fragte Alex.

»Das Hauptwort für Buße im Hebräischen ist *shub*«, erwiderte sie. »Es bedeutet umkehren oder wieder zurückkehren. Dahinter steckt, dass man sich vom Bösen abwendet, um Gutes zu tun. Zum Beispiel sagte Gott dem Volk Israel in Hesekiel 18,30: ›Kehrt um und wendet euch ab von allen euren Vergehen, dass es euch nicht ein Anstoß zur Schuld wird!‹ In der Wortbedeutung schwingt auch mit, dass man sich vor Gott demütigt.«

»Wie wird der Begriff im Neuen Testament verwendet?«, fragte Alex.

»Das griechische Wort für Buße ist *metanoia*. Es bezieht sich auf eine Sinnesänderung, Herzensänderung oder eine Zieländerung, was zusammen genommen zu einer Verhaltensänderung führt. Ich stelle mir darunter eine hundertachtzig Grad Wendung im moralischen Sinn vor.«

»Pass auf, Angela, dass du nicht etwas dem Evangelium hinzufügst«, warnte sie Preston.

»Ich erkläre euch nur, was ich herausgefunden habe«, sagte das Mädchen. »Johannes der Täufer predigte: ›Tut Buße! Denn das Reich der Himmel ist nahe gekommen.‹ Jesus lehrte: ›Ich bin nicht gekommen, Gerechte zu rufen, sondern Sünder zur Buße.‹ Es gibt noch viele sehr ähnliche Bibelstellen.«

»Errettung geschieht allein aus Glauben«, sagte Preston. »Als der Kerkermeister von Philippi Paulus fragte, was er tun müsse, um errettet zu werden, antwortete Paulus ihm: ›Glaube an den Herrn Jesus und du wirst errettet werden.‹ Er hat da nichts von Buße gesagt.«

»Der Kerkermeister war schon bußfertig«, sagte Angela. »Warum sonst hätte er Paulus fragen sollen, wie er errettet werden kann?«

»Die einzige biblische Vorraussetzung für die Errettung ist Glaube«, widersprach ihr Rod.

»Warum lauten dann die ersten niedergeschriebenen Worte Jesu im Markus-Evangelium: ›Tut Buße und glaubt an das Evangelium‹?«, fragte Angela.

»Das wurde in einen jüdischen Zusammenhang hineingesprochen«, sagte Rod.

»Warum sagte Jesus dann seinen Jüngern in Lukas 24,47, dass sie ›in seinem Namen Buße zur Vergebung der Sünden ... allen Nationen, anfangend von Jerusalem‹, predigen sollten?«

»*Sola fide*«, sagte Rod, »Glaube allein. Das war der Kampfruf der Reformation.«

»Das war ihre Antwort auf diejenigen, die behaupteten, man könne sich mit guten Werken das ewige Leben verdienen«, sagte Angela. »Es sollte nicht die Notwendigkeit der Buße verneinen.«

»Die Buße folgt der Wiedergeburt und dem Glauben«, sagte Rod.

»Warum lehrt die Schrift dann die Reihenfolge Buße, Glauben und dann Wiedergeburt?«, fragte Angela. »Warum kam Johannes der Täufer vor Jesus und nicht nach ihm?«

»Johannes predigte zu den Juden«, sagte Rod, »und nicht zu den Heiden, zu denen wir gehören.«

»Warum hat Paulus dann den Heiden in Athen Folgendes gesagt? ›Nachdem nun Gott die Zeiten der Unwissenheit übersehen hat, gebietet er jetzt den Menschen, dass sie alle überall Buße tun sollen‹«, fragte Angela. »Und warum fasst Paulus seinen Dienst in Apostelgeschichte 20,21 so zusammen: ›da ich sowohl Juden als auch Griechen die Buße zu Gott und den Glauben an unseren Herrn Jesus Christus bezeugte.‹«?

»Ja, wie erklärst du das?«, fragte Jamie.

»Die Einladung zur Errettung gilt allen Menschen«, antwortete Rod, »aber nur die Erwählten bekommen den Glauben geschenkt und werden errettet.« Er faltete seine Arme über seiner breiten Brust. »Einem verworfenen Sünder ist es unmöglich, sein Leben umzugestalten.«

Angela warf ihm einen bösen Blick zu. »Hör auf, mir meine Worte im Mund herumzudrehen. Niemand hat behauptet, man müsse sein Leben selbst umgestalten, bevor Gott einen errettet.«

Rod starrte zurück. »Du checkst es einfach nicht. Sünder können nicht Buße tun, bevor sie nicht von Gott neu geboren wurden.«

»Warum sagt Gott ihnen dann, dass sie Buße tun sollen?«, fragte sie mit lauter Stimme.

»Weil sie vor Gott in der Verantwortung stehen«, antwortete er ebenso laut.

»Dann können sie auch Buße tun!«

»Nein, nur die Erwählten!«

»Ruhig Blut«, sagte Alex.

»Ich versuche nur, mich klar auszudrücken«, beschwerte sich Rod.

»Tja, das hast du«, sagte Alex.

»*Tja*, dann sag ihr, sie soll sich beruhigen.«

»Er dreht mir jedes Wort im Mund herum«, sagte Angela.

»Ihr beide sollt euch beruhigen«, bestimmte Alex. »Ich will nicht, dass wir diesen Umgangston mit in unsere Verabredung mit Dr. Shelton hinein nehmen.« Er schaute auf seine Uhr. »Wir müssen uns jetzt auf den Weg machen. Jetzt hört mir mal alle zu: Ich habe keine Lust, dass wir uns mit Dr. Shelton streiten. Hat das jeder verstanden?«

»Warum sollte ich mich mit ihm streiten?«, sagte Rod. »Ich teile seine Ansichten.«

»Du weißt genau, was ich meine«, sagte Alex. »Jamie?«

»Ich bin so sanft wie ein Lamm, mäh.«

»Angela?«

»Tut mir Leid, dass ich laut geworden bin«, sagte sie. »Ich werde mich am Riemen reißen.«

»Ich hoffe, dass ihr alle unvoreingenommen zu diesem Treffen geht«, sagte Rod.

»Das tun wir«, sagte Alex. »Hauptsache keine Streitereien.«

»Okay«, sagte Rod.

»Ich kann drei Leute in meinem Auto mitnehmen«, bot Alex an.

»Preston, fahr du bei mir mit«, sagte Rod.

66. Kapitel

Mrs. Shelton hieß die Studenten herzlich in ihrem Haus willkommen. Dann entschuldigte sie sich und eilte in die Küche, wo sie noch letzte Vorbereitungen für das Mittagessen zu treffen hatte. Angela bot an, ihr zur Hand zu gehen und folgte ihr in die Küche. Die Jungs blieben im Wohnzimmer – Alex, Preston und Elliot saßen auf einem harten, antiken Sofa, dessen Federn keinen Deut nachgaben. Rod und Jamie hockten unbeholfen auf einem engen Zweisitzer, der wie eine kleinere Version des Sofas aussah. Der große Sessel gegenüber vom Sofa wartete auf die Ankunft von Pastor Shelton, der noch nicht aus seinem Büro nach Hause gekommen war. Sie saßen schweigend zusammen, das Wohnzimmer der Sheltons ähnelte einem Museum und schien einfach nicht der passende Ort für eine Unterhaltung zu sein. Drei beleuchtete Glasvitrinen standen an der einen Wand. In der ersten stand ein edles Porzellan-Service, in der zweiten kleine Porzellanfigürchen und in der dritten ein zusammenpassendes Glasglöckchen-Set und Wandteller. Ein großer, handgearbeiteter Knüpfteppich lag auf dem Boden, sein farbenfrohes Blumenmuster mit den vielen Rosenstöcken setzte sich in der Tapete fort. Eine einzelne Lampe hing von der Deckenmitte. Sie warf ein für den großen Raum viel zu düsteres Licht und schuf so eine klaustrophobische Atmosphäre.

»Voll die Gruselkammer«, flüsterte Jamie den anderen zu.

Alex warf ihm einen strengen Blick zu und deutete dann mit seinen Augen in Richtung Deckenlampe. Jamie folgte seinem Blick und sah vier aus Gips gegossene Cherubim, die auf sie herunterstarrten. »Tschuldi«, flüsterte er.

Ein Schlüssel drehte sich im Türschloss um. Dann öffnete sich die Haustür. »Willkommen! Willkommen!«, rief Pastor Shelton. Er stellte einen riesigen Handkoffer ab, der groß genug erschien, die gesamten Veröffentlichungen Calvins bergen zu können, und trat in das Wohnzimmer. »Ich bin Pastor Bernard Shelton«, stellte er sich vor und hielt Preston, der der Tür am nächsten saß, eine wuchtige Hand hin. »Es tut mir aufrichtig Leid, dass ich noch nicht daheim war, als ihr kamt. Um elf hatte ich noch ein seelsorgerliches Gespräch. Unglaubliche Geschichte. Ich kann nicht begreifen, was für ein Leben manche Leute führen.«

Mrs. Shelton und Angela traten hinzu und man stellte sich einander offiziell vor.

»Ihr braucht euch erst gar nicht häuslich niederzulassen«, sagte Mrs. Shelton, als jeder gebührend begrüßt worden war. »Das Essen steht auf dem Tisch und wird nicht wärmer.«

Pastor Shelton trieb die kleine Herde zwei Stufen hinauf und durch einen schnörkeligen Torbogen ins Esszimmer. Dort stand ein riesiger Esstisch aus Walnussholz, bedeckt mit einem blütenweißen Leinentischtuch, das von einer durchsichtigen Plastikdecke geschützt wurde. Mrs. Shelton hatte ihr gutes Porzellan-Service gedeckt und nicht mit diversen Tellern und Besteckteilen gespart. Über dem Tisch hing ein Kronleuchter mit sechs elektrischen Kerzen, die hinter bernsteinfarbenem Glas flackerten. Die Namen der Anwesenden waren liebevoll auf kleine Tischkärtchen gemalt worden und zeigten jedem, wo er saß. Pastor Shelton saß vor Kopf. Alex fand sein Kärtchen links von Pastor Shelton, Jamie und Elliot neben ihm. Auf der anderen Seite saßen Rod, Preston und Angela. Mrs. Sheltons Platz war gegenüber ihres Mannes, in der Nähe der Küchentür. Große Schüsseln und Platten mit dampfendem Essen warteten auf sie.

»Wir wollen beten«, sagte Pastor Shelton. Er und Mrs. Shelton streckten ihre Hände aus und die Studenten schlossen den Kreis. Pastor Shelton sprach das Tischgebet. Er dankte Gott für das Essen, für die Hände, die es bereitet hatten und für jeden einzelnen seiner Gäste namentlich. »Nur nicht schüchtern«, sagte er nach dem ›Amen‹. »Nehmt euch, solange es noch heiß ist.«

Es war heiß und es war reichlich. Mrs. Shelton hatte einen großen Braten vorbereitet. Er war in dicke Scheiben geschnitten und mit brauner Soße bedeckt. Eine große Schüssel mit selbst gemachtem Kartoffelbrei stand in der Mitte des Tisches. Es gab drei verschiedene Sorten Gemüse. Körbchen mit frisch gebackenen kleinen Brötchen, in ein Leinentuch eingeschlagen, standen an jedem Tischende. Die Studenten hatten den ganzen Morgen hart gearbeitet und waren hungrig. Bei dem Anblick dieses verfrühten Osterfestessens lief ihnen das Wasser im Mund zusammen.

»Wir pflegen in unserem Zuhause eine schöne Tradition«, verkündete Pastor Shelton, nachdem jeder seinen Teller gefüllt und zu essen angefangen hatte. »Wer uns zum ersten Mal besucht, muss uns seine persönliche geistliche Geschichte erzählen. Von Mr. Sutherland durften wir sie schon bei einem früheren Besuch hören – wer von den anderen möchte also den Anfang machen?« Er schaute den Tisch herunter und dann wieder herauf. »Alex, warum fangen Sie nicht an?«

»Sie wollen meine geistliche Geschichte hören?«, fragte Alex.

»Das ist richtig.«

»Die ganze?«

»Nicht Ihr ganzes Leben, mein Sohn. Wie hast du Christus das erste Mal erlebt?«

»Oh, Verzeihung.« Alex erzählte, dass seine Eltern praktizierende Buddhisten gewesen waren, als sie noch in Korea gelebt hatten, ihren Glauben aber mehr oder weniger an den Nagel gehängt hatten, nachdem sie in die USA eingewandert waren. Er berichtete von Steve, seinem gläubigen Zimmerkameraden in seinem ersten Semester an der Cal und wie er durch Steve angefangen hatte, in der Bibel zu lesen. Kurze Zeit später war er selbst Christ geworden.

Pastor Shelton zwinkerte ihm fröhlich zu. »Und als ob es geplant worden wäre, hattest du einen gläubigen Zimmerkameraden.«

»Ich glaube, Gott steckte dahinter.«

»Das glaube ich ganz bestimmt!« Pastor Shelton blickte Jamie an. »Und wer macht weiter?«

Jamie meldete sich. Dann kam Elliot an die Reihe, danach Preston.

»Die Geschichten sind immer ähnlich, aber keine gleicht der anderen«, sagte Pastor Shelton, als Preston seinen Bericht beendet hatte. »Herzlichen Dank, Jungs. Und, was ist mit Ihnen, Liebste?«

Angela erzählte von ihrem katholischen Elternhaus, dass sie eine katholische Bekenntnisschule besucht, Fußball in einer katholischen Mädchenliga gespielt und sonntags als Messdienerin gedient habe. »Unser ganzes Leben drehte sich um die Kirche«, sagte Angela.

»Etwas ist vorgefallen«, sagte Pastor Shelton scharfsichtig.

»Es gab Gerüchte, dass unser Priester einige Jungs sexuell belästigt habe«, sagte Angela. Ihre Augen wurden feucht und sie redete langsam und leise weiter. »Er war immer sehr freundlich zu unserer Familie gewesen und wir standen ihm sehr nah, also habe ich ihn verteidigt. Als die Polizei ihn eines Tages verhaftete, gab er alles zu. Später erfuhren wir, dass er in seinem vorherigen Pfarrbezirk auch schon wegen sexueller Belästigung von Kindern angezeigt worden war.«

»Man bürdet den Priester einen unnatürlichen Lebensstil auf«, sagte Pastor Shelton.

»Hören Sie auf, Entschuldigungen für diese Menschen zu finden!«, rief Angela. »Sie haben die Leben von unzähligen Kindern für immer ruiniert!«

»Es tut mir Leid«, sagte Pastor Shelton sanft. »Wir sollten die Ernsthaftigkeit dieser Vergehen tatsächlich nicht abschwächen.«

»Aber du hast deinen Glauben bewahrt«, sagte Mrs. Shelton freundlich und legte ihre Hand auf Angelas.

»Zunächst einmal habe ich allem Geistlichen den Rücken zugewandt«, sagte Angela. »Dann hat mich eine Freundin ermutigt, selber in der Bibel zu lesen. Bis dahin hatte ich das Kreuz nie richtig verstanden.«

»Wann war das?«, fragte Pastor Shelton.

»Letztes Jahr. Im August bin ich dann aus der Kirche ausgetreten.«

»Und deine Eltern?«, fragte Mrs. Shelton.

»Mein Kirchenaustritt hat sie ziemlich mitgenommen, ganz besonders meinen Vater.«

Pastor Shelton schüttelte den Kopf. »Wir müssen Sie im Gebet vor den Thron Gottes bringen, junge Dame. Harriet, schreib sie auf die Liste unter ›täglich‹.«

Mrs. Shelton griff in ein Körbchen auf der Anrichte hinter sich. Dort lagen eine Bibel mit deutlichen Gebrauchsspuren und eine Kladde. Sie öffnete das Buch und schrieb Angelas Name auf eine bestimmte Seite.

»Mein Vater hat seitdem kein einziges Wort mehr mit mir gesprochen.«

Mrs. Shelton streichelte Angelas Arm. »Oh, mein liebes Kind. Du bist in unserem Heim jederzeit herzlich willkommen.«

»Das gilt für jeden von euch«, sagte Pastor Shelton.

Die Studenten brachten ihren Dank für dieses freundliche Angebot zum Ausdruck.

»Es ist noch eine Menge Essen übrig, es kann sich jeder noch einmal nehmen«, sagte Pastor Shelton. »Ich möchte nicht, dass jemand von euch hungrig vom Tisch aufsteht.«

»Es ist so schön, eure Füße unter unserem Tisch zu wissen«, sagte Mrs. Shelton und strahlte.

Als jeder mehr als satt war, räumte Mrs. Shelton den Tisch ab. Angela und Elliot gingen ihr zur Hand. Einige Minuten später kehrte sie mit einer prachtvollen Pekannuss-Torte zurück. Sie stellte sie auf den Tisch in die Nähe ihres Ehemannes und lächelte nachsichtig. »Bernards Lieblingskuchen.« Angela brachte einen Apfelkuchen, Elliot schleppte ein Tablett mit zerbrechlich wirkenden Tassen und einer Edelstahl-Kaffeekanne.

Während sie sich den Nachtisch einverleibten, kam das Gespräch auf die Shelton Familie. Die sechs Studenten erfuhren, dass sie aus vier verheirateten Söhnen bestand, aus vierzehn Enkelkindern und dass cin Ur-Enkelchen unterwegs war. Alle waren hingegebene Christen. Das Familienalbum machte die Runde. Es platzte fast aus den Nähten, so voll mit Fotos war es gestopft –

von Hochzeiten, Babys, Geburtstagsfeiern. Mrs. Shelton und Angela gingen das ganze Album durch. Am anderen Ende des Tisches unterhielten sich die Männer.

»Ich kann mich noch sehr gut an meine eigene Studienzeit erinnern – so als wäre es erst gestern gewesen«, sagte Pastor Shelton. »Ich weiß, was es heißt, gleichzeitig zu lernen, Geld verdienen zu müssen, der Familie gerecht zu werden und vor allem dem Herrn zu dienen. Nehmt ihr Jungs euch auch täglich Zeit für das Wort Gottes?«

»Wir versuchen es«, sagte Alex.

»›Seid begierig nach der vernünftigen, lautern Milch als die jetzt geborenen Kindlein, auf dass ihr durch dieselbe zunehmet‹«, sagte Pastor Shelton. »Der Herr Jesus selbst lehrte: ›Ich bin der Weinstock, ihr seid die Reben. Wer in mir bleibt und ich in ihm, der bringt viele Frucht, denn ohne mich könnt ihr nichts tun.‹ Glaubt ihr das?«

»Ja, Sir«, sagte Alex.

»Ich weiß, dass Sie das tun, mein Sohn.« Pastor Shelton stand auf. »Entschuldigt mich einen Augenblick.«

Alex atmete tief ein und wappnete sich für den Eröffnungsschlagabtausch. Auch die anderen jungen Männer setzten sich aufrecht hin. Pastor Shelton kehrte mit seinem Handkoffer zurück.

»Harriet, dürfte ich dich kurz unterbrechen?«, fragte Pastor Shelton höflich. Mrs. Shelton und Angela beendeten ihre Unterhaltung. »Ihr alle habt im vergangenem Schuljahr hart gearbeitet«, begann Pastor Shelton. »Ihr seid wahrscheinlich noch immer sehr beschäftigt, aber in den Sommerferien habt ihr vielleicht wieder den Kopf für andere Dinge frei.« Er holte einige Bücher aus seinem Handkoffer. »Um euch in eurem Leben mit dem Herrn ein stückweit zu helfen, würden Mrs. Shelton und ich einem jeden von euch gerne dieses Buch schenken. *Das unfehlbare Wort*. Ihr könnt es während eurer Sommerferien lesen. Uns hat es sehr viel gebracht. Kennt es jemand von euch womöglich?« Ihm begegneten nur leere Blicke. »Das habe ich mir gedacht. Es wurde von den Fakultätsmitgliedern des Westminster Seminars verfasst. Wahrscheinlich ist es das beste Buch über die Autorität der Bibel.« Er überreichte jedem seiner Gäste ein Exemplar, wobei er erst auf der ersten Seite nachsah, wer welches Buch bekam. »Wir hoffen, dass dieses Buch zum Segen für euch wird.«

Die Studenten dankten dem Pastor und seiner Frau. Jeder hatte eine handgeschriebene Widmung mit einem Bibelspruch in sein Buch geschrieben bekommen. Keine war identisch.

»Dieses Buch wird eurer Vertrauen in Gottes heiliges Wort stärken«, sagte Pastor Shelton.

Jeder versprach, dass er es lesen werde.

»Ich wünschte, ich könnte noch länger bleiben«, sagte Pastor Shelton, »aber ich habe um zwei den nächsten Termin in meinem Büro, eine eilige Angelegenheit, die ich leider nicht verschieben konnte. Bleibt ruhig noch ein bisschen bei Mrs. Shelton. Macht es euch gemütlich und bleibt, solange ihr Lust habt.«

»Hätten Sie noch ein paar Minuten um mit uns über die Gnadenlehre zu sprechen?«, bat Rod. »Wir sind in einer Sackgasse gelandet. Wir könnten Ihre Hilfe gut gebrauchen.«

»Ihr jungen Leute habt euch jetzt schon sehr lange und intensiv mit Prädestination beschäftigt, ist es nicht so?«, fragte Pastor Shelton. »Seit Februar, wenn ich mich Recht entsinne.«

»Eigentlich sogar schon länger«, sagte Alex.

»Einen Schritt näher zur reformierten Wahrheit?«, fragte Pastor Shelton.

»Sie meinen die Fünf Punkte des Calvinismus?«

»Genau die meine ich.«

»Ich möchte ehrlich zu Ihnen sein – ich fürchte nicht«, sagte Alex.

»Nun, mein Sohn, ich möchte ehrlich mit Ihnen sein. Ich dachte mir das schon. Aber wenn Sie irgendwelche Fragen zu diesem Thema haben, dann wissen Sie, wo Sie mich finden können.«

»Vielleicht könnten wir ja jetzt darüber reden«, sagte Rod.

»Das werden wir nicht tun, Mr. Sutherland. Die Schrift sagt: ›Den Schwachen im Glauben aber nehmet auf, doch nicht zur Entscheidung zweifelhafter Fragen.‹« Wiederum begegneten ihm leere Blicke. »Mit anderen Worten: Wir laden andere Christen nicht in unser Haus ein, um uns mit ihnen zu streiten. Alex, wenn Sie und die anderen jungen Herren mit mir über Prädestination sprechen möchten, dann kommen Sie in mein Büro, verstanden?«

»Jawohl, Sir«, sagte Alex.

»Sie auch, Mr. Sutherland?«

»Jawohl, Pastor.«

»Bin ich zu hart?«

»Nein, Sir.«

Pastor Shelton gab seiner Frau ein Küsschen auf die Backe und war aus der Tür, bevor noch jemand etwas sagen konnte. Alex und die anderen starrten sich ungläubig an.

»Das war alles?«, formulierte Alex lautlos in Rods Richtung.

Rod schwieg verbissen.

67. Kapitel

Die sechs jungen Leute verließen das Heim der Sheltons ein paar Minuten später. »Die waren wirklich nett«, sagte Angela, als sie und die anderen über die Straße zu ihren Autos gingen. »Richtig süß.«

»Danke, Rod, dass du uns miteinander bekannt gemacht hast«, sagte Alex.

Jamie schüttelte den Kopf. »Das habe ich nicht erwartet.«

»Ich auch nicht«, sagte Rod mit zusammengebissenen Zähnen.

»Wie bitte?«, fragte Alex.

»Nicht so wichtig. Hört mal, Preston und ich werden nicht mit euch zurück zur GTU fahren.«

»Wieso?«

»Es ist vorbei.«

»Aber wir sind doch noch gar nicht fertig«, sagte Alex. »Wir müssen doch –«

»Es ist vorbei.«

»Und du willst auch nicht weitermachen?«, drehte Elliot sich zu Preston.

»Es ist zwecklos, Elliot.«

»Aber wir können doch nicht ohne Lösung aufgeben«, sagte Alex.

»Preston und ich haben eine Lösung«, sagte Rod.

»Calvinismus?«, fragte Jamie.

»Den historischen, reformierten, protestantischen Glauben«, sagte Preston.

»Du übernimmst Rods Meinung?«, fragte Jamie.

»Wenigstens *hat* er eine Meinung«, sagte Preston. »Ich befürchte, alles was ihr habt, sind Fragen.«

»Ich habe lieber *unsere* Fragen als *seine* Antworten«, sagte Jamie.

»Das sind nicht Rods Antworten«, sagte Preston. »Ich verstehe die Bibel genauso.«

»Preston, der Gott der Liebe würde niemals Menschen für die Hölle vorherbestimmen«, sagte Angela.

»Es ist der Gott der Liebe, der unwürdige Sünder für den Himmel auserwählt«, widersprach Preston.

»Wenn es allein von Gott abhängig wäre, würde er sie lieber alle auswählen«, sagte Angela.

»Ein souveräner Gott würde die wählen, die er wählen will«, entgegnete Rod.

»Ein gerechter Gott würde niemanden wählen«, sagte Jamie, »bis er sie nicht zuerst in Christus kennen würde.«

»Die Diskussion ist hiermit beendet«, sagte Rod.

»Du gibst auf?«, fragte Alex.

»Ich gebe auf, euch überzeugen zu wollen.«

»Na gut, dann vergessen wir die ganze Sache eben«, schlug Alex vor. »Konzentrieren wir uns lieber auf unsere Arbeit am Campus und überlassen wir die ganze Sache mit der Prädestination Gott.«

»Wird auch langsam Zeit«, kommentierte Angela.

»Wir müssen erst ein paar Veränderungen vornehmen«, sagte Rod.

»Was für Veränderungen?«, fragte Alex.

»Du und Jamie, ihr müsst zurücktreten.«

»Zurücktreten?«, rief Jamie?

»Richtig«, sagte Rod.

»Wieso das denn?«

»Eure Glaubensansichten stimmen nicht länger mit denen der UCF überein«, sagte Rod.

»Was soll das denn heißen?«, fragte Alex.

»Rede mal mit den anderen«, sagte Rod. »Die meisten sind meiner und Prestons Meinung.«

»Aber das ist doch kein Grund für einen Rücktritt«, sagte Alex.

»Ihr seid nicht fähig, diese Studentenvereinigung zu leiten«, sagte Rod.

»Wer behauptet denn das?«, rief Jamie.

»Unsere Vereinssatzung«, sagte Rod. »Vorstandsmitglieder, die ihre Pflichten nicht wahrnehmen oder die nicht mehr in der Lage sind, ihre Aufgaben wahrzunehmen, müssen des Amtes enthoben werden.«

»Des Amtes enthoben werden! Warum denn?«, rief Alex.

»Vor acht Monaten habe ich dich gebeten nachzusehen, ob ein Positionspapier existiert«, sagte Rod. »Ich habe dir damals schon gesagt, dass es interne Probleme bei der UCF gibt. Studenten haben ein falsches Evangelium verkündet und du hast nichts dagegen unternommen.«

»Wer verbreitet ein falsches Evangelium?«, fragte Alex.

»Taylor zum Beispiel.«

»Taylor ist von sich aus gegangen«, sagte Jamie.

»Vor zwei Tagen.«

»Taylor und ich gehen in die gleiche Gemeinde«, sagte Angela. »Er verbreitet kein falsches Evangelium.«

»Ich nehme an, Alex hat dir die Sache mit der Peruanerin verschwiegen.«

»Mit wem?«, fragte sie.

»Eine ausländische Studentin, mit der Joe und Taylor im letzten Semester zusammen geredet haben«, erzählte Rod. »Taylor hat ihr gesagt, sie müsse mit ihrem Freund Schluss machen, bevor sie errettet werden könne.«

»Sie haben zusammen gewohnt«, sagte Alex.

»Sie war doch gar nicht gläubig«, sagte Rod.

»Er hat ihr gesagt, dass sie Buße tun müsse«, sagte Jamie.

»Um errettet werden zu können«, sagte Rod.

»So?«, sagte Jamie. »Johannes der Täufer hat das Gleiche getan.«

»Taylor ist nicht Johannes der Täufer«, sagte Rod.

»Das muss er auch nicht sein«, sagte Jamie.

»Wo hast du unsere Satzung her?«, fragte Alex.

»Aus dem Studentensekretariat.«

»War dort auch eine Kopie unseres Positionspapiers?«

»Ja.«

»Dann hast du es doch. Worüber beschwerst du dich dann noch?«, fragte Jamie.

»Es ist völlig unzureichend«, sagte Rod. »Es steht kein einziges Wort über Erwählung drin.«

»Das sollte dir vielleicht etwas zu sagen haben«, sagte Jamie.

»Es sagt mir, dass diejenigen, die die UCF ins Leben gerufen haben, keine Ahnung hatten.«

»Denkst du.«

»Wir haben das alles schon durch«, sagte Rod. »Jetzt wird nicht länger diskutiert. Ihr beide müsst abdanken und die restlichen Mitglieder der UCF werden einen neuen Vorstand wählen.«

»Wir werden *nicht* abdanken«, sagte Jamie.

»Das werden wir ja sehen«, meinte Rod.

»Wir haben im nächsten Monat doch schon Wahlen«, sagte Alex. »Für den Vorstand fürs nächste Studienjahr.«

»Ich möchte, dass noch in diesem Monat neu abgestimmt wird«, sagte Rod. »Ich will, dass noch vor Semester-Ende ein neuer Vorstand und ein neues Positionspapier in Kraft treten.«

»Wir können doch nicht ewig diskutieren«, sagte Preston. »Wir lassen die Mitglieder selber entscheiden.«

»Es wird keine Abstimmung geben«, sagte Alex.

»Das hast du nicht zu entscheiden«, sagte Rod und stieg in sein Auto.

»Du wirst die UCF zerstören!«, rief Alex hinter ihm her.

»Ich werde von der UCF das retten, was noch zu retten ist.«

»Es wird keine Abstimmung geben«, sagte Jamie.

»Rod hat wirklich Recht«, sagte Preston und setzte sich auf den Beifahrersitz.

Alex und die anderen schauten stumm zu, wie sie davonfuhren.

68. Kapitel

Alex, Angela, Jamie und Elliot fuhren schweigend zurück zur Uni. Jeder hing seinen eigenen Gedanken nach.

»Der Typ ist ein Vollidiot«, schimpfte Jamie, als sie angekommen waren. Er stieg aus dem Auto. »Wer braucht den schon?«

»Das wird weite Kreise ziehen«, sagte Elliot und stieg ebenfalls aus.

»Und wenn schon«, sagte Jamie und knallte die Tür ins Schloss.

»Ich werde noch mal mit Preston reden«, versprach Elliot und machte sich auf den Heimweg.

Alex blieb im Auto sitzen, seine Augen nach unten gerichtet, mit den Händen hielt er sich am Steuer fest. Angela blieb neben ihm sitzen. »Ich hätte ihm schon vor langer Zeit Einhalt gebieten müssen«, sagte er. »Nun hat er die ganze Gruppe gegen uns aufgehetzt.« Eine Träne lief langsam über seine Wange. Er wischte sie mit dem Ärmel seines Pullis weg. Angela fasste seine Hand und drückte sie sanft. Alex weinte leise. Lange Zeit saßen sie stumm nebeneinander. Dann ergriff Angela das Wort.

»Es gibt einen Sinn hinter all diesem hier, Alex.« Er antwortete nicht. »Ich hatte einen Professor, der gesagt hat, jeder Roman hat einen guten Plot, aber im wirklichen Leben gäbe es das selten. Er sagte, die meisten Menschen trotten ziel- und zwecklos durchs Leben. Alles ist sinnlos, sogar der Tod.« Alex sagte noch immer nichts und starrte weiter auf seine Füße. »Ich hätte ihm am liebsten gesagt, dass er keine Ahnung hat. Für einen Christen hat das Leben immer einen Sinn. Gott führt alle Dinge zum Guten. Wir dürfen daran nicht zweifeln, Alex.«

»Ich weiß nicht, was hier noch Gutes bei rumkommen soll.«

69. Kapitel

Nachdem er sich von Angela verabschiedet hatte, hörte Alex seine Mailbox ab. Drei Nachrichten waren aufs Band gesprochen worden. Die erste stammte von Sorna. Sie hatte von dem Kampf auf Bancroft gehört und wollte wissen, welches Amt innerhalb der UCF Joe Fiori bekleidete. Sie bat um sofortigen Rückruf. Alex löschte ihre Nachricht. Die zweite stammte von Dr. Payne. Er sagte, er habe von dem Zwischenfall auf Bancroft gehört und auch den Artikel im *Daily Californian* gelesen. Er informierte Alex darüber, dass er einer disziplinarischen Anhörung beizuwohnen habe. Er nannte ihm Datum, Zeit und Ort – das Sekretariat für Rechtsangelegenheiten. Er sagte, ein offizielles Schreiben würde ihm per Post zugesandt. Alex löschte auch diese Nachricht. Die dritte stammte von einem CNN-Reporter. Er wollte einen Beitrag über die UCF drehen und mit Alex darüber reden. Er habe von der Prügelei auf Bancroft gehört. Er bat Alex um sofortigen Rückruf. Er sagte, es sei sehr dringend. Alex löschte die letzte Nachricht und beschloss, in der Versenkung zu verschwinden.

Er hatte sowieso vorgehabt, in den Osterferien nach Sacramento zu fahren und seine Eltern zu besuchen. Sein Auto war schon fertig gepackt, also ließ er den Motor an und fuhr auf den Freeway. Er würde Dr. Payne nächste Woche zurückrufen. Was Sorna und den CNN-Reporter anging – nun, sie würden noch nicht einmal ein ›Kein Kommentar‹ hören.

Die zweistündige Fahrt tat Alex gut. Irgendwie schienen seine Sorgen mit jedem zurückgelegten Kilometer kleiner zu werden. Er fing an, sich auf das Zusammensein mit seiner Familie zu freuen und machte Pläne für die vor ihm liegende Woche. Obwohl niemand sonst in seiner Familie gläubig war, verstanden sie sich alle gut. Außerdem wusste niemand von seinen vielen Problemen. Und er wollte es auch dabei belassen.

Alex Eltern und seine sechzehnjährige Schwester Alice begrüßen ihn fröhlich an der Haustür. Er gab seiner Mutter einen Kuss, umarmte seine kleine Schwester und schüttelte seinem Vater die Hand. Der nahm seine Reisetasche und winkte ihn wie einen gerade angekommenen Würdenträger ins Haus.

»Alex«, rief sein Vater, als sie das Wohnzimmer betraten.

Alex drehte sich um und sah, wie sein Vater Stirn runzelnd auf seine Schuhe blickte. »Ups, Verzeihung, Vater«, sagte Alex und ging in den Flur, wo er seine Schuhe auszog. Dann ging er wieder zu seiner Familie. Seine Mutter brachte Tee und sie machten es sich zusammen gemütlich. Sie tauschten familiäre Neuigkeiten aus und plauderten über die Uni.

Beim Abendessen erkundigte sich Alex' Vater, ein Maschinenbau-Ingenieur, nach den beruflichen Zukunftsplänen seines Sohnes und nach dessen Karrierechancen. Alex erzählte ihm, dass die wirtschaftliche Lage für ihn momentan günstig sei und dass er schon einige Bewerbungsgespräche geführt habe. Seine Mutter fragte nach seinen Freunden, seiner Wohnung und ob er auch ordentlich essen würde. Sie sagte, er sähe müde aus und riet ihm, sich auch mal auszuspannen. Er erwiderte, genau das habe er in den Osterferien vor. Das schien sie zufrieden zu stellen. Seine kleine Schwester wollte alles über das Uni-Leben wissen. Alex versuchte, ihre Neugier zu stillen, wurde die ganze Fragerei aber schnell müde. Er versprach, ihr die Nummer von Angela zu geben, einer Bekannten aus der christlichen Gruppe, die er leitete, damit

Alice sich mit ihr in Verbindung setzen konnte. Als seine Eltern anfingen, Pläne für seine *Graduation Party* zu schmieden, wurde es Alex heiß. Er wechselte das Thema, dann entschuldigte er sich und sagte, er wolle ein wenig Schlaf nachholen. Den Rest des Abends verbrachte er allein in seinem Zimmer, zappte von einem Fernsehkanal zum nächsten, ohne sich irgendetwas wirklich anzusehen.

Der nächste Tag war ein Sonntag. Alex besuchte den Gottesdienst der Gemeinde, zu der er hier in Sacramento gehörte. Im Vergleich zu seiner Gemeinde in Berkeley war sie recht klein, nur ungefähr 120 Leute zählten sich dazu. Aber er mochte die familiäre Atmosphäre und den ruhigen Ablauf des Gottesdienstes. Erfrischt und in innerlichem Frieden kehrte er zum Haus seiner Eltern zurück.

An diesem Abend ging das familiäre Frage- und Antwortspiel beim Essen weiter. Sein Vater wollte wissen, wie viele Vorstellungsgespräche er genau gehabt, bei welchen Firmen er sich beworben und welche Rückmeldung er bekommen habe. Alex gab eine kurze Zusammenfassung. Sein Vater sagte ihm, er müsse die Suche nach einer Arbeitsstelle ernster nehmen. Seine Mutter meinte, er sähe hager aus. Sie fragte noch einmal, ob er sich vernünftig ernähre. Alex versprach beiden, sich zu bessern. Seine Schwester fragte nach seiner Freundin. Alex antwortete, Angela sei nicht *seine* Freundin. Alice wollte wissen, ob sie hübsch sei. Er bejahte die Frage und erzählte dann ausgiebig von ihr. Sein Vater fragte, ob sie Koreanerin sei und runzelte die Stirn, als er hörte, sie sei Amerikanerin mexikanischer Abstammung. Wieder versuchte Alex, sich auf sein Zimmer zurückzuziehen, aber sein Vater sagte ihm, er solle sitzen bleiben. Er hatte noch mehr Fragen. Warum hatte er noch kein konkretes Stellenangebot? Was für Noten hatte er geschrieben? Wie teilte er seine Zeit ein? Warum sah er so abgespannt aus? Eins ums andere kam die ganze Sache ans Licht. Schließlich erzählte ihnen Alex alles – der Widerstand auf dem Campus durch die Randalierer, die interne Kontroverse der Studentenvereinigung um die Frage der Prädestination, seine Probleme mit Rod, seine absackenden Noten, seine schlechte Vorstellung bei der Job-Börse, der Betrugsskandal und wie sein Name dort mit hineingezogen worden war, die Vorladung zu der disziplinarischen Anhörung. Als er fertig war, war sein Vater sauer, seine Mutter besorgt und seine Schwester gelangweilt. Er entschuldigte sich und flüchtete auf sein Zimmer.

Montag machte Alex einen langen Spaziergang und besuchte alte Freunde aus der High School. Als er an diesem Abend seine E-Mails checkte, sah er, dass Angela ihm geschrieben hatte. Sie teilte ihm mit, dass sie eine schöne Zeit mit ihrer Familie verlebe. Sie und ihr Vater hätten kurz miteinander gesprochen, aber die Situation sei noch immer angespannt. Da sie den Bogen zu Hause nicht überspannen wolle, würde sie schon früher als geplant nach Berkeley zurückkehren. Bald würde sie mehr von sich hören lassen. Alex antwortete ihr und bedankte sich dafür, dass sie nach dem Mittagessen bei den Sheltons versucht hatte, ihn zu ermutigen. Er versprach ihr, für sie zu beten.

Am Dienstag traf sich Alex mit Rick, einem der Ältesten seiner Gemeinde in Sacramento. Rick hatte ihm schon früher geholfen. Alex erzählte ihm die ganze Geschichte. Das dauerte über eine Stunde.

»Es scheint mir, als ob sich die Probleme in deinem Leben in letzter Zeit angehäuft hätten«, sagte Rick, als Alex zu Ende geredet hatte. »Kannst du dir vorstellen, warum das so ist?«

»Nein, keine Ahnung«, antwortete Alex. »Was mir am meisten wehtut, ist, dass Rod uns auf einmal in den Rücken fällt.«

»Wie bist du denn bisher mit ihm klargekommen?«

»Eigentlich ziemlich gut. Ich habe alles getan, was ich konnte, damit die Chemie zwischen uns stimmt.«

»Vielleicht ist ja genau das dein Problem.«

»Wie meinst du das?«

»Du kandidierst nicht für den Posten des Sheriffs, Alex.«

»Wie bitte?«

»Als ich anfing, in der Gemeinde mitzuarbeiten, begleitete mich ein älterer Mann in einer Jüngerschafts-Beziehung. Wenn ich in ähnlichen Problemen steckte, hat er mir immer wieder diesen Satz gesagt.«

»Ich versteh dich nicht.«

»Er erklärte mir, dass wenn ein Mann sich in Texas für das Amt des Sheriffs bewirbt, er plötzlich jedermanns Freund ist und versucht, es allen Recht zu machen – dieser ältere Bruder kam übrigens aus Texas. Ein Aspirant auf den Sheriff-Stern kann es auf einmal mit allen gut – mit dem Bankdirektor wie mit dem kleinen Gauner aus dem Kneipen-Hinterzimmer. Mein Mentor sagte mir immer: ›Als geistlicher Führer muss man Stellung beziehen. Und wenn du es tust, dann erwarte nicht, dass das jedem gefallen wird.‹«

»Du meinst also, ich hätte die ganze Zeit nur versucht, mich bei allen beliebt zu machen?«

»Nein, so meine ich das nicht – jedenfalls nicht ganz.« Rick nahm seine Bibel vom Schreibtisch und öffnete sie. »Du solltest einmal über Sprüche 29,25 nachdenken.«

»Den Vers kenne ich nicht«, sagte Alex.

»Dort steht: ›Menschenfurcht stellt eine Falle; wer aber auf den Herrn vertraut, ist in Sicherheit.‹«

»Ich habe Angst vor Rod?«

»Unter anderem.«

»Das kann ich nicht ganz nachvollziehen«, sagte Alex.

»Furcht zeigt sich auf unterschiedliche Art und Weise. Manchmal macht man sich zum Beispiel zu viele Sorgen darum, was andere über einen denken. Oder man entschuldigt das Fehlverhalten von anderen, weil man sich vor der Konfrontation scheut oder nicht den Zorn des anderen auf sich ziehen will.«

Alex dachte eine ganze Weile darüber nach. Schließlich musste er einsehen, dass Rick genau den wunden Punkt getroffen hatte. »Ja, ich verstehe, was du meinst.«

»In dem Vers wird Furcht vor seinen Mitmenschen als Falle beschrieben. Wir sind gefangen, können nicht weitergehen und nicht das machen, was Gott eigentlich von uns möchte.«

Alex schlug seine Augen beschämt nieder.

»Ich glaube, du könntest wirklich ein guter Leiter sein, Alex, aber du musst einige Veränderungen vornehmen.«

70. Kapitel

Alex stand am nächsten Morgen früh auf und fuhr noch vor Sonnenaufgang nach Osten in die Berge der Sierra Nevada. Neunzig Minuten lang lenkte er sein Auto über eine steile Bergstraße, ein rauschender Fluss stets zu seiner rechten. Als er im Eldorada National Forest angelangt war, parkte er sein Auto und kletterte auf einem Trampelpfad bis ganz oben auf den Berg. Während des Aufstiegs dachte er über die verschiedenen verärgerten UCF-Mitglieder nach und wie viele Stunden er sich darüber gesorgt hatte, was sie wohl über ihn dächten. Vor seinem geistigen Auge tauchte Rod auf; immer hatte er versucht, es seinem Stellvertreter Recht zu machen. Nun begriff er, dass Rod erst dann zufrieden gewesen wäre, wenn jeder exakt seine Ansichten über die Prädestination übernommen hätte. Er dachte über Dr. Payne, Sorna und Coleman nach und wie er sich den Kopf darüber zerbrochen hatte, wie er mit ihnen umgehen sollte. Er erkannte, dass jeder ihn von seiner eigentlichen Aufgabe, nämlich der Führung der UCF, abgelenkt hatte und dass er kaum einen der Pläne verwirklicht hatte, die er letzten Sommer für ihre Studentenverbindung geschmiedet hatte.

Nachdem er eine Stunde geklettert war, endete der Pfad auf einem Gebirgsrücken auf 1800 Höhenmetern. Alex fand einen großen Felsen, auf den er sich stellen und die herrliche Aussicht genießen konnte. Hohe Bäume und massive Granitfelswände bestimmten das Landschaftsbild so weit das

Auge reichte. Ein Bergkamm folgte auf den nächsten, dazwischen tiefe Schluchten, deren Talsohlen er nicht zu erblicken vermochte. Er beobachtete den Sonnenaufgang über den östlichen Bergen, bis ein Schwarm laut schnatternder Gänse seine Aufmerksamkeit erregte. Die Tiere stiegen von einem See in die Luft auf und flogen nur fünf Meter über seinen Kopf in V-Formation hinweg. Er konnte die wirbelnden Luftströme unter ihren starken Flügeln hören. Er beobachtete die Vögel, bis sie auf der anderen Seite des Gebirgsrückens hinter den Bäumen verschwunden waren.

Die unermessliche Schönheit von Gottes Schöpfung überwältigte ihn von Neuem. Er fühlte sich seinem Herrn an diesem Flecken unberührter Natur ganz nahe.

Alex folgte dem Bergrücken, bis er am Gipfel angelangt war. Von dort oben schien ihm die ganze Welt zu Füßen zu liegen. Er fand einen guten Sitzplatz, eine flache Granit-Steinplatte. Er hockte sich hin, seine Knie eng an den Oberkörper gezogen, um sich selbst in der kühlen Morgenluft warm zu halten. Er betete mit offenen Augen und genoss gleichzeitig das sich ihm bietende Panorama.

Alex bat Gott um Vergebung, weil er ihm nicht mehr zugetraut und weil er den Dienst auf dem Campus vernachlässigt hatte. Dann schrieb er die Punkte, über die er sich am meisten Sorgen gemacht hatte, auf ein Blatt Papier, das er extra zu diesem Zweck mitgebracht hatte. Als die Liste vollständig war, zerknüllte er das Papier, legte es auf den Felsen neben sich und zündete es an. Er schaute zu, wie es verbrannte, ein symbolisches Opfer für Gott. Rick hatte ihm diesen Vorschlag gemacht und Alex fühlte sich danach viel besser. Sein Leben war wieder fest in Gottes Händen. Er sagte Gott, er sei zufrieden, wenn das Geheimnis um die Prädestination nicht von ihm gelöst werden könne, wenn das der Wille Gottes sei, aber er bat Gott noch einmal um die Antwort auf diese Frage und erinnerte ihn daran, dass es nicht nur der UCF helfen würde, sondern auch allen Christen, die an anderen Orten mit diesem Thema rangen.

Alex verbrachte die nächsten drei Stunden auf dieser Felsplatte. Er las das komplette Johannes-Evangelium, dachte betend über jedes einzelne Kapitel nach und bat Gott um Erkenntnis. Er dachte lange über Johannes 3,8 nach, wo Jesus über die Rolle des Heiligen Geistes bei der Errettung sprach: »Der Wind weht, wo er will, und du hörst sein Sausen, aber du weißt nicht, woher er kommt und wohin er geht; so ist jeder, der aus dem Geist geboren ist.« Er sagte Gott noch einmal, dass er auch damit zufrieden sei, wenn er nie verstehen würde, warum der eine gerettet würde und der andere nicht, wenn das sein Wille wäre. Einige Zeit später kam er zu den schwierigen Versen in Johannes 6, die im letzten September die ganze Kontroverse ausgelöst hatten.

Er dachte einige Minuten über sie nach und las dann weiter. In Johannes 12,32 machte er wieder länger Halt. Jesus sagte an dieser Stelle: »Und ich, wenn ich von der Erde erhöht bin, werde alle zu mir ziehen.« *Warum zieht der Herr Jesus alle Menschen zu sich*, fragte Alex sich im Stillen, *wenn nur die, die der Vater zieht, glauben können?* Es war alles so seltsam.

Alex machte eine kurze Pause und dachte über die verschiedenen Theorien der Prädestination nach, die sie alle durchgekaut hatten. Wie oft hatten sie gedacht, kurz vor dem Durchbruch zu stehen, nur um wenige Minuten später verwirrter als zuvor zu enden. Er fragte sich wieder, ob sie nicht schon längst die Antwort in Händen gehalten, es aber nicht realisiert hatten.

Einige Zeit beobachtete Alex eine Ameise auf einer sandigen Stelle unterhalb seines Sitzplatzes. Das Tier war vollauf mit der Futtersuche beschäftigt. Es ahnte nicht einmal, dass ein Riese nur wenige Zentimeter von ihm entfernt saß und jede seiner Bewegungen verfolgte. *Ist das etwa auch so mit uns und Gott?* Die Ameise blieb stehen und untersuchte einen Abdruck in der Größe eines Tannenzapfens im Sand. Die Körner waren lose und die Ameise rutschte ein paar Zentimeter nach unten, bis sie wieder Halt gefunden hatte und den kleinen Hügel nach oben kletterte. Plötzlich sprang ein zweimal so großes Insekt aus der Mitte der kleinen Grube, packte die arme Ameise mit einem Greifer und zog sein Opfer in sein sandiges Versteck. Alex zog kurz eine Rettungsaktion in Erwägung, aber sagte sich dann, dass dieses andere Insekt nur das tat, wozu Gott es erschaffen hatte. Pech für seinen kleinen Freund, die Ameise.

Alex machte im Johannes-Evangelium weiter. Als er zu Johannes 16,8 kam, fragte er sich, warum Christus den Heiligen Geist schicken würde, damit »er die Welt überführe von Sünde und von Gerechtigkeit und von Gericht«, wenn nur einige Leute errettet werden konnten. *Was soll das Ganze dann?*, fragte er sich. Das Problem der Prädestination begegnete ihm wieder in Johannes 17, wo der Heiland für die betete, die der Vater ihm gegeben hatte.

Alles war so verwirrend, aber als er am Ende des Evangeliums angekommen war, empfand er tiefen Frieden über diese Angelegenheit. Er hatte sich gründlich mit dem Wort Gottes auseinander gesetzt und obwohl er das Problem nicht hatte lösen können, hatte er die Gewissheit, dass Gott schon wusste, was er tat und dass er damit gut leben konnte. Er beschloss, dieses Thema Gott zu überlassen. Er hob einen Stein auf, stellte sich auf die Füße und warf ihn so weit wie er konnte. Er beobachtete, wie er den Berg hinunter und außerhalb seines Sichtfeldes flog.

Dann machte er sich auf den Rückweg zu seinem Auto. Erst ging er langsam, mit der Zeit wurde er schneller. Auf der Hälfte der Strecke fing er an zu rennen. Das Gefälle gab ihm den nötigen Schwung und so sprang er wie ein junges Reh den Berg herunter, immer schneller und schneller. Der Wind flog an ihm vorbei, ein Gefühl der Unbesiegbarkeit durchströmte seinen Körper. Er empfand eine Leichtigkeit, die er schon seit langem nicht mehr empfunden hatte.

In Rekordzeit war Alex fast wieder unten am Parkplatz angekommen, zwar außer Atem, aber er fühlte sich toll. Den letzten Kilometer ging er wieder in normalem Tempo. In Gedanken war er bei seinen letzten Monaten als UCF-Präsident. So viele Dinge waren schief gelaufen, es war beinahe zum Lachen – Coleman, Joe, Rod, Susan Dan und der Betrugsring, Sorna, die Feministinnen, der Privatdetektiv, Dr. Payne. *Was für Typen! Wie in einem schlechten Film.* »Erstaunlich, dass ich eben nicht den ganzen Wald abgefackelt habe«, sagte er laut. Vor seinem inneren Auge ließ er dieses Szenario ablaufen. Ein Schauder lief ihm den Rücken hinunter. Er stoppte, drehte sich um und überprüfte den hinter ihm liegenden Gebirgszug. Der Himmel war blau und wolkenlos, die Sonne stand mittlerweile hoch am Himmel. Kein Anzeichen von Rauch zu sehen. »Worüber mache ich mir Gedanken?«

Er ging weiter. Er dankte Gott für seine Gnade, für diese Osterferien und die Möglichkeit, seinem Alltag entfliehen zu können. Er dankte für seine Familie und seine Freunde. Er dankte ihm für die Herausforderungen in seinem Leben. Er dankte Gott sogar für Coleman. Alex wusste nicht, wann er sich das letzte Mal so frei und glücklich gefühlt hatte. Da bemerkte er ein Schild neben dem Pfad, das er beim Aufstieg glatt übersehen hatte: FEUERMACHEN VERBOTEN. BEI ÜBERTRETUNG WIRD EINE GELDSTRAFE BIS ZU 5000$ FÄLLLIG UND / ODER SECHS MONATE GEFÄNGNIS. TITLE 36, CODE OF FEDERAL REGULATIONS, 261.52(F). Alex rannte gehetzt zum Auto und fuhr auf direktem Weg nach Sacramento zurück.

71. Kapitel

Alex verbrachte den Donnerstag mit seiner Familie. Am Morgen arbeiteten sie gemeinsam im Garten. Nachmittags wusch und polierte er die Autos seiner Eltern und redete so lange mit seiner Schwester, wie er seit ihrer beider Kindheit nicht mehr mit ihr geredet hatte. Als sie ihm von einem Schlussverkauf in einem neuen Einkaufszentrum erzählte, bot er ihr an, sie zu fahren. Sie parkten neben einem neuen Wal-Mart-Supercenter. Alex beobachtete, wie ein Teenager einen Zug aus über zwanzig Einkaufswagen über den Parkplatz schob. Er beschloss vor Gott, sich nicht länger Sorgen um seine berufliche Zukunft zu machen.

Alice führte ihren großen Bruder durch die verschiedenen Geschäfte. Sie führte ihm den letzen Modeschrei vor und er versuchte, Interesse zu zeigen. Der Schlussverkauf war im *Claire's*, einem Laden mit Krimskrams für Teenager. Alex wartete geduldig, während seine kleine Schwester Ohrringe anschaute und verschiedene Ketten und Ringe anprobierte. Nach langer und ausgiebiger Beratung mit einer jungen Verkäuferin entschied sich Alice für einen rosafarbenen Rheinkiesel-Ring für 10,50 Dollar.

»Du solltest etwas für Angela kaufen«, riet ihm Alice.

»Nee, so weit sind wir noch nicht«, sagte Alex.

»Warum wohl nicht?«, sagte Alice und warf der Verkäuferin einen viel sagenden Blick zu. Sie war ungefähr in Alices Alter, eine dürre Blondine, die so aussah, als ob sie das halbe Inventar des Ladens am eigenen Leib trug.

»Was mag sie denn so?«, fragte die Blondine.

»Woher soll ich das denn wissen?«, fragte Alex zurück.

»Hoffnungsloser Fall«, sagte Alice und schüttelte den Kopf.

»Was für einen Klamotten-Stil bevorzugt sie denn?«, fragte die Blondine.

»Legere Kleidung, meistens trägt sie Jeans und irgendein Shirt«, sagte Alex.

Die Verkäuferin holte eine feine Silberkette mit kleinen rosafarbenen Perlen. »Wie wär's denn damit?«

»Das ist eine T-Shirt-Kette, erklärte Alice. »Perfekt. Du sollest sie ihr kaufen.«

»Sieht teuer aus«, sagte Alex.

»12,50 Dollar«, antwortete die Verkäuferin. »Plus Mehrwertsteuer.«

»Du hast ihr noch nie ein Geschenk gemacht?«, wunderte sich Alice.

Alex zuckte mit den Schultern. Die beiden Mädchen sahen sich an und rollten mit den Augen.

»Na schön«, sagte Alex. »Alles, um euch zwei glücklich zu machen.« Er reichte der blonden Verkäuferin seine Kreditkarte. »Ich bezahle beides.«

Seine Schwester umarmte ihn stürmisch. »Herzlichen Dank, Alex.«

Sie fuhren nach Hause und guckten sich gemeinsam einen Film im Fernsehen an. Die Uni fing erst am Montag wieder an. Bis dahin hatte er sich wohl genug ausgeruht und konnte sein Leben in Berkeley wieder mit neuem Schwung angehen. Er würde es sich zu Hause noch ein paar Tage gut gehen lassen, am Sonntag seine Gemeinde in Sacramento besuchen und Sonntagabend in aller Ruhe nach Berkeley zurückfahren. Montag würde er aus dem Scherbenhaufen seines Lebens retten, was noch zu retten war. Irgendwie würde alles schon wieder gut werden. Jetzt wollte er einmal nicht mehr länger darüber nachdenken.

Ein Anruf um 21.40 Uhr ruinierte seine Pläne. Es war Jamie. Er erzählte Alex, dass Sorna einen weiteren Artikel über sie im *Daily Californian* geschrieben habe. Er bot ihm an, den ganzen mehrspaltigen Artikel am Telefon vorzulesen. Alex erwiderte, eine Zusammenfassung würde ihm reichen.

Die Überschrift lautete: JAPANISCHE SEKTE WIRD GEWALTÄTIG. Im Begleitartikel war zu lesen, dass die Ermittlungen der Berichterstatterin im Betrugsskandal in der Fachschaft Biologie zu neuen Enthüllungen geführt hätten. Es gäbe eine Verbindung ins Ausland. Es sei erwiesen – und was das bei Sorna hieße, wisse man ja mittlerweile, bemerkte Jamie – dass die Aum-Sekte, also die Sekte, die für zwei Sarin-Gias-Anschläge in Japan verantwortlich sei, auch eine Zelle an der Cal unterhalte. Man rekrutiere Mitglieder und betreibe den Betrugsring auf dem Campus. Sie zielten darauf ab, Studenten zu erpressen und sie dazu zu zwingen, tödliche biologische und chemische Waffen zu entwickeln. Die Studentenschaft solle wissen, so schrieb Sorna in dem Artikel, dass *University Christian Fellowship* der Deckmantel für diese Zelle sei. Der Führer der Sekte an der Uni sei Alex Kim, ein E-Technik-Student mit speziellen Hightech-Kenntnissen. Gegen Ende des Artikels beschrieb sie, wie die UCF mit brutalster Gewalt seine Gegner zum Schweigen brachte und berichtete ausführlich über einen Zwischenfall im September vergangenen Jahres, wo sie selbst hatte mit ansehen müssen, wie Joe Fiori, der Schläger der Gruppe, einen bisher noch nicht identifizierten Studenten geschlagen und bedroht hatte. Sie berichtete weiter, wie am 2. April diesen Jahres der gleiche Joe Fiori zwei weitere Studenten, angesehene Mitglieder des Footballteams, angegriffen und erbarmungslos krankenhausreif geprügelt hatte. Die Polizei von Berkeley habe Fiori festgenommen und die Staatsanwaltschaft die Anklageschrift vorbereitet. Der Straftatbestand laute unter anderem Verletzung der Grundrechte der beiden Studenten. Sorna erzählte, die Aum-Sekte sei dafür bekannt, ihre Gegner mit allen Mitteln zum Schweigen zu bringen. Obwohl sie selbst um ihr Leben fürchte, versprach sie ihren treuen Lesern, die Untersuchung weiter voranzutreiben.

Alex fehlten die Worte. Es war schlimmer, als er sich vorgestellt hatte.

»Irgendwie ist das doch echt lustig«, sagte Jamie. »Jedenfalls beweist sie eine blühende Fantasie.«

»Den *Daily Cal* liest jeder«, sagte Alex.

»Ein kostenloses Studentenblatt. Was kann man da schon erwarten? Hey, ich habe aber auch gute Neuigkeiten für dich. Ich hab mal mit Taylor geredet. Als ich ihm erzählt habe, dass Rod uns rausschmeißen will, hat Taylor versprochen, dass er wieder zur UCF zurückkommen und uns unterstützen werde.«

»Wenn es bis dahin noch etwas zu unterstützen gibt.«

»Sei nicht so pessimistisch.«

»Nächste Woche bin ich zu einer disziplinarischen Anhörung des Sekretariats für Rechtsangelegenheiten vorgeladen worden.«

»Echt? Oh weia«, sagte Jamie.

»Ich möchte jetzt auflegen. Ich muss erst einmal über diese ganze Sache nachdenken.«

Den Rest des Abends verbrachte Alex allein. Kurz vor Mitternacht schickte er eine E-Mail an Jamie, Angela und Elliot.

72. Kapitel

Angela checkte ihre E-Mails Freitagmorgen und entdeckte Alex' Nachricht. In der Betreffzeile stand: WICHTIGES UCF-LEITUNGSTREFFEN. In der Adresszeile standen ihr Name und der von Elliot und Jamie. Die Botschaft war kurz: WIR MÜSSEN REDEN. TREFFT EUCH MIT MIR, WENN IHR KÖNNT, FREITAG 15.30 UHR VOR DEM HAUPTEINGANG.

Angela mailte ihm zurück. Sie schrieb, sie sei in Berkeley und würde zum Treffen kommen. »Nimm das alles nicht persönlich«, bat sie ihn. »Du hast unter den Umständen so gut du konntest gehandelt.«

Elliot öffnete die E-Mail eine Stunde später. Er antwortete, er sei sich nicht sicher, ob er es bis 15.30 Uhr schaffen könne, würde es aber auf jeden Fall versuchen.

Jamie rief seine E-Mails erst um 13.30 Uhr ab, also zwei Stunden vor dem Treffen. Als er die Nachricht las, befürchtete er das Schlimmste. Wahrscheinlich würde Alex abdanken und er konnte es ihm noch nicht einmal verübeln. Das Uni-Jahr hatte mies begonnen und es war von da an nur noch bergab gegangen. Alex hatte sich kaputt gearbeitet in dem Bemühen, UCF zusammenzuhalten. Er hatte sich mit grollenden Mitgliedern getroffen, sich alle Klagen geduldig angehört, sich stundenlang auf den Bibelkreis vorbereitet und sich in seiner Freizeit fast ausschließlich mit Prädestination befasst. Seine Noten waren sogar schlechter geworden und seine Bewerbungsgespräche waren auch nicht so gut verlaufen. Alex war am Ende. Jamie hatte es aus der Stimme seines Freundes heraushören können, als sie ihr Telefonat in der vergangenen Nacht beendet hatten.

Jamie dachte darüber nach, was es konkret für ihn selbst bedeuten würde, wenn Alex zurücktrat. Weil Rod sein Stellvertreter war, würde er automatisch

Erster Vorsitzender werden. Wenn das passierte, sagte sich Jamie, dann konnte er selbst direkt mit zurücktreten. Auf gar keinen Fall würde er unter Rods Leitung noch weitermachen. Eine andere Möglichkeit wäre, die UCF dieses Jahr früher in die Sommerpause zu verabschieden. Sie könnten den Vorstand für das nächste Jahr wählen und dann für dieses Semester Schluss machen. Das Sommersemester lief sowieso nur noch sechs Wochen und mit all der Aufregung, den der neue Artikel des *Daily Californian* verbreiten würde, wäre es wahrscheinlich sowieso das Beste, sich zurückzuziehen und zu warten, bis die Wogen sich wieder geglättet hätten.

Jamie erkannte, dass er von jemandem Rat brauchte und am besten noch vor dem Treffen. Von jemandem außerhalb der UCF, der nicht direkt in alles verwickelt war. Er musste schnell handeln, denn das Treffen würde in weniger als zwei Stunden stattfinden. Er schickte Alex eine Antwort und versprach, zu kommen. Dann rief er seinen Vater an. Obwohl der kein Christ war, hatten sie doch eine enge Beziehung zueinander. Sein Vater war Filialleiter eines größeren Supermarktes und hatte schon jede Menge Probleme im Leben meistern müssen. Er war jetzt auf der Arbeit, aber Jamie wusste, dass er sich Zeit für seinen Sohn nehmen würde. Er wählte die Nummer. Er bekam nur den Anrufbeantworter. Weil er nicht viel Zeit hatte, hinterließ Jamie keine Nachricht. Er wählte die Nummer von Kirk, dem Vorjahres-Vorsitzenden der UCF. Er war beruflich nach Texas gezogen und entwarf Teilchenbeschleuniger für medizinische Zwecke. Jamie erreichte wieder nur einen Anrufbeantworter. Er rief den Pastor seiner Gemeinde an. Die Sekretärin kam an den Apparat und sagte ihm, dass der Pastor nicht da sei. Jamie fragte, ob er telefonisch zu erreichen sei und sie fragte, ob es sich um einen Notfall handele. Jamie verneinte dies. Als sie ihn nach dem Grund seines Anrufs fragte, redete er sich heraus. Er erkannte, er hätte seinen Pastor schon vor Monaten um Rat fragen sollen. Stattdessen hatte er gewartet, bis der Karren in den Sand gesetzt worden war. Er antwortete, es sei nichts Dringendes. Er würde sich irgendwann noch mal melden.

Nun hielt er es nicht mehr im Zimmer aus. Er betete kurz, dann machte er sich zur Uni auf. Er vertraute darauf, dass Gott ihm die notwendige Hilfe in den Weg stellen würde. Irgendwo würde er unterwegs jemanden treffen. Das hatte schon früher funktioniert.

73. Kapitel

Als Jamie eine Viertelstunde später bei der Uni war, wurde er enttäuscht. Der Ort war fast menschenleer. Vier Jungs kickten mitten auf der Sproul Plaza einen Tennisball hin und her. Ein Mädchen saß vor dem Springbrunnen und spielte Gitarre. Sechs oder sieben Studenten saßen auf den Stufen vor der Sproul Hall und unterhielten sich. Jamie kannte niemanden. Er beschloss, Michael anzurufen. Keiner hob ab. Er machte sich entlang der Telegraph Straße in Richtung La Val's Pizza auf, in der Hoffnung, dort jemandem zu begegnen. Wieder Pleite. Jetzt blieben ihm nur noch 40 Minuten. Er gab auf. Er beschloss, den Rest der Zeit im *Caffé Strada* zu verbringen. Wenigstens würde er dort ungestört einen Espresso schlürfen können.

Obwohl das Uni-Gelände wie leergefegt gewesen war, war das Kaffeehaus voller junger Leute, die sich entspannen und die Osterferien genießen wollten. Jamie bestellte einen doppelten Espresso und schüttete jede Menge Zucker hinein. Ein Mädel aus einer seiner Vorlesungen lud ihn an ihren Tisch ein, aber er lehnte freundlich ab. Er dankte ihr und sagte, er müsse über ein paar Dinge in Ruhe nachdenken und würde deswegen lieber allein sitzen. Er fand einen Tisch ganz in der Ecke der Terrasse und wartete dort auf das unausweichliche Ende der UCF.

Er nahm einen Schluck und dann noch einen. Es tat ihm Leid, dass Alex' Studienzeit ein so unschönes Ende finden würde. Und wer weiß, ob die UCF ohne sie nicht den Bach runtergehen würde. Er schaute auf seine Uhr. Freitag, der 9. April, der Todestag der UCF.

Dann fiel es ihm wie Schuppen von den Augen. Er schaute noch einmal auf seine Uhr. Heute war der Tag. Er überprüfte die Zeit. Genau die Stunde. Auf einmal hatte er ein intensives geistliches Wahrnehmungsgefühl. Er konnte es nicht wirklich beschreiben, es war auch nicht sichtbar, aber es war real. Er schaute sich um und versuchte herauszufinden, was es zu bedeuten hatte. Dann wusste er es. Es war Gott. Gott war hier. Dann, genauso unerwartet, schien jeder im Raum sich plötzlich zu verändern. Es war, als ob er sie kennen würde, als ob jeder Anwesende ein enger Freund war, den er schon seit Jahren nicht mehr gesehen hatte. Vor einem Augenblick noch waren sie namenlose Fremde gewesen, unbekannte Gesichter, nicht mehr als ein Geräusch im Hintergrund. Jetzt waren es lebendige Menschen mit vertrauten Gesichtern, strahlende Persönlichkeiten, deren Nöten und Sehnsüchte ihm auf einmal so bedeutsam wie seine eigenen erschienen, Männer und Frauen im Ebenbild Gottes erschaffen, jeder mit einer ewigen Seele, alles Menschen, für die Christus gestorben war, so lieb und teuer für ihn wie seine eigene

Familie. Jamie schaute sich diese Menschen mit Bewunderung an, seine Augen streiften von einer Person zur nächsten, alles in allem ungefähr 30 oder 40 Studenten, die ihren Kaffee tranken und sich der Gegenwart Gottes und seiner unendlichen Liebe für sie nicht bewusst waren und auch nicht begriffen, dass sie die Errettung nötig hatten und auf ein drohendes Gericht zusteuerten. Jamie stand auf.

»Tschuldigung«, sagte Jamie. Niemand achtete auf ihn. »Entschuldigung!«, rief er lauter. Es wurde ruhiger. Einige Leute drehten sich zu ihm um. Das ganze Café verstummte auf einmal. Alle schauten ihn an. »Darf ich mal kurz unterbrechen?«

Die Leute stellten ihre Getränke ab und blickten sich gegenseitig fragend an. Irgendjemand machte sogar die Musik aus, die über das Lautsprechersystem des Lokals gedudelt hatte.

»Ich weiß nicht, ob das schon jemandem aufgefallen ist«, fing er an, »aber heute ist Karfreitag, der Tag, an dem Jesus Christus starb.« Einige Leute bewegten sich, aber niemand sagte einen Ton. »Wir haben gerade drei Uhr; das war genau der Todeszeitpunkt von Jesus.« Er zog seine Bibel aus seinem Rucksack. »Darf ich mal was vorlesen? Ist auch nur kurz.« Niemand unterbrach ihn, also redete er weiter. »Es ist aus dem dreiundfünfzigsten Kapitel von Jesaja. Dort wird von Jesus erzählt.« Er sah sich wieder um und rechnete mit Einwänden, irgendwie hoffte er sogar, dass ihn jemand unterbrechen würde, aber alle blieben stumm. Er begann vorzulesen.

> Jedoch unsere Leiden – er hat sie getragen,
> und unsere Schmerzen – er hat sie auf sich geladen.
> Wir aber, wir hielten ihn für bestraft,
> von Gott geschlagen und niedergebeugt.
> Doch er war durchbohrt um unserer Vergehen willen,
> zerschlagen um unserer Sünden willen.
> Die Strafe lag auf ihm zu unserm Frieden,
> und durch seine Striemen ist uns Heilung geworden.
> Wir alle irrten umher wie Schafe,
> wir wandten uns jeder auf seinen eigenen Weg;
> aber der HERR ließ ihn treffen unser aller Schuld.

Jamie schaute von seiner Bibel auf und sah, dass ihm alle zuhörten. Aus dem Inneren des Cafés waren sogar Leute aufgestanden und hatten sich an die Terrassentür gestellt. Auch die Kellner hatten innegehalten und hörten zu.

»Das hat Jesaja 700 Jahre vor der Geburt Jesu prophezeit«, sagte Jamie.

»Es ist absolut erstaunlich, wie viele Details über die Verhandlung, die Kreuzigung und seine Auferstehung dieser Text enthält.« Er machte wieder eine Pause, weil er damit rechnete, dass man ihm sagen würde, er solle seinen Mund halten, sich setzen und sie in Frieden lassen. Aber keiner sagte etwas. Heute war alles anders. Heute war die Gegenwart Gottes spürbar und den anderen Menschen ging es genauso. Jamie las weiter.

Er wurde misshandelt, aber er beugte sich
und tat seinen Mund nicht auf
wie das Lamm, das zur Schlachtung geführt wird
und wie ein Schaf, das stumm ist vor seinen Scherern;
und er tat seinen Mund nicht auf.
Aus Drangsal und Gericht wurde er hinweg genommen.
Und wer wird über sein Geschlecht nachsinnen?
Denn er wurde abgeschnitten vom Lande der Lebendigen.
Wegen des Vergehens seines Volkes hat ihn Strafe getroffen.
Und man gab ihm bei Gottlosen sein Grab,
aber bei einem Reichen ist er gewesen in seinem Tod,
weil er kein Unrecht begangen hat
und kein Trug in seinem Mund gewesen ist.
Doch dem HERRN gefiel es,
ihn zu zerschlagen.
Er hat ihn leiden lassen.

Jamie hörte auf. Er wollte den Leuten danken, dass sie ihm zugehört hatten und dann wieder in seine private, vertraute kleine Welt eintauchen. Er setzte sich hin, aber jemand vom anderen Ende des Cafés rief ihm zu, er solle weiter lesen, also stand er wieder auf.

Wenn er sein Leben als Schuldopfer eingesetzt hat,
wird er Nachkommen sehen,
er wird seine Tage verlängern.
Und was dem HERRN gefällt,
wird durch seine Hand gelingen.
Um der Mühsal seiner Seele willen wird er Frucht sehen,
er wird sich sättigen.
Durch seine Erkenntnis
wird der Gerechte, mein Knecht,
den Vielen zur Gerechtigkeit verhelfen,
und ihre Sünden wird er sich selbst aufladen.

Darum werde ich ihm Anteil geben unter den Großen,
und mit Gewaltigen wird er die Beute teilen:
dafür, dass er seine Seele ausgeschüttet hat in den Tod
und sich zu den Verbrechern zählen ließ.
Er aber hat die Sünde vieler getragen
und für die Verbrecher Fürbitte getan.

Jamie setzte sich. Einige Sekunden war es still im Café. Dann klatschten alle.

»Das war großartig«, sagte ein Student, der hinter dem Tresen arbeitete.

»Das habe ich schon seit meiner Kindheit nicht mehr gehört«, sagte ein älterer Mann, der auf der Terrasse saß.

Zwei Mädchen am Nachbartisch nickten bestätigend und lächelten Jamie zu.

Die Hintergrundmusik ging an. Die Menschen nahmen ihre Unterhaltungen auf und tranken Kaffee. Jamie blieb noch eine Minute sitzen, zu überwältigt von dem, was gerade passiert war. Dann ließ er seinen Espresso stehen und ging aus dem Kaffeehaus heraus. Er hatte nur zwei Schlucke getrunken.

74. Kapitel

Als Jamie am Haupteingang der Universität ankam, warteten Alex, Angela und Elliot schon auf ihn. Bei ihnen stand auch Joe Fiori.

»Mein Dad hat meine Kaution bezahlt«, rief Joe, als Jamie in Hörweite kam.

Jamie umarmte seinen Freund. »Ich dachte, das nächste Mal würde ich dich hinter Plexiglas sehen«, sagte Jamie.

»Jetzt kannst du uns allen berichten, was wirklich passiert ist«, bat Elliot.

Joe erzählte seine Geschichte. Das meiste kannten sie schon aus dem Zeitungsbericht und von dem, was Joes Vater Jamie erzählt hatte. Manche Details waren ihnen aber neu.

»Ich wollte mich nicht mit denen prügeln«, sagte Joe. »Dann hat mich jemand von hinten geschubst. Bevor ich mich versah, flog ich in deren Arme und wir haben uns geprügelt wie die Schuljungen.«

»Du hast die Prügelei gar nicht angefangen?«, fragte Alex.

»Ich wollte nur, dass die beiden den alten Mann in Ruhe lassen. Ich war genauso überrascht wie die, als ich denen plötzlich entgegen flog.«

»Wer hat dich geschubst?«, fragte Jamie.

»Zuerst meinte ich, es wäre Coleman gewesen. Ich dachte, ich hätte ihn in der Menschenmenge gesehen, aber als ich ins Gefängnis kam, war der schon da, also kann er es nicht gewesen sein.«

»Coleman sitzt im Knast?«, fragte Angela.

»Ich hab sogar mit dem gesprochen«, sagte Joe.

»Du hast mit dem leibhaftigen Coleman gesprochen?«, fragte Jamie.

»Ja – der ist gar nicht so durchgeknallt, wie wir immer gedacht haben. Er erzählte mir, dass ihn vor einem Monat ein Richter für ein Jahr vom Campus verbannt hat, wegen Erregung öffentlichen Ärgernisses. Als die Cops ihn letzte Woche auf dem Campus erwischt haben, haben sie ihn eingebuchtet. Das war wahrscheinlich direkt nachdem er unseren Tisch gefrackt hat.«

»Er wurde für ein Jahr vom Campus verbannt?«, fragte Jamie. »Das muss gefeiert werden.«

»Noch was«, sagte Joe. »Später hab ich ihn mit einem Gefängnis-Seelsorger reden sehen.«

»Zwar hat nur der Seelsorger die ganze Zeit gesprochen, aber Coleman hat tatsächlich zugehört.«

»Das kann ich gar nicht glauben«, sagte Jamie.

»Ich sag euch ja nur, was ich gesehen habe«, sagte Joe.

»Wenn du nur geschubst wurdest, warum hat die Polizei dich dann verhaftet?«, fragte Alex.

»Irgendjemand hat behauptet, ich hätte die Prügelei angefangen. Hat wahrscheinlich auch so ausgesehen. Mein Anwalt hat aber gesagt, dass es Augenzeugen für meine Version gibt. Er bemüht sich darum, dass alle Anklagepunkte fallen gelassen werden.«

Jamie umarmte Joe noch einmal. »Was hast du dir eigentlich dabei gedacht, dich mit diesen beiden Gaunern anzulegen?«

»Weiß ich selber nicht – bin einfach nur froh, wieder auf freiem Fuß zu sein.«

»Muss ein sonderbares Gefühl sein – eingesperrt zu sein, meine ich. Und als Krönung auch noch mit Coleman unter einem Dach«, sagte Elliot.

»Höchst beunruhigend «, stimmte Alex ihm zu. »Gut, dass du draußen bist.«

»Warum wolltest du dich mit uns treffen, Alex?«, fragte Jamie.

»Lasst uns irgendwo hingehen, wo wir ungestört reden können«, bat Alex. Er führte sie zum Ludwigsbrunnen in der Mitte der Sproul Plaza, der vom Uni-Verwaltungsrat so getauft worden war, weil Ludwig von Schwarenberg, ein kurzhaariger deutscher Hühnerhund, immer zu diesem Brunnen gekommen war. Normalerweise saßen hier haufenweise Studenten, aber heute war der Platz wie ausgestorben. Die fünf ließen sich dort nieder.

»Danke, dass ihr so spontan gekommen seid«, sagte Alex. Die anderen wurden still, jeder rechnete mit dem Schlimmsten. »Es tut mir Leid, dass alles so gelaufen ist. Wir stecken ganz schön in der Tinte.«

»Das ist nicht deine Schuld«, erwiderte Jamie.

»Das sehe ich genauso«, sagte Angela.

»Ich auch«, sagte Elliot.

»Wenn einer was verbockt hat, dann ich«, sagte Joe.

»Ich bin der offizielle Leiter der UCF«, sagte Alex. »Es war meine Verantwortung, die UCF auf Kurs zu halten. Gott hat mir gezeigt, dass ich diese Aufgabe nicht besonders gut erledigt habe. Ich habe zugelassen, dass unsere unterschiedlichen theologischen Auffassungen eine Spaltung herbeigeführt haben und dass Prädestination unser Hauptanliegen wurde. Ich wusste, dass Rod hinter den Kulissen für Unruhe sorgte und habe nichts dagegen unternommen. Es tut mir Leid.«

»Es gibt keinen Grund, sich zu entschuldigen«, sagte Jamie.

»Ich bin da anderer Meinung«, sagte Alex.

Jeder dachte einen Augenblick über Alex' Worte nach.

»Wir nehmen deine Entschuldigung an«, sagte Angela schließlich.

Die anderen pflichteten ihr bei.

»Du willst doch wohl nicht aufgeben, oder?«, fragte Jamie.

»Ich weiß es noch nicht«, sagte Alex.

»Wir sind alle verantwortlich für das, was geschehen ist«, sagte Elliot.

»Ganz besonders ich«, sagte Jamie. »Ich hätte Rod nicht immer so aufziehen sollen. Ich habe nicht begriffen, wie ernst er das alles nahm. Und wenn er mich angegiftet hat, habe ich immer zurückgegiftet.«

»Ich habe mich ihm gegenüber auch falsch verhalten«, sagte Angela.

»Das ist alles meine Schuld«, widersprach Alex. »Ich hätte mir nicht das Ruder aus der Hand nehmen lassen sollen.«

»Da ist etwas, das ihr wissen solltet«, sagte Angela. »Nach dem Bibelkreis am Freitagabend haben Rod und ich uns draußen vor Elliots Apartment gestritten. Ich habe rot gesehen und Rod einige Dinge an den Kopf geworfen, die ich nicht hätte sagen dürfen.«

»Gut gemacht«, sagte Jamie. »Wurde mal Zeit, dass ihm jemand die Meinung sagt.«

»Es war *nicht* gut«, sagte Angela. »Ich habe mich wirklich daneben benommen. Samstagmorgen habe ich ihn direkt angerufen und mich entschuldigt. Er sagte, er würde meine Entschuldigung annehmen, aber ich bin mir sicher, dass das mit ein Grund war, warum er sich dann noch am gleichen Tag gegen uns gestellt hat. Es tut mir wirklich Leid.«

»Wir haben uns alle in manchen Situationen falsch verhalten«, sagte Elliot. »Das ändert aber nichts an der Tatsache, dass das, was Rod tut, falsch ist.«

»Der Typ hat doch nicht mehr alle Tassen im Schrank«, beschwerte sich Jamie. »Tut mir Leid, dass ich ihn einen Vollidioten genannt habe – aber wieso kommt es, dass wir keinerlei Probleme mit den anderen Studenten haben, die zu reformierten Gemeinden gehören? Weil allein *er* diesen Calvinismus-Tick hat und keine andere Meinung neben seiner ertragen kann.«

»Reformierte-Theologie-Tick – nicht Calvinismus-Tick«, korrigierte ihn Elliot.

»Ach, mir doch egal«, sagte Jamie.

»Ich hätte ihn aufhalten müssen«, sagte Alex. »Es ist meine Schuld, dass es überhaupt so weit kommen konnte. Deswegen glaube ich, dass ich das Amt niederlegen sollte.«

»Das darfst du nicht machen!« Angela sprang auf ihre Füße. »Wenn du das tust, dann wird er die Führung an sich reißen. Das wäre das Ende der UCF.«

Alex stellte sich ebenfalls hin. »Ich will ja gar nicht. Aber so wie die Dinge im Moment liegen, kann ich auch nicht einfach weitermachen, als wäre nichts geschehen. Vielleicht sollten wir einfach alle UCF-Mitglieder abstimmen lassen.«

»Vielleicht«, sagte Jamie. »Kommt, lasst uns mal ein paar Meter gehen.«

Alex, Angela, Jamie, Elliot und Joe gingen in nördlicher Richtung über die Plaza. Jeder hing seinen eigenen Gedanken nach. Schließlich ergriff Jamie wieder das Wort.

»Mir ist eben was total Krasses passiert. Ich war im *Caffè Strada*, als, ich meine, irgendwie Gott auf einmal da war.«

»Gott ist immer da«, sagte Elliot.

»Weiß ich doch – aber das war irgendwie anders«, sagte Jamie. »Ich konnte seine Gegenwart genau spüren. Und dann veränderten sich die Menschen auf einmal. Auf einmal war mir, als ob ich die Leute alle kenne.«

»Wie – alle?«, fragte Joe.

»Ja. Und dann hatte ich den Eindruck, Gott wollte von mir, dass ich Jesaja 53 lese.«

»Für dich selbst?«, fragte Elliot.

»Nein, vorlese.«

»Laut?«, fragte Angela.

»Ja, so dass jeder es hören kann.«

»Was hast du gemacht?«, fragte Alex.

»Na, ich hab's eben vorgelesen.«

»Richtig laut?«, fragte Joe.

»Ja.«

»Wie haben die Leute reagiert?«, fragte Alex.

»Alle wurden mucksmäuschenstill, sogar die Angestellten. Jeder hörte mir zu. Als ich das Kapitel fertig vorgelesen hatte, haben alle applaudiert.«

»Mann, das is echt krass«, sagte Joe.

»Das *Caffé Strada* auf Bancroft?«, fragte Elliot.

»Ja.«

»So was habe ich noch nie gehört, und erst recht nicht in Berkeley«, sagte Elliot.

Joe schüttelte den Kopf. »Ich auch nicht.«

»Was haltet ihr davon?«, fragte Jamie.

»Ich glaube, dass Gott das von dir wollte«, sagte Alex.

»Glaubst du wirklich, dass das Gott war?«, fragte Jamie.

»Der Teufel war's bestimmt nicht«, warf Joe ein.

»Warum sollte Gott das von mir gewollt haben? Hey, ich meine, die haben applaudiert.«

»Das war Gott«, sagte Angela. »Solche Sachen passieren nicht einfach.«

»Was hast du dann gemacht?«, fragte Elliot.

»Ich hab mich einfach wieder hingesetzt.«

»Faszinierend«, sagte Elliot.

»Absolut oberkrass«, sagte Joe.

Sie liefen unter den London-Platanen entlang. Der Frühling hatte grüne Blätter sprießen lassen, die ein dichtes Dach über ihren Köpfen bildeten. Als sie beim letzten Baum am nordöstlichen Ende der Plaza angelangt waren, kurz vor dem Sather Tor und am gleichen Ort, wo sie Donnerstag für Donnerstag ihren Büchertisch aufgebaut hatten, hielt Angela an und drehte sich zu den anderen.

»Warum würde Gott all diesen Leuten von Jamie Jesaja 53 vorlesen lassen, wenn er sie gar nicht erretten will?«

»Rod würde sagen, damit die Erwählten unter ihnen das Evangelium hören, an Christus glauben und errettet werden können«, antwortete Elliot.

»Aber jeder hörte zu«, sagte Jamie. »Der ganze Laden.«

»Vielleicht haben sie deinen Worten gelauscht«, sagte Elliot, »aber Rod würde sagen, dass nur die Erwählten die Botschaft wirklich verstehen konnten.«

»Wenn Gott jeden liebt«, fragte Angela, »warum hat er dann nicht jeden erwählt?«

»Vielleicht will er einfach nicht jeden erretten?«, antwortete Elliot.

»Das ergibt keinen Sinn«, sagte Angela. »In 1. Timotheus 2,4 steht, dass

Gott will, ›dass alle Menschen errettet werden und zur Erkenntnis der Wahrheit kommen.‹ Er hat Christus gesandt, um für die ganze Welt zu sterben, warum schenkt er dann nicht jedem den Glauben?«

»Lasst uns bitte nicht wieder von vorne anfangen«, sagte Jamie. »Ich habe genug von diesem contra-dingsbums-irre-dingsbums.«

»*Contradictio irresuluta*«, sagte Angela. »Ihr Ingenieure könnt tatsächlich nur rechnen.«

Jamie winkte ab. »Ist doch auch Wurscht. Jetzt ist ein für alle mal Schluss. Das macht einen ja krank.«

»Was denkst du, Alex?«, fragte Angela. »Glaubst du, dass Gott will, dass jeder errettet wird?«

»Glaub schon«, murmelte er gedankenverloren. Er starrte den Torbogen über dem Sather Tor an.

»Haben wir eigentlich jemals genau geklärt, ob Gott den Erwählten den Glauben schenkt?«, fragte Elliot.

Jamie nickte. »Wenn Rod jetzt unter uns weilen würde, würde er dich daran erinnern, dass wir das schon letzten September geklärt haben. Jesus sagt, dass niemand zu ihm kommen kann, wenn nicht der Vater ihn zieht. Dann würde der Herr Oberlehrer uns auf Johannes 6 verweisen, wo *zu Christus kommen* ein Synonym für *an ihn glauben* ist. Also kannst du nicht an den Sohn glauben, wenn der Vater dir nicht den Glauben schenkt. Dann würde Angela ihn anfauchen und ihm sagen, dass Gott Liebe ist und will, dass jeder errettet wird, was, wie wir ja schon gelernt haben, nicht passieren wird, weil Gott nicht jedem den Glauben schenkt. Rod würde uns dann erklären, dass Gott nur wenige Menschen für den Himmel vorherbestimmt hat. Der Rest der Menschheit ist unweigerlich auf dem Weg in die Hölle. Gott will also, dass sie zu Christus kommen, aber sie kommen nicht, weil sie nicht kommen können, weil Gott sie nicht kommen lässt. Ihr kennt das Spielchen.« Jamie lehnte sich an die knorrige Rinde des Baumes hinter ihm. »Das Ganze ist echt für die Füße.«

»Ich dachte, ihr hättet das mittlerweile auf die Reihe gekriegt«, sagte Joe.

»Das dachten wir eigentlich auch«, sagte Angela.

»Ich dachte, Jamie wäre auf der richtigen Fährte, als er uns Johannes 7,17 vorstellte, sagte Elliot: »›Wenn jemand seinen Willen tun will, so wird er von der Lehre wissen, ob sie aus Gott ist oder ob ich aus mir selbst rede.‹«

»Ich dachte, du wärst dicht davor, als du deine Beobachtung über die Armen und Ausgestoßenen gemacht hattest – dass es scheint, dass sie leichter zu Christus finden«, sagte Angela.

»Dann hast du den Teil über die Buße beigesteuert«, sagte Elliot zu ihr. »Das fand ich wichtig.«

»Wir alle dachten an irgendeinem Punkt, wir stünden dicht vor einer Lösung«, sagte Jamie. »Aber Tatsache ist, dass wir immer wieder bei der *Contradictio* gelandet sind. Jetzt hört auf und vergesst es einfach. Hat alles keinen Zweck.«

»Doch«, flüsterte Alex. Immer noch starrte er den Bogen über dem Sather Tor an.

Jeder wartete, dass Alex weiterreden würde. Als er jedoch stumm blieb, fragte Jamie: »Hat's doch?«

Alex antwortete immer noch nicht, sondern starrte weiter auf das Tor. Schließlich sagte er: »Jesus sagte nicht, dass der Vater den Erwählten den Glauben schenkt.«

»Hat er nicht?«, fragte Jamie und schaute jetzt selber zum Tor hinüber um herauszufinden, was Alex an dem Bronzebogen so anschauenswert fand. Den Blickpunkt bildete hoch oben in der Mitte ein fünfeckiger Stern, der von Sonnenstrahlen umgeben war. Das Ganze war von zwei Lorbeerranken umschlungen. Unter dem Stern war das lateinische Motto der Universität in kleinen, bronzenen Buchstaben angebracht worden, FIAT LUX. Darunter stand in größeren Buchstaben: SATHER TOR. Eine grün-blaue Patina bedeckte das Bronze-Monument, das von der Nachmittagssonne angestrahlt wurde.

»Gott schenkt nicht den Glauben«, sagte Alex.

»Ich dachte, wir hätten uns darauf geeinigt, dass er das tut«, sagte Jamie.

»Er schenkt das Licht«, sagte Alex wie aus weiter Ferne, seine Augen immer noch auf das Tor gerichtet.

»Licht?«, fragte Jamie.

»Seht ihr denn nicht?«, fragte Alex und kehrte langsam wieder in die Realität zurück. Ein Lächeln umspielte seinen Mund.

»Was?«

Alex zeigte auf den Torbogen. »*Fiat Lux*!«

»*Fiat Lux*?«, fragte Jamie.

»Es werde Licht!«, rief Alex.

»Hä?«, sagte Jamie.

»Gott schenkt jedem die Fähigkeit, Buße zu tun und denen, die Buße getan haben, das Licht zum Glauben«, sagte Alex. »Er verkündet ihnen: ›Es werde Licht!‹!

Eine Stille kam über Sproul Plaza.

»Und es wurde Licht«, sagte Angela.

75. Kapitel

»Nun, wenn das nicht die glorreichen Sechs sind«, sagte Michael, als Alex und die anderen vor seiner Wohnungstür in Albany standen. »Nach dem, was ich im *Daily Cal* über euch gelesen habe, kann ich mich nur wundern, dass ihr euch noch in die Öffentlichkeit traut.« Er ließ sie hinein.

»Wir sind jetzt nur noch die glorreichen Vier«, sagte Jamie und spazierte ins Zimmer. Angela und Alex waren vor ihm eingetreten, Elliot kam hinterher. »Rod und Preston sind von uns geschieden.«

Michael führte die kleine Gruppe ins Wohnzimmer und bot ihnen einen Sitzplatz an. Alex berichtete ihm, was alles seit ihrem letzten Besuch in dieser Wohnung passiert war.

»Tut mir Leid, dass ich darüber gescherzt habe«, sagte Michael, als Alex fertig war. »Ich habe nicht gewusst, dass die Sache so ernst ist.«

»Rod macht alles nur noch schlimmer«, sagte Jamie. »Im Moment versucht er die UCF-Mitglieder davon zu überzeugen, dass Alex und ich von unseren Ämtern enthoben werden müssten.«

»Wir sind teils selber Schuld«, gab Alex zu. »Weil wir nicht wussten, wie wir zur Prädestination stehen, boten wir Rod ein offenes Ziel.«

»Das hat sich aber geändert«, sagte Elliot.

»Ihr wisst jetzt, wo ihr steht?«, fragte Michael.

»Besser. Wir haben das Unlösbare gelöst!«, jubelte Jamie.

Michael kratzte sich an seinem Bärtchen. »Jetzt wollt ihr mich auf den Arm nehmen.«

»Das ist unser Ernst«, sagte Jamie. »Wir haben herausgefunden, in welcher Beziehung der souveräne Wille Gottes und der freie Wille des Menschen zueinander stehen.«

»Seid ihr euch sicher?«

»Ziemlich«, sagte Alex.

»Absolut!«, rief Jamie.

»Elliot?«, fragte Michael

»Alles spricht dafür«, sagte Elliot.

»Wir wollten dir unsere Lösung erklären und wissen, was du davon hältst«, sagte Angela.

»Etwas Originäres?«, fragte Michael.

»Wir glauben schon«, sagte Alex.

»Alex hat's auf dem Sather Tor gelesen«, sagte Jamie.

»Ha – ihr wollt mich doch auf den Arm nehmen.«

»Nein, so war's wirklich«, verteidigte sich Jamie. »Wir spazierten über die

Sproul Plaza und redeten über Prädestination. Alex dachte über die Bedeutung des Uni-Mottos nach, das auf dem Tor geschrieben steht. Und da hat's ihn plötzlich wie der Blitz getroffen.«

»Seitdem haben wir etliche Stunden an Arbeit reingesteckt«, sagte Angela. »Es scheint wirklich zu stimmen.«

»Fiat Lux!«, rief Jamie.

»Wie bitte?«, fragte Michael.

»Es werde Licht«, antwortete Jamie.

»Das weiß ich«, sagte Michael. »Was hat das mit Prädestination zu tun?«

»Das zu erklären, wird einen Augenblick dauern«, sagte Alex. »Hast du ein paar Minuten Zeit?«

»Sicher, aber ihr müsst euch ein bisschen ranhalten. Heidrun ist nicht da. Ich passe auf die Jungs auf und habe versprochen, mit ihnen einen kleinen Ausflug zu machen.«

»Dauert höchstens fünf Minuten«, sagte Jamie.

»Nun, es könnte auch etwas länger dauern«, warf Alex ein.

»Ist schon in Ordnung, fangt einfach an«, sagte Michael.

»Als wir anfingen«, sagte Alex, »tendierten wir dazu, die schwierigen Verse über die Rolle des Vaters bei der Errettung zu ignorieren oder sie mit Versen weg zu schieben, die den freien Willen des Menschen und seine Verantwortung betonen. Rod half uns, uns den schwierigen Versen der Schrift zu stellen, besonders denen in Johannes 6.«

»Und jetzt seid ihr mit ihm einer Meinung?«, fragte Michael.

»Auf gar keinen Fall!«, rief Jamie.

»Aber wir haben begriffen, dass die Rolle Gottes bei der Errettung anders ist, als wir es bisher immer angenommen haben«, sagte Alex. »Am Anfang des Sommersemesters war ich mit Johannes 10 im Bibelkreis dran. Rod betonte an dem Abend, dass Jesus den Pharisäern mit dem Ausspruch ›aber ihr glaubt nicht, denn ihr seid nicht von meinen Schafen‹ mehr sagte, als dass sie nicht glauben. Er sagt, sie *können* nicht glauben.«

»Weil sie nicht seine Schafen waren«, ergänzte Elliot.

»Das hat wenig mit freiem Willen zu tun«, bemerkte Michael.

»Das habe ich damals auch gedacht«, sagte Alex, »aber ich hatte mir den Bibelabschnitt später noch einmal gründlich angesehen. Ich hatte zwar nicht alles begriffen, aber ich sah ein, dass Rod mit seiner Auslegung dieser Verse Recht hatte.«

»Dass nur die Erwählten glauben können?«, fragte Michael.

»Das sagt Jesus nicht in Johannes 10«, erklärte Alex. »Er sagt, dass nur die, die der Vater ihm gegeben hat, glauben können.«

»Wären das denn nicht die Erwählten?«

»Das sagt Jesus aber nicht.«

»Worauf willst du also hinaus?«, fragte Michael.

»Die Pharisäer, mit denen Jesus in Johannes 10 sprach, konnten nicht glauben.«

»Das musst du mir bitte näher erläutern.«

»Der Abschnitt beginnt mit dem Gleichnis vom guten Hirten. Die damaligen Schafhirten sperrten ihre Tiere nachts alle in einen großen Gemeinschaftspferch, der von einem Hirten bewacht wurde. Am Morgen kehrten die Hirten zurück und riefen die Schafe ihrer eigenen Herde aus diesem Pferch, damit sie ihnen auf die Weideplätze folgten.«

»Ich kenne den Hintergrund.«

»Sorry, ich werde mich kürzer fassen«, sagte Alex. »Der gute Hirte ist Jesus. Die Schafe sind das jüdische Volk. Die unterschiedlichen Schafherden in diesem großen Pferch repräsentieren die unterschiedlichen Menschen im jüdischen Volk. Eine dieser Herden besteht aus denen, die der Vater seinem Sohn zum Eigentum gegeben hat.«

»Soweit ist alles klar«, sagte Michael.

»Also habe ich mich gefragt. Warum gibt der Vater ausgerechnet diese Schafe, beziehungsweise diese Menschen, seinem Sohn und nicht andere?«

»Das habe ich mich schon oft gefragt«, gab Michael zu.

»Ungefähr in der gleichen Zeit beobachtete Elliot, dass die ersten Christen meistens aus der unteren Gesellschaftsschicht kamen – es waren Arme, Schwache, Verachtete. Dann fiel Angela auf, dass es denjenigen, die schon aufgrund der Predigten von Johannes dem Täufer Buße getan hatten, weniger schwer zu fallen schien, an Christus zu glauben.«

»Okay, ich kann dir folgen.«

»Ich habe den Dienst von Johannes dem Täufer untersucht«, sagte Angela. »In der Bibel steht, er kam, ›um dem Herrn ein zugerüstetes Volk zu bereiten‹. Er machte das, indem er das jüdische Volk aufrief, Buße von ihren Sünden zu tun. Sein Ziel war, die Herzen seiner Zuhörer für Jesus bereitzumachen, damit sie ihm glauben würden. In Johannes 1 steht, dass Johannes der Täufer, predigte, ›damit alle durch ihn glaubten‹ und damit Jesus ›offenbar werde‹ beziehungsweise ›um Israel mit ihm bekannt zu machen‹.«

»Das Wort offenbaren«, sagte Elliot, »bedeutet sichtbar werden.«

»Es werde Licht«, sagte Jamie.

»Nachdem Angela uns die Bedeutung von Johannes dem Täufer erklärt hatte«, fuhr Alex fort, »habe ich mir noch einmal Johannes 10 genauer angesehen. Ich habe herausgefunden, dass man folgende Schlussfolgerung ziehen kann: Die Schafe, die der Vater seinem Sohn gegeben hat, waren die Leute, die aufgrund der Predigten von Johannes dem Täufer Buße getan hatten,

Menschen wie Andreas, Petrus, Philippus und Nathanael. Sie vernahmen die Stimme Christi und glaubten sofort. Die nicht die Schafe Jesus waren, das waren die Menschen, die sich geweigert hatten, Buße zu tun, zum Beispiel die Pharisäer in Johannes 10. Sie haben nicht an Jesus *geglaubt* und sie *konnten* noch nicht einmal an ihn glauben.«

»Vielleicht«, sagte Michael. »Aber was du mir gerade erklärt hast, steht so nicht in Johannes 10.«

»Du hast Recht«, sagte Elliot. »Aber in Lukas 7,29 und 30.« Er reichte Michael seine Bibel, die an dieser Stelle aufgeschlagen war.

Michael las laut vor. »›Und das ganze Volk, das zuhörte, und die Zöllner haben Gott Recht gegeben, indem sie sich mit der Taufe des Johannes taufen ließen; die Pharisäer aber und die Gesetzesgelehrten haben den Ratschluss Gottes für sich selbst wirkungslos gemacht, indem sie sich nicht von ihm taufen ließen.‹«

»Steht da nicht, dass die, welche aufgrund der Predigt des Johannes Buße taten, den Worten Jesu glaubten und dass die, welche nicht Buße tun wollten, ihm nicht glaubten?«, fragte Elliot.

»Diese Verse stellen eine Verbindung zwischen ihrer Reaktion auf Johannes und ihrer Reaktion auf Jesus her«, erklärte Alex.

»Komisch«, sagte Michael. »Das ist mir bisher noch nie aufgefallen.« Er las die Verse zum zweiten Mal. »Das scheinen diese Verse auszusagen.«

Michaels beiden kleinen Söhne waren mittlerweile zu ihrem Vater gelaufen und verlangten vehement seine Aufmerksamkeit. Er gab Elliot die Bibel zurück, zog die Kleinen zu sich heran und sagte etwas auf Deutsch zu ihnen. Die Jungs rannten in die Küche. Offensichtlich hatte ihr Vater ihnen gesagt, sie dürften sich etwas zum Naschen holen.

»Ihr scheint euch eurer Sache ziemlich sicher zu sein«, sagte Michael zu den Studenten.

»Jetzt, wo wir die Sache erkannt haben, finden wir sie ganz oft in der Bibel«, sagte Jamie. »Zum Beispiel, als Petrus Jesus das erste Mal bekannte, dass dieser ›der Christus, der Sohn des lebendigen Gottes‹, sei. Jesus antwortete ihm: ›Gesegnet seist du, Simon, Sohn des Jona, denn dies wurde dir nicht durch Menschen geoffenbart, sondern von meinem Vater im Himmel.‹«

»Lydia ist ein weiteres Beispiel«, sagte Angela. »Paulus traf sie während seiner ersten Missionsreise in Philippi. In Apostelgeschichte 16,14 steht über sie: ›Deren Herz öffnete der Herr, dass sie Acht gab auf das, was von Paulus geredet wurde.‹ Sie glaubte und wurde errettet.«

»Das Gleiche galt für die anderen Christen in dieser Stadt«, ergänzte Jamie. »In Philipper 1,29 steht, dass es ihnen im Blick auf Christus von Gott geschenkt wurde, an Jesus Christus zu glauben.«

»Wir meinen, dass das für jeden Menschen gilt, der zum Glauben an Christus kommt«, sagte Alex. »Zunächst muss die Person Buße tun, so wie Petrus aufgrund der Predigt von Johannes dem Täufer. Dann offenbarte der Vater ihm seinen Sohn.«

»Wir sahen dieses Prinzip letztes Jahr im September, als wir Johannes 7 besprochen hatten«, ergänzte Elliot. »Jamie lehrte damals. In Vers 17 steht, dass jeder, der sich Gottes Willen unterordnen will, wissen wird, ob diese Lehre von Gott ist. Dieser Person geht sozusagen ein Licht auf, um an Jesus glauben zu können.«

»Und wer sich weigert, Buße zu tun?«, fragte Michael.

»Ich glaube, auf lateinisch würde das *fiat tenebrae* heißen, es werde Dunkelheit«, meinte Elliot. »Jesus sagte über die unbußfertigen Pharisäer, dass Gott ›ihre Augen verblendet und ihr Herz verstockt, dass sie nicht mit den Augen sehen und mit dem Herzen verstehen und sich bekehren und ich sie heile.‹ Paulus schreibt in 2. Korinther 4,4, dass der Gott dieser Welt den Ungläubigen ›den Sinn verblendet hat, damit sie den Lichtglanz des Evangeliums von der Herrlichkeit des Christus, der Gottes Bild ist, nicht sehen.‹«

Die beiden kleinen Jungs hingen wieder an Michaels Bein und quengelten. Es war ein warmer Frühlingstag und sie wollten gerne nach draußen gehen.

»Ich habe versprochen, einmal mit ihnen nach *Treasure Island* zu fahren«, sagte Michael. »Warum machen wir das jetzt nicht einfach zusammen? Wir können uns im Auto weiter unterhalten.«

76. Kapitel

Gemeinsam kletterten sie in Michaels Kleinbus und fuhren in Richtung San Francisco/Oakland Bay Bridge. Michael saß am Steuer, Angela neben ihm auf dem Beifahrersitz, Alex und Elliot in der Mitte und Jamie hinten zwischen den beiden Jungs. Sie plauderten und lachten alle miteinander. Jamie und die Kleinen spielten lautstark miteinander Armdrücken. Nach ein paar Minuten wurden die beiden Kinder müde und schliefen ein. Michael kurbelte das Fenster hoch und es wurde leiser im Auto.

»Ich habe etwas über eure Theorie nachgedacht«, fing er an. »Sie wirft andere Fragen auf. Wenn Gott allen, die Buße tun, das Licht gibt, um zu glauben, wem gibt er das Licht, um Buße zu tun?«

»Allen Menschen«, sagte Alex. »In Apostelgeschichte 5,31 steht, dass Gott dem Volk Israel Buße gewährt. In Kapitel 11,18 steht, dass er auch den Nationen die Buße zum Leben gegeben hat. Also allen.«

»Gott will, dass jeder Buße tut«, ergänzte Angela. »In 2. Petrus 3,9 steht, dass Gott geduldig ist, ›da er nicht will, dass irgendwelche verloren gehen, sondern dass alle zur Buße kommen.‹«

»In Apostelgeschichte 17,30 steht, dass Gott jetzt den Menschen gebietet, ›dass sie alle überall Buße tun sollen‹«, sagte Alex. »Es wäre unlogisch, alle Menschen überall zur Buße aufzurufen, wenn er genau wüsste, dass dies nur einige könnten.«

»Aber die meisten tun keine Buße«, sagte Michael.

»Weil sie die Dunkelheit mehr als das Licht lieben«, erklärte Elliot. »Das lehrte Jesus in Johannes 3.«

»Sie wollen die Dinge der Welt«, ergänzte Alex, »was die Bibel in Hebräer 11,25 ›den zeitlichen Genuss der Sünde‹ nennt und in 1. Johannes 2,16 ›die Lust des Fleisches und die Lust der Augen und [den] Hochmut des Lebens.‹«

»Die Pharisäer waren zu stolz auf ihre Frömmigkeit, um Buße zu tun«, sagte Angela. »Heute ist das auch so. Falsche Religionen täuschen die Menschen, indem sie ihnen weiß machen, dass sie gut genug seien, um in den Himmel zu kommen. Deshalb erkennen die meisten Menschen – und auch viele fromme Leute – nicht, dass sie Buße tun müssen, dem Herrn Jesus für ihre Errettung vertrauen müssen und so gerettet werden.«

»Aber trotzdem tun einige Buße«, sagte Michael. »Wieso?«

»Sie entscheiden sich willentlich dafür«, erklärte Alex.

»Ein Akt der Willensentscheidung?«, fragte Michael.

»Ja«, antwortete Alex.

»Warum entscheidet sich der eine so und der andere so?«

»Gott hat uns in seinem Ebenbild erschaffen«, schaltete sich Elliot ein. »Das heißt, dass etwas in uns Gott ähnlich ist. Die Willenskraft ist ein Teil davon, also die Fähigkeit, autonome Entscheidungen zu treffen. Ich glaube nicht, dass jemand exakt erklären kann, wie das funktioniert, aber jeder Mensch entscheidet selbst, ob er Buße tun will oder nicht.«

»Wenn es nach Gott ginge«, sagte Angela, »würden wir alle Buße tun. Die Tatsache, dass die meisten Menschen sich weigern, Buße zu tun, zeigt, dass es nicht Gottes Entscheidung ist, sondern die jedes einzelnen Menschen.«

»Also bestimmt das jeder Mensch ganz allein?«, fragte Michael.

»Gott hilft ganz viel«, sagte Angela, »aber er wird nicht für uns Buße tun. Dann wäre sie ja bedeutungslos.«

»Er hat jedem Menschen ein Gewissen gegeben«, sagte Alex, »damit wir erkennen, dass wir Vergebung brauchen. Er hat den Heiligen Geist gesandt, damit er uns von unseren Sünden überführt, das heißt, dass wir unsere Schuld auch selber wahrnehmen. Er hat uns die Schrift gegeben, in der vor dem kommenden Gericht gewarnt wird. Sie ruft uns zur Buße und leitet uns an, wie wir durch den Glauben an Jesus Christus errettet werden können.«

»Bis zu einem gewissen Grad wirkt er in das Leben eines *jeden* Menschen hinein«, ergänzte Angela. »In Johannes 1,9 steht, dass Jesus das wahrhaftige Licht ist, das jeden Menschen erleuchtet.«

»Rod würde sagen, wir leugnen die Souveränität Gottes«, sagte Jamie, »aber wir sehen das anders. Wenn Gott die Bedingung zur Erlangung der Errettung als ›die Buße zu Gott und den Glauben an unseren Herrn Jesus Christus‹ formuliert, wie Paulus in Apostelgeschichte 20,21 schreibt, wer sind wir, dass wir etwas anderes behaupten dürften? Ich denke, wir sollten Gottes souveräne Entscheidung in dieser Sache respektieren.«

Ein Lächeln spielte um Michaels Mund. »Ich bin mir sicher, Rod wäre hocherfreut, dass du Gottes Souveränität verteidigst.«

Der Kleinbus passierte die Mautstelle der Bay Bridge. Michael schaltete runter, um die sanfte Steigung über das Wasser zu bewältigen. Er schwieg und dachte über seine nächste Frage nach. Einige Minuten später war er fertig. »Ihr vertretet also die Sicht, dass jeder, der will, Buße tun kann.«

»Das stimmt«, sagte Alex. »Und wenn jemand Buße tut, schenkt Gott ihm das Licht, um zu glauben.«

»Licht, aber nicht Glauben?«, vergewisserte sich Michael.

»Genau«, sagte Alex. »Gott gibt ihm die notwendigen Informationen über die Errettung und die Fähigkeit, sie zu verstehen. Der Einzelne muss sich immer noch entscheiden, an Christus zu glauben.«

»Und wird er das?«, fragte Michael. »Wie seht ihr das?«

»Laut Jesus und dem, was er lehrte«, sagte Elliot, »scheint es, dass jeder, dem Gott das Licht zum Glauben schenkt, auch glaubt.«

»Wie belegt ihr das?«, fragte Michael.

»Mit Johannes 6,37«, sagte Elliot. »›Alles, was der Vater mir gibt, wird zu mir kommen.‹«

»Was ist mit der Doktrin der begrenzten Sühne?«, fragte Michael.

»Dass Christus nur für die Erwählten gestorben sei?«, fragte Alex.

»Ja.«

»Rod behauptete, dass Jesus nur für die Erwählten gestorben sei«, sagte Alex. »Er argumentierte, dass wenn Christus gestorben sei, um alle zu erretten, Gott niemanden in die Hölle schicken könne, denn ihre Sünden seien ja schon am Kreuz bezahlt worden. Aber das hieße ja, das Opfer Christi auf alle anzuwenden, egal ob sie an Jesus glauben oder nicht. Die Bibel lehrt: ›damit jeder, der an ihn glaubt, ewiges Leben habe.‹ Wenn du ihm nicht vertraust und dich von ihm nicht erretten lassen willst, dann bist du auf dich allein gestellt.«

»Rod stellt das Opfer Christi am Kreuz wie eine Bilanzgleichung dar«, sagte Elliot. »Als ob man dem Sühneopfer Christi einen bestimmten Wert zuordnet, der genau so groß ist wie die Gesamtsumme der Schuld aller Erwählten und somit diesen Wert ausgleicht. So wie wir die Sache sehen, lehrt die Bibel, dass das Blut Christi einen unendlichen Wert hat. Es war mehr als genug, um für die Sünden aller Menschen zu zahlen.«

»Reformierte Theologen lehren auch, dass das Blut Jesu einen unendlichen Wert hat«, warf Michael ein.

»Aber allein wirksam für die Erwählten«, sagte Elliot. »Die Bibel lehrt, dass Christus für alle gestorben ist. In Jesaja 53,6 steht: ›Der Herr ließ ihn treffen unser aller Schuld.‹ In 1. Johannes 2,2 steht, Christus ›ist die Sühnung für unsere Sünden, nicht allein aber für die unseren, sondern auch für die ganze Welt.‹«

»So wie ihr die Sache seht, könnte potentiell also jeder errettet werden«, sagte Michael.

»Jeder«, bestätigte Alex.

Michael dachte einen Augenblick nach, dann fragte er: »Und was ist mit Judas Iskariot?«

»Jesus gab auch ihm die Möglichkeit, Buße zu tun«, sagte Angela. »Besonders deutlich sehen wir das beim letzten Abendmahl. Jesus umwarb Judas und ermunterte ihn, Buße zu tun und zu glauben.«

»Wie belegst du das?«, fragte Michael.

»Jesus nahm während des Essens neben Judas Platz«, antwortete Angela. »Das erkennt man daran, dass sie gemeinsam aus der gleichen Schale aßen. Sie konnten auch leise miteinander reden, ohne dass die anderen es mitbekamen.«

»Gut, aber das zeigt nur, dass sie nebeneinander saßen«, sagte Michael.

»Jesus war so nahe bei ihm, dass er ihm ein eingetunktes Stückchen Brot geben konnte«, sagte Angela. »Es war üblich, den Bissen direkt in den Mund der anderen Person zu stecken. Jesus und seine Jünger lagen um einen kleinen Tisch herum, auf einem Ellbogen aufgestützt, so dass man die andere Hand zum Essen frei hatte. Jesus muss direkt neben Judas gelegen haben, um ihm den Bissen in den Mund stecken zu können.«

»Die Bewohner im Mittleren Osten essen auch heute noch oft so«, sagte Michael. »Es ist ein Zeichen der Freundschaft und innigen Zuneigung.«

»Ich glaube, Jesus gab Judas diesen Bissen, um ihm zu zeigen, wie sehr er ihn liebt«, erklärte Angela. »Wir wissen, dass der Apostel Johannes an Jesu Brust lag. Das heißt, dass Jesus an der Brust von Judas gelegen hat.«

»Daran habe ich noch nie gedacht«, sagte Michael.

»Man kann selbst im Garten Gethsemane erkennen, dass Jesus seinen Jünger Judas Iskariot noch für sich zu gewinnen versuchte«, sagte Angela. »Jesus ließ zu, dass Judas ihn küsste. Er nannte ihn ›Freund‹. Das stimmt auch mit Römer 2,4 überein. Dort steht: ›und weißt [du] nicht, dass *die Güte Gottes* dich zur Buße leitet?‹ Jesus behandelte Judas so freundlich, um ihn doch noch zur Buße zu führen.«

»Aber im Alten Testament wurde vorhergesagt, dass der Messias von einem seiner Freunde verraten werden würde«, sagte Michael.

»Wenn Judas es nicht getan hätte«, antwortete Alex, »dann hätte Satan jemand anderen dazu verführt.«

»Möglich«, sagte Michael.

In der Mitte der San Francisco/Oakland Bay Brücke nahm Michael die Ausfahrt für *Treasure Island*, einem Stück Land, das neben der Insel lag und auf dem die Mitte der langen Brücke ruhte.

»Wir sind da«, rief Michael und weckte seine kleinen Söhne auf der Rückbank.

Die Jungs regten sich langsam und schauten aus dem Fenster.

»Wo ist der Schatz?«, fragte der Kleinere der Beiden.

»Piraten!«, brüllte Jamie und erschreckte die Jungs und alle anderen Insassen des Fahrzeugs. Mit Grabesstimme flüsterte er: »Allein sie wissen, wo der Schatz vergraben ist.«

Elliot drehte sich zu den Kindern auf dem Rücksitz um. »Auf dieser Schatzinsel gibt es keine Piraten. Und gab es nie. Diese Insel wurde künstlich erbaut. Früher war hier ein Sumpfgebiet. In den 1930er Jahren wurde sie mit Schutt aus der Bucht angeschüttet. Die Arbeiter nannten sie *Treasure Island*, weil in dem Schutt so viel Gold war.«

»Hört nicht auf ihn«, sagte Jamie mit seiner Piratenstimme. »Hier ist ein Schatz vergraben.«

»Papa?«, fragte der Ältere der beiden Jungen.

»Hört lieber Elliot weiter zu«, sagte sein Vater.

»Diese Insel wurde für die Weltausstellung im Jahr 1939 erbaut«, erzählte Elliot weiter. »Später wurde sie als Flughafen und dann als Militärstützpunkt der Marine genutzt. Jetzt gehört sie der Stadt San Francisco.«

»Du bist ein Gähner, Elliot«, beschwerte sich Jamie. »Jungs, wir halten nach Piraten Ausschau!«

Die Kinder suchten im Vorbeifahren den Strand nach Piraten ab.

Michael fuhr in nördlicher Richtung einen Kilometer über einen mit Palmen umsäumten Boulevard und stellte das Auto dann auf einem Parkplatz ab. Sie folgten einem Trampelpfad, der zurück zum Westufer der Insel führte.

Die Jungs rannten voraus, Michael und die Studenten kamen langsam hinterher. Die Seeluft war kühl, aber die Sonne schien und erwärmte diesen Apriltag. Die Gruppe ging einige Minuten und kam dann an eine kurze Pier. Sie blieben stehen und genossen die Aussicht. Über dem Wasser überspannte im Westen die Golden Gate Brücke den Eingang der Bucht. Das eine Ende lag auf den Klippen San Franciscos, das andere auf der Landspitze des Marine County. Nordwestlich konnte man Alcatraz erkennen. Früher war auf jener Insel ein Bundesgefängnis gewesen, heute war es ein beliebter Ausflugsort für Touristen. Über dem Wasser in südwestlicher Richtung sah man die welligen Hügel und die Hochhäuser der San Francisco Skyline.

»All diese Menschen, die dort hinten leben, könnten errettet werden«, sagte Jamie, »wenn sie Buße tun würden.«

»Ein großes *Wenn*«, sagte Michael.

»Vielleicht würden mehr Buße tun, wenn wir das Evangelium so verkündigen würden, wie Christus und die Apostel es taten«, sagte Jamie.

»Was meinst du?«, fragte Michael.

»Sie verkündeten den Menschen das kommende Gericht und warnten sie. Sie riefen auf, umzukehren oder die Konsequenzen zu tragen. Genau das machte Jona übrigens, als er in Ninive predigte. Er sagte dort nur, dass Ninive in vierzig Tagen zerstört werden würde. Die ganze Stadt tat Buße, einschließlich des Königs.«

»Das haben wir auf dem Campus bisher nicht getan«, sagte Alex. »Wir haben versucht, den Intellekt der Studenten anzusprechen, indem wir ihnen Gründe zum Glauben aufzeigten, anstatt ihr Gewissen anzusprechen und sie zur Buße aufzurufen.«

»So, als hätten wir ihnen ein Heilmittel für eine Krankheit angeboten, von der sie nicht wissen, dass sie sie haben«, sagte Jamie.

»Glaubt ihr wirklich, jeder in San Francisco könnte theoretisch errettet werden?«, hakte Michael nach.

»Warum nicht?«, antwortete Jamie. »Gott möchte, dass jeder errettet wird.«

»Im Himmel wird es von Menschen nur so wimmeln«, sagte Angela.

Michael schaute sie fragend an. »Da bin ich mir nicht sicher.«

»Doch, wirklich«, sagte sie. »Im Buch der Offenbarung sagte Johannes, dass er eine Menschenmenge im Himmel gesehen habe, die niemand zählen könne. Dort waren Menschen von jeder Nation, von jedem Stamm, jedem Volk und aus jeder Volksgruppe.« Sie wandte sich an Elliot. »Wie viele Menschen haben je gelebt?«

»Das weiß man nicht genau.«

»Nur ungefähr.«

»Manche meinen 110 Milliarden«, sagte Elliot, »aber diese Zahl basiert auf vielen Annahmen.«

»Wenn nur ein Bruchteil von ihnen errettet wäre, wären mehrere Milliarden Menschen im Himmel«, sagte Angela. »Dazu kommen noch die vielen, vielen Kinder, die eine Fehlgeburt waren oder abgetrieben wurden. Wie viele kämen dann noch hinzu?«

»Könnte leicht ein Drittel aller Lebendgeburten sein«, sagte Elliot. »Das wären also sechsunddreißig Komma drei Milliarden.«

»Würden diese Kinder nicht auch im Himmel sein?«, wollte Angela von Michael wissen.

»Jesus lehrte, dass das Königreich Gottes den Kindern gehöre«, antwortete Michael. »Er sagte auch, dass ›ihre Engel in den Himmeln allezeit das Angesicht [des] Vaters schauen.‹«

»Das mag ja für Kinder gelten«, sagte Jamie, »aber für alle anderen gilt Buße oder brennen.«

»Ich glaube nicht, dass Jesus das so gesagt hätte«, sagte Michael.

»Er lehrte, ›wenn ihr nicht Buße tut, werdet ihr alle ebenso umkommen‹, sagte Jamie. »Lies die Beschreibung in Offenbarung 14 von Gottes Zorn gegenüber Sündern. Das ist noch viel krasser.«

»Gut, da hast du auch wieder Recht.«

»Alcatraz war eine Strafanstalt für die übelsten Kriminellen auf der ganzen Welt«, sagte Jamie. »Al Capone, Alvin Karpis, Doc Barker und Maschinengewehr Kelly haben alle da eingesessen. Wenn wir von Kriminellen erwarten, dass sie Reue für ihre Taten zeigen müssen, bevor sie begnadigt werden, ist es dann zu viel, wenn Gott verlangt, dass Sünder Buße tun, bevor er ihnen vergibt?«

»Wir reden nicht davon, dass Sünder Wiedergutmachung leisten oder ihr Leben aufräumen müssen, bevor Gott sie erretten wird«, sagte Alex. »Buße ist ein Sinneswandel bezüglich unseres sündigen Verhaltens, ein Schuldeingeständnis und die Bereitschaft, Gottes Willen tun zu wollen.«

»Manche würden behaupten, dass sogar *diese Aussage* das Evangelium der Gnade zu einem Evangelium macht, das man sich verdienen muss«, warf Michael ein.

»Kann ich nicht nachvollziehen«, sagte Jamie. »Was hat das denn mit Verdienst zu tun, wenn man zugibt, dass man falsch gelegen hat, dass man eigentlich Strafe verdienen würde, aber dass man sich und sein Leben Gottes Autorität unterordnen möchte? Das hat doch nichts mit Wiedergutmachung zu tun.«

»Jesus lehrte, dass niemand an ihn glauben kann, wenn der Vater ihn nicht zieht«, sagte Alex. »Wir sehen das auch so. Wir sagen nur, dass der Vater diejenigen zieht, die Buße tun.«

»Ihr könntet Recht haben«, sagte Michael.

Die Gruppe hatte nun das südliche Ende der Insel erreicht, wo ein enger Damm zurück zur Brücke führte.

»Ich habe noch mehr Fragen«, sagte Michael. »Aber lasst uns erst zum anderen Ende der Insel rübergehen.«

77. Kapitel

Auf der Ostseite von *Treasure Island* besichtigten Michael, seine Söhne und die UCF-Studenten einen kleinen Yachthafen. Jeder suchte sich sein Lieblingsboot aus. Dann lief die Gruppe auf einem Pfad, der sie über eine Wiese führte, zurück zum Auto.

»Am Dienstag muss ich zu einer Anhörung des Sekretariats für Rechtsangelegenheiten«, erzählte Alex. »Der Vize-Kanzler möchte mit mir sprechen.«

»Worüber?«, fragte Michael.

»Über die UCF, die Prügelei mit Joe, den Betrugsskandal in der Bio-Fachschaft. Und wer weiß, was denen noch einfällt?«

»Das ist also am Dienstag«, sagte Jamie. »Mittwochabend haben wir eine Vereinssitzung mit allen UCF-Mitgliedern. Mittlerweile stehen so viele Studenten hinter Rod, dass wir uns entschieden haben, seiner Forderung nach Neuwahlen nachzugeben.«

»Es ist absolut wichtig, dass wir bis dahin wissen, welche Position wir in Sachen Prädestinationslehre beziehen«, sagte Alex. »Rod wird uns in der Luft zerreißen, wenn nicht. Darum wollten wir heute mit dir reden. Wir müssen wissen, was du von unserer Theorie hältst, bevor wir sie den andern präsentieren.«

»Was ihr bisher gesagt habt, nämlich dass die Buße dem Glauben vorangeht, klingt einleuchtend«, urteilte Michael, »aber ihr habt noch gar nicht von Prädestination oder Erwählung gesprochen. »Das muss doch auch etwas zu bedeuten haben.«

»Das stimmt«, sagte Alex. »Wir glauben nur nicht, dass sie das bedeuten, was Rod behauptet hat.«

»Und sie scheinen für den christlichen Glauben auch nicht so zentral zu sein, wie Rod es darstellt«, ergänzte Angela.

»Wir haben nur sechs Stellen in der Bibel gefunden«, sagte Elliot. »Nur vier davon beziehen sich darauf, dass Gott die Menschen vorherbestimmt und keine sagt aus, dass Gott Menschen für das ewige Leben oder die Hölle vorherbestimmt.« Er fasste zusammen, was sie über Prädestination herausgefunden hatten und gab für Michael noch einmal wieder, was die Bibel darüber in Epheser 1,5 und 11 und in Römer 8,29 und 30 aussagte. »Gott hat alle, die in Christus sind, zur Sohnschaft vorherbestimmt – er adoptierte sie sozusagen – und zwar mit dem Ziel, dass sie in das Ebenbild seines Sohnes verwandelt und mit Christus ein Erbe im Himmel erhalten würden«, sagte Elliot abschließend.

»Bei Prädestination geht es also nicht darum, *wen* der Vater errettet«, sagte Alex, »sondern darum, *wie* er seine Kinder segnen will, nachdem sie gerettet sind.«

»Und was ist mit der Erwählung?«, fragte Michael.

»In der Bibel werden Prädestination und Erwählung als zwei unterschiedliche Konzepte behandelt«, sagte Elliot. »Sie haben ganz verschiedene Bedeutungen.«

»Uns fiel es schwerer, Erwählung zu verstehen«, sagte Angela. »Das lag unter anderem daran, dass dieser Begriff im Neuen Testament an allen möglichen Ecken auftaucht. An den meisten Stellen, in denen Christen als die Auserwählten Gottes bezeichnet werden, wird der Begriff wie zufällig benutzt, ohne eine Erklärung, wie das alles funktioniert.«

»Ein Vers jedoch blieb dabei übrig«, sagte Elliot.

»Ich nehme an, das war Epheser 1,4«, bemerkte Michael.

»Richtig«, sagte Angela. »Woher weißt du das?«

»Ich habe selber ein paar Nachforschungen betrieben«, sagte Michael. »Ich habe diesen Vers heute Morgen noch gelesen.«

»Diese Stelle sagt mehr über die Bedeutung von Erwählung aus, als alle anderen zusammen«, sagte Elliot.

»Ich habe einige interessante Dinge über diesen Vers herausgefunden«, sagte Michael. »Soll ich sie euch erzählen?«

»Na klar!«, sagte Alex.

»Der Vers bezieht sich auf unsere Stellung in Christus«, erklärte Michael. »Er sagt aus, dass der Vater ›uns in ihm auserwählt hat vor Grundlegung der Welt, dass wir heilig und tadellos vor ihm seien.‹ Das bedeutet, dass der Vater uns in seinem Sohn kannte und uns erwählte, wissend um unsere Beziehung zu Jesus.«

»Er hat keine Sünder zur Errettung erwählt, die Christus noch nicht kannten«, sagte Jamie.

»Das ist richtig«, stimmte Michael ihm zu. »Das Verb *auswählen* ist auch sehr interessant. Im Griechischen steht es im *Medium*. Es drückt aus, dass der Vater uns für sich selbst erwählt hat. Und schließlich sieht man auch, dass der

Vater uns zu einem bestimmten Zweck erwählt hat – um ›heilig und tadellos vor ihm‹ zu sein. Der einzige Weg, wie das moralisch möglich ist, ist, wenn der Vater uns als solche kannte, die schon in Christus waren.«

»Und genau das sagt der Vers selbst ja aus«, sagte Angela.

»Weder Prädestination noch Erwählung bestimmen die Errettung eines Menschen«, sagte Alex.

»Rod sieht die Erwählung anders«, sagte Jamie. »Er meint, dass Gott rebellische Sünder zum ewigen Leben erwählte. Sie werden demnach nicht als solche erwählt, die schon in Christus sind, sondern sie werden in Christus hinein erwählt.«

»Und das funktioniert nicht«, sagte Angela. »Wie kann ein heiliger Gott schuldbeladene Sünder auserwählen vor sich heilig und tadellos zu sein und das unabhängig von Christus?«, fragte Angela.

»Wir sind zu dem Schluss gekommen«, sagte Alex, »dass, um von einem heiligen Gott angenommen zu werden, ein Sünder erst von seinen Sünden rein gewaschen werden muss. Und das trifft nun wiederum nur auf die zu, die schon von Jesus errettet worden sind.«

»Also ist die Erwählung nicht die Ursache unserer Errettung, sondern die Folge«, erklärte Angela.

»Erwählung heißt, dass der Vater die für sich nimmt, die *in* seinem Sohn sind«, sagte Alex.

Angela erzählte Michael von ihrer Illustration ihres zukünftigen Fotoalbums. Wenn ihre Mutter ein solches Album hätte, könne sie ihre Enkel sozusagen schon vorher kennen und sie als ihre eigenen annehmen. Angela beschrieb, wie ihre Mutter für ihre ungeborenen Enkel Pläne schmieden und damit gewissermaßen besondere Segnungen für sie vorherbestimmen würde. Ähnlich habe der Vater diejenigen, die er in seinem Sohn vorhersah, für sich selbst bestimmt und ihnen unzählige Segnungen vorherbestimmt. »In Johannes 16,27«, fuhr Angela fort, »sagt Jesus seinen Jüngern: ›Denn der Vater selbst hat euch lieb, weil ihr mich geliebt und geglaubt habt, dass ich von Gott ausgegangen bin.‹ Deshalb hat der Vater uns auserwählt, weil er uns in der Beziehung zu seinem Sohn kannte.«

Michael fand ihre Veranschaulichung gut. Das ermutigte Jamie, nun auch seine Illustration über das rote Cabrio und Lola Helwig zu erzählen. Michael lachte. »Ich weiß nicht, die Sache muss ich mir erst durch den Kopf gehen lassen.«

Wieder zurück im Auto verlangten die kleinen Jungen wieder die Aufmerksamkeit ihres Vaters. Sie waren müde und hatten das ganze Reden satt. »Warum fahren wir nicht zusammen nach San Francisco?«, fragte Michael die Studenten. »Ich lade euch zum Mittagessen ein. Ihr habt es euch redlich verdient.«

Gemeinsam fuhren sie den restlichen Weg über die Bay Bridge nach San Francisco. Michael fuhr die Embarcadero-Ausfahrt heraus und weiter am Meer entlang. Am Pier 28 machten sie ihren nächsten Zwischenstopp. Michael bestellte Muschelsuppe in Sauerteig-Brotschüsseln und Hotdogs für die Kinder. Sie fanden einen Tisch am Kai. Zwei Seemöwen setzten sich auf das Geländer in ihrer Nähe und warteten auf Almosen. Michael betete und dankte für das Essen. Nach seinem ersten Bissen stellte er sofort die nächste Frage.

»Was ist mit Matthäus 22,14? Dort sagte Jesus: ›Denn viele sind Berufene, wenige aber Auserwählte.‹ Das räumt dem freien Willen nicht viel Raum ein.«

»Das steht am Ende eines Gleichnisses. Jesus erzählte von einem König, der viele Gäste zur Hochzeit seines Sohnes eingeladen hatte«, ging Elliot auf die Frage ein. »Die Gäste weigerten sich jedoch, der Einladung zu folgen. Diese Gäste stehen für das jüdische Volk, für das Christus zunächst gekommen war. Die meisten lehnten Jesus als den Messias ab. Im Gleichnis wurde der König zornig und befahl seinen Dienern, alle zur Hochzeit einzuladen, die sie irgendwo finden konnten. Schnell füllte sich der Festsaal. Die zweite Gästegruppe steht für die vielen Menschen aus den Nationen, die dem Evangelium nach der Kreuzigung Jesu glaubten. Was wichtig ist: In beiden Fällen, egal ob Jude oder Heide, musste der Mensch selber entscheiden, ob er die Einladung zum Hochzeitsmahl annimmt oder nicht.«

»Jesus beendete das Gleichnis mit dem Satz: ›Viele sind Berufene, wenige aber Auserwählte‹«, sagte Michael. »Das hört sich aber nicht danach an, als ob jeder Gast die Entscheidung selber treffen konnte.«

»Jesus bezieht sich auf etwas, das am Ende des Gleichnisses passierte«, sagte Elliot. »Bevor das Fest begann, kam der König, um die Gäste zu besehen. Er sah einen Mann, der nicht die korrekte Kleidung trug. Man kann annehmen, dass der König selbst für die Hochzeitsgarderobe seiner zweiten Gästeschar gesorgt und ihnen Hochzeitskleider bereitgestellt hatte. Dieser Mann wollte jedoch selber die Bedingungen stellen. Der König akzeptierte dieses Verhalten nicht und befahl seinen Dienern, diesen Aufsässigen hinauszuwerfen. Darauf bezog sich Jesus, als er sagte: ›Viele sind Berufene, aber wenige Auserwählte.‹«

»Genauso müssen wir uns dem Vater mit der Gerechtigkeit bekleidet nähern, die wir durch Christus bekommen haben«, sagte Alex. »Etwas anderes ist inakzeptabel.«

»Was ist mit der Goldenen Kette?«, fragte Michael. »Römer 8,29 und 30? Hat euch Rod das jemals erklärt?«

»Selbstverständlich«, sagte Alex. »Wir sind zu dem Schluss gekommen, dass der Vater uns im Sohn vorher erkannt hat, uns von Ewigkeit her Segnungen vorherbestimmt hat, uns zu sich berufen hat, uns in dem Moment gerechtfertigt hat, in dem wir Buße getan und geglaubt haben, und uns in Christus verherrlicht hat.«

Michael lächelte. »Nicht schlecht.« Er dachte wieder einen Augenblick nach. »Sagt ihr, dass Gott nichts im Vorfeld beschlossen hat?«

»Gott hat den Weg der Errettung vorherbestimmt«, sagte Jamie. »Das lesen wir in 1. Korinther 2,7. Wir wissen auch, dass er andere Dinge vorher beschlossen hat, zum Beispiel wie das Ende der Welt aussehen wird und das Jüngste Gericht. Was wir sagen, ist, dass er *nicht* vorherbestimmt hat, wer errettet und wer verloren gehen würde.«

Michael aß schweigend zu Ende. Er beobachtete, wie seine Söhne die Hotdog-Brötchen an die Möwen verfütterten, die nun zu sechst waren. Nach ein paar Minuten brach er Stücke seiner Brotschüssel ab, die die Kinder ebenfalls den Möwen zuwerfen konnten. »Wirklich faszinierend, was für Erklärungen ihr gefunden habt«, rief er den Studenten über den Lärm der zankenden und kreischenden Möwen hinweg zu. »Was mich verblüfft ist, dass ich eure Theorie bis jetzt noch nirgends gehört habe.«

»Nachdem ein paar wichtige Puzzleteile an Ort und Stelle waren, ging der Rest fast von allein«, meinte Elliot. »Wir kommen zum Sohn für die Errettung und finden durch ihn heraus, dass der Vater uns auch annimmt und das schon von Ewigkeit her. Er erwählte uns aufgrund der zukünftigen Beziehung zu seinem Sohn. Wir sind die Auserwählten Gottes in Christus.«

»Jesus ist unser Mittler beim Vater«, sagte Angela. »Wir kommen durch Buße und Glauben zum Sohn. Wir kommen zum Vater durch den Sohn.«

»Unser Ansehen beim Vater ist makellos«, sagte Alex, »weil er uns so sieht, wie wir in Jesus sind, und nicht unser altes Ich.«

»Ziemlich cool, hm?«, fragte Jamie.

»Ziemlich cool«, bestätigte Michael. Eine Möwe schnappte nach seinem jüngsten Sohn. »Okay, das reicht«, sagte er den beiden Jungs. »Sie werden zu wild.« Er stand auf und verscheuchte die Vögel.

»Also, was meinst du?«, fragte Alex.

»Ihr könntet wirklich auf etwas gestoßen sein«, sagte Michael.

»Glaubst du wirklich?«, fragte Angela.

»Ihr müsstet es mal aufschreiben.«

»Wir haben mit einer Ausarbeitung begonnen«, sagte Alex. »Du könntest unseren vorläufigen Entwurf in ein bis zwei Wochen haben.«

»Meint nicht, dass jeder eure Arbeit schätzen wird«, warnte Michael. »Diese Doktrin ist hart umkämpft. Sie hat schon ganze Gemeinden zerrissen.«

»Sie hat die UCF zerrissen«, sagte Jamie.

»Schreibt die Ausarbeitung und lasst mich drüber gucken«, bat Michael. »Ich kenne ein paar Männer, die uns vielleicht helfen könnten, sie zu evaluieren. Einer davon ist Theologie-Professor in Los Angeles. Er hat einen scharfen Verstand. Er wäre der Richtige, um es aus theologischer Sicht überprüfen zu lassen. Ich habe da unten auch einen Freund, der in der Leitung einer Gemeinde involviert ist. Er ist ein sehr guter Bibellehrer. Er kann prüfen, ob die biblische Argumentation wasserdicht ist.« Die Augen der vier Studenten leuchteten. »Macht euch mal nicht zu viel Hoffnung«, warnte Michael. »Ich muss es erst einmal schriftlich haben.«

78. Kapitel

Dienstagmorgen ging Alex um elf Uhr zu der disziplinarischen Anhörung im Sekretariat für Rechtsangelegenheiten. Angela begleitete ihn. »Bist du bereit?«, fragte sie ihn vor der Tür.

»Ich glaube schon«, antwortete Alex.

»Was willst du denen sagen?«, fragte sie.

»Nichts.«

»Wie – nichts?«

»Als Jesus zu Unrecht beschuldigt worden war, verteidigte er sich nicht bei seiner Anhörung. Ich werde mich genauso verhalten.«

»Bist du dir sicher? Nur weil –«

Die Tür des Sekretariats für Rechtsangelegenheiten öffnete sich. »Kann ich Ihnen helfen?«, fragte eine Dame.

»Nein, danke«, antwortete Alex.

»Ich habe Stimmen gehört und dachte, vielleicht sind Sie der junge Mann, wegen dem heute Morgen eine Anhörung angesetzt wurde. Sind sie Alex Kim?«

»Ja«, antwortete er.

»Der Ausschuss wartet schon auf Sie.«

»Oh, ach so, Entschuldigung«, sagte Alex.

Die Dame führte Alex und Angela in ein Besprechungszimmer, in dem schon fünf Personen saßen, zwei Frauen und drei Männer. Die drei Männer saßen auf der einen Seite des langen Tisches. Die Frauen saßen jeweils an den Kopfenden. Die zu ihrer Rechten lächelte sie an, als sie hereinkamen, so als ob sie sich kennen würden. Alex versuchte sie einzuordnen, wusste jedoch beim besten Willen nicht, ob er sie kennen müsste. Ein einsamer Stuhl stand in der Mitte der freien Seite des langen Tisches. Die Sekretärin, die sie hereingeführt hatte, holte noch einen zweiten Stuhl und bat Alex und Angela, Platz zu nehmen.

»Danke, dass sie gekommen sind, Mr. Kim. Ich bin Matthew Brown, der Vize-Kanzler. Dies ist Dr. Jacus, der Dekan der Fachschaft Biologie. Zu meiner Rechten sitzt Dr. Payne, der Dean unserer Universität. Ich glaube, sie durften sich schon kennen lernen. Die beiden Damen werde ich später vorstellen.«

Alex nickte jedem der Angesprochenen kurz zu. »Dies ist Angela León, eines unserer Mitglieder«, sagte er.

»Dies ist eine private Anhörung, Ms. León«, sagte Vize-Kanzler Brown. »Wenn Mr. Kim ihre Anwesenheit wünscht, sind wir ebenfalls damit einverstanden. Wir bitten jedoch, dass Sie sich nicht an der Anhörung beteiligen.«

»Ich verstehe«, sagte Angela.

»Mr. Kim, wir haben jüngst eine schriftliche Verfügung gegen Ihre Organisation erwirkt, die sie vom Campus verbannt und Sie als den Leiter bis auf Weiteres suspendiert. Wir wollten diese Maßnahme zeitlich begrenzen, bis wir die Anklagepunkte gegen Sie untersucht haben und ein abschließendes Urteil fällen können.«

Alex musste schlucken, blickte aber dem Vize-Kanzler tapfer in die Augen.

»Es erschien uns offensichtlich, dass Ihre Exmatrikulation und ein permanentes Verbot ihrer Studentenverbindung unmittelbar bevorstünden.«

Alex nickte.

»Ein Fall wie Ihrer ist uns noch nie untergekommen, Mr. Kim«, sagte Vize-Kanzler Brown, »in all meinen Berufsjahren nicht.« Er warf Dr. Payne einen scharfen Blick zu und blickte dann wieder zu Alex. »Sie sollten wissen, dass die ersten Anklagepunkte unter anderem Störung der öffentlichen Sicherheit und Ordnung an unserer Universität lauteten, dazu Unruhestiftung, Gefährdung der Studentenschaft und Fakultätsmitglieder, die Ablehnung der Grundrechte zweier Studenten, Betrug und Verschwörung und Anstiftung anderer Studenten, während einer Prüfung verbotene Materialien und Informationen zu benutzen.«

Ein tiefer Seufzer entfuhr Alex.

»Das war jedoch letzte Woche«, sagte Dr. Payne. »Freitagnachmittag erhielt ich Post von einem Mr. Joseph Fiori. Ich glaube, Sie kennen den Herrn?«

Alex nickte.

»Darin waren mehrere Unterlagen enthalten.« Dr. Payne nahm eine Seite aus einem großen DIN-A4 Umschlag. »In seinem Anschreiben betont Mr. Fiori, dass seine Verwicklung in eine Schlägerei vor den Toren der Universität nichts mit Ihrer Organisation zu tun habe. Er schreibt, dass er sich sicher ist, dass die Leitung der University Christian Fellowship sein Verhalten missbilligen würde. Ist das korrekt?«

Alex nickte wieder.

»Er betont, dass er den Vorfall zutiefst bedauert. Er entschuldigt sich für alle Schwierigkeiten, die dadurch der Universität und Ihrer Gruppe entstanden sein mögen. Mr. Fiori schreibt weiterhin, dass die Studenten der UCF ihm in der Vergangenheit sehr geholfen haben und ich zitiere: ›Gott zu finden‹. Dann beschreibt er die Veränderungen, die dies in seinem Leben bewirkt haben. In der Anlage befindet sich ein Belobigungsschreiben, das er unlängst von seinem Leichtathletik-Trainer vom Universitäts-Team bekommen hat. Daraus geht hervor, dass die Mannschaftstrainer Mr. Fiori als den ›Most Improved Athlete of the Year‹* ausgezeichnet haben. Mr. Fiori schließt sein Schreiben mit den Worten und wieder zitiere ich: ›Wenn es etwas Gutes in meinem Leben gibt, dann wegen dem, was Jesus Christus für mich getan hat.‹ Nun, offen gestanden finde ich das zwar ein bisschen sonderbar, aber ich nehme an, Sie befürworten diese Aussage.«

Ein weiteres Nicken.

Dr. Payne zog eine andere Seite aus dem Umschlag. »Relevanter für diese Anhörung ist dieses letzte Dokument. Mr. Fiori hat es dankenswerterweise seiner Korrespondenz beigefügt. Es ist die Kopie eines Schreibens des Büros des Staatsanwaltes der Stadt Berkeley. Es ist an Mr. Fiori selbst gerichtet. Aus ihm geht hervor, dass alle gegen ihn erhobenen Anklagen fallen gelassen wurden. Augenscheinlich wurden Entlastungszeugen gefunden, die Mr. Fiori freisprechen. Sie sagen aus, er habe sich nur selbst verteidigt.«

Alex lächelte, sagte aber nichts. Er hatte aus den Fehlern in seinen vergangenen Unterhaltungen mit Dr. Payne gelernt.

»Nachdem ich dieses Schreiben erhalten habe«, fuhr Dr. Payne fort, »habe ich eine gründlichere Untersuchung Ihres Falles in die Wege geleitet. Am Wochenende war ich erfreulicherweise in der Lage, mit jedem der Polizisten persönlich zu reden, die die jeweiligen Berichte über ihre Studentenverbindung verfasst hatten.«

Alex' Lächeln gefror.

»Es hat sich herausgestellt, dass ihre schriftlichen Berichte ein gewisses Maß an Übertreibung enthielten. Man sagte mir, dass obschon bei den mit Ihrer Organisation in Verbindung gebrachten Zwischenfällen ein erhebliches

---

* Der Athlet, der sich in der vergangenen Saison am meisten verbessert hat.

Konfliktpotential bestanden habe, Sie doch nicht die Rechte überschritten hätten, die Ihnen durch das Erste Amendment zugesichert werden. Die Beamten sagten außerdem aus, dass die meisten fragwürdigen Vorgänge von Unruhestiftern außerhalb ihrer Verantwortung provoziert worden seien.«

Alex konnte ein breites Grinsen nicht unterdrücken.

»Montagmorgen begab ich mich daraufhin in die Büros des *Daily Californians*. Erlauben Sie mir, Ihnen Ms. Roya Salas, die verantwortliche Redakteurin des Blattes vorzustellen.«

Alex begrüßte sie mit einem höflichen Nicken.

»Ich habe mit Ms. Salas zu einem vorherigen Zeitpunkt schon einmal über die Behauptungen über Sie und über Ihre Organisation in dieser Zeitung gesprochen. Sie versicherte mir damals, alle in diesen Artikeln aufgeworfenen Anschuldigungen könnten belegt werden. Nachdem ich von Mr. Fiori Post erhalten und mit der Campus-Polizei gesprochen hatte, habe ich mich nochmals an Ms. Salas gewandt. Ich möchte nicht näher auf die Details unseres Gesprächs eingehen, Mr. Kim, aber ich darf Ihnen sagen« – seine Stimme wurde mit jedem Wort lauter – »dass ich sehr enttäuscht bin.«

»Wir sind alle enttäuscht«, sagte Vize-Kanzler Brown. »Ihr Fall wurde von Anfang an falsch angepackt.« Er warf einen weiteren wütenden Blick zu Dr. Payne. »Es liegt doch auf der Hand, dass dieser ganze Unsinn über Ihre Studentenverbindung als japanische Terror-Sekte von hinten bis vorne erlogen ist.« Vize-Kanzler Brown hielt einen verschlossenen Brief in die Luft. »Dies ist ein Brief von mir an Kanzler Kirkland. Dr. Payne und ich haben ihn heute Morgen aufgesetzt. Wir haben unsere Empörung über die ungenaue, aufrührerische und hanebüchene Berichterstattung über Sie und Ihre Gruppe zum Ausdruck gebracht. Es ist eine offizielle Beschwerde über die Zeitung, über Ms. Roya Salas als verantwortliche Redakteurin und über die Reporterin, die diese unerhörten Artikel verfasst hat.«

Alex meinte, dünne Rauchschwaden aus dem Briefumschlag heraus aufsteigen sehen zu können. Das gab ihm ein gutes Gefühl.

»Der Inhalt dieses Briefes ist vertraulich, Mr. Kim«, fuhr Vize-Kanzler Brown fort, »aber wir möchten, dass Sie wissen, dass wir dem Kanzler und seinem Stab empfehlen, sich der Sache anzunehmen und die Beziehung der Universität zu dieser Zeitung gründlich zu überdenken. Das wirft die Frage auf, ob man diesem Blatt immer noch Büroräume zur Verfügung stellt und die Verteilung auf dem Campus erlaubt. Ich kann gar nicht sagen, wie empört ich bin!« Seine Stimme hatte sich noch nicht gesenkt, dafür war er aber ganz rot im Gesicht geworden.

Gleich bekommt der einen Herzinfarkt, dachte Alex.

Aber der Vize-Kanzler gewann seine Fassung wieder. »Sie wissen wahrscheinlich, Mr. Kim, dass der *Daily Californian* eine unabhängige, hauptsächlich von Studenten herausgebrachte Zeitung ist. Wir können rein formell nur wenig tun. Sie haben jedoch die Freiheit, alle Maßnahmen zu ergreifen, die Sie persönlich für notwendig erachten.«

Alex nickte mit ernster Miene und schaute auch zu Ms. Salas hinüber.

»Mir tut von Herzen Leid, was passiert ist«, sagte die Redakteurin. »Jetzt, wo uns alle Fakten bekannt sind, erkenne ich, dass unsere Artikel etwas daneben lagen, ein Umstand, den ich wieder gutmachen werde.« Sie machte eine Pause und hoffte, dass Alex etwas sagen würde. Als er schwieg, redete sie weiter. »Woran ich denke, ist ein Leitartikel über die University Christian Fellowship, eine Gegendarstellung in gewisser Weise. Wir könnten von den guten Dingen berichten, die in Ihrer Gruppe laufen und einige Ihrer Mitglieder interviewen. Wir würden natürlich sehr positiv berichten, das möchte ich Ihnen versichern.« Sie machte eine weitere Pause und hoffte, Alex würde irgendeine Reaktion zeigen. Seine Miene blieb jedoch ausdruckslos. »Natürlich bedarf es Ihrer Kooperation«, sagte sie. »Vielleicht dürfte ich Sie später noch interviewen? … Wir würden unseren Fehler wirklich gerne wiedergutmachen … Ich nehme doch an, dass Sie nicht gerichtlich gegen uns vorgehen möchten?«

Alex zeigte keine Regung. Ihm war klar, dass er nichts dergleichen tun würde, wollte Ms. Salas aber gerne noch etwas zappeln lassen.

»Die journalistische Methodologie unserer Reporterin war leider völlig fehlerhaft«, gab Ms. Salas zu. »Wir haben sie sofort gefeuert.«

Alex tat sein Möglichstes, um nicht zu grinsen, aber seine Mundwinkel zuckten verdächtig.

»Ich weiß nicht, was ich noch sagen soll«, wandte sich Ms. Salas etwas hilflos an Vize-Kanzler Brown.

Er ignorierte sie und wandte sich an Alex. »Da gäbe es noch etwas, worüber wir beide reden müssten, Mr. Kim. Die betrügerischen Machenschaften in der Fachschaft Biologie.«

Alex bekam ein flaues Gefühl in der Magengegend.

»Dr. Jacus, der Dekan der Fachschaft, möchte ab hier übernehmen.«

»Ich glaube, wir hatten noch nicht das Vergnügen«, sagte Dr. Jacus. »Hocherfreut, Sie kennen zu lernen, Mr. Kim.« Seine Stimme war freundlich, aber man merkte auch, dass er müde und abgearbeitet war. »Ich arbeite nun schon seit über vierzig Jahren als Hochschullehrer. Aber so etwas habe ich noch nie erlebt. Kennen Sie die junge Dame, die zu meiner Rechten sitzt?«

Alex versuchte sie einzuordnen. Sie war Asiatin, ungefähr sein Alter, nettes Lächeln und auch ansonsten eine Frau, die man nicht so leicht vergessen würde.

»Dies ist Ms. Susan Dan«, stellte Dr. Jacus sie vor.

Alex starrte sie ungläubig an, dann drehte er sich zu Angela.

»Sie ist's«, bestätigte Angela.

»Susan Dan!«, rief Alex und starrte sie an.

»Die Gleiche«, sagte Dr. Jacus.

Das war zuviel für Alex. Er fühlte, wie alles sich um ihn herum drehte und klammerte sich am Stuhl fest.

»Sie ist gestern Abend aus Singapur herübergeflogen, um dieser Anhörung heute beiwohnen zu können«, erklärte Dr. Jacus. »Sie und ich haben uns heute Morgen getroffen und eine mir sehr zu Herzen gehende Aussprache gehabt.«

»Alles okay?«, flüsterte Angela zu Alex.

Er nickte.

»Ms. Dan hörte von dieser Anhörung und hatte die Freundlichkeit, selbst herzukommen und für Sie auszusagen. Heute Morgen hat sie mir ihre Beteiligung am Betrugsring gestanden und mir erklärt, wie Ihr Name, Mr. Kim, aufgetaucht ist.« Dr. Jacus drehte sich zu dem Vize-Kanzler. »Matthew, ich glaube, mich hat noch nie ein Student um Vergebung gebeten. Dich schon?«

»Nein, Dr. Jacus, ich glaube nicht«, sagte der Vize-Kanzler steif, offensichtlich unangenehm durch die Frage berührt.

»Schon viele Studenten sind wegen schlechter Noten in meinem Büro in Tränen ausgebrochen« – Dr. Jacus zog seine Augenbrauen in die Höhe und beugte sich nach vorn – »das hat nie funktioniert, seien Sie versichert.« Er richtete sich wieder auf. »Aber noch nie hat jemand geweint, weil er unehrlich gewesen ist, jedenfalls bis heute. Vize-Kanzler Brown, mit Ihrer Erlaubnis würde Ms. Dan gerne etwas sagen.«

»Bitte sehr, Ms. Dan«, sagte Vize-Kanzler Brown.

»Mir tut Leid, wie viele Schwierigkeiten ich verursacht habe, ganz besonders für Alex und Angela.« Plötzlich zitterte ihre Stimme. Tränen traten in ihre Augen. »Was passiert ist –«

»Liegt in der Vergangenheit«, beschwichtigte sie Dr. Jacus. »Ms. Dan hat mir alles erzählt. Ich habe keinerlei Zweifel an ihrer Aufrichtigkeit. Was die Fachschaft Biologie angeht, ist Mr. Kim völlig freigesprochen.«

»Ich fühle mich furchtbar«, sagte Susan, nachdem sie ihre Fassung wieder gewonnen hatte. »Es ist ganz schlimm, dass ausgerechnet Alex und seine Gruppe für das verantwortlich gemacht wurden, was ich getan habe. Sie haben mir so sehr geholfen.« Sie begann wieder zu schluchzen. »Das ist so verkehrt.«

Alex lächelte glücklich. Dr. Jacus lächelte zurück. Alex beobachtete, wie Vize-Kanzler Brown zunächst eine Grimasse zog und dann einen weiteren bösen Blick zu Dr. Payne warf, der erst zurückstarrte, aber dann woanders hinblickte. Ms. Salas wirkte irgendwie kleiner, so als ob sie in ihrem Stuhl geschrumpft sei.

Vize-Kanzler Brown erhob sich. Die anderen standen ebenfalls auf. Er streckte Alex seine Hand entgegen. »Uns tut diese ganze Angelegenheit sehr Leid, Mr. Kim. Wie mir scheint, hat Ihre Studentenvereinigung einen positiven Einfluss auf die Studentenschaft unserer Hochschule. Machen Sie weiter so.« Er schüttelte Alex' Hand.

Alex verließ das Büro und fühlte sich wie ein Held.

79. Kapitel

Alex und Angela verbrachten den Rest des Tages mit Susan. Sie wanderten über den Campus und redeten über alles, was in den letzten Wochen passiert war. Später trafen sie sich mit Jamie und Elliot zum Abendessen in einem Restaurant mit Spezialitäten aus dem Mittleren Osten auf der College Avenue. Sie aßen sich an *dolmas*, *baba ghanoush* und *hummus* satt. Susan erzählte ihnen von der Gemeinde, die sie in Zentral-Singapur besuchte und über eine missionarische Arbeit, bei der sie mitmachte, die *Filipina*-Haushälterinnen und andere ausländische Hilfskräfte zu erreichen versuchte.

»Woher wusstest du von der Anhörung und allem?«, fragte Angela sie.

Elliot hob seinen Finger.

»*Du* hast ihr das gesagt?«, fragte Alex ungläubig.

»Ich habe ihre E-Mail-Adresse in einem UCF-Campusbericht ausfindig gemacht und ihr alles geschrieben. Es war jedoch ihre Idee, zur Anhörung zu kommen.«

Jamie schlug ihm auf die Schulter. »Eins zu Null für dich, Alter.«

»Du bist wirklich ein Schatz, Elliot«, sagte Angela.

»Ich möchte dir danken, Susan«, sagte Alex. »Ich freue mich, dass du extra hergekommen bist. Aber ich mache mir ein bisschen Sorgen wegen den Hintermännern des Betrugsrings. Sie haben dir doch schon einmal gedroht.«

»Ich musste einfach kommen«, sagte Susan.

»Das war sehr, sehr tapfer von dir«, meinte Angela.

»Gott wird sich um mich kümmern. Ich habe gelernt, ihm zu vertrauen.«

»Das habe ich auch«, sagte Alex.

Die Gruppe brach um neun auf. Susan musste ihren Flieger zurück nach Singapur erwischen. Alex und Angela brachten sie zum Flughafen. Auf der

Rückfahrt nach Berkeley sprachen sie über die sonderbare Wendung des Geschehens und Dr. Paynes sichtliches Unbehagen während der Anhörung.

»Ich wusste, Gott würde schon einen Weg finden«, sagte Angela.

»Der Herr hat dich wirklich in Susans Leben wirken lassen«, sagte Alex.

»Ihm gebührt alle Ehre.«

»Was meinst du, wie das UCF-Treffen morgen Abend laufen wird? Meinst du, man wird mich abwählen?«

»Ich weiß es nicht. Ich hoffe nicht.«

»Rod hat mit vielen Leuten gesprochen. Es sieht nicht gut aus.«

»Bist du nervös?«

»Ja.«

»Das musst du nicht.«

»Ich weiß.« Er warf ihr einen langen, bewundernden Blick zu.

»Vorsichtig«, sagte sie.

»Oh, natürlich«, sagte er und merkte, dass er das Auto etwas von der Fahrbahn hatte abkommen lassen.

80. Kapitel

»Muss das sein?«, fragte Sharon. Sie und die anderen 34 Studenten, alles Mitglieder der UCF, hatten sich an diesem Mittwochabend in Prestons und Elliots Apartment getroffen, um über das zukünftige Schicksal ihrer Studentenverbindung zu entscheiden.

»Ich fürchte schon«, sagte Alex.

»Könnt ihr eure Unstimmigkeiten nicht klären?«, fragte Elizabeth.

»Wir haben's versucht. Wir sind in einer Sackgasse gelandet«, gab Alex zu. »Wir haben nicht nur unterschiedliche Auffassungen über die Prädestinationslehre, sondern auch darüber, wie die UCF geleitet werden sollte. Rod hat mich und Jamie aufgefordert, unsere Ämter niederzulegen und möchte Neuwahlen durchführen. Ich weiß, dass viele von euch der gleichen Meinung sind, deshalb haben wir beschlossen, die Gesamt-Mitgliederversammlung darüber abstimmen zu lassen.«

»Also Neuwahlen?«, fragte Elizabeth.

»Das ist richtig.«

»Habt ihr darüber gebetet?«, fragte Taylor.

»Ja.«

»Habt ihr andere um Rat gefragt?«, fragte ein weiterer Student.

»Wir haben mehrere Male mit Michael gesprochen«, erklärte Alex. »In jüngster Zeit haben wir uns auch an unsere Eltern und Gemeinden gewand.«

»Worüber stimmen wir 'n ab?«, fragte Joe.

»Da Rod um diese Wahlen gebeten hat, lasse ich ihn erklären.«

»Am Anfang des letzten Wintersemesters schon begann ich, mir Sorgen um die UCF und unsere Ausrichtung zu machen«, erzählte Rod. »Ich habe mit Alex darüber gesprochen und ihm gesagt, dass wir etwas unternehmen müssten, aber er blieb untätig. Seitdem ist alles den Bach runter gegangen. Seine Trägheit und mangelndes Verantwortungsbewusstsein haben den Bibelkreis beeinträchtigt, unseren Dienst auf dem Campus, unseren Ruf an der Universität und die ganze Ausrichtung der UCF. Im Februar haben Sechs von uns begonnen, sich mit der Prädestinationsdoktrin auseinander zu setzen. Unter seiner Führung haben wir keinerlei Fortschritte gemacht. Alex hat –«

»Moment mal«, sagte Alex. »Das ist keine Inquisition. Erklär einfach, worüber wir heute Abend abstimmen werden.«

Rod runzelte ärgerlich die Stirn, sprach dann aber weiter. »Ich finde es bedauerlich, dass es so weit kommen musste, aber ich glaube, es ist an der Zeit, dass Alex seinen Posten niederlegt. Ich denke, auch Jamie täte gut daran. Ich weiß nicht, wie wir sonst die internen Probleme der UCF vernünftig anpacken und ausmerzen können. Deshalb möchte ich Neuwahlen durchführen. Wir müssen einen Neuanfang starten und neue Verantwortliche berufen.«

»Hat das jetzt jeder verstanden?«, fragte Alex.

»Und du möchtest gar nichts sagen?«, fragte Sharon.

»Ein paar der Dinge, die Rod gesagt hat, stimmen, aber ich glaube, dass Gott möchte, dass wir unsere Amtszeit regulär beenden.«

»Ich fasse es nicht, dass Rod behauptet, du hättest nichts getan«, ergriff Jamie das Wort. »Wir haben uns tagelang mit ihm in der GTU weggesperrt und haben die Lösung eines Problems gesucht, das *er* erst geschaffen hat. Außerdem hat er –«

»Das ist keine Gerichtsverhandlung«, sagte Alex. »Lasst uns einfach im Programm weitermachen. Rod, zunächst war ich gegen diese Neuwahlen, aber das hat sich geändert. Worum es doch letztlich geht, ist die Frage, ob *du* die UCF leiten wirst oder ich.«

»Richtig«, sagte Rod.

»Also lass uns darüber abstimmen«, sagte Alex.

»Einverstanden.«

»Hat das jeder verstanden?«, fragte Alex. »Ihr stimmt also darüber ab, ob ich weiter Vorsitzender bleibe oder ob Rod die Leitung übernimmt.«

»Wenn ihr mich wählt, werde ich ein Positionspapier aufsetzen und in

Kraft treten lassen, das in Übereinstimmung mit dem reformierten, protestantischen Glaube steht.« Er fasste ihn kurz zusammen. »Wenn ihr euch für Alex entscheiden solltet«, fuhr Rod fort, »dann stimmt ihr diesem *Fiat Lux* zu, was, wie ich informiert bin, ihm in einer Vision vor dem Sather Tor erschienen ist.«

»Das war keine Vision«, sagte Alex. »Jamie, Elliot und Angela und ich haben mit Preston und Rod zusammen seit Februar die Prädestinationslehre studiert. Wir sind nur zu einem anderen Ergebnis gekommen.« Er erläuterte ihre Sicht von Errettung durch Buße und Glaube und welche Rolle ihrer Meinung nach Erwählung und Prädestination spielten.

»Inwiefern unterscheidet sich eure Position vom Arminianismus?«, fragte Sharon.

»Vielleicht darf ich das beantworten«, sagte Elliot. »Johannes Calvin und Jakobus Arminius waren sich einig, dass Prädestination ein Akt Gottes ist, wodurch er das ewige Schicksal eines jeden Menschen bestimmt. Einige werden für den Himmel, andere für die Hölle auserwählt. Sie unterschieden sich in Bezug auf die Grundlage von Gottes Erwählung. Calvin sagte, dass Gottes Wahl allein von seinem souveränen Willen abhing. Diese Auswahl war bedingungslos und unabhängig von allem, was jeder Einzelne tat oder welche Tugenden er besaß. Arminius wiederum meinte, dass Gottes Wahl von seiner Vorhersehung abhing. Er vorherbestimmte die zum ewigen Leben, von denen er wusste, dass sie glauben würden.«

»Sagt Alex nicht das Gleiche?«, fragte Sharon.

»Nein, tut er nicht«, erklärte Elliot. »Wir sehen Erwählung und Prädestination zunächst einmal als zwei unabhängige Dinge. Keines der beiden hat etwas damit zu tun, dass Gott unser ewiges Schicksal vorherbestimmt. Erwählung heißt, dass der Vater diejenigen für sich nimmt, die er in seinem Sohn vorhersah. Er erwählte sie *in* Christus, aber stellte sie nicht in Christus *hinein*.«

»Wenn der Vater sie nicht zur Errettung erwählte, wozu hat er sie denn sonst ausgewählt?«, fragte Sharon.

»Er wählte sie als die besonderen Empfänger seiner Liebe und Zuneigung aus«, sagte Angela.

»Und Prädestination?«, fragte Sharon.

»Prädestination hat mit Gottes Plänen für die zu tun, die errettet werden würden«, sagte Angela. »Er hat schon vorab bestimmt, die als Söhne anzunehmen, die errettet werden würden, sie in das Ebenbild Christi zu verwandeln, ihnen ein Erbe im Himmel zu geben und vieles mehr.«

»Was ist mit Apostelgeschichte 13,48?«, fragte Nick. »Als Paulus in Antiochia in Pisidien predigte, steht da nachher: ›es glaubten, so viel zum ewigen

Leben verordnet waren.‹ Das klingt nicht nach freiem Willen in meinen Ohren.«

»In den vorangehenden Versen wird die Verantwortung des Menschen betont«, erklärte Alex. »Paulus predigte zu Juden und sie weigerten sich, ihm zuzuhören. Er sagte ihnen, dass sie sich selber unwürdig des ewigen Lebens gerichtet hätten. Paulus wandte sich dann zu den Heiden und erklärte ihnen das Evangelium. Diese Nicht-Juden nahmen seine Botschaft freudig auf. Gott verordnete diejenigen unter ihnen, die Buße taten, zum ewigen Leben und gab ihnen das Licht zum Glauben an Jesus.«

»Ich versteh' das nicht«, sagte Nick. »Ihr könnt nicht von uns erwarten, dass wir über etwas abstimmen, was wir nicht kapiert haben.«

»So schwer ist das nicht«, sagte Alex. »Jeder kann Buße tun. Gott schenkt jedem Bußfertigen das Licht zum Glauben. Wenn du erst einmal errettet bist, dann erfährst du, dass von aller Ewigkeit her der Vater dich schon gekannt und dich in einer engen Beziehung zu seinem Sohn gesehen und dich für sich selbst erwählt hat. Er hat auch unvorstellbare Segnungen für dich vorherbestimmt. Paulus schreibt in 1. Korinther 2,9: ›Was kein Auge gesehen und kein Ohr gehört hat und in keines Menschen Herz gekommen ist, was Gott denen bereitet hat, die ihn lieben.‹«

»Wenn du weiter Vorsitzender bleibst, dann müssen wir das also glauben?«, fragte Nick.

»Nein«, sagte Alex. »Im Moment steht im Positionspapier nichts über Prädestination. Wir würden das dabei belassen. Wir glauben, die UCF sollte ein Platz für Menschen mit unterschiedlichen Ansichten bei solch schwierigen Fragen sein.«

»Ein weiteres Beispiel, wo Alex als Leiter versagt«, sagte Rod. »Alles ist erlaubt.«

»Das ist nicht wahr«, sagte Alex. »Einige Dinge sind für den christlichen Glauben fundamental – die Gottheit Christi, Errettung durch Gnade, die Inspiration der Schrift – diese Wahrheiten müssen stimmen. Bei Dingen, die weniger wichtig sind, muss man damit leben, dass Christen manchmal unterschiedlicher Meinung sind. Für die UCF bedeutet das, dass wir nicht wollen, dass unsere unterschiedlichen Denkweisen in Bezug auf Prädestination für eine Trennung sorgen. Jemand sagte einmal: ›Bei Grundlegendem: Einheit; bei Unwesentlichem: Freiheit; in allen Dingen: Nächstenliebe.‹«

»Ich glaube, das war Augustinus«, sagte Elliot.

»Tja, ich denke, er hatte Recht«, sagte Alex. »Wenn ich Vorsitzender bleibe, wird das Positionspapier so bleiben, wie es ist und ich werde nicht zulassen, dass unterschiedliche Meinungen bezüglich der Prädestinationslehre zu internen Streitereien führen.«

»Die Doktrin von Gott, der Errettung und der Prädestination sind nicht trennbar«, sagte Rod, »aber leider begreift unser lieber Alex das nicht. Aber was noch schlimmer ist – Alex fügt etwas der Schrift hinzu. Er verzerrt die Bedeutung der Gnade, weil er dieses Konzept ebenfalls nicht begreift. Er ist als Leiter völlig ungeeignet.«

»Ich füge der Schrift nicht etwas hinzu«, sagte Alex. »Jesus predigte: ›Tut Buße und glaubt an das Evangelium!‹ Paulus fasst seine Botschaft in Apostelgeschichte 20,21 zusammen, dass er ›sowohl Juden als auch Griechen die Buße zu Gott und den Glauben an unseren Herrn Jesus Christus bezeugte.‹ Unsere Botschaft sollte dieselbe sein.«

»Ich sehe das anders«, sagte Rod. »Glaube – »

»Lasst uns abstimmen«, unterbrach Alex ihn. »Wer will, dass Rod die UCF leitet, stellt sich zu ihm. Wer will, dass ich weiterhin als Vorsitzender im Amt bleibe, stellt sich zu mir. Wer die meisten Stimmen erhält, entscheidet über die Zukunft der UCF.«

»In Ordnung«, sagte Rod. »Wir lassen die Mitglieder entscheiden.«

Preston sprang sofort auf und lief zu Rod. Jamie, Angela und Elliot gingen zu Alex. Nick stellte sich zu Rod. Joe, Sharon, Elizabeth und Leesha gesellten sich zu Alex. Vier weitere Studenten wählten Rod. Stephania und Taylor gingen zu Alex. Die restlichen Mitglieder teilten sich ebenfalls auf. Alex gewann mit 23 zu 12 Stimmen.

»Wenn das so ist«, sagte Rod wütend, »dann bin ich ab sofort draußen. Ich will, dass ihr meinen Namen aus der Liste der UCF-Mitglieder streicht.« Er lief zur Tür und drehte sich dann noch einmal um. »Ich will überhaupt, dass jede Erwähnung, dass ich jemals Mitglied in diesem Verein gewesen bin, gestrichen wird, verstanden?« Er winkte zu Preston und den anderen, die für ihn gestimmt hatten, dass sie ihm folgen sollten. Sie zögerten und packten dann langsam ihre Sachen zusammen.

»Wir möchten, dass ihr bleibt«, sagte Alex.

Rod wandte sich ihm zu. »Du kapierst einfach nicht. Niemand von euch hat einen blassen Schimmer. Ihr seid auf dem direkten Weg, vom Glauben abzufallen!« Er lief hinaus. Preston und die andern folgten ihm.

81. Kapitel

Einen Monat später trafen sich Alex, Jamie, Angela und Elliot in La Val's Pizzeria. Alex und Jamie waren gerade aus Los Angeles zurückgekehrt.

»Diese lange Fahrt schafft einen«, sagte Alex und rutschte in die Bank gegenüber von Angela. Ihm fiel sofort auf, dass sie die Silberkette trug, die er ihr am letzten Tag des Semesters geschenkt hatte. Er hatte ihr erzählt, es sei ein Dankeschön für all die Arbeit, die sie in die UCF investiert hatte.

»Lasst uns anfangen«, sagte Jamie. »Wir haben nichts mehr gegessen, seit wir von LA losgefahren sind.«

Alex bat Elliot, für das Essen zu danken und Gott um seinen Segen für das Treffen zu bitten. Als Elliot ›Amen‹ gesagt hatte, zeigte Alex ihnen ein 73-seitiges, gebundenes Dokument. *Fiat Lux* stand in großen Buchstaben auf dem Deckblatt und kleiner darunter ihre vier Namen. »Wie findet ihr's?«

»Beeindruckend«, sagte Angela und blätterte durch das Schriftstück.

»Die Endnoten scheinen korrekt zu sein«, sagte Elliot und untersuchte die letzten Seiten. »Wie ist es in LA gelaufen?«

»Michael kennt wirklich interessante Leute«, fing Alex an.

»Am Freitagmorgen haben wir Professor Kotska in seinem Büro getroffen«, sagte Jamie. Er angelte sich den Parmesankäse und streute ihn über seine Pizza. »Netter Kerl.«

»Wir waren eine halbe Stunden bei ihm«, erzählte Alex und reichte Elliot eine Serviette. »Er lehrt nicht nur an dem Seminar da unten, er ist auch Präsident der größten theologischen Gesellschaft des ganzen Landes.«

»Was hielt er von unserer Ausarbeitung?«, fragte Angela.

»Er sagte, er habe sie gelesen«, antwortete Alex.

»Und?«, fragte Elliot?

»Er wollte von uns wissen, ob wir denken, dass die Errettung ein unverdientes Gnadengeschenk ist. Wir sagten ja. Er fragte zweimal, ob wir an ewige Sicherheit und persönliche Heilsgewissheit glauben.«

»Aus unserer Ausarbeitung geht das eindeutig hervor. Seid ihr euch sicher, dass er es gelesen hat?«

»Ich glaube, er wollte es nur aus unserem eigenen Mund hören.«

»Also, unterm Strich, was hielt er davon?«, fragte Elliot.

Alex und Jamie sahen sich gegenseitig an, um zu sehen, wer diese Frage beantworten wollte. »Nicht viel«, sagte Alex schließlich.

»Er meint, wir lägen falsch?«, fragte Angela.

»Das auch wieder nicht«, sagte Jamie. »Du weißt doch, wie manche Professoren so sind – sie sagen nie etwas Konkretes. So war das auch bei ihm.«

Alex nahm einen tiefen Schluck und wartete darauf, dass Jamie den Rest erzählte. Als er jedoch schwieg, machte Alex weiter. »Er sagte, er fände unsere These, und ich zitiere: ›nicht plausibel genug.‹«

»Nicht plausibel genug!«, rief Angela.

»Als wir gingen, legte er unser Dokument auf einem Stapel Papier am

Fußboden«, sagte Jamie. »Es stand zwar nicht ›Mülleimer‹ drauf, aber genau da wird's gelandet sein.« Er schluckte sein letztes Pizzastück auf einmal herunter und spülte mit viel Cola nach. »Während wir hier reden, wird unserer Hände Arbeit gerade in einen Pizzakarton recycelt. Wenn wir im nächsten Semester wieder hier sitzen, bekommen wir darin unser Essen serviert. Seht ihr den ganzen Stapel Pizzakartons da hinter dem Tresen?« Angela und Elliot drehten sich um. »Welcher –«

»Ich glaube, sie haben's verstanden«, unterbrach ihn Alex.

»Sagte er, warum?«, fragte Angela.

»Er meinte, unserer These mangle es an Autorität«, antwortete Alex. Er schob Jamie, dem der Hunger immer noch ins Gesicht geschrieben stand, seinen Pizzateller herüber und bot ihm ein Stück an. »Wir hätten sie nicht genügend mit den Beschlüssen der frühen Kirchenkonzile, mit den Schriften der Kirchenväter, den protestantischen Bekenntnissen und den Reformatoren verbunden.«

»Du machst Witze«, rief Angela.

»Ich wünschte, so wäre es. Wir hätten außerdem die theologische Entwicklung seit der Reformation nicht erwähnt. Er sagte, er fände unseren Ansatz, und ich zitiere wieder, ›antiquiert.‹«

»Wir haben alle unsere Aussagen mit Bibelversen belegt«, sagte Angela. »Unsere Ausarbeitung ist voll von biblischen Bezügen.«

Jamie und Alex schauten sich wieder an. Auch diesmal ergriff Alex das Wort. »Er sagte, wir verfügten nicht über den nötigen theologischen Ruf, um unabhängige Schlüsse ziehen zu können.«

»Was hat denn der Ruf damit zu tun?«, fragte Angela.

»Der hat uns nie ernst genommen«, sagte Jamie. »Wir sind doch nur ein paar Studenten.«

»Elliot macht seinen Doktor«, warf Angela ein.

»In Mathe«, sagte Elliot. »Ich nehme an, das reicht nicht als Qualifikation.«

»Michael hat uns vorgewarnt«, sagte Alex.

»Hört sich an, als ob Professor Kotska lieber gehabt hätte, wir hätten unsere These mit der protestantischen Tradition untermauert«, meinte Elliot.

»Das kannst du vergessen«, fauchte Angela. »Ich gründe meinen Glauben nicht auf die Traditionen anderer.«

»Er sagte, im Grunde genommen bezögen wir die Arminianische Position«, erzählte Jamie. »Es gibt nichts Neues unter der Sonne, erklärte er uns.«

»Er hat es nicht verstanden, nicht wahr?«, sagte Elliot.

»Ich glaube nicht«, meinte Alex.

Jamie zuckte mit den Schultern. »Immerhin haben wir's versucht.«

»Trotzdem enttäuschend«, sagte Angela.

»Viel wichtiger ist doch, dass die UCF überlebt hat«, sagte Alex.

»Hey, und du hast sogar deinen Abschluss geschafft«, sagte Jamie.

Angela sah Alex an. »Insgesamt hat sich doch alles zum Guten gewendet.«

»Nur schade, dass Rod und Preston nicht mehr dabei sind«, sagte Alex. »Wie läuft's in eurer Wohngemeinschaft?«, fragte er Elliot.

»Preston ist ausgezogen.«

»Musste das auch noch sein?«, fragte Angela.

»Aus ihrer Sicht, ja.«

»Rod hat ganz schön dumm geguckt, als so wenige sich hinter ihn stellten«, sagte Jamie.

»Das hat mich überrascht« sagte Elliot. »Ich dachte, er hätte eine größere Anhängerschar.«

»Hatte er eigentlich auch«, bestätigte Alex. »Aber dass er bewusst für eine Teilung innerhalb der Gruppe sorgte, hat ziemlich viele Leute verärgert.«

»Jedenfalls ist er in Westminster angenommen worden«, sagte Elliot.

»Dass er die UCF verlassen hat, wird Pastor Shelton gefallen haben«, meinte Jamie.

»Der war gar nicht so, wie ich ihn mir vorgestellt hatte«, gestand Angela. »Er und Mrs. Shelton waren supernett und das Buch, was er uns geschenkt hat, ist auch richtig gut. Habt ihr es schon gelesen?«

Jamie versorgte sich mit einem weiteren Stück von Alex' Pizza. »Irgendwann mal. Zeit ist kostbar in diesen Tagen. Ich möchte mich noch ein bisschen mehr mit Prädestination beschäftigen, bevor mein Ferienjob anfängt.«

»Das ist doch nicht dein Ernst!«, rief Elliot.

»Doch, ich bin ganz scharf drauf«, erwiderte Jamie.

»Ich auch«, sagte Alex. »Ich werde morgen direkt weitermachen.«

»Ihr seid doch krank«, beschwerte sich Angela. »Für mich ist das Thema abgehakt.«

»Ich bin vorläufig auch bedient«, sagte Elliot.

»Dies scheint ja wirklich ein Thema zu sein, das Leute besessen macht, sobald sie sich näher damit beschäftigen«, sagte Angela. »Ich möchte mich aber nicht länger dieser Gefahr aussetzen.«

»Willst du vielleicht nicht erst wissen, was der andere Typ in LA gesagt hat?«, fragte Jamie. Er rollte sein Pizzastück zusammen und biss ab.

»Bill Sanford?«, fragte Elliot.

»Genau der«, sagte Alex.

»Wahrscheinlich das Gleiche wie dieser Professor«, unkte Angela.

»Eigentlich nicht«, sagte Alex.

»Also, Michael kennt wirklich gaaanz interessante Menschen«, sagte

Jamie. »Dieser Sanford hat fünf Gemeinden in Süd-Kalifornien gegründet. Und die haben auch schon wieder Tochtergemeinden.«

»Hat er's gelesen?«, fragte Elliot.

»Ja, hat er«, bestätigte Jamie.

»Hat wahrscheinlich auch nicht viel davon gehalten«, meinte Angela. »Oder?«

Alex nahm noch einen Schluck Cola, Jamie ebenfalls.

Angela funkelte die beiden mit ihren dunklen Augen an. »Wollt ihr uns noch länger auf die Folter spannen?«

Alex lächelte. »Er sagte, unsere Ausarbeitung sei die Antwort auf Fragen, die er sich schon seit 35 Jahren stellt.«

»Wie bitte?«, rief Angela.

»Er fand's richtig prima«, sagte Jamie. »Er sagte, er habe schon immer gewusst, dass Buße wichtig sei, aber er konnte nie begreifen, wie das mit Erwählung, Prädestination, dem freien Willen und der Verantwortung des Menschen zusammenpasse. Er meinte, unsere Lösung sei so simpel, er könne nicht verstehen, warum er selbst nicht darauf gekommen wäre.«

Elliot nahm seine Brille ab. »Das hat er gesagt?«

»Er bat uns um Erlaubnis, unsere Ausarbeitung kopieren zu dürfen«, erzählte Alex. »Er will sie an alle möglichen anderen in Verantwortung stehenden Christen schicken.«

»Du machst Witze«, sagte Angela.

»Er fand es wirklich gut?«, fragte Elliot.

»Jawohl!«, rief Jamie. »Er fand es absolute Oberspitzenklasse. Meinte, das wäre das Beste, was er jemals zu dem Thema gelesen habe. Es bestätige, was er schon seit Jahren gedacht habe, aber wozu er nie die Zeit gefunden hätte, es einmal gründlich zu studieren.«

»Das hätte ich nicht erwartet«, sagte Elliot.

»Ich auch nicht«, sagte Angela.

»Keiner von uns hat damit gerechnet«, sagte Alex.

»Vielleicht war es das dann doch wert«, sagte Angela und schaute Alex lange in die Augen.

Alex erwiderte den Blick.

»Ein Freund von ihm war auch dabei«, erzählte Jamie weiter. »Ein Buch-Agent.«

»Was?«, fragte Angela

»Ein Buch-Agent vertritt Autoren gegenüber Verlagen.«

Angela rollte ihre Augen. »Ich weiß, was ein Buch-Agent ist. Was wollte er?«

»Mr. Sanford hatte ihm eine Kopie unserer Ausarbeitung gegeben und der

Buch-Agent hat sie einem Verleger gezeigt«, antwortete Jamie. Er machte eine dramatische Pause. »Sie wollen ein Buch!«

Angelas Augen weiteten sich. »Ein Buch?«

»Er wollte wissen, ob wir vier es schreiben würden«, sagte Alex.

»Wir?«, fragte Elliot.

»Das hat er gesagt. Er sagte, wenn wir interessiert seien, könnte er in vier bis fünf Wochen einen Autoren-Vertrag für uns fertig haben.«

»Ist das euer Ernst?«, fragte Elliot.

»Na, wie cool findet ihr das?«, fragte Jamie.

»Es muss etwas wissenschaftlich Fundiertes sein«, sagte Elliot. »Wir müssen unsere Ausarbeitung komplett überarbeiten und erheblich ausbauen. Das Buch muss fünf-, vielleicht auch sechshundert Seiten umfassen.«

»Sicher, als ob wir dadurch Professor Kotska und dergleichen beeindrucken könnten«, sagte Jamie. »Ich denke, wir sollten es simpel und einfach halten, etwas, dass jeder verstehen kann, allerhöchstens 200 Seiten.«

»Es muss wie ein Lehrbuch aufgebaut und gegliedert sein«, sagte Elliot. »Eine klare und unwiderlegbare Stellungnahme zum Thema.«

»Dünn und einfach«, beharrte Jamie. »Etwas für normale Menschen.«

»Vielleicht könnten wir auch einen Roman schreiben«, schlug Angela vor. »Wir könnten einfach erzählen, was passiert ist.«

»Nee«, riefen alle Jungs gleichzeitig.

»Es muss akademisch sein«, sagte Elliot. »Wenn wir wollen, dass die Leute uns ernst nehmen, dann muss es gründlich dokumentiert sein.«

»Glaubt ihr, Gott möchte, dass wir ein Buch darüber schreiben?«, fragte Angela.

»Warum nicht?«, fragte Alex. »Er möchte doch, dass ›alle Dinge zum Guten mitwirken.‹«

»Wer hätte das gedacht!«, sagte Angela.

»Eine Sache muss ich noch tun«, sagte Alex und überreichte Jamie einen Aktenordner. Auf dem Rücken stand UNIVERSITY CHRISTIAN FELLOWSHIP. »Kirk hat mir den letztes Jahr gegeben. Und jetzt ruht die Verantwortung auf deinen Schultern.«

»Ich weiß nicht«, murmelte Jamie und nahm den Aktenordner. »Ich verstehe, dass sie Angela zum Vize und Elliot zum Schatzmeister und Sekretär ernannt haben – aber ich als Vorsitzender?«

»Die Wahl war einstimmig«, sagte Angela.

»Du bist's wirklich«, sagte Alex.

»Na, ich hoffe, ihr habt euch das gut überlegt«, sagte Jamie und öffnete den Ordner. »Was muss ich denn jetzt machen?«

»Die Studentenverbindung im nächsten Jahr wiederanmelden«, sagte

Alex.

»Im Studentensekretariat?«

»Ich fürchte ja.«

»Na toll.« Jamie blätterte ziellos durch den Ordner. »Hey, hier ist ja das dumme Positionspapier.«

»Ups, ich dachte, ich hätte da nachgeschaut«, sagte Alex.

»Und ein Foto von Angela.«

»Hey, das gehört mir!«, rief Alex und schnappte sich das Bild.

»Woher hast du das denn?«, fragte das Mädchen.

»Ich habe Fotos am Campus geschossen, für unseren Newsletter«, sagte Alex. »Ist doch in Ordnung, oder?«

»Na klar«, antwortete sie mit einem Strahlen in den Augen.

Alex ließ das Foto in einem Buch in seinem Rucksack verschwinden und nahm ein kleines Päckchen heraus. »Michael hat mir das geschickt. Ist für uns vier. Er bat mich, es erst zu öffnen, wenn wir alle zusammen sind.«

»Was ist drin?«, fragte Elliot.

»Weiß ich nicht.« Alex zerriss das braune Packpapier. Darunter kam ein Schuhkarton zum Vorschein. Oben drauf lag eine Karte. Er reichte sie an Angela weiter und wartete mit dem Auspacken, bis sie die Karte vorgelesen hatte.

»›Alex, Jamie, Angela und Elliot‹«, stand auf der Karte. »›Gut gemacht. In der Liebe Christi verbunden, euer Michael.‹ Da steht noch ein Vers drunter. ›Alle Schrift ist von Gott eingegeben und nützlich zur Lehre, zur Überführung, zur Zurechtweisung, zur Unterweisung in der Gerechtigkeit, damit der Mensch Gottes richtig sei, für jedes gute Werk ausgerüstet.‹ 2. Timotheus 3,16 und 17.«

Alex öffnete den Deckel des Kartons. Er schob weiteres Packpapier zur Seite und nahm vier kleine Büchlein heraus. »Taschenbibeln«, sagte Alex. Sie hatten einen bordeauxroten Ledereinband, der mit einer Schnalle geschlossen wurde. Vorne drauf war ein goldenes Muster. Alex reichte jedem ein Exemplar.

»Danke«, sagte Angela.

»Die sind für den Dienst auf dem Campus bestimmt praktisch«, sagte Elliot.

»Was ist das für ein Knotenmuster vorne drauf?«, fragte Jamie.

»Sieht keltisch aus«, meinte Elliot.

Angela ließ die Schnalle aufschnappen und öffnete ihre Bibel. »Wirklich gute Qualität.«

Jamie hob sein Buch hoch über seinen Kopf. »Auf die Bruderschaft des Buches!«, rief er grinsend.

Alex dachte kurz nach und machte es seinem Freund nach. Mit seiner Bibel berührte er dessen Bibel. »Auf die Bruderschaft des Buches!«

»Die Bruderschaft des Buches!«, sagte Elliot und hob seine Bibel ebenfalls hoch.

»Ihr seid richtige Spinner«, sagte Angela.

»Komm schon, Angela«, sagte Jamie.

Angela lachte und hob dann schließlich ihre Bibel in die Höhe. »Die Bruderschaft des Buches!«, sagte sie mit vollmächtiger Stimme. »Okay, und jetzt nehmt die Dinger runter, bevor jeder denkt, wir wären völlig durchgeknallt.«

»Hast Recht«, sagte Alex.

Jeder beschäftigte sich einen Augenblick mit seiner neuen Bibel.

»Eigentlich war es doch ein gutes letztes Jahr«, sagte Alex.

»Mir tut Leid, dass es schon vorbei ist«, sagte Jamie.

»Es ist noch nicht vorbei«, flüsterte Elliot. »Seht mal, wer gerade hereingekommen ist.«

»Hast du noch Töne!«, sagte Alex.

»Er kommt in unsere Richtung«, sagte Jamie. »Was sollen wir machen?«

»Ich habe täglich für ihn gebetet«, flüsterte Angela, als er näher kam.

Alex sprang auf seine Füße. »He, Coleman, möchtest du dich nicht zu uns setzen?«